我国就业优先战略背景下
教育投资的就业效应评价

WOGUO JIUYE YOUXIAN ZHANLÜE BEIJING XIA
JIAOYU TOUZI DE JIUYE XIAOYING PINGJIA

景光仪 / 著

人 民 出 版 社

自　　序

　　就业与教育是关系民生的两大重要问题。世纪之交,我国就业矛盾十分突出,失业和再就业问题成为政府、社会和学术界普遍关注的焦点问题。2002年,党的十六大第一次把社会就业比较充分作为全面建设小康社会的一个重要目标。自此,我国开始施行积极就业政策,并逐步将之上升至国家战略层面。2002—2013年,我国教育领域发生了巨大变化,高校大规模扩招、中等职业教育恢复勃兴、基础教育质量提高。现代教育已发展成为一个复杂的社会系统,涉及社会许多方面和不同阶层的利益关系。教育政策不仅仅促进实现教育未来发展目标,更可能通过在教育领域的改革和发展来解决其他社会问题。

　　学术界关于教育与就业关系,有两种虽未针锋相对,却也截然不同的观点。人力资本理论主张教育投资促进就业增长,认为通过教育提高受教育者能力,不仅帮助受教育者获得更多的就业机会,更能提高收入。信号理论虽然没有否定人力资本理论关于教育与就业关系的主张,但关注的重点在教育的筛选功能,认为教育通过传导能力大小信号,实现劳动力筛选分层功能,教育投资未必一定带来就业增长。

　　教育是解决就业问题的根本途径,是我国学界的共识。早在20世纪80年代,经济学家厉以宁就对教育与就业的关系进行了精辟的论述,认为以教育投资形成的人力资源是解决就业问题的根本途径。[①] 然而,人们直

―――――――――

① 厉以宁:《教育经济学》,北京出版社1984年版,第23页。

接看到的现实是：自 1999 年扩招以来，高学历失业者迅猛增长。20 世纪 90 年代，中国失业者中接受高等教育者的比重一直低于 5%。1999 年扩招以来，失业者中接受高等教育者的比重迅速攀升，从 2002 年的 5.9% 迅速上升为 2013 年的 20.7%。[①] 高学历者青年失业问题已经逐步成为我国就业问题的焦点。

关于教育与就业的关系，目前在理论上存有争议，在现实实践中缺乏清晰的判断。系统评价我国教育经费投入对就业的短期、长期以及滞后性影响，对于有效实现教育与就业"两大优先"战略的互动和衔接，意义重大。

本书尝试在三个方面进行探索创新。一是构建教育影响就业效用评价的理论框架；二是运用弹性方法评价了 2002—2013 年我国教育经费投入对就业的短期弹性和长期效应；三是运用向量自回归模型评价教育经费投入对就业促进的滞后性延迟效应。在理论部分，首先，引入生产函数模型，分析人力资本理论主张的就业短期替代效应和长期就业促进效应；然后，运用世代交叠模型，讨论政府通过对上一代人征税，用于教育投资，以提高下一代人的人力资本，从而提高劳动生产率，影响消费者的收入，进而影响消费者的劳动供给行为。实证部分，回答了三个问题：一是教育经费支出对就业增长及就业结构调整的短期、长期和滞后性效应如何；二是教育经费不同来源及不同支出结构对促进就业及就业结构升级的短期、长期和滞后性效应；三是与固定资产为代表的物质资本投资比较，判断教育经费投入的就业效应高下。

本书发现了一些非常有趣的结论。首先，2002—2013 年我国教育经费投入与就业之间的关系是复杂的。总体上看，教育经费影响下，当年产生就业抑制效应，但在 2002—2013 年期间总体上形成就业促进效应，预测对 2014—2023 年产生滞后性就业促进效应显著，对我国就业结构优化调整也起到了促进作用。其次，教育就业促进效应伴随教育层次提高而增长。教育经费投入的就业弹性的大小依次是：高等教育经费>中等职业教育经费>

---

① 根据历年《中国劳动统计年鉴》计算，中等教育包括初中和高中，高等教育包括大专、本科和研究生。

基础教育经费,这与我们的预期相同。值得一提的是,基础教育经费的滞后性就业效应最显著,高于高等教育经费。再次,值得警醒的是,高校生均经费影响下却产生就业抑制效应。我国高校大规模扩招被诟病的焦点问题是大学生质量的下降。本书研究的贡献之一在于,证实了2002—2013年我国高校生均经费下降了7%,影响了大学生培养质量,降低了大学生"就业岗位创造"效应。最后,教育经费结构性支出中,尤以工资福利教育经费支出对就业促进效应显著,而基本建设教育经费支出的就业抑制效应显著。

本书溯源于国家社科基金项目,同时受到四川省社会科学院"人口与劳动经济优长学科"资助。得以成书,致以谢意。

目　　录

第一章 导 论

世纪之交,受到国有企业下岗职工再就业、农民工就业、大学生就业三大群体就业对城镇就业的巨大冲击,我国就业矛盾十分突出,成为政府、社会和学术界普遍关注的焦点问题。2002 年中国共产党第十六次全国代表大会第一次明确地把社会就业比较充分作为全面建设小康社会的一个重要目标,这标志着"实现充分就业"正式被纳入到国家发展战略层面。自此,中国开始施行积极就业政策,并将其上升至国家战略层面,成为宏观经济调控重要目标之一。

我国从 1992 年实施教育优先发展战略,比 2002 年开始实施的就业优先战略早 10 年。1992 年,中国共产党第十四次全国代表大会第一次明确提出了教育的优先发展战略地位。教育与就业均与民生紧密相关,尽管教育与就业分属于两个不同的系统,但却又存在千丝万缕的联系。关于教育与就业的关系,人力资本理论学者普遍持有乐观的态度;信号筛选理论虽未明确反对前者的观点,但却持续不断地提供了丰富的质疑证据。在我国实施教育优先战略期间,我国教育领域发生了巨大变化:基础教育质量显著提高、职业教育恢复快速发展、高校扩招等,带来教育经费总投入持续增长。然而,我们对教育经费投入产生的就业促进效应仍然认识模糊,甚至存在争议。评价我国教育经费投入的就业效应,对于有效实现教育与就业两大优先战略的互动和衔接,意义重大。

本章对研究背景及研究问题、研究内容和研究方法等进行简要介绍。

第一节　研究背景及研究问题

　　本节勾勒我国就业优先战略的演变轨迹，以及在此期间我国教育事业发生的重大变化和特征。从就业优先战略服务对象看，从最初的城镇下岗工人扩展至高校毕业生和农村剩余劳动力；从人力资源方面措施看，从对下岗工人的再就业培训发展到强调以创业带动就业，发挥就业的倍增效应；从战略目标看，从着眼于解决短期经济增长、就业压力，扩展到将充分就业作为长期战略。自 2002 年，我国高校大规模扩招、中等职业教育恢复勃兴、基础教育质量提高，这与促进就业战略目标的实现存在千丝万缕、或明或暗的联系，有些教育领域重大政策的出台甚至直接服务于解决就业压力，例如 1999 年实施的高等教育大规模扩招。

一、研究背景

（一）我国从积极就业政策到就业优先战略的演变轨迹

　　1. 第一阶段：2002—2004 年，积极就业政策框架的确立

　　2002—2004 年，国务院及相关部委发布系列文件，确立了积极就业政策的基本框架。2002 年 9 月国务院颁布《关于进一步做好下岗失业人员再就业工作的通知》，提出将"就业和再就业工作作为一项长期的战略任务和重大的政治任务"，标志着我国就业政策进入积极就业政策阶段。此后，各部委出台了担保贷款、就业培训、税收优惠等一系列配套政策。

表 1-1　2002—2004 年我国积极就业政策

年份	颁布部门	政策文件	政策特点定位
2002	中共中央、国务院	《中共中央国务院关于进一步做好下岗失业人员再就业工作的通知》	积极就业政策确立的标志性文件

续表

年份	颁布部门	政策文件	政策特点定位
2002	中国人民银行、财政部、国家经贸委、劳动和社会保障部	《下岗失业人员小额担保贷款管理办法》	金融扶持措施
2003	财政部、劳动和社会保障部、国家税务总局	《关于促进下岗失业人员再就业税收优惠及其他相关政策的补充通知》	税收优惠措施
2003	国务院办公厅	《国务院办公厅关于加快推进再就业工作的通知》	推进再就业力度
2003	劳动和社会保障部	《进一步推动再就业培训和创业培训工作的通知》	实施就业培训
2004	劳动和社会保障部	《关于进一步做好失业调控工作的意见》	控制失业率

我国2002—2004年颁布的积极就业政策有以下几个特点:(1)从政策对象看,以就业压力最为迫切的下岗工人为对象,维护社会稳定的政治因素突出,就业政策扶持对象相对狭窄,尚未涉及农村剩余劳动力转移以及就业困难问题初见端倪的大学生;(2)从就业措施看,从积极创造就业岗位、财税扶持、改善就业服务、强化再就业培训、完善社会保障等方面全方位构建了积极就业政策的主要框架。

2. 第二阶段:2005—2007年,积极就业政策上升至法律层面

为保持积极就业政策的连续性,国家继续实施积极就业政策,国务院在2005年11月颁布《国务院关于进一步加强就业再就业工作的通知》,将最初定为三年的期限延长三年,提出了更加综合性的政策目标与任务,预示着我国积极就业政策日趋成熟和完善。在政策针对重点人群方面,提出再就业工作的重点是解决体制转轨遗留的下岗失业人员再就业问题和重组改制关闭破产企业职工安置问题。同时,也要做好高校毕业生、进城务工农村劳动者和被征地农民等的就业再就业工作。积极就业政策惠及对象从企业下岗工人扩展为高校毕业生和农村转移劳动力。

2007年出台的《中华人民共和国就业促进法》(以下简称《就业促进法》)将积极就业政策上升为法律层面,建立了促进就业的长效机制。《就

业促进法》出台之前实行的是有期限的、短期的就业促进政策,比如说三年、五年,再根据情况进行调整。《就业促进法》把这些有期限的政策、在实践中行之有效的政策规范化、制度化、法律化,建立起促进就业的长效机制。

表1-2　2005—2007年我国积极就业政策

年份	颁布部门	法规文件	政策特点定位
2005	国务院	《国务院关于进一步加强就业再就业工作的通知》	延续、充实积极就业政策的纲领性文件
2005	劳动和社会保障部	《贯彻落实中共中央办公厅国务院办公厅引导鼓励高校毕业生面向基层就业意见的通知》	引导大学毕业生基层就业配套文件
2006	国务院	《国务院关于解决农民工问题的若干意见》	解决农民工就业配套文件
2007	国务院	《残疾人就业条例》	将残疾人就业提升至法规层面
2007	劳动和社会保障部	《关于全面推进零就业家庭就业援助工作的通知》	零就业家庭的就业援助配套措施
2007	全国人民代表大会	《中华人民共和国就业促进法》	第一部全国性的就业法规

这一阶段我国积极就业政策体现了如下特点:(1)将破解突发性、临时性国有企业下岗工人再就业难题延伸至赋予积极就业政策制度化、法律化的长期性战略地位;(2)扩展就业扶持对象,从下岗工人扩展至高校毕业生、农民工,同时关注残疾人、零就业家庭等公平就业问题。

3. 第三阶段:2008—2014年,就业优先战略目标确立

2008年2月国务院发布的《国务院关于做好促进就业工作的通知》在就业目标上再次强调将"扩大就业放在经济社会发展的突出位置"。

为应对2008年底的全球金融危机冲击,2009年政府工作报告将就业问题提高到前所未有的高度,指出要"实施更加积极的就业政策",要"千方百计促进就业"。2009年,人力资源和社会保障部等发布《关于进一步做好减轻企业负担稳定就业局势有关工作的通知》,再次制定延长就业相关优惠政策执行期限至2010年。

2009 年,中央经济工作会议明确提出,在经济增长与促进就业目标选择上,提出"就业优先"的战略目标。2011 年 3 月《国民经济和社会发展第十二个五年(2011—2015 年)规划纲要》明确提出"实施就业优先战略",强调把促进就业放在经济社会发展的优先位置,提高就业质量,努力实现充分就业。至此,"就业优先战略"作为我国社会经济发展的重要战略举措地位得以确立。2015 年 4 月,国务院发布《国务院关于进一步做好新形势下就业创业工作的意见》,提出"深入实施就业优先战略",标志着我国就业优先战略进入 4.0 时代。

表 1-3 2008—2015 年我国积极就业政策

年份	颁布部门	政策文件	政策特点定位
2008	国务院	《国务院关于做好促进就业工作的通知》	纲领性的就业普惠政策
2008	人力资源和社会保障部等	《关于促进以创业带动就业工作的指导意见》	支持创业的配套政策
2008	国务院	《国务院关于切实做好当前农民工工作的通知》	农民工就业配套政策
2008	人力资源和社会保障部等	《关于采取积极措施减轻企业负担稳定就业局势有关问题的通知》	减轻企业负担的金融、税收配套政策
2009	国务院	《国务院关于加强普通高校毕业生就业工作的通知》	大学生就业配套政策
2009	人力资源和社会保障部等	《关于实施特别职业培训计划的通知》	就业培训配套措施
2010	人力资源和社会保障部等	《关于进一步实施特别职业培训计划的通知》	就业培训配套措施
2014	国务院	《国务院关于做好 2014 年全国普通高等学校毕业生就业创业工作的通知》	大学生就业创业配套措施
2015	国务院	关于进一步做好新形势下就业创业工作的意见	纲领性的就业优先文件

这一阶段,我国就业扶持政策体现出如下特点:(1)就业优先战略地位

的确立,将充分就业作为宏观经济战略目标之一;(2)高校毕业生就业问题被列为重点,通过出台就业指导、职业培训、创业、劳动力市场服务等多项措施减少摩擦性失业;(3)在就业扶持方式上,从倚重政府购买公益性岗位、对中小企业减免税、进行金融支持、财政投入等传统渠道,转向挖掘人力资源能力,强调以创业带动就业,形成就业倍增效应。

在我国就业优先战略逐步确立过程中,不难发现我国政府在积极就业政策实施过程中扮演了重要角色。例如,中国将新增就业人数和调控失业率作为考核政府绩效的重大指标;《就业促进法》规定,对就业任务指标完成不好的要追究责任;建立了就业工作联席会议制度,从中央到地方省市,形成主要领导牵头,多部门齐抓共管落实的政策。国际劳工组织评价中国积极就业政策"结合中国实际创造性发展,执行力强,富有成效"①。

(二)2002—2013年我国教育事业发展特点

自20世纪90年代,我国开始实施教育优先发展战略。2002—2013年期间,在教育优先发展战略指导之下,我国基础教育、职业教育、高等教育除了继续延续遵照教育发展规律发展之外,与经济和社会的关系越发紧密,有的教育改革变化"其最直接、最主要的目的是在短期内拉动内需以维持稳定的经济增长"②。

1. 基础教育阶段:历史性地实现"4%"的目标,基础教育质量显著提高

1993年颁布的《中国教育改革和发展纲要》规定,逐步提高国家财政性教育经费支出占国内生产总值的比例,20世纪末达到4%。事实上,该政策目标在20世纪末没有实现。2010年,中共中央、国务院印发的《国家中长期教育改革和发展规划纲要(2010—2020)》再次明确提出,"提高国家财政性教育经费支出占国内生产总值比例,2012年达到4%"。2012年,我国教

---

① 张小建:《中国积极的就业政策及其实践成果》,《中国就业》2013年第9期。
② 闵维方等著:《学术的力量——教育研究与政策制定》,北京大学出版社2010年版,第51页。

育经费的财政经费占比首次达到了 4% 以上。从 20 世纪 80 年代"4.06%"预测值的产生,到 20 世纪 90 年代被政府部门正式采纳宣布出台,直至 2012 年实现"4%"目标,历经近 30 年,"4%"在我国教育事业发展史上具有划时代的意义。

基础教育投入主体不断上移,中央和省级政府成为基础教育投资主体,为提高基础教育质量奠定了体制基础。2001 年,国务院发布的《国务院关于基础教育改革与发展的决定》指出,义务教育实行"在国务院领导下,地方政府负责,分级管理,以县为主"的办学政策。2005 年 12 月,《国务院关于深化农村义务教育经费保障机制改革的通知》颁布,意味着政府逐渐把义务教育投入纳入公共财政体制,中央政府和省级政府逐步成为农村义务教育投入主体。2006 年 9 月,新修订的《中华人民共和国义务教育法》开始实施,规定义务教育经费投入由省、自治区、直辖市人民政府负责统筹落实的体制,进一步保证了义务教育经费的落实。

逐步确立免费义务教育制度。20 世纪 90 年代初的《义务教育法实施细则》中规定,"实施义务教育的学校可收取杂费"。这一时期义务教育经费投入重心落到最基层的乡镇政府。在乡镇政府教育投入严重不足的情况下,义务教育阶段乱收费现象愈演愈烈,农村因贫辍学现象比较显著。2001 年以后,国家开始试行"一费制",将课本费和杂费合二为一,一次性收取。"一费制"的实行,在一定程度上减轻了农村家庭的负担,有效降低了农村学生的辍学率。从 2003 年起,国家规定免除国家扶贫重点县农村义务教育阶段贫困家庭学生的书本费、学杂费,并补助寄宿学生生活费(以下简称"两免一补")。"两免一补"政策的实施,是我国实施免费义务教育的前奏。2005 年 12 月,国务院颁布了《国务院关于深化农村义务教育经费保障机制改革的通知》,明确提出从 2006 年开始全部免除西部地区农村义务教育阶段学生学杂费。2006 年秋季,浙江、上海等地区城乡公办学校义务教育阶段学生全部免除学杂费。从 2008 年秋季学期开始,我国在全国范围内免除城市义务教育阶段学生学杂费,对享受城市居民最低生活保障政策家庭的义务教育阶段学生,继续免费提供教科书,对家庭经济困难的寄宿学生补助生活费。

由于中央政府和各级地方政府对基础教育投入持续性增长,免费义务教育制度确立,极大地提高了基础教育质量。以下几组数据说明了我国小学教育阶段教育条件获得极大改善。一是小学专任教师学历合格率有所提高,小学专任教师学历合格率从 2002 年的 97.39% 上升为 2013 年的 99.83%,高中专任教师合格率从 2002 年的 72.87% 上升为 2013 年的 96.80%;二是生师比大幅度下降,小学生师比从 2002 年的 21.04:1 下降为 2013 年的 16.76:1,初中生师比从 2002 年的 19.29:1 下降为 2013 年的 12.76:1,高中生师比从 2002 年的 17.80:1 下降为 2013 年的 14.95:1;三是初中阶段毛入学率从 2002 年的 90% 上升为 2013 年的 104.1%,初中毕业生升学率从 58.3% 增长为 91.2%。①

2. 职业教育:恢复勃兴,但仍然是教育体系中的薄弱环节

2002—2013 年是我国职业教育恢复时期。2001 年,我国高中阶段的职业教育(包含职业高中、普通中专和技工学校)招生 337.87 万人,比同年普通高中的招生数 557.98 万人少 220 万人。为破解职业教育发展滑坡的问题,2002—2005 年国务院密集出台系列政策,例如《国务院关于大力推进职业改革与发展的决定》(2002 年)、《国务院关于进一步加强职业教育工作的若干意见》(2004 年)、《国务院关于大力发展职业教育的决定》(2005年)。2007 年,《国务院关于建立健全普通本科学校、高等职业学校和中等职业学校家庭经济困难学生资助政策体系的意见》颁布,是推动职业教育复苏的划时代举措。中央政府为大力发展中等职业教育提供了多种物质支持。2005—2007 年连续三年职业教育每年扩招 100 万人,中国职业教育走上恢复发展的道路。

职业教育表面繁荣的背后中等职业学校的办学条件却令人堪忧。2011年 5 月,国家督导组发布的《国家教育督导报告:关注中等职业教育》显示,按教育部 2001 年颁布的《中等职业学校设置标准(试行)》相关规定,全国

① 数据来自 2002 年和 2013 年中国教育事业发展公报。

1.4 万多所中等职业学校中,各项办学条件全部达到标准要求的仅有 148 所,70% 以上的学校,专业课教师占专任教师比例、生均校舍建筑面积等指标不达标,全国有 19 个省份中等职业学校(不含技工学校)的生均教学仪器设备值与 2005 年相比出现下降。2015 年全国人大常委会开展了职业教育法执法检查,检查报告指出我国职业教育仍是教育领域的薄弱环节,总体发展水平与经济社会发展的需求还很不适应。①

3. 高等教育:高校快速扩招,焦点问题重重

2002—2013 年中国高等教育最大的特点是,高等教育招生数量和在校生规模持续快速增加,高等教育大众化程度不断深化。从 1999 年起,连续三年大规模扩大招生,我国高等学校在校生总规模从 1998 年的 643 万人,增加到 2001 年的 1214 万人,净增 571 万人。原定 2010 年达到高等教育毛入学率 15% 的目标,在 2002 年提前八年实现。2002—2013 年我国高等教育大众化程度不断加深:15%—50% 的高校入学率被视为考察高等教育大众化的量化指标,自 2002 年我国高等教育毛入学率达到 15% 以后,高等教育毛入学率逐年攀升,2013 年达到 34.5%。普通高等教育在校生数量从 2002 年 903.36 万人增长为 2013 年的 2468.07 万人,中国拥有世界上数量最多的高校在校生。

始于 1999 年的高校扩招在短期内的目的是为了维持经济增长。受亚洲金融危机的影响,1998 年我国经济增速出现全面下滑,需求不足成为经济发展的主要矛盾,就业压力剧增。根据估计,1999 年的全国下岗工人约 2000 万人,失业率将近 9%。同时,每年 300 万高中毕业生形成新的就业压力。在中国市场整体告别短缺之时,经济学家发现了短缺经济的最后领地——高等教育市场。高等教育扩招,既可通过培养人才实现对经济增长的长期效应,又可通过扩大在校生规模、发展职业培训,延缓他们进入就业队伍的时间。而且,实行缴费上学,也有增加教育消费、刺激经济增长的短

① 《国务院关于落实职业教育法执法检查报告和审议意见的报告》,见 http://www.moe.edu.cn/jyb_xwfb/moe_176/201602/t20160225_230489.html。

期"拉动"作用。受 1997 年开始的亚洲金融危机和 1998 年国企下岗职工剧增的影响,经济学家关于通过扩大高等教育规模拉动内需的建议被采纳。

关于高校扩招的动因,时任国务院副总理李岚清称,有四个主要原因:一是经济持续快速发展需要更多的高素质人才;二是广大群众普遍渴望子女接受高等教育,政府有责任尽量满足这种愿望;三是扩招也可以推迟学生就业,增加教育消费,是拉动内需、带动相关产业发展的重要举措;四是由于过去招考比例低,录取人数少,迫使基础教育集中力量应付高难度的考试,影响了素质教育的全面推行。①

高校持续大规模扩招,引发了不少社会和政府关注的焦点问题。一是高校扩招以后大学毕业生就业难,这是学术界和社会比较普遍的看法:经济学家汪丁丁认为,高等院校扩招的人数成倍增长,对劳动力市场造成"冲击"②;我国高等教育学专家潘懋元等判断我国高等教育"的确存在一定的教育过度现象"③。二是高校大规模扩招后高校教师短缺,高校生师比居高不下,甚至高于普通高中生师比。2002 年高等教育生师比为 19∶1,2013 年小幅度下降为 17.53∶1,但却高于同期的普通高中生师比(2002 年普通高中生师比 17.80∶1,2013 年生师比下降为 14.95∶1)。世界上绝大多数国家高等教育生师比都低于高中生师比,而我国在迈进高等教育大众化阶段时,高等教育生师比居高不下,甚至高于普通高中,显然高校迅速扩招是直接原因。三是高校扩招后实施成本分担,对大学生收取学费,对贫困家庭造成经济压力。1997 年全国高校开始实行学费改革,学费不足千元;1999 年全国普通高校平均学费 2769 元/年,比上一年增长 40.3%;2000 年在 1999 年基础上提高了 15%,有的地区达 20%,平均学费超过 4000 元/年。此后,学费水平不断攀升。2003 年以后,北京地区高校学费一般为每人每年 5000 元左右,这对低收入的城市居民和贫困农民家庭来说,是一个不易承受的经济压力。同时,实行高校收费后国家助学贷款制度建设滞后,导致

① 李岚清:《李岚清教育访谈录》,人民教育出版社 2003 版,第 119 页。
② 汪丁丁:《教育,人力资本,大学生失业》,《财经》2006 年第 8 期。
③ 潘懋元、吴玫:《从高等教育结构看大学生就业问题》,《中国大学生就业》2004 年第 6 期。

部分大学出现数量庞大的"贫困生"。据估计,普通高校中,经济困难学生约占在校生总数的20%,特别困难学生的比例在5%—10%之间,在西部地区的地方院校,贫困生的比例更高,有的高校达到50%以上。①

　　1999年初,政府作出迅速扩大高校招生规模的决策,具有明显的效率优先的发展导向,以及拉动内需的强烈经济动机,而教育性退到了比较次要的地位。我国20世纪90年代向市场经济体制转型的社会变迁中,我国高等教育走上了一条被称为"教育产业化"的道路,它被学者认为是一种"单纯财政视角的教育改革",或者说是一种"经济主义路线"的教育改革。由于政府教育投入严重不足,而热衷于利用市场机制扩大高等教育规模,教育以扩大规模、总量增长和提高宏观效率为主要追求。

二、研究问题

　　现代教育已发展成为一个复杂的社会系统,涉及社会许多方面和不同阶层的利益关系。② 许多情况下,教育政策不仅促进实现教育发展目标,更可能通过教育领域的改革和发展解决其他社会问题。一项优秀的政策不仅要能够解决一个领域的问题,更能够通过该政策的实施使得整个社会多个方面实现帕累托改进。我国教育优先战略的实施早于就业优先战略,深入而系统地研究"两大优先"战略之间的衔接和互动问题,对有效改进教育与就业目标的实现,具有重大意义。

　　就业与教育问题存在天然的联系。经济学家厉以宁早在20世纪80年代就对教育与就业的关系进行了精辟的论述,认为以教育投资形成的人力资源是解决就业问题的根本途径。③ 然而,人们直接看到的现实是:自1999年高校扩招以来,高学历失业者迅猛增长。20世纪90年代,中国失业者中

---

① 教育部:《关于我国高校经济困难学生情况与资助政策措施》,《中国教育报》2004年9月1日。

② 谈松华:《教育决策与政策研究》,载袁振国主编:《中国教育政策评论》,教育科学出版社2000年版,第3页。

③ 厉以宁:《教育经济学》,北京出版社1984年版,第23页。

接受高等教育的比重一直低于5%。进入21世纪,中国失业人员受教育程度最大的变化在于,接受高等教育的失业者比重迅速攀升,从2002年的5.9%迅速上升为2013年的20.7%。[①] 同时,2002—2013年,接受高等教育的20—29岁青年占同龄失业者的比重迅速上升。接受高等教育的20—24岁青年占同龄失业者的比率从12.7%陡峭攀升到43.5%,25—29岁接受高等教育的25—29岁青年占同龄失业者占比从9.8%增长为38.1%。青年高学历者失业问题已经成为我国就业问题的焦点。

如何解释理论与现实之间的"悖论"？如何认识和处理教育与就业优先战略的关系,是本研究的中心议题。本研究回答三个问题:一是从理论上回答教育投资与就业之间的复杂关系。二是评估自2002年我国实施积极就业政策以来,教育投资对就业及就业结构变化产生的影响？短期影响、长期影响以及滞后性影响如何？借此研判我国教育事业发展与就业优先战略目标是否互动良好。三是教育投资结构的变化对就业的影响,高校扩招是否达到了促进就业增长的效应？基础教育投资的长期就业效应如何？职业教育投资的就业效应是否高于普通中等教育投资的就业效应？城乡教育投资水平的差距产生的就业效应差异如何？教育事业性经费与基本建设经费支出对就业的影响存在何种差异？教育经费支出中用于什么项目的就业效应最高？

第二节　研究内容和研究方法

一、研究内容

政策评估需要解决两个基本问题:评估的理由与评估的框架。"教育优先"与"就业优先"是我国两大优先战略,自2002年我国实施积极就业政

[①] 根据历年《中国劳动统计年鉴》计算,中等教育包括初中和高中,高等教育包括大专、本科和研究生。

策以来,教育领域的多项改革举措与促进就业政策目标之间的关系越发直接而紧密,这毫无疑问地构成了进行评估的最重要的理由。迄今,全面而系统地评价我国实施充分就业战略期间教育投资对就业的影响研究成果仍然匮乏。

本书研究内容总体上分为两个部分:一是教育投资影响就业的机制,属于理论研究范畴;二是评价教育经费投入对就业的影响,属于实证研究部分。

一个好的评价框架离不开理论基石。教育如何影响就业,是重要的、基础性的理论研究问题。本研究从经济学角度分析人力资本理论及信号筛选学派关于教育与就业关系的研究,通过引入生产函数模型,分析人力资本理论主张的就业短期替代效应和就业长期促进效应。财政性教育经费是教育投资的最主要来源。本研究运用世代交叠模型,讨论政府通过对上一代人征税,用于教育投资,以提高下一代人的人力资本,从而提高劳动生产率,影响消费者的收入,进而影响消费者的劳动供给或休闲行为。

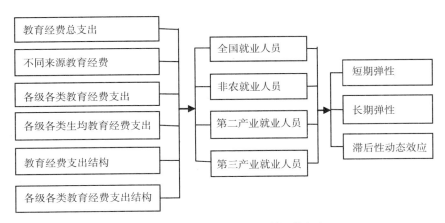

图 1-1　教育投资影响就业的评估框架

实证部分,重点研究教育投资影响就业的短期效应、长期效应及滞后性效应。本研究构建评价教育经费投入影响就业的系统框架,回答以下问题:一是教育经费支出对就业增长及就业结构调整的短期、长期和滞后性效应;二是教育经费不同来源、不同支出结构对促进就业及就业结构升级的短期、长期和滞后性效应,探索教育经费生成积极就业影响的主要源泉;三是与固定资产为代表的物质资本投资的就业效应比较,评价作为人力资本投资重要源泉的教育经费支出的就业效应水平。

二、数据及研究方法

政策评估专家 Heckman 等认为,政策实施绩效评价的优劣有三点至关重要,其中数据的获取是定量分析的重要环节,评估的范围将直接取决于这些数据的质量和数量。[①] 基于证据的政策制定,是科学化决策的基础。证据的基础源自数据的质量。下面先介绍本书研究的数据选取以及研究方法。

(一)数据选取和说明

1. 教育经费的数据说明

采用历年《中国教育经费统计年鉴》的教育经费作为教育投资的统计指标。

1)教育经费收入

教育经费收入分为公共财政预算教育经费、各级政府征收用于教育的税费、事业收入、校办产业和社会服务收入用于教育的经费、捐赠收入。

国家财政预算内教育支出是教育投资的主渠道,是国家在对社会总产品和国民收入进行初次分配和再分配形成财政收入的基础上,通过国家预算分配来实现的。

各级政府征收用于教育的税费包括教育费附加、地方教育附加和地方基金。关于教育费附加征收,1986 年国务院发布了《征收教育费附加的暂行规定》,规定了教育费附加的征收额度,以各单位和个人实际缴纳的增值

---

① Heckman,James J.and Smith,Jeffrey A.,"Assessing the Case for Social Experiments",*The Journal of Economic Perspectives*,Vol. 9,No. 2(1995) ,pp. 85–110.

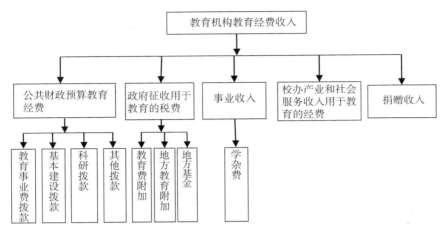

图 1-2　教育经费收入框架

税、营业税、消费税的税额为计征依据,教育费附加按 1% 的标准征收。
1990 年提高了教育费附加缴费标准,规定凡缴纳农业税、产品税、增值税、
营业税的单位和个人都应缴纳教育费附加,教育费附加以各单位和个人实
际缴纳的产品税、增值税、营业税的税额为计征依据,教育费附加征收标准
为 2%,分别与农业税、产品税、营业税同时缴纳,由税务部门征收,交教育
部门使用,主要用于地方教育事业,特别是义务教育。1994 年国务院颁布
《中国教育改革和发展纲要》,再次将教育费附加征收标准提高,规定城乡
教育费附加按增值税、营业税、消费税的 3% 征收。关于地方教育附加,
2010 年 11 月财政部颁布《关于统一地方教育附加政策有关问题的通知》之
前,地方教育附加经费未强制征收,征收标准也不统一,已开征地方教育附
加经费的省、自治区、直辖市的征收标准为 1% — 2%;此后,统一地方教育
附加征收标准为单位和个人实际缴纳的增值税、营业税和消费税税额
的 2%。

　　学费是受教育者向学校或教育举办单位缴纳的培养费,杂费是中小学
生向学校缴纳的用于学生学习(添置设备)、生活(修建校舍)等方面开支的
费用。世界上大多数国家对接受非义务教育的学生都要收取一定的学费。
20 世纪 80 年代中期,我国对小学、初中只收杂费,不收学费,高中、中专收

取学杂费。1989 年起,新入学的高校本、专科学生(除规定的学校和专业外),需缴学费。自 1997 年开始,高等教育除师范、农、林、地、矿、油、军警院校等少数专业外,免费教育已成为历史。我国教育经费来源中,学杂费已经成为教育投资的第二大来源渠道。

校办产业和社会服务收入,指高校、中专开展社会服务活动的收入和中小学勤工俭学收入中用于教育的经费。高校、中专开展社会服务,是指学校利用人才、科技、设备的优势,转让科研成果,提供科技信息、咨询服务、开展委托培养、举办教育投资班、开放学校实验室、利用学校设备和技术条件对外服务、举办校办企业等,按国家有关规定收取的费用。1980 年国家发布《高等学校建立学校基金和奖励制度试行办法》,批准高等学校建立学校基金制度。学校校办企业的净收入和学校对社会的教学服务、科技服务以及后勤服务等收入,是学校基金的主要来源。中小学勤工俭学收入,是指中小学根据国家有关规定组织对学生进行劳动教育为主,并按照教学计划开展的生产经营活动,或由学校抽调少数人员兴办以专业人员劳动为主,并按市场需求经营的校办企业等获取的收入。1982 年国家颁布的《全国中小学勤工俭学财务管理暂行办法》,规定勤工俭学纯收入不上交,也不交纳所得税,在预算外作为专项资金管理,由学校自收自支。勤工俭学生产收益的分配与使用,扣除所需要扩大再生产的资金外,主要用于改善办学条件,补助师生在劳动期间的生活费用和开展集体福利事业。

捐赠收入指来自社会捐资和集资办学经费。许多国家的教育经费中,捐赠收入是除政府拨款、学费之后的一项重要经费来源。1993 年颁布的《中国教育改革和发展纲要》提出,欢迎港澳台同胞、海外侨胞和外国友好人士捐资助学。1998 年颁布的《中华人民共和国高等教育法》,鼓励企业事业组织、社会团体及其他社会组织向高等教育投入。社会集资、捐资的形式主要有:单位集体集资,个人捐资,海内外侨胞、港澳台同胞的捐赠,以及建立教育基金制度,向社会各界和个人征集教育资金。

2)教育经费支出

《中国教育经费统计年鉴》将教育经费支出分为事业性经费支出和基

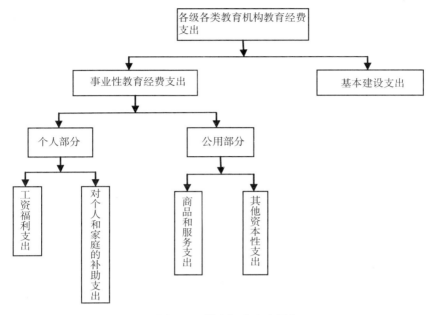

图1-3 教育经费支出框架

本建设支出两大部分。事业性教育经费支出占绝大部分,包括个人部分和公用部分。基本建设支出用于购置设备(单台价值在5万元以上)、建造房屋、设施的基本建设投资。

2002—2007年《中国教育经费统计年鉴》统计的"个人部分支出"指用于人员经费方面的支出,包括:(1)基本工资,指国家一般预算支出目级科目的基本工资;(2)补助工资,指国家一般预算支出目级科目的津贴,其中,民师补助指国家预算支出科目中用于民办教师的补助费;(3)其他工资,指国家一般预算支出目级科目的奖金和人员支出中的其他;(4)职工福利费,指国家一般预算支出目级科目的福利费、退职(役)费、就业补助费、抚恤金、医疗费、生活补助及对个人和家庭的补助支出中的其他;(5)生活保障费,指国家一般预算支出目级科目的社会保险缴费、离休费、退休费、购房补贴;(6)奖贷助学金,指国家一般预算支出目级科目的助学金。

2002—2007年《中国教育经费统计年鉴》统计的"公用部分支出"指公务费、业务费、设备购置费、修缮费及其他属于公用性质的经费支出,包括:

（1）公务费，指国家一般预算支出的办公费、劳务费、水电费、邮寄费、取暖费、物业管理费、交通费、差旅费、租赁费、会议费；（2）业务费，指国家一般预算支出目级科目的专用材料费、印刷费；（3）设备购置费，指国家一般预算支出目级科目的办公设备购置费、专用设备购置费、交通工具购置费、图书资料购置费；（4）修缮费，指国家一般预算支出目级科目的修缮费，其中，校舍建设费包括新建、改建、扩建等列入基本建设项目的支出。

2002—2007年《中国教育经费统计年鉴》的事业性教育经费支出统计口径与2008—2013年的有所不同。2008年以后，历年《中国教育经费统计年鉴》的统计口径规定，事业性经费支出分为个人部分支出和公用部分支出。个人部分支出包括工资福利支出以及对个人和家庭的补助；工资福利支出反映学校或单位开支的在职职工和临时聘用人员的各类劳动报酬，以及为上述人员缴纳的各项社会保险费等；对个人和家庭的补助，反映政府对个人和家庭的补助支出。公用部分支出包括商品和服务支出和其他资本性支出两部分；商品和服务支出，反映学校或单位购买商品和服务的支出（不包括用于购买固定资产的支出）；其他资本性支出，反映集中安排用于学校或单位购置固定资产、土地和无形资产以及购建基础设施、大型修缮所发生的支出。基本建设支出，反映各级发展和改革部门集中安排用于学校或单位购置固定资产、土地和无形资产的支出，购建基础设施、大型修缮所发生的支出以及与之配套完成上述项目的非公共财政预算资金支出，不包括公共财政预算配套资金。

为了统一"工资福利"教育经费支出统计口径，根据我国对工资福利的统计内容规定，将2002—2006年中的"基本工资""补助工资""其他工资""职工福利费""生活保障费"合计加总作为"工资福利支出"金额，形成与2007—2012年中的"工资福利支出"内容相对一致的统计口径。通过对"工资福利支出"统计数据整理发现，2006—2007年"工资福利支出"有所下降，这是由于统计口径的细微差异导致，2007年之前通过加总获得的"工资福利支出"统计范围略高于2007年以后的"工资福利支出"。由于2007年及以后的"工资福利支出"不再包括离退休人员工资福利支出，因此低于

2007 年以前工资福利支出。2007 年以前,"职工福利费"不仅包括"福利费",还包括"退职(役)费""就业补助费""抚恤金""医疗费""生活补助"及对个人和家庭的补助支出中的"其他","生活保障费"不仅包括"社会保险缴费",还包括"离休费""退休费""购房补贴"。

2. 就业的数据说明

关于就业指标体系,国际劳工组织从 1999 年开始发布《劳动力市场主要指标》(*Key Indicators of the Labour Market*, *KILM*),运用 18 个主要指标描述世界各国劳动力市场特征,然后逐步扩展为 20 个主要指标。这些指标除了包括劳动力参与率、失业、青年失业、长期失业,按受教育程度划分的失业,还涵盖就业—人口比、按部门划分的就业、非全日制工人、工作时间、城镇非正规部门就业、非经济活动率、文盲、制造业工资指数、收入、就业弹性、工作贫困等。

我国《中国统计年鉴》《中国劳动统计年鉴》《中国工业经济统计年鉴》等年鉴发布中国的劳动就业年度统计数据。《中国统计年鉴》提供了全国劳动就业的基本情况,统计指标包括经济活动人口数,按三次产业划分的就业人员、按城乡分的就业人员数(年底数)、城镇单位就业人员数、私营企业和个体就业人员数、城镇登记失业人数、城镇登记失业率、城镇单位就业人员平均工资、城镇私营单位就业人员工资。自 1989 年起,国家统计局与劳动和社会保障部联合出版《中国劳动统计年鉴》,发布分年龄、性别、职业、行业、受教育程度的城镇单位从业人员就业、工资、周平均工作时间、失业人员工作寻找方式等更为详细的年度数据。

本书研究采用下列统计指标代表就业数量:(1)全部就业人员,包括城镇和乡村从业人员在内的城乡全部从业人员数,乡村从业人员包括乡镇企业、乡镇私营和个体经济从业人员,其他人员均作为农、林、牧、渔业从业人员计入统计,城镇从业人员包括单位从业人员、私营及个体经济从业人员和其他灵活就业人员;(2)非农就业,包括第二、第三产业从业人员;(3)二产就业人员,指在第二产业就业的各类就业人员总和,包括各种灵活形式的就业人员;(4)三产就业人员,指第三产业的各类单位(包括私营企业和个体经济组织）的就业人员和各种灵活形式就业人员的总和。

（二）研究方法

目前，如何评估教育投资的就业效应尚无、公认的计量方法。本研究采用协整误差修正模型评价短期弹性，运用弹性系数模型分析长期弹性，使用向量自回归模型评估教育投资带来的滞后性动态效应。

1. 教育投资的就业弹性模型

国家经济增长对就业的作用，可通过 GDP 就业弹性表达。[①] 教育投资与就业的关系可以借用弹性模型来分析。就业弹性表示在一定时期内，就业量对于教育投资变动的反应程度。教育投资的就业弹性系数公式表达如下：

$$L_t = \frac{就业量变化率}{教育投资变化率}$$

弹性 L_t 越大，表明劳动力市场吸纳劳动力的能力越强，当弹性系数趋向零值时，表示教育投资对就业拉动作用极其有限。该模型的缺陷是，存在弧弹性以及点弹性取极值时估算的不准确。本书研究用回归方程拟合弹性模型。

根据教育投资与就业之间的经济关系，取幂函数 $Y = \alpha X^\beta$，其中 Y 表示就业人员数，X 表示教育投资，α 和 β 为系数，此时的 Y 与 α、β 非线性，模型两边取自然对数得：

$$\ln Y = \ln \alpha + \beta \ln X \qquad\qquad (1-1)$$

式中系数 β 为教育投资的就业弹性系数，表示教育投资增长 1% 时，就业数量增长的百分比。运用最小二乘法即可获得教育投资的就业弹性系数。

2. 误差修正模型

误差修正模型是刻画短期波动的优良模型，一阶差分项的使用消除了

---

① ［美］保罗·萨缪尔森、威廉·诺德豪斯：《宏观经济学》，萧琛译，人民邮电出版社 2012 年版，第 93 页。

变量可能存在的趋势因素,从而避免虚假回归的问题。同时,一阶差分项的使用也消除了模型可能存在的多重共线性问题。

考虑如下的一阶自回归分布滞后模型,记为 ADL(1,1):

$$y_t = \beta_0 + \beta_1 x_t + \beta_2 y_{t-1} + \beta_3 x_{t-1} + \varepsilon_t \qquad (1-2)$$

其中,ε_t 独立同分布且服从均值为零,方差为 σ^2 的正态分布,对式两边取期望,得到:

$$E(y_t) = \frac{\beta_0}{1 - \beta_2} + \frac{\beta_{1+}\beta_3}{1 - \beta_2} E(x_t) \qquad (1-3)$$

式(1-3)度量的是解释变量 x_t 与因变量 y_t 的长期均衡关系。对式(1-3)移项并整理得到:

$$\Delta y_t = \beta_0 + \beta_1 \Delta x_t + (\beta_2 - 1)\left(y_{t-1} - \frac{\beta_{1+}\beta_3}{1 - \beta_2} x_{t-1}\right) + \varepsilon_t \qquad (1-4)$$

其中,$\Delta y_t = y_t - y_{t-1}$,$\Delta x_t = x_t - x_{t-1}$,记 $ecm_{t-1} = y_{t-1} - \dfrac{\beta_{1+}\beta_3}{1 - \beta_2} x_{t-1}$,表示误差修正项。模型解释了因变量的短期变动 Δy_t 受两方面的影响:一是受自变量短期波动 Δx_t 的影响;二是受误差修正项 ecm_{t-1} 的影响,即受变量之间的短期波动中偏离其长期均衡关系的影响。因此,β_1 表示短期弹性。

3. 向量自回归模型

关于就业与失业问题的研究经历了一个由确定性研究向不确定性研究的变迁路径。早期的研究大多基于严格假设或者严格限定条件的研究,假设条件越严格,局限性越大,研究所基于的背景条件与客观现实也越不符合。后继的研究尽可能克服这种局限,研究从确定性研究逐渐向不确定性研究过渡。开展不确定性研究其中重要的路径是,通过放松假设条件开展研究。向量自回归模型是解释教育投资影响就业长期动态关系的适当方法。对结构方程的识别相当于对模型的短期动态施加了不可信的人为限制,是不合理的。具体到教育投资与就业的关系不仅要关注短期效应,尤其应该重视教育影响就业的滞后性长期动态效应。

非限制的向量自回归模型(VAR 模型)表达式为:

$$X_{t=} \prod_1 X_{t-1} + \cdots + \prod_k X_{t-k} + \Phi D_t + \varepsilon_t$$

$$t = 1,\ldots,T \; ; \varepsilon_t \sim I N_P(0,\Omega) \tag{1-5}$$

式(1-5)中大写字母代表矩阵,一般小写字母代表向量、变量和系数,希腊字母代表参数。式中 X_t 代表要研究的由 p 个变量组成的向量,一般根据已有的研究成果、相关经济理论或者研究目的来选择 X_t 中所包含的变量。k 是滞后阶数,T 是样本期的大小。D_t 包括常数项、线性项、季节虚拟变量或者其他一些前定的或者非随机的解释项。初始值 $X_{-k+1},\ldots,X_0$ 是固定的,参数($\prod_1,\ldots,\prod_k,\Phi,\Omega$)是常数且无约束限制。Ω 是一个对称的 $p \times p$ 维的正定矩阵。$\varepsilon_t,(t = 1,\ldots,T)$ 是 p 维独立同分布序列,具有零均值和方差矩阵 Ω。

具体来说,X_t 过程的动态性质可总结如下:

(i)如果伴随矩阵的所有特征值都位于单位圆上,则 X_t 过程平稳。

(ii)如果至少一个特征值位于单位圆外,其他特征值在单位圆内,则 X_t 过程是非平稳的。

(iii)如果至少一个特征值位于单位圆外,则 X_t 过程是发散的。

如果 X_t 过程平稳,则称为 I(0) 过程。如果特征多项式有一个或两个单位根(根的值等于1),其他的所有根都位于单位圆外,则分别称为 I(1) 或 I(2) 过程。

在分析 VAR 模型时,往往不分析一个变量的变化对另一个变量的影响如何,而是分析当一个误差项发生变化,或者说模型受到冲击时对系统的动态影响,这种分析方法称为脉冲响应函数方法(Impulse Response Function,IRF)。即当某一变量 t 期的扰动项变动时,会通过变量之间的动态联系,对 t 期以后各变量产生一连串的连锁作用,脉冲响应函数将描述系统对冲击(或新生)扰动的动态反应,并从动态反应中判断变量间的时滞关系。

脉冲响应函数一般形式为

$$Y_t = \beta + A_i Y_{t-1} + \cdots + A_p Y_{t-p} + U_t \tag{1-6}$$

式(1-6)中,Y_t 为由内生变量组成的 k 维向量,A_i 为系数矩阵,β 为常数向量，U_t 为 k 维误差向量，其协方差矩阵为 Ω。假设 Y_t 为平稳随机过程，表示成一个无穷向量移动平均模型：

$$Y_t = c + \sum_{s=0}^{\infty} \Psi_s U_{t-s} \tag{1-7}$$

式（1-7）中，Ψ 为系数矩阵，c 为常数向量，它们均可由式中的系数矩阵 A_i 和常数向量 β 求出。由上式可知，系数矩阵 Ψ 的第 i 行第 j 列元素表示第 i 个变量对由第 j 个变量产生的单位冲击的 s 期滞后反应，即 VAR 系统中变量 i 对变量 j 的 s 期脉冲响应。由于误差向量的协方差矩阵 Ω 是正定的，因此存在一个非奇异阵 P 使得 $PP' = \Omega$，可表示为

$$Y_t = c + \sum_{s=0}^{\infty} (\Psi_s \rho)(\rho^{-1} U_{t-s}) = c + \sum_{s=0}^{\infty} (\Psi_s \rho) \omega_{t-2} \tag{1-8}$$

经过变换，原误差向量 μ_t 变成标准的向量白噪声 ωt。系数矩阵 $\Psi_s \rho$ 第 i 行第 j 列元素表示：系统中第 i 个变量对第 j 个变量的一个标准误差的正交化冲击的 s 期脉冲响应。[①] 式（1-8）可计算出系统中一个变量对另一个变量的脉冲响应函数，比较其不同滞后期的脉冲响应，可以确定一个变量对另一个变量的作用时滞。

本研究以 2002—2013 年我国就业人数和教育经费投入为基础，通过建立向量自回归模型，并利用脉冲函数分析各变量对每一标准差新息的反映，以及方差分解分析教育投资对就业人数变化的贡献度。

---

① ［美］詹姆斯·D.汉密尔顿：《时间序列分析》，刘明志译，中国社会科学出版社 1999 年版，第 89 页。

第二章 文献述评

教育与就业关系,有两种虽未针锋相对,却也截然不同的观点:人力资本理论主张的投资功能和信号理论声称的筛选功能。前者主张通过教育投资促进就业增长;后者则对此表示质疑,认为教育的功能通过传导能力大小信号,从而实现劳动力筛选分层功能,教育投资未必一定带来就业增长。本章对上述两种观点进行简述。

对国内外积极就业政策的评价研究的简述分为两个部分,一是欧洲国家积极就业政策研究评价,二是对我国就业政策评价研究进行简述。

第一节 人力资本理论相关研究述评

人力资本理论对教育与经济发展持有乐观的态度,认为人力资本投资提高了劳动生产率,在经济发展中扮演积极角色。人力资本理论研究成果重点在于教育投资对经济增长的贡献,教育的收益率及对劳动生产率的影响。但人力资本经典理论鲜有研究教育投资与就业之间的关系。究其原因,可能是在支持人力资本理论的学者看来,教育有效提高劳动生产率,促进经济增长,即暗示着教育投资对就业的积极效应。

一、人力资本影响经济发展的研究

(一)国外的研究

现代人力资本理论的诞生,从崭新的视角解释了困扰人们的关于经济增长源泉的疑惑。西奥多·舒尔茨旗帜鲜明地指出,人力资本是"经济增长第一个重要源泉"[①]。这吸引着经济学家们从新的视角来看待教育的价值,重新分析学校教育投入在经济增长和劳动力市场中的价值。[②] 不同于古典经济学中劳动力被假设为同质生产要素,人力资本理论不再把"人力"单纯视为非经济因素决定的外生变量,而是将其引入生产函数模型并予以内生化,"其核心存在于教育与劳动力市场的联系之中"[③]。从卢卡斯的模型中加入人力资本积累变量开始,教育和人力资本变量就不断的被学者用来分析经济增长。[④]

舒尔茨运用教育投资收益率计算出提高教育水平对国民收入增长的贡献。他把某一级教育程度毕业生与上一级教育程度毕业生的工资差别,当作某一级的教育收益率,计算出 1929—1957 年美国初等、中等和高等教育的收益率分别为 35%、10% 和 11%。此后,经济学家不断证实教育投资对经济增长的贡献。美国学者丹尼斯将教育投资质量与增长联系起来,推断出:1909—1929 年物质资本对经济增长的贡献是教育的 2 倍,而 1929—1957 年教育对经济增长的贡献却超过了物质资本的贡献,教育的贡献在国民收入年增长率中占 1.12 个百分点,相当于国民收入增加额的 38%。[⑤]

(二)我国的研究

20 世纪 80 年代以后,在理论上受到西方人力资本理论影响,在实践中受限于当时百废待兴的现实,国家财政部门希望教育部门通过提高资金使用效益克服经费不足的问题,教育界及一些学者希望加大教育投入解决教

---

① [美]西奥多·W.舒尔茨:《论人力资本投资》,吴珠华等译,北京经济学院出版社 1990 年版,第 25 页。

② Carnoy,M.,"The Economics of Education,Then and Now",in *International Encyclopedia of Economics of Education*,Martin Carnoy(eds.),Elsevier Science Ltd.,1995,p. 1.

③ Schultz,T.W.,*The Economic Value of Education*,New York:Columbia University Press,1963,p. 11.

④ Lucas,Robert E.," On the Mechanics of Economic Development ",*Journal of Monetary Economics*,No. 2(1998),pp. 3-42.

⑤ [美]西奥多·W.舒尔茨:《论人力资本投资》,吴珠华等译,北京经济学院出版社 1990 年版,第 22 页。

育事业与经济发展问题。在这样的背景下,我国一些学者对教育经费投入的性质的认识发生了改变。厉以宁等提出的关于财政性教育经费占 GNP 的4%的建议①,是当时具有代表性的研究成果,对此后我国教育经费政策产生了十分重要的影响。

我国学者运用人力资本理论的分析框架开展教育与经济关系的研究,实证研究中,教育对经济增长的贡献和教育收益率是两大重要研究主题。

我国学者关于教育对经济增长的影响的研究,结论大多数是积极的。蔡增正利用194个国家和地区的数据,实证分析了1965—1990年教育对经济增长的贡献。结果表明,教育对于经济增长的外溢作用不仅是正的,而且效应颇为可观,教育投资对于经济增长的作用表现为先弱、后强、最后稍有降低的趋势。② 廖楚晖研究发现政府教育投入对经济增长有直接的促进作用。③ 陈晓声等借鉴新古典增长模型,发现我国教育支出对人力资本形成有促进作用,中高等教育人才对第二、三产业贡献逐渐增大。④ 李强利用我国1980—2010年的数据,通过误差修正模型进行验证,结果显示人力资本投资比基础设施投资对经济增长有更强的推动力。⑤ 叶茂林等指出,1981—2000年我国教育投资对经济增长的贡献率甚至高达31.17%。⑥ 也有研究认为,教育投资质量对经济增长的作用还处于较低水平。⑦

同时,学者们分析了我国不同地区教育投资对经济的影响的差异性。祝接金等运用地区面板数据的固定效应模型,实证分析了东中西部教育支

---

① 厉以宁:《教育经济学》,北京出版社1984年版,第45页。

② 蔡增正:《教育对经济增长贡献的计量分析——科教兴国战略的实证依据》,《经济研究》1999年第2期。

③ 廖楚晖:《中国人力资本和物质资本的结构及政府教育投入》,《中国社会科学》2006年第1期。

④ 陈晓声、吴晓忠、吕杰:《教育支出、人力资本形成及对不同产业贡献度分析——基于3SLS回归与省际面板数据的研究》,《未来与发展》2014年第3期。

⑤ 李强:《基础设施投资、教育支出与经济增长——基础设施投资"挤出效应"的实证分析》,《财经理论与实践》2012年第3期。

⑥ 叶茂林、郑晓齐、王斌:《教育对经济增长贡献的计量分析》,《数量经济技术经济研究》2003年第1期。

⑦ 谢秀桔:《我国教育投资与经济增长的关系——基于面板数据和空间计量模型》,《福州大学学报》2015年第2期。

出对经济增长的影响,结果表明不同地区政府教育支出促进经济增长的影响不同。[①] 郑丽琳采用 1996—2002 年的教育支出和经济增长数据,发现教育投资对我国东中西部三个地区经济增长的促进作用各有不同,东部最为明显,而中西部明显偏低。[②]

还有学者对不同层次教育的经济效应进行了研究。徐健以菲德模型为基础,运用全国省级 2001—2007 年数据,结果发现高等教育投资对经济增长的影响都是最大的。[③] 王志扬等运用 2000—2009 年全国各省市数据发现,基础教育阶段生均经费每增加 1%,人均 GDP 增长 0.487%。[④]

也有少量研究成果持反对意见,认为人力资本投资不具有长期产出效应。胡永远运用中国 1978—1998 年的经验数据,采用新古典生产模型估计出了人力资本的产出贡献率,物质资本对经济增长的贡献率为 68.7%,人力资本对经济增长的贡献率为 14.6%,人力资本的贡献率相对较小。[⑤] 王蓉等对中国地方政府教育财政支出进行了实证研究,得出了经济发展水平与公共教育支出之间存在着负相关的结论。[⑥]

中国教育收益率的实证研究成果比较乐观。由于研究方法、样本来源不同,研究者大量的实证研究对中国教育收益率得出了不同的结论,但是在以下几个方面形成了相似的观点:首先,普遍的看法是中国教育收益率较高,并且不少实证研究都发现教育收益率是高等教育、中等教育和初等教育依次减少。[⑦] 诸建芳等的研究发现,基础教育的收益率为 1.8%,高等教育

---

① 祝接金、胡永平:《政府教育支出、人力资本异质性与地区经济增长》,《统计与决策》2008 年第 6 期。

② 郑丽琳:《教育投资对经济增长影响程度的区域差异》,《重庆工商大学学报:西部论坛》2006 年第 16 期。

③ 徐健:《财政教育投入对经济增长影响的实证分析》,《兰州交通大学学报》2010 年第 2 期。

④ 王志扬、宁琦:《基础教育财政投入的经济增长效应》,《地方财政研究》2016 年第 3 期。

⑤ 胡永远:《人力资本与经济增长:一个实证分析》,《经济科学》2003 年第 1 期。

⑥ 王蓉、杨建芳:《中国地方政府教育财政支出行为实证研究》,《北京大学学报(哲学社会科学版)》2008 年第 4 期。

⑦ 赵人伟、[美]基斯·格里芬:《中国居民收入分配研究》,中国社会科学出版社 1994 年版,第 25 页;Xin Wei, Mun C.Tsang, Weibin Xu and Liang-Kun Chen, "Edueation and Eamings in Ruarl China", *Education Economics*, Vol. 7, No. 2(1999), pp. 167–187。

收益率为 3.0%。① 罗楚亮利用 2002 年中国 12 个省份城镇收入分配数据，实证检验发现标准明瑟模型中初中、高中、大专和大学以上教育收益率相对于小学教育收益率分别为 0.153、0.416、0.639 和 0.86。② 其次，20 世纪 80 年代到 90 年代教育收益率呈现提高趋势，但是有研究表明 2000 年以后有缓慢下降迹象。赵伟等估算 1978 年的收益率为 2.8%，20 世纪 80 年代中后期的数据计算的该值达到 4%，90 年代则达到 5% 以上。③ 李实等利用抽样调查数据对 1991 — 1999 年中国城镇的个人教育收益率的动态变化进行了经验估计，发现个人教育收益率逐年上升。④ 丁小浩等使用国家统计局城镇住户调查数据，对 20 世纪以来中国城镇居民的教育收益率及其变化趋势进行估算，研究结果表明教育收益率并没有延续 1990 年至本世纪初期快速增长的态势，而是逐渐趋于平稳，并有轻微的下降迹象。⑤ 研究者发现，农村教育收益率低于城镇。李春玲的研究表明 2001 年两者的差距达到了 7 个百分点。⑥

此外，研究者基于不同人口学特征以及行业、地区等差异，进行了教育收益率差异研究。众多研究发现，女性教育收益率高于男性。研究发现 1986 年女性教育收益率高于男性 2 个百分点，1994 年则上升为 3 个百分点，⑦年轻人教育收益率高于年长者⑧。国有部门和公共部门教育收益率低

---

① 诸建芳、王伯庆、恩斯特·使君多福：《中国人力资本投资的个人收益率研究》，《经济研究》1995 年第 12 期。

② 罗楚亮：《城镇居民教育收益率及其分布特征》，《经济研究》2007 年第 6 期。

③ Zhao Wei and Xueguang Zhao, "Institutional Transofmration and Retums to Edueation in Ubran China：An Empirieal Assessment", Mimeo, *Department of Sociology*, Duke Univesity.

④ 李实、丁赛：《中国城镇教育收益率的长期变动趋势》，《中国社会科学》2003 年第 6 期。

⑤ 丁小浩、余秋梅、于洪霞：《本世纪以来中国城镇居民教育收益率及其变化研究》，《教育发展研究》2012 年第 11 期。

⑥ 李春玲：《文化水平如何影响人们的经济收入——对目前教育的经济收益率的考察》，《社会学研究》2003 年第 3 期。

⑦ 于学军：《中国城市转型时期劳动力市场中的人力资本回报率研究》，转引自王裕国著：《中国劳动力市场与就业问题》，西南财经大学出版社 2000 年版，第 35 页。

⑧ Li Haizheng, "Economic Transition and Returns to Education in China", *Economcis of Education Review*, Vol. 22, No. 3(1998), p.317.

于私人部门,市场化程度高的部门教育收益率要高于市场化程度低的部门。①

二、人力资本影响劳动生产率的研究

(一)国外的研究

人力资本理论的开创者与支持者一直试图验证教育与劳动生产率之间的直接关系,以期找到支持人力资本理论的证据,然而这的确是研究困难之处。卢卡斯指出,当劳动者接受教育后,不仅个人的生产效率得以提高,还能通过"潜移默化",使整个社会的生产率都得到提高。② 韦尔奇关于美国农民对新技术反应的研究说明,有较高教育程度的农民从农业获得的收入也较高,也能更快速地采用新技术,并从这些投入中得到更高的收入。③ 世界银行对低收入国家农民受教育水平与农业收益(用粮食生产来衡量)关系开展了18项研究,研究结论是,一个受过4年初等教育的农民比没有受过教育的农民平均多产出8.7%。有研究证实,亚洲国家从20世纪60年代末到80年代初农民的受教育程度对农业生产率有很大影响,如果农民多受一年的教育,在韩国能使生产效率提高2.22%,在泰国为3%,在马来西亚达5%。④ 米勒的研究显示,人力资本对全要素生产率的影响因国家不同而有所差异,高收入国家存在负的影响效应,中等收入国家存在正的影响效应,而低收入国家只有在贸易开放达到一定程度时,人力资本才会对全要素生产率产生正的影响。⑤ 也有实证研究得出了相反的结论。有研究者利用

---

① 杜育红、孙志军:《中国欠发达地区的教育、收入与劳动力市场经历——基于内蒙古赤峰市城镇地区的研究》,《管理世界》2003年第9期。

② Lucas, Robert E., "On the Mechanics of Economic Development", *Jounal of Monetary Economics*, Vol. 22(Nov. 1988), pp. 3–42.

③ Welch, F., "Education in Production", *Policy Economy*, No. 2(1977), pp. 35–59.

④ 安双宏、崔秀芬:《亚洲部分发展中国家教育对农业生产率的影响》,《中国农业教育》1998年第2期。

⑤ S. Miller, "The Effects of Openness, Trade Orientation, and Human Capital on Total Facor Productivity", *Journa. of Development Economics*, Vol.63(2000), pp. 399–423.

1970—2000 年 93 个国家的数据,分析得出人力资本对产出有显著影响,而对生产率没有显著影响的结论。[①]

(二)我国的研究

我国学者自 20 世纪 90 年代关注教育对生产率的影响,研究结论并非完全一致,有些甚至存在显著分歧。一些学者对高等教育和中等职业教育对生产率的影响的研究获得了积极的证据。金戈采用中国省际面板数据,运用增长核算法和随机前沿分析方法,研究结果显示中学和大学教育投入有利于促进全要素生产率增长,而小学教育投入对全要素生产率增长具有负效应,增加大学教育投入对促进全要素生产率增长具有正效应,而增加小学教育投入则对全要素生产率增长具有不利影响。[②] 华萍使用 1993—2001 年中国 29 个省份的生产率增长数据,通过面板数据计量经济模型,研究发现大学教育对效率改善和技术进步都具有有利影响,而中小学教育对于效率改善具有不利影响。[③] 肖志勇测算了 1988—2006 年间中国 29 个省份全要素生产率增长率等相关指标,结果表明:只有高等教育人力资本对全要素生产率增长具有显著正影响,中等及小学教育人力资本对全要素生产率增长不具有积极影响,并且人力资本对全要素生产率增长的影响表现出鲜明的区域差异。[④] 韩海彬等采用非参数指数方法对 1999—2006 年中国高等教育生产率的变动情况进行了实证分析,研究表明中国高等教育生产率整体上呈现增长趋势,其中东部地区的高等教育生产率增长最快。[⑤] 何亦名使用 CHNS 经验数据分析中国 1991—2004 年高等教育收益率的变化,以及

---

① Mans Soderbom, Francis Teal, "Openness and Human Capital as Sources of Productivity Growth: An Empirical Investigation", *Development and Comp Systems*, No.0409031, 2003.

② 金戈:《不同层次和来源教育投入对地区全要素生产率的影响》,《浙江社会科学》2014 年第 6 期。

③ 华萍:《不同教育水平对全要素生产率增长的影响——来自中国省份的实证研究》,《经济学季刊》2005 年第 4 期。

④ 肖志勇、魏下海:《教育不平等、人力资本与中国全要素生产率增长——来自省际面板数据的经验研究》,《统计与信息论坛》2010 年第 3 期。

⑤ 韩海彬、李全生:《中国高等教育生产率变动分析:基于 Malmquist 指数》,《复旦教育论坛》2010 年第 4 期。

这种变化同高等教育扩张之间的联系,证实了近年来高等教育的快速扩张使得高等教育收益率出现下降趋势。[①] 潘海生等运用 1998—2012 年数据进行研究发现,我国中等职业教育全要素生产率处于较低水平。[②]

也有研究表明,教育人力资本与生产率提高没有显著关系。李向前应用数据包络分析和随机前沿分析方法,对 2002—2011 年中国 31 个省份面板数据进行对比研究,认为教育人力资本的作用没有得到充分发挥。[③]

有研究者注意到了教育质量与劳动生产率的关系。张海峰等利用 1980—2005 年间的中国省级面板数据,估计了平均教育年限(教育数量)和平均师生比率(教育质量)对地区劳动生产率的影响。实证分析结果表明,以师生比率衡量的教育质量对劳动生产率有显著且稳健的正效应,教育质量越高对劳动生产率的促进效应越大,暗示过于快速的教育数量扩张不是最有效率的教育资源配置方式。[④]

三、人力资本影响就业的研究

(一)国外的研究

20 世纪 80 年代以前,公共资本的生产性一直被经济学家忽视。经济学家在进行实证研究时,都认为产出由私人资本和劳动力两种投入所决定。从 20 世纪 80 年代中期以来,由于内生增长理论模型的出现,人们对政府支出对经济的效应有了新的认识。既然经济增长率是内生因素作用的结果,那么政府公共支出就可能对经济增长率产生影响。自 1990 年,实证研究开始重视公共资本在总产出中的作用,也就是认为它对生产的作用,不仅有私人资本和劳动力投入的贡献,还有公共资本的贡献。研究者对财政教育支

---

① 何亦名:《中国高等教育扩张的就业与工资效应研究》,博士学位论文,暨南大学,2007 年。

② 潘海生、冉桃桃:《1998—2012 年我国中等职业教育全要素生产率变动分析——基于 Malmquist 指数方法》,《职业技术教育》2015 年第 7 期。

③ 李向前、黄莉:《包含教育和健康人力资本的省域全要素生产率研究——基于 SFA 与 DEA 的比较分析》,《经济经纬》2016 年第 5 期。

④ 张海峰、姚先国、张俊森:《教育质量对地区劳动生产率的影响》,《经济研究》2010 年第 7 期。

出的就业影响就是在这样的背景下进行的。

国外研究者分析了财政教育支出对就业的影响,多数研究支持了财政教育支出对就业的积极效应。贝拉多等分析了 19 个经合组织国家在 1971—1998 年的数据,得出公共教育支出对就业有显著正向影响的结论。[①] 荣格等使用 CGE 一般均衡,研究发现教育支出对就业的影响在不同国家的效果是不同的。[②] 马里兰塔等运用多项对数模型,发现培养学生就业能力的教育支出,对学生就业起到积极作用。[③]

(二)我国的研究

经济学家厉以宁早在 20 世纪 80 年代就对教育与就业的关系进行了精辟的论述,认为"教育在经济增长以及经济和社会发展中的作用,表现于它提高劳动者的文化技术水平,以促进人力资源的有效增长和合理配置,促进劳动者的全面的、综合的发展"[④]。

我国学者关于教育对就业影响的实证研究始于 20 世纪末期,具有影响力的研究基本都证实了教育对提高个体非农就业的可能性。周其仁认为人力资本在非农就业机会方面发挥了重要作用。[⑤] 布劳利用我国农户抽样调查数据,证实了人力资本是影响农村劳动力非农就业的关键因素。[⑥] 李实利用山西省 10 个村的调查数据,发现较高的文化程度有助于增加女性外出

---

① Beraldo, S., Montolio, D., Turati, G., "Healthy, Educated and Wealthy: A Primer on the Impact of Public and Private Welfare Expenditures on Econocic Growth", *Socio-Economics*, Vol. 38, No. 2 (2009), pp. 946-956.

② Jung, H. S., Thorbecke, E., "The Impact of Public Education Expenditure on Human Capital, growth, and Poverty in Tanzania and Zambia: a General Equilibrium Approach", *Policy Modeling*, Vol. 25, No. 4(2003), pp. 701-725.

③ Maliranta, M. M., Nurmi, S., "Resources in Vocational Education and Post-schooling Outcomes", *Inernational Journal of Manpower*, Vol. 31, No. 5(2010), pp. 520-544.

④ 厉以宁:《教育经济学》,北京出版社 1984 年版,第 23 页。

⑤ 周其仁:《机会与能力——中国农村劳动力的就业和流动》,《管理世界》1997 年第 5 期。

⑥ Brauw, A. D., Huang, J. K. & Rozelle, S., "The Evolution of Chinese Rural Labor Markets during the Reform", *Journal of Comparative Economics*, Vol. 30, No. 2(Feb.2002), pp. 329 -353.

打工的机会，①具有高中文化程度的劳动力与文盲劳动力相比，非农就业收入高出近 10—20 个百分点，而与小学文化程度的劳动力相比，高出 8—10 个百分点。② 任国强研究表明，劳动力文化程度越高越倾向非农就业，劳动力文化程度对外出就业的影响的顺序为高中、初中、小学、中专、大专及以上。③ 黄斌等利用浙江、安徽、陕西三省农村住户调查数据，发现义务教育年限的增加对于促进农村劳动力从事非农就业的作用很小，而后义务教育年限的增加的这一作用相对较大。④

高校扩招后，高校毕业生就业问题成为研究重点。董克用等对北京 1000 名毕业生进行了抽样调查，结果表明知名院校毕业生的就业质量高于非知名院校毕业生。⑤ 赵晶晶采用 2012 年高校毕业生就业情况调查数据，研究发现我国高校毕业生初次就业流动表现出很强的区域特征和黏性。⑥ 苏丽锋和孟大虎基于大学毕业生抽样调查数据，认为人力资本能提高大学毕业生就业概率。⑦

支持教育支出对就业产生积极影响的研究成果不断出现。王文甫运用 1978—2004 年数据，指出政府教育支出对就业的影响是正的作用还是负的作用与人力资本投入的弹性有关。⑧ 李俊锋发现教育支出促进人力资本质量和经济增长，从而扩大就业。⑨ 有研究者根据我国 1978—2007 年的时间

---

① 李实：《农村妇女的就业与收入——基于山西若干样本村的实证分析》，《中国社会科学》2001 年第 3 期。

② 李实：《中国个人收入分配研究回顾与展望》，《经济学季刊》2003 年第 2 期。

③ 任国强：《人力资本对农民非农就业与非农收入的影响研究——基于天津的考察》，《南开经济研究》2004 年第 3 期。

④ 黄斌、徐彩群：《农村劳动力非农就业与人力资本投资收益》，《中国农村经济》2013 年第 1 期。

⑤ 董克用、薛在兴：《高校毕业生人力资本积累对其就业的影响》，《中国行政管理》2014 年第 6 期。

⑥ 赵晶晶等：《区域差距、就业选择与人力资本流动——基于高校毕业生的实证研究》，《人口与发展》2016 年第 1 期。

⑦ 苏丽锋、孟大虎：《人力资本、社会资本与大学生就业：基于问卷数据的统计分析》，《复旦教育论坛》2012 年第 2 期。

⑧ 王文甫：《财政政策的就业效应研究》，西南财经大学出版社 2013 年版，第 140—141 页。

⑨ 李俊锋：《经济增长与就业增长的关系研究——两者相关性的重新判定》，《中国软科学》2005 年第 1 期。

序列数据,采用协整和格兰杰因果关系检验,结果表明人力资本投资对就业增长的影响是有着积极的促进作用。[1] 杨大楷等采用协整分析方法和误差修正模型对公共教育投资的就业效应进行实证分析,研究结果表明公共教育投资的总体就业效应较弱,但对第二产业就业促进效应较显著,而对第一、三产业就业影响较小。[2]

研究公共支出或者财政支出的学者对教育支出的就业效应进行了研究,也发现了教育影响就业的积极效用。董万好等构建 CGE 模型分析财政科教支出对就业的影响,结果发现财政科教支出对就业,尤其是第三产业就业具有显著正向促进作用,对于住宿和餐饮等劳动密集型产业的影响尤其明显。[3]

同时,研究者也注意到了教育对短期和长期就业影响的差异性,从短期和长期的视角考察了教育投入对就业的影响,发现人力资本投资对就业的影响具有时滞性。王光栋等采用我国 1978—2006 年时间序列数据,研究结果表明人力资本存量的增长率和就业增长率之间存在着显著的正效应,但在短期人力资本水平的变动率对就业规模变动率的影响均呈负效应。[4] 丁小浩估算显示 1999 年高校扩招短期内带来少量的就业增加量。[5] 有研究者运用 Granger 因果检验和 VAR 模型,研究结果表明教育支出对就业增长率不但具有显著正向的即期效应,而且具有显著的滞后效应。[6] 张铭洪等以内生经济增长模型为基础,利用中国 1997—2014 年的省级面板数据进行计量分析,结果表明从长期和短期来看,科教文卫支出对就业都具有显著的

---

① 范勇:《人力资本、技术进步与就业——基于协整检验的实证分析》,《江西社会科学》2010 年第 2 期。

② 杨大楷、冯体一:《公共教育投资对不同产业就业影响的实证分析》,《贵州社会科学》2009 年第 7 期。

③ 董万好、刘兰娟:《财政科教支出对就业及产业结构调整的影响——基于 CGE 模拟分析》,《上海经济研究》2012 年第 2 期。

④ 王光栋、叶仁荪:《资本投入与就业增长——基于协整和 VAR 模型的分析》,《统计观察》2008 年第 24 期。

⑤ 闵维方:《高等教育运行机制研究》,人民教育出版社 2002 年版,第 157 页。

⑥ 路平:《我国教育扩张对就业变动的动态影响研究——基于 VAR 模型的实证分析》,《经济经纬》2013 年第 4 期。

促进作用。①

第二节　信号筛选理论相关研究述评

在人力资本理论的影响下,许多国家纷纷按照人力资本理论规划国家的教育事业,教育经费投入积极增长。然而,一些发展中国家没有迎来人力资本投资的丰硕果实,却不得不面对收入差别日益扩大的问题,如乌干达的大学毕业生收入是国民平均工资的 60 倍,印度的差距也高达 12 倍。② 人力资本在社会经济发展中的表现并没有产生预期的效率,风靡一时的人力资本理论遭遇了严峻挑战。在这样的背景下诞生了劳动力市场分割理论、过度教育理论,为人们开启了另外一扇窗来理解教育与经济的关系,深化对教育与就业之间关系的认识。

一、教育与劳动力市场分割下的就业

(一)国外的研究

劳动力市场分割理论是解释教育信号筛选功能的基础理论。20 世纪 60 年代以来,作为统一劳动力市场的充分竞争性假设备受质疑,很多研究者放弃了劳动力市场竞争式范式,转而强调劳动力市场的分割性。多林格和皮奥里根据工资、福利和升迁机制等不同特点,将劳动力市场划分为主要劳动力市场和次要劳动力市场,认为教育仅仅起到一种将不同教育水平劳动者分配到主要劳动力市场和次要劳动力市场的功能,高学历者获得主要劳动力市场敲门砖,低学历者只能在次要劳动力市场竞争,并且难以重返主要劳动力市场。在绝对的劳动力市场分割理论主张者看来,教育系统仅仅

---

① 张铭洪、卢晓军、张志远:《财政支出结构的就业效应研究:理论与经验证据》,《华东经济管理》2016 年第 4 期。

② 曲恒昌:《西方教育经济学研究》,北京师范大学出版社 2000 年版,第 240 页。

是一种筛选装置,对具有不同智力水平和能力的人加以区分,教育的主要功能不在于提高劳动生产率,而在于将人们分配到不同层次的劳动力市场,从而形成一个合理匹配的、较为稳定的经济运行系统,通过这样的机制雇主按照培训成本来决定雇佣者的序位,把高生产率的职位分配给序号靠前的人。[1] 该观点获得博斯克和多林格以英国为样本的证实,研究表明英国劳动力市场存在年龄、性别、职业、教育等特征的分割。[2]

在劳动力市场分割性特征前提下,为了获取主要劳动力市场的敲门砖,信号理论对教育与主要劳动力市场的关系进行了阐释。诺贝尔奖获得者斯宾塞提出,劳动力市场上存在信息不对称,当雇主雇用求职者时难以准确地判断其生产能力,此时雇主需要成本低廉的信号判断求职者能力高低。[3] 斯宾塞提出,求职者拥有两类易于被观察的特征:一类是先天的、无法被改变的特征,如性别;另一类是后天可以被改变的特征,称为信号,如教育水平。斯宾塞进一步指出一个重要的假设:能力较高的人支付的教育成本较低,能力较低的人选择较低水平的信号将使其净收益最大化,而能力较高的人选择较高的信号水平,雇主通过观察雇员的教育水平,实现筛选功能,因此教育信号传递的筛选功能可以减少非效率。

尽管从实证方面衡量教育的信号筛选作用是比较困难的,经济学家还是设计了各种方法力图验证并证实了信号筛选假说,其中最著名的是威尔斯检验和"羊皮效应"。[4] 米勒和沃尔克利用澳大利亚经济学专业的毕业生起薪数据,发现不管从事职业是否与经济学相关的毕业生,两者之间的起薪并没有显著的差异,从而验证了威尔斯假说。[5] 埃里对美国113种不同职

---

[1] Hinchliffe, K., "Education and Labor Market", in *International Encyclopedia of Economics of Education*, Martin Carnoy(eds.), Elsevier Science Ltd., 1995, pp. 20-23.

[2] Nicholas Bosanquet, Doeringer Peter, "Is There a Dual Labor Market in Great Britain?", *The Economic Journal*, Vol. 2(1973), pp. 421-435.

[3] Spence, M., "Competition in Salaries, Credentials, and Signaling Prerequisites for Jobs", *Quarterly Journal of Economics*, Vol. 90, No. 1(1976), pp. 51-74.

[4] Stiglitz, J.E., "The Theory of 'Screening', Education, and the Distribution of Income", *American Economic Review*, Vol. 65, No. 6(1975), pp. 283-300.

[5] Miller, Paul W. and Volker, Paul A., "The Screening Hypothesis: An Application of the Wiles Test", *Economic Inquiry*, Vol. 22(1984), pp. 121-127.

业按照工资收入与教育年限进行分组研究,发现教育年限能够很有效地解释高学历者与其工资收入的正相关性,以及教育对特定职业所发挥出的强信号作用。[1] 亨杰福德和梭伦的研究发现,大学第一年和最后一年的教育收益率明显高于中间年份的教育收益率,说明进入大学读书的行为属于"过滤"信号行为,验证大学教育在获得证书的那一年传送了"羊皮"的信号作用。[2] 帕克使用教育年限和获得的学位信息,验证大学教育有显著的"羊皮效应"。[3] "羊皮效应"在菲律宾、新西兰、瑞典、哥伦比亚、日本等国被得到验证。

需要说明的是,对信号筛选理论存在误解,认为信号筛选理论否定了人力资本理论关于教育提高劳动生产率的功能。实际上,信号筛选理论并没有否认人力资本理论,仅仅补充说明,只要个人能力难以在短时间内、被简易地观测到,教育成本与个人能力负相关,那么教育就成为高能力者向雇主发送的信号。为此,斯宾塞进行澄清,指出筛选理论要阐明的观点是,在承认教育具有生产性功能的基础上,指出教育的信号筛选功能,如果不借助教育这一信号,雇主难以做出低成本的合理决策。[4]

(二)我国的研究

我国学者对分割劳动力市场理论研究的热情,源自对高校扩招以后出现大学毕业生就业困难现象的解释。赖德胜提出,在劳动力市场分割的背景下,学生就业困难的主要原因是"过高的工作转换成本、解聘成本和户口成本极大地影响着大学毕业生和用人单位的工作搜寻行为"[5]。岳昌君和

① Riley, John G., "Testing the Educational Screening Hypothesis", *Journal of Political Economy*, Vol. 87(1979), pp. 227-252.

② Hungerford, Thomas and Solon, Gary, "Sheepskin Effects in the Returns to Education", *Review of Economics Studies*, Vol. 69, No. 1(1987), pp. 175-177.

③ Park, Jin Heum, "Estimation of Sheepskin Effects Using the Old and the New Measures of Educational Attainment in the Current Population Survey", *Economics Letters*, Vol.62, No. 3(1999), pp. 237-240.

④ Spence, M., "Signalingin Retrospect and the Informational Structure of Markets", *The American Economic Review*, Vol.92(2002), pp. 434-459.

⑤ 赖德胜:《劳动力市场分割与大学毕业生失业》,《北京师范大学学报(社会科学版)》2001年第4期。

丁小浩提出的行业垄断问题也与市场分割有关。[①] 有研究者指出,扩招的举措客观上降低了高等教育的门槛,初级能力劳动者积极接受本科教育,以伪装成中级能力劳动者谋求中级岗位,依此类推,从而高级岗位失业问题最终浮现出来。[②] 樊文有等探究雇主在招聘中基于毕业生的人力资本信号进行雇佣甄别的行为,研究发现毕业生异质性人力资本信号在求职中的重要性。[③]

二、过度教育

(一)国外的研究

在分割的劳动力市场上,教育具备向雇主发送信号,谋求主要劳动市场就业的功能,个人为了增加发向雇主的信号,会进行更多的教育投资,以期望额外的收益,于是过度教育(over-education)现象发生了。1976 年,美国哈佛大学学者弗里曼把美国自 20 世纪 70 年代初以来的教育收益率下降,以及许多受过教育的青年人难以找到学以致用的工作的原因,归结为过度教育。20 世纪 80 年代,邓肯和霍夫曼开创了对过度教育的实证研究,通过区分实际接受的教育水平和工作所需的教育水平之间的差别,提出界定过度教育的测量方法,即当个体接受的教育水平高于工作所需的教育水平时称为过度教育;并且对过度教育的收益率进行了估算,发现过度教育收益率低于教育匹配的收益率,但是过度教育收益率仍然为正值。[④] 对于过度教育现象,人力资本理论的解释是,在竞争的市场中过度教育现象长时期会消失。然而,信号筛选理论的观点不同,认为过度教育将越来越严重,伴随

---

① 岳昌君、丁小浩:《高等教育者就业的经济学分析》,《高等教育研究》2003 年第 6 期。

② 张曙光、施贤文:《市场分割、资本深化和教育深化——关于就业问题的进一步思考》,《云南大学学报(社会科学版)》2003 年第 5 期。

③ 樊文有等:《高校毕业生人力资本信号在就业市场中的效用研究》,《教育与经济》2011 年第 3 期。

④ Duncan,G.and Hoffman,S.D.,"The Incidence and Wage Effectsof over Education",*Economics of Education Review*,Vol. 21.No. 1(1981),pp. 75–86.

主要劳动力市场对学历水平要求"水涨船高",社会整体教育水平将不断增长,过度教育是一种长期现象,是对教育投资的一种浪费。

(二)我国的研究

关于过度教育的研究从介绍引进国外理论逐步转向中国教育过度的实证研究。2001 年,孙志军发表的《过度教育:西方的研究与经验》是我国较早的一篇介绍西方过度教育理论与实证的文章。[①] 2007 年,武向荣利用中国社科院经济研究所收入分配课题组的抽样数据,用众数法对 1995 年不同行业的过度教育发生率进行了估算,发现科研和技术服务业、金融保险业、国家党政机关和社会团体,尤其是国家党政机关、社会团体显著地出现了过度教育,并且估算发现过度教育会使个人收入受到损失。[②] 此后关于过度教育的经验研究基本与上述结论一致。罗润东等基于社会综合调查数据,发现行政机关和事业单位的过度教育比例总体高于企业单位,国有或国有控股企业又高于外资企业和私营企业,预测过度教育在党政机关、事业单位、国有或国有控股企业等单位将会进一步持续提高。[③] 范皑皑和丁小浩运用 2006 年北京市企业调查获得的员工数据,研究发现高等教育毕业生在主要劳动力市场的激烈竞争是导致国有企业员工过度教育的重要原因,主要劳动力市场的过度教育能够通过收入和福利获得补偿,而次要劳动市场的员工文凭贬值比较严重。[④] 黄志岭等采用城调队数据估算过度教育的收入效应,研究结果显示过度教育的个体要比适度教育者的收入低 4.8%。[⑤]关于我国过度教育发生率的判断,有研究者认为,其严重程度已经超过了西方国家。刘璐宁使用 2010 年全国综合设计调查数据,运用国际职业标准和国际教育标准对接方法,研究发现我国过度教育发生率为 27.7%,高于美

① 孙志军:《过度教育:西方的研究与经验》,《比较教育研究》2001 年第 5 期。
② 武向荣:《教育扩展中的过度教育现象及其收入效应——基于中国现状的经验研究》,《北京师范大学学报(社会科学版)》2007 年第 3 期。
③ 罗润东、彭明明:《过度教育及其演变趋势分析——基于 CGSS 受高等教育职员的调查》,《经济社会体制比较》2010 年第 5 期。
④ 范皑皑、丁小浩:《谁的文凭贬值了》,《教育发展研究》2013 年第 9 期。
⑤ 黄志岭、逯岩、樊小钢:《过度教育的收入效应实证研究》,《财经论丛》2016 年第 6 期。

国 20 世纪 70—90 年代 26.3% 的过度教育发生率,高于欧洲 21.5% 的过度教育发生率。[1]

第三节 积极就业政策绩效评价简述

20 世纪 70 年代,欧洲伴随着失业率的不断攀升,政府采取新的劳动力政策遏制失业,积极就业政策评价研究成果主要集中在欧洲国家。专门评价中国就业政策绩效的文献还较为稀少。劳动力市场政策评估的方法大体包括四类:微观经济层面的计量分析、宏观或者总体效果分析、定性分析和成本收益分析。研究内容可以概括为两个方面:一是积极就业政策的总体影响,即积极就业政策对宏观就业水平的影响;二是借助微观计量经济学的方法,对积极就业政策的某项具体措施之于就业的影响进行评估。

一、欧洲国家积极就业政策评价述评

近年来的研究表明,某些积极的劳动力市场政策确实能帮助大部分失业者重返就业岗位,但政府应该采取更多更好的评估手段来找出那些真正起作用的政策,以及政策在实际上能帮助哪些群体的失业者就业。克拉夫特等运用来自德国、英国、瑞典的数据,实证研究发现,积极的劳动力市场政策对就业产生了积极的效应。[2] 毕罗特等通过对来自 17 个 OECD 国家1960—1999 年的数据进行实证分析,得出的结论是:综合的劳动力市场政策对降低失业率是起作用的。[3] 勃兰特等认为,OECD 国家总体上劳动力市

---

[1] 刘璐宁:《我国劳动力市场中的过度教育表现和成因的实证研究》,《教育学术月刊》2016 年第 4 期。

[2] Kraft, K., "An Evaluation of Active and Passive Labour Market Policy", *Applied Economics*, Vol. 30, No. 2 (1998), pp. 783–793.

[3] Belot, M.and van Ours, "Does the Recent Success of Some OECD Countries in Lowering Their Unemployment Rates Lie in the Clever Design of Their Labor Market Reforms?", *Oxford Economic Papers*, Vol. 56, No. 4 (2004), pp. 621–642.

场效率在提高,大多数国家的结构性失业在减少,丹麦、爱尔兰、荷兰等国的劳动力市场绩效显著提高,而德国、希腊劳动力市场效率没有明显进步。勃兰特等的研究认为,在大多数 OECD 国家青少年相对中年男子的失业率有所提高,妇女相对中年男子的失业率有所下降,年老者相对中年男子的失业率有所下降,就业者总收入的差异程度在增加。[①] 福克等专门探讨了从1970 年到 1987 年北欧国家劳动力市场政策架构差异,看起来似乎存在一个劳动力市场政策的北欧模型,然而他们之间存在着显著的区别,这些项目在不同国家里以不同的组合形式被应用。[②]

积极的劳动力市场政策实践起源于瑞典,关于瑞典劳动力市场政策评价的研究最为丰富。瑞典的积极劳动力市场项目包括:范围广泛的工作培训、公共部门救济性质的工作、招聘补贴、年轻人劳动力市场项目、地区间流动性就业补贴和各种失业性收益等。[③] 卡林等使用了一个风险回归模型检验了瑞典的八个劳动力市场项目对于削减参与者失业持续时间方面的相对功效。所用的样本数据量包含瑞典 1995—1997 年处于失业状态的成年劳动者。研究结果发现,由公司提供的能够给项目参与者带来补贴的工作经验和培训项目比那些课堂式的培训带来更好的效果。[④]

"青年新政"项目是 1998 年 4 月英国政府为失业 6 个月以上的青年提供帮助的综合性计划,是英国最大的劳动力市场推进项目,其目标在于帮助青年人找到工作并提高他们的长期就业能力。通过这个计划,政府在 4 个月内将为青年寻找工作提供广泛的支持服务;如果在这期间,他们没有能找到工作,政府将提供四种选择:补贴就业、参加全时教育工作、参加志愿部

① Brandit, N., Burniaux, J. and Duval, R., "Assessing the OECD Jobs Strategy: Past Developments and Reforms", *Economics Department Working Paper* No. 429, OECD Eco/wkp(2005), p.16.

② Furker, B., Johansson, L. and Lind, J., "Unemployment and Labour Market Policies in the Scandinavian Countries", *Acta Sociologica*, Vol. 33, No. 2(1990), pp. 141–164.

③ Forslund, A. and Alan, B., "An Evaluation of the Swedish Active Labour Market Policy: New and Received Wisdom", Working Paper No. 332, Industrial Relations Section, Princeton University, July 1994.

④ Carling, K. and Richardson, K., "The Relative Efficiency of Labor Market Programs: Swdish Experience from the 1990's", Working Paper(2001), IFAU-Office of Labour Market Policy Evaluation.

门、参加环境部门。① 研究发现这项政策的总体效果是值得肯定的,但这项政策不能被视为万能良药。贝尔等用数理分析的方法,考察了英国针对年轻失业者和未就业者的新政对劳动力市场的影响。他们发现,这项积极的新政被很多欧洲国家视为解决失业者问题的一项可行方法。② 这项新政对于促进年轻人就业非常有帮助,提出了高质量的工作搜寻可以促进就业。③ 这项劳动力市场政策的实施帮助了很多年轻人再就业。④ 在短期内可以通过两个途径提高失业人员找到工作的成功率:一个是通过取消福利待遇的威胁、职位空缺信息的提供等提高搜寻效率;另一个就是工资补贴减低了雇主雇佣失业者的成本,新政成功地增加了目标人群的净就业率。⑤ 通过就业服务中心为青年提供了就业帮助,帮助长期失业的人员找到工作,偏远的地区就业率增加的效果非常明显。⑥ 菲尔德豪斯等专门讨论了"青年新政"对于英国来自少数民族裔社区青年人的影响,鼓励了很多的少数民族裔的年轻人加入到就业的群体中。⑦

二、中国就业政策评价述评

早在我国改革开放之初,国际组织即开始研究中国的就业问题。世界银行于 1978 年发表了《中国的工业化、技术与就业》的工作报告,1979 年又

① White, M. and Riley, R., "Findings from the Macro Evaluation of the New Deal for Young People", DWP Report No. 168(2002), London: Department for Work and Pensions.

② Bell, B., Blundell, R. and Reenen, J., "Getting the Unemployment Back to Work: The Role of Targeted Wages Subsidies", *International Tax and Public Finance*, Vol. 6, No. 3(1999), pp. 339-360.

③ Ritchie, J., "New Deal for Young People: Participants' Perspectives", *Policy Studies*, Vol. 21, No. 4(2000), pp. 301-312.

④ Blundell, R., "Welfare-to-Work: Which Policies Work and Why? Keynes Lecture in Economics", *Proceedings of The British Academy*, Vol. 117, No. 1(2002), pp. 477-524.

⑤ Reenen, J., "Active Labour Market Policies and the British New Deal for the Young Unemployed in Context", Working Paper 9576, 2003, NBER, http://www.nber.org/papers/w9576.

⑥ Finn, D., "The 'Employment-first' Welfare State: Lessons from the New Deal for Young People", *Social Policy and Administration*, Vol. 37, No. 7(2003), pp. 709-724.

⑦ Fieldhouse, E., Kalra, S. and Alam S., "A New Deal for Young People from Minority Ethnic Communities in the UK", *Journal of Ethnic and Migration Studies*, Vol, 28, No. 3(2002), pp. 499-513.

专门出版了《中国的经济增长与就业》。OECD、国际货币基金组织、国际劳工组织等也先后针对中国的就业问题发表论文或研究报告,这些国际机构关注的重点在于中国的整体经济改革,而不是就业问题。

迄今为止,国内专门讨论中国就业政策绩效的文献还较为稀少,中国社会科学院的研究可以作为代表。20 世纪 90 年代初期,上海在全国率先开展"再就业服务中心"为主要内容的再就业工程。中国社会科学院专门研究了上海市积极的劳动力市场政策的效果,研究发现,积极的劳动力市场政策促进了政府增加就业目标的完成,促进了劳动就业体制改革的深化和符合市场经济要求的劳动力市场建设,促进了劳动力市场服务体系的日益完善。[①]

中国实施积极就业政策以来,国内外一些学者也开展了尝试性的评价研究。陈茂锋等评估了我国再就业税收优惠政策的缺陷。[②] 赖德胜等的估算结果表明,1998—2000 年积极就业政策的支出与下岗失业人员的再就业之间存在长期稳定关系,积极就业政策的支出每变动 1% 会导致下岗失业人员的再就业数量增长 0.27%,而消极就业政策的支出每变动 1% 将引起下岗失业人员的再就业数量反向变动 1.05%。[③]

本章小结

本章梳理了人力资本和信号筛选理论关于教育影响就业的研究成果。总的来看,人力资本理论持有非常乐观的看法,认为完全竞争的劳动力市场将出清劳动力,教育能提高劳动生产率,长时期内一定能促进就业增长,其逻辑是:教育投资→劳动生产率提高→经济增长→就业扩大。然而,信号筛

---

① 中国社科院课题组:《积极劳动政策:上海模式述评》,《经济学动态》2002 年第 5 期。
② 陈茂锋、冒益慧:《再就业税收优惠政策的缺陷》,《税收研究资料》2005 年第 2 期。
③ 赖德胜、孟大虎、李长安、田永坡:《中国就业政策评价:1998—2008》,《北京师范大学学报(社会科学版)》2011 年第 3 期。

选流派则不认同教育必然导致就业增长,认为教育能起到向主要劳动力市场雇主发送信号的功能,甚至通过过度教育发出更强烈的信号。在信号筛选流派看来,教育投资未必与劳动生产率提高呈现一一对应的关系,因此教育投资也未必能促进就业增长。

积极劳动力市场政策在西方发达国家的历史比较长,相应的政策评价成果也比较多。尽管研究范式及研究模型不尽相同,大多数的研究都证实了积极就业政策的正向效应。

自我国实施积极就业政策以来,近几年学者们对就业政策的绩效进行了评价,有研究者运用均衡模型证实了积极就业政策的财政支出与再就业人员数之间的正向效应。教育支出对就业及就业结构的影响,也出现了少量研究成果。国内研究主要集中在积极就业政策内容的讨论上,在政策效果的评价中以对就业支出、受惠人群规模、就业状况的描述性统计分析为主。然而,关于教育经费支出对就业在短期、长期、滞后期的影响,仍然缺乏具有基于理论支撑以及大量数据为基础的系统性研究。

第三章　理论基础

　　对政策绩效的有效评估有赖于专业的理论基础、科学的政策评估方法、合理的数据支撑，以及评估的参照对象。目前，严格意义上教育经费支出对就业的影响评估系统还没有出现。通常情况下，我们大都会把原因归咎于评估技术与方法等操作层面的欠缺。实际上，更重要的是教育投资与就业关系理论研究的匮乏。本章首先阐述界定教育投资的概念，避免因为概念范畴使用的差异而产生混淆；其次，从教育经济学角度，分析教育的人力资本功能和信号筛选功能对就业的短期和长期影响；最后，运用效用函数模型推导论证财政性教育经费的就业效应取决于人力资本弹性的大小。

第一节　概念界定

一、教育投资

　　要阐明"教育投资"的概念，首先要区分广义和狭义教育概念。广义的教育包括两大类形式：正规教育与不正规教育。（1）正规教育，又可以分为学校正规教育和非学校正规教育。学校正规教育，参加者一般是未开始工作的青少年，他们在学校接受系统的教育；非学校正规教育的参加者往往是成年人，他们在非学校的正规教育机构如各类培训中心中接受短期的、专门技术的训练。与正规教育相比，非正规教育项目的课程往往时间更短、目标更明确、与应用知识的联系也更紧密。（2）不正规教育，指的是任何教育机构以外的一种学习方式，如人们在家里、社会、工作岗位上学习到不少知识和技术，这种方式被称为"干中学"。狭义的教育概念是指学校正规教育，在学校中接受系统的教育。国际教育标准分类（ISCED-97）采用狭义的教育概念，将教育分为0—6级，从学前教育的0级至高等教育第二阶段的6级，基本与全日制学校教育相对应。

再讨论投入学校正规教育的货币能否被称为投资的问题。最初，学术界对投资的定义一般是通过分析资本及资本形成开始的。萨缪尔森编写的《经济学》认为，"投资总是意味着实际资本的形成——存货的增加量，或生产新的工厂、房屋或工具"①。《新帕尔格雷夫经济学大辞典》中认为，"投资就是资本形成——获得或创造用于生产的资源"，"资本主义经济中非常注重在有形资本——建筑、设备和存货方面的企业投资"②。通过上述的定义可以看出，传统经济学认为投资就是货币资本形成的另一种表达。

随着商品经济的发展，投资作为商品经济发展的产物，其概念也随着资本概念的拓展而不断扩展，加入了新的要素，如技术、人力资本等，逐渐形成了现代西方经济学理论中相对完整的概念，即"投资就是资本形成……但是政府、非营利公共团体、家庭也进行投资，它不但包括有形资本，而且也包括人力资本和无形资本的获得"③。这些认识反映了西方经济学逐渐承认教育经费投入属于投资，是人力资本投资。

教育投资属于人力资本投资最主要的一种形式。对教育投资最经典的表述来自人力资本专家、诺贝尔经济学奖获得者西奥多·舒尔茨。他指出，"教育是人力资本的一种形式"，"我们之所以称这种资本为人力，是由于它已经成为人的一个部分，又因为它可以带来未来的满足或者收入，所有将其

---

① ［美］保罗·A.萨缪尔森、威廉·D.诺德豪斯：《经济学》（第十二版），中国发展出版社1992年版，第182页。

② ［美］约翰·伊特韦尔、米尔·盖特和彼得·纽曼：《新帕尔格雷夫经济学大辞典》第二卷，经济科学出版社1996年版，第1053页。

③ ［美］约翰·伊特韦尔、米尔·盖特和彼得·纽曼：《新帕尔格雷夫经济学大辞典》第二卷，经济科学出版社1996年版，第1053页。

称为资本"。①

国内教育经济学的专家也将教育投资界定为,投入学校正规教育的事业费和基本建设经费总和,强调以货币形式投入教育领域的资本。王善迈认为,教育投资是"投入教育领域中,用于培养不同熟练程度的后备劳动力和专门人才,以及提高劳动力和专门人才智力的人力物力的货币表现"②。本书采用的"教育投资"概念,指国家、集体企事业、社会和个人等投入学校正规教育的货币,其投资量表现为人力、物力和财力投入的货币,不包括投入非正规教育领域(培训)的货币投入,也不包括由于接受高一层次教育而损失的机会成本,指投入正规教育体系的直接货币表现。

最后,讨论教育投资在统计上涵盖的范围问题。进行教育活动,需要从社会总劳动力中抽出一部分劳动力成为从事教育工作的教师、教育行政管理人员、教学辅助人员、总务后勤人员等,要消耗社会一定的与教育相关的社会财富。此外,要进行教育活动,还必须有一定的物质技术条件,如教学用房屋、宿舍以及教育相关附属建筑和仪器设备等。然而,教育投资具体包括哪些费用,如何衡量,国内外学者存在两种意见。

一种以舒尔茨为代表的观点,认为人力资本投资只应该包括经常性经费支出。舒尔茨认为,教育投资包括直接进行教育教学活动的人员经费,也包括奖学金、助学金以及各类补助津贴,但是不包括提供的住宿等费用。他认为,"很希望能有一种方法,用来具体测量每年为办教育所投入的资金量。这种投入量包括教师、图书馆工作人员和学校行政管理人员的服务之成本,还包括校办工厂用以维持和进行经营的年生产要素成本和折旧费及利息。这里不应当包的是经营某些辅助性事业的费用,比如为学生提供的住读宿舍以及'组织'体育活动或其他非教学活动的开支。学校为学生所提供的奖学金、助学金和其他财政援助资金也应当包括的教育投入量之内"③。舒尔茨界定的教育投资实际上更接近教学投资的概念,他认为体育

---

① [美]西奥多·W.舒尔茨:《论人力资本投资》,北京经济学院出版社1990年版,第92页。
② 王善迈:《教育经济学概论》,北京师范大学出版社1989年版,第96页。
③ [美]西奥多·W.舒尔茨:《论人力资本投资》,北京经济学院出版社1990年版,第92页。

活动或者非教学活动的开支不应该计算在教育投资中。关于宿舍建设经费投入是否应该包括在教育投资范畴中的问题,国家情况不同而有所差异。美国高校相当一部分学生宿舍通过市场机制解决(当然,很多学校也提供部分宿舍),因此舒尔茨提出宿舍不包括在教育投资范围之中。我国高等教育的校园组织形式是将宿舍集中修建在校园中,为全体学生提供宿舍,其费用支出为基本建设经费,普遍认为这一部分经费属于教育经费支出。

另外一种观点认为,教育投资包括经常性经费和基本建设经费,教育投资的收益,不仅来自受教育者智力水平的提高,更包括体力、品德等劳动力整体素质及生产能力的提升,这都源自于教育的整体作用,很难将教育与教学截然划分开。世界上目前大多数国家的教育经费支出都包括了这两部分支出。我国高校通常为学生提供宿舍并进行管理服务,宿舍建筑经费通常被计入基本建设经费。OECD 组织发布的《OECD 国家教育概览》中将学校提供的住宿、餐饮、交通费用,以及投入研发的经费称为辅助经费(ancillary services),将教学经费称为核心经费(core services)。其中,核心经费占教育经费的绝大部分,2013 年 OECD 国家平均的教育核心经费占比为 94%。

投资于住宿及科研等的辅助经费与完成教育与教学活动紧密相关。从统计实践操作看,国际上和我国均将上述经费纳入教育经费中进行统计,因此本研究将投入教育领域的科研和基本建设经费均视为教育投资,即教育投资包括经常性教育经费和基本建设经费支出。

二、教育投资的就业效应

本研究探讨的教育投资就业效应包含四方面的含义:

第一层含义是,投入各级各类正规学校的教育经费对就业数量的影响。如果教育投资能促进就业数量增长,则说明教育投资的就业效应显著;反之,则说明教育投资的就业效应不存在。

第二层含义是,在论证教育投资对就业促进有效的前提下验证教育投资就业效应的大小,研究教育投资对就业数量的影响程度有多大,影响时间有多长。

第三层含义是,各级各类教育经费收入和支出对就业促进影响的大小,影响时间的长短。各级各类教育与劳动力市场的相关性紧密程度有差异,论证不同层次不同类型教育投资的就业效应的差异,是深入理解教育投资哪些部分的就业效应显著的必然要求。

第四层含义是,各级各类教育投资的质量对就业存在积极效应。生均经费是体现教育质量的重要指标,研究将考察各级各类教育生均经费对就业短期、长期、滞后期的影响。

第二节 人力资本影响就业的机制

引入生产函数一般模型,运用供求曲线分析教育投资形成的人力资本对就业的短期替代效应及长期业促进效应。然后,分析教育投资如何影响就业结构升级。

一、人力资本影响就业数量的机制

(一)短期替代效应

生产函数中的要素效率产出功能,是教育投资的经济价值所在。引入生产函数的一般形式:

$Q = f\{K, L\}$

式中,Q 为经济产出水平,K 为资本投入量,L 为劳动投入量,K 与 L 构成了产出所需的两种要素。需要说明的是,这里对 L 的定义是劳动的数量值,假设以劳动者人数为代表指标,劳动要素投入量(L)可近似反映为就业。

三个假定:(1)假定不考虑市场波动因素,要素组合主要取决于一定产出水平下的均衡;(2)假设劳动力市场是完全竞争的劳动力市场;(3)为了单纯考察教育投资导致的劳动要素效率变化带来的劳动就业变动状况,假定工资水平不变。

劳动力市场拥有如下特征:(1)存在大量的不受约束的雇主和雇员,雇主出于利润最大化目的到劳动力市场雇用劳动力,雇员则出于收入效用最大化目的到劳动力市场出卖自己的劳动;(2)供求市场信息是完备的,或者可以不花费成本地获得关于市场的充分信息;(3)劳动力流动不存在障碍;(4)劳动力在初始时是同质的,或者不同质的劳动力之间具有充分的替代弹性。

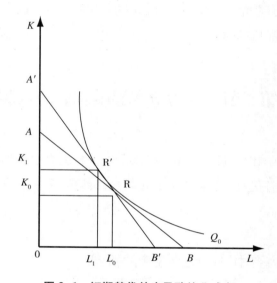

图3-1 短期替代效应导致就业减少

图3-1表达人力资本投资导致短期的替代效应。Q_0为短期产量曲线,K与L分别表示资本和劳动力要素。当只存在简单劳动要素的投入时,在成本线AB约束下,产出均衡的要素最优点为R,此时资本投入规模为K_0,简单劳动要素投入规模为L_0,即总就业为L_0。假设简单劳动要素生产率为1,那么,劳动要素总产出能力$L_0 = 1 \times L_0 = L_0$。由于教育投资产生人力资本劳动要素,那么劳动就业由两种劳动类型构成:即简单劳动量(H_0)和具有人力资本的劳动量(H_1),就业$L_1 = H_0 + H_1$。由于具有人力资本的劳动力有更高的边际生产率(设为r,$r > 1$),则人力资本要素的产出能力为rH_1,此时实际劳动产出能力$L'_r = H_0 + rH_1 > L_r$。也就是说,在L_1就业水平下,由

于存在人力资本因素,人力资本要素替代了部分简单劳动要素,提高了劳动生产率,导致劳动产出能力过剩,劳动产出能力过剩量为:

$$L'_r - L_r = (H_0 + rH_1) - (H_0 + H_1) = (r - 1) H_1$$

短期内劳动产出能力过剩程度取决于两个因素:一是就业劳动者中拥有人力资本的劳动者数量;二是人力资本要素相对简单劳动要素的边际生产率差异程度。特定经济产出水平下劳动产出能力过剩,需要减少就业劳动者数量,用人力资本对简单劳动进行替换,产生就业质量替代就业数量的效应,即替代效应。体现为图 3-1 中劳动总量从 B 点移至 B′点。

当劳动力数量由于人力资本因素而减少的同时,资本使用量却趋于增加。对此解释有两方面:一方面,人力资本的资源聚集效应。人力资本作为一种具有较高产出属性的生产要素,其产出效能的发挥需要物质资本聚集,比如,一个掌握先进生产技术的熟练劳动者客观上也只有和先进的生产机器设备相结合才能提高劳动生产率。另一方面,人力资本的外溢效应。由于人力资本的产出效率具有外溢效应,客观上也能提高资本要素的产出效率,使得实际投入的资本量趋于增加。上述两方面因素的结合,使得图 3-1 中资本量相应地从 A 点外移至 A′点。由于教育投资导致劳动要素中的人力资本因素增加,短期内在即定产量水平下,产出均衡的要素最优点从 R 点移动至 R′点,均衡的劳动就业为 L_1,减少的就业为 L_0L_1。

(二)长期扩张效应

人力资本论者坚持"教育培训→更高的劳动生产率→更高的经济增长→更高的就业水平"运行机制。图 3-2 表明了教育投资导致长期就业扩张效应。由于人力资本因素对经济增长的直接和外溢作用,推动了经济产出规模化扩张。Q_1、Q_2 和 Q_3 反映了不同规模的经济产出水平发展,直线 OE 与不同规模等产量线的交点分别为 S_1、S_2 和 S_3。从 $S_1 \to S_2 \to S_3$ 的变化可见,随着产出规模扩张,要素使用规模也不断扩张,其中劳动要素投入规模(就业)将随之沿着 $L' \to L'' \to L'''$ 不断增加,因此,经济总量的扩张将带来总就业的提高。人力资本推动型经济规模扩张也能促进两类劳动力就业增长:不

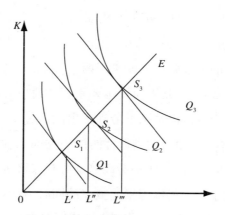

图 3-2　长期扩张效应导致就业增加

仅能直接促进具有人力资本的劳动就业的增加,而且能促进简单劳动就业的增长。这是因为人力资本聚集型主导产业具有较强的产业辐射效应,形成规模经济和区域经济,进而带动简单劳动聚集的劳动密集产业发展,增加了这些地区和产业的就业吸纳能力。

二、人力资本影响就业结构的机制

(一)从教育投资的生产性角度分析

从人力资本角度将劳动者分为两类:人力资本型就业和简单劳动型就业,人力资本要素对简单劳动要素的效率性替代导致就业形态的演变,推动就业结构升级。

一方面,由于人力资本要素拥有高于简单劳动要素的边际劳动生产率,因而,在其他生产要素不变的情况下,为获取更大收益,雇主将选择用人力资本要素替代简单劳动,最终形成就业结构的转换和升级。当然,不同人力资本水平的劳动要素与就业结构之间的替代转换是有限度的,不同劳动要素之间的边际效率差异和彼此要素边际成本(表现为两种类型就业形态的工资水平)将决定两者的替代程度。假设人力资本要素(H)边际生产率为

r,简单劳动(L)为 1,人力资本型就业工资水平为 W_p,简单劳动型就业的工资水平为 W_1,两种就业类型之间的边际替代均衡条件为边际生产率之比等于两类就业类型工资水平之比,表达式为:

$$MRS = \frac{W_P}{W_1} = r$$

上式中,MRS 表示人力资本型就业与简单劳动型就业的边际替代率。

另一方面,就业结构伴随产业结构变动促进了就业结构的变迁。不同产业类型下的市场需求结构和产品结构差异,客观上要求选择符合产业发展特性的生产要素类型和要素组合方式,寻求最有效率的资源类型和配置模式,包括劳动要素的需求类型和配置方式,因此,就业结构总是与相应的产业结构相联系。传统劳动密集型产业生产过程所需资本规模和技术含量要求较低,简单劳动要素就能满足产业发展要求,故劳动密集型产业是以简单劳动型就业为主导的就业模式;而资本密集型产业和技术密集型产业是以人力资本型就业为主导的就业模式。如果产业结构发生变化,从劳动密集型向资本密集及技术密集型调整转换,必然打破原先要素组合模式,劳动就业结构也将随之变化,人力资本型就业的占比增长,而简单劳动型就业的占比减少。

人力资本理论和内生经济增长理论认为,人力资本是支撑现代经济增长的核心要素,人力资本要素不仅自身具有边际收益率递增的产出效应,还对生产中其他资源要素形成配置效应。因此,通过教育投资为主要渠道形成的人力资本要素,一方面改变产出中的要素贡献结构,提升人力资本要素贡献率;另一方面通过对产业资源的聚集效应和资源置换效应,影响产业内资源配置结构,提高要素资源的配置效率,进而直接推动产业内劳动要素结构和就业模式演变升级。

总之,教育投资通过提高劳动者的劳动能力,从而为一个国家和地区的产业结构的优化奠定基础,推动就业结构变迁。从三次产业的演进理论来看,从传统的第一产业向第二产业发展,从第二产业向第三产业发展,并最终形成合理的产业结构,需要直接依赖劳动者受教育程度的提高。中外经济史证明,这种趋势与劳动者受教育程度密切相关,或者说,劳动者受教育程度是产业结构实现优化的重要条件和基础。教育投资水平和结构与就业结构的变化有着密切的联系。农业社会中,教育处于低水平初始阶段,受教育人数和层次处于较低水平,因此多数劳动力集中在传统产业中。在工业化初期阶段,完成中等教育的人数增长快速,同时第二产业增长快速,中等教育为工业化的开展输送了大量劳动力,从而使得第二产业产值得以迅速增加。进入工业化中期阶段,教育层次进一步得到提高,完成中学教育的人数比重继续增大,高等教育人数比例也开始增长,中等教育为第二、三产业提供了合格的劳动力,促进就业结构从第一产业向第二、三产业转移。进入到工业化后期,教育结构的提升为经济发展培养了更多知识型劳动力,促进社会技术进步,进而提高了社会劳动生产率,生产出更多产品,由于物质产品弹性随着收入增长的向下刚性,使得农业和工业部门的收益下降,从而导致劳动力流向第三产业,完成教育推动就业结构的升级。

(二)从教育的消费品角度分析

市场经济下,如果不考虑某些非市场因素(如国家产业政策),影响产业结构变迁的因素主要有两种类型:内部推力和外部拉力。外部拉力源于外部市场需求因素,由此产生的产业结构变迁可称之为"需求拉动型"模式;内部推力则主要源于要素产出效率发生变化,推动产业内要素配置和组合模式改变,进而演变为产业结构的演变,可称之为"效率推动型"模式。

通过教育投资形成人力资本的投资行为也是一种需求消费行为。因此,教育投资也是一系列相关产品的集束,教育投资的扩张将直接刺激相应教育投资市场需求的增加,进而将改变教育市场需求结构和产品供给结构。需要特别说明的是,教育投资对相关产业的发展不仅有需求量效应,而且也有需求质效应,特别是高等教育规模扩张提高了教育市场需求层次水平,进而推进与教育相关的产业结构向更高层次发展,完成就业结构升级。

第三节　信号筛选影响就业的机制

本节分析在分割的劳动力市场下,高等教育投资增长如何影响主要劳动力市场和次要劳动力市场就业的复杂情况。

假定:(1)将教育分为两部分——基础教育和高等教育,到 2010 年,我国基本上完成了九年义务教育普及,东部经济发达的省份已经普及了十二年义务教育,现实中只有高等教育才可能作为一种"信号"传递给雇主,以获得主要劳动力市场的工作机会;(2)当教育投资规模一定时,高等教育投资的增长带来基础教育投资的减少,对基础教育投资产生挤占效应;(3)接受高等教育者进入主要劳动力市场,接受基础教育者进入次要劳动力市场;(4)在次要劳动力市场上,劳动力的供给在长时期内接近无限供给,工资水平在较长时期内维持在较低的水平上;(5)主要劳动力市场和次要劳动力市场分割。

当高等教育投资扩张时,高校规模扩大,更多的适龄青年接受高等教育延缓就业。由于接受高等教育者未来就业预期是主要劳动力市场,从而让出了部分次要劳动力市场的工作岗位。因此,当高等教育快速扩张时,短时期内改变两类劳动力市场上劳动力的供求均衡。短时期内,主要劳动市场上供给增加,将减缓主要劳动力市场上工资水平的上涨速度;次要劳动市场上供给减少,将缓解次要劳动力市场结构性失业与不充分就业的矛盾。

供求曲线表示,在高等教育投资规模迅速增长之前,D_{P1} 为主要劳动力市场上的劳动力需求曲线,S_{P1} 为相应的主要劳动力市场上的劳动力供给曲线,E_1 为初始均衡点。均衡点 E_1,劳动力市场上就业数量为 L_1,工资率为 W_1。在没有高等教育投资扩张带来的主要劳动力市场上劳动力供给激增的情况下,当主要劳动力市场的需求增加时,必然会引起主要劳动力市场上工资率的上升,这时候供求曲线向右移动,工资率从 W_1 上升到 W_2,工资率增长 W_2-W_1,此时的均衡点 E_2;E_2 均衡点的就业是 L_2,就业增长 L_2-L_1。但是,当高等教育投资扩张,增加主要劳动力市场上劳动力的供给,这时候劳动力供给曲线向右移动,从 S_{P1} 移向 S_{P2},则主要劳动力市场新的均衡点为 E_3,此时的工资率为 W_3,工资率比高等教育投资扩张前减少了 W_1-W_3,主要劳动力市场的就业则增加到 L_3。

在高等教育投资增长之前,次要劳动力市场上的劳动力需求曲线为 D_S,供给曲线为 S_{S1},其初始均衡点为 E_5,决定次要劳动力市场上初始就业数量为 L_5 和工资率 W_5。假设次要劳动力市场的劳动力需求不变,因为高等教育投资增长产生的劳动力"蓄水池"功能使得次要劳动力市场上的供给减少,直到具有弹性的 S_{S2},此时次要劳动力市场上的均衡点从 E_5 向左移动到 E_4,E_4 决定的工资率是 W_4,工资率比高等教育投资增长前提高了 W_4-W_5,就业是 L_4,则比高等教育投资增长前减少了 L_5-L_4。

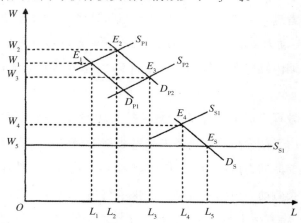

图 3-3　分割的劳动力市场高等教育扩张对就业的影响

上述基本模型分析的是产业发展增长速度变化不大的情况下,在分割的劳动力市场中高等教育扩张对主要劳动力市场和次要劳动力市场的影响:主要劳动力市场就业增长,而次要劳动力市场就业减少。事实上,高等教育投资增长的就业效应,与一个国家工业化的速度及现代部门经济的增长速度有相当密切的关系,两者之间还可能存在下面几种关系。

当生产部门的需求快速增长时,主要劳动力市场的需求曲线大幅度向右移动,形成新的均衡点在初始均衡点 E_1 右侧,此时主要劳动力市场就业增长,工资率也上升;现代生产部门的增长也带来次要劳动力市场的需求扩张,次要劳动力市场的需求曲线向右移动,形成新的均衡点所决定的就业超过了高等教育扩张之前的就业,同时工资也提高。因此,当工业化进程足够快时,有可能出现主要劳动力市场和次要劳动力市场的就业和工资都上升的情形。

当然,也有另外一种情况发生。如果高等教育投资增长过于迅速,高等教育扩张速度过快,大大快于经济增长速度。此时,主要劳动力市场的供给曲线将变得非常陡峭,在初始均衡点的左侧形成新的均衡。那么,高等教育的急剧增长势必减少主要劳动力市场的就业,提高工资率,毕业生即便失业也不愿意进入次要劳动力市场就业。大量毕业生进入主要劳动力市场,远远超出主要劳动力市场的需求量时,势必对主要劳动力市场产生巨大压力,主要劳动力市场的失业率提高。一种极端情况是,高等教育的扩张使得大部分劳动力都接受了高等教育不愿意选择次要劳动力市场就业,次要劳动力市场普通工人短缺,次要劳动力市场的工资率急剧攀升,上升到与主要劳动力市场一致的水平上,主要劳动力市场的工资率相对下降,此时,两级劳动力市场在工资上的界限消失。因此,在分割的劳动力市场下,高等教育投资的激增,可能形成主要劳动力市场和次要劳动力市场劳动力供给双重过剩,两类劳动力市场就业均降低。

第四节　政府教育支出对就业的影响

在我国教育经费供给结构中,财政性资金不低于70%,对政府教育支出对就业的影响进行理论探讨必不可少。

政府通过对上一代人征税,用于教育投资,以提高下一代人的人力资本,从而提高劳动生产率,影响消费者的收入,进而影响消费者的行为,也就影响到消费者的劳动供给或休闲行为。下面运用世代交叠模型进行讨论。

在模型中,假设每期存在两类消费者:一类是年轻人,一类是老年人。

年轻时,用劳动获得收入,然后将收入的一部分用于消费,另一部分用于储蓄;年老时,把储蓄拿出来消费。消费者的目标是追求效用最大化。

政府在每期向老年人征税,然后把这笔资金用于该期年轻人的教育投资,增加年轻人的人力资本。设人力资本函数为 $h(x)$,用 N_t 表示 t 期出生人数,用 n 表示人口增长率,即 $\dfrac{N_t}{N_{t-1}} = n$ 。每个人在年轻时提供劳动,获得劳动收入,并将收入用于第一期的消费和储蓄,同时缴纳政府所要求交的养老保险金;在第二期个人用资金的储蓄和政府发放的养老保险金去消费。$C_{1,t}, C_{2,t+1}$ 分别表示在 t 期出生的人在年轻时的消费和老年时的消费。

效用函数为 $u(C_{1,t}, C_{2,t+1}, 1 - l_t)$,它是关于每个变量的增函数和凹函数,即:

$$u_1 > 0, u_2 > 0, u_3 > 0, u_{11} < 0, u_{22} < 0, u_{33} < 0$$

政府的行为是:从上一代人征税,这些收入用于下一代人的教育投资,政府预算是平衡的,即:$N_{t-1\tau} = N_{t\sigma}, \tau/n = \sigma$ 。

考虑代表性的消费者的最优化问题,于是约束如下:

第一期约束条件为:

$$C_{1,t} + S_t \leqslant h_t(\tau/n) \, wl \tag{3-1}$$

第二期约束条件为:

$$C_{2,t+1} \leqslant r_{t+1}s - \tau \tag{3-2}$$

总约束条件为:

$$C_{1,t+1} + \frac{C_{2,t+1}}{r_{t+1}} \leqslant h_t(\tau/n) \, w \, l_t - \frac{\tau}{r_{t+1}} \tag{3-3}$$

代表性的消费者的最优化问题如下:

$$u(C_{1,t}, C_{2,t+1}, 1 - l_t) \tag{3-4}$$

$$\text{s.t. } C_{1,t} + \frac{C_{2,t+1}}{r_{t+1}} \leqslant h_t(\tau/n) \, w \, l_t - \frac{\tau}{r_{t+1}} \tag{3-5}$$

用拉格朗日的方法求解,得到拉格朗日函数:

$$L = u(C_{1,t}, C_{2,t+1}, 1 - l_t) + \lambda \left[h_t(\tau/n) \, w \, l_t - \frac{\tau}{r_{t+1}} - C_{1,t} - \frac{C_{2,t+1}}{r_{t+1}} \right]$$

$$(3-6)$$

一阶条件为:

$$\frac{\partial L}{\partial c_{1t}} = U_{c1t}(c_{1t}, c_{2t+1}, 1 - l_t) - \lambda = 0 \tag{3-7}$$

$$\frac{\partial L}{\partial c_{2t+1}} = U_{c2t+1}(c_{1t}, c_{2t+1}, 1 - l_t) - \lambda \frac{1}{r_{t+1}} = 0 \tag{3-8}$$

$$\frac{\partial L}{\partial l_t} = - U_{1-l_t}(c_{1t}, c_{2t+1}, 1 - l_t) - \lambda h_t w = 0 \tag{3-9}$$

由以上三式,得:

$$U_{c1t}(c_{1t}, c_{2t+1}, 1 - l_t) = r_{t+1} U_{c2t+1}(c_{1t}, c_{2t+1}, 1 - l_t) \, , - U_{1-l_t}(c_{1t}, c_{2t+1}, 1 - l_t) =$$

$$U_{c1t}(c_{1t}, c_{2t+1}, 1 - l_t) h_t w \tag{3-10}$$

这两个等式满足拉姆齐法则。

为讨论问题,取消费者的效用函数是相对风险规避系数不变的形式。为了方便,效用的主观贴现率这里取 1。

$$U(c_{1t}, c_{2t+1}, 1 - l_t) = \frac{c_{1t}^{1-\sigma} - 1}{1 - \sigma} + \frac{c_{2t+1}^{1-\eta} - 1}{1 - \eta} + \frac{(1 - l_t)^{1-Y}}{1 - Y} \tag{3-11}$$

该效应函数相应的偏导数分别为:

$$U_{c1t}(c_{1t}, c_{2t+1}, 1 - l_t) = c_{1t}^{-\sigma} \tag{3-12}$$

$$U_{c2t+1}(c_{1t}, c_{2t+1}, 1 - l_t) = c_{2t+1}^{-\eta} \tag{3-13}$$

$$U_{1-l_t}(c_{1t}, c_{2t+1}, 1 - l_t) = (1 - l_t)^{-Y} \tag{3-14}$$

把以上等式带入一阶条件等式,同时消除 λ 后,分别得:

$$c_{1t} = w^{\frac{1}{\sigma}} h_t^{\frac{1}{\sigma}} (1 - l_t)^{\frac{Y}{\sigma}} \tag{3-15}$$

$$c_{2t+1} = r_{t+1}^{\frac{1}{\eta}} w^{\frac{1}{\eta}} h_t^{\frac{1}{\eta}} (1 - l_t)^{\frac{Y}{\eta}} \tag{3-16}$$

把上面两式代入总约束条件,得:

$$h_t(\tau/n)^{\frac{1}{\sigma}} w^{\frac{1}{\sigma}} (1 - l)^{\frac{Y}{\sigma}} + h \left(\frac{\tau}{\eta} \right)^{\frac{1}{\eta}} w^{\frac{1}{\eta}} r^{\frac{(1-\eta)}{\eta}} (1 - l)^{\frac{Y}{\eta}} = h \left(\frac{\tau}{\eta} \right) w l - \frac{\tau}{r}$$

$$(3-17)$$

可以求出：

$$\frac{\partial \ln l}{\partial \ln \eta} = \frac{\frac{\eta}{\tau}\frac{h^{'}}{h}\left[\Theta_1\left(1 - \frac{1}{\sigma}\right) + \Theta_2\left(1 - \frac{1}{\eta}\right)\right] + \left(\frac{\eta}{\tau}\frac{h^{'}}{h} - 1\right)\frac{\tau}{r}}{\Theta_1\frac{Yl}{\sigma(1 - l)} + \Theta_2\frac{Yl}{\eta(1 - l)} + h\left(\frac{\tau}{\eta}\right)wl} \qquad (3-18)$$

其中：$\Theta_1 = h\left(\frac{\tau}{\eta}\right)^{\frac{1}{\sigma}}w^{\frac{1}{\sigma}}(1 - l)^{\frac{Y}{\sigma}}$ \qquad (3-19)

$$\Theta_2 = h\left(\frac{\tau}{\eta}\right)^{\frac{1}{\eta}}w^{\frac{1}{\eta}}r^{\frac{(1-\eta)}{\eta}}(1 - l)^{\frac{Y}{\sigma}} \qquad (3-20)$$

这里，$\frac{\eta}{\tau}\frac{h^{'}}{h}$ 是人力资本产出弹性，令 $\frac{\eta}{\tau}\frac{h^{'}}{h} = E_h$。可以得到以下命题：

命题 1：当 $\sigma > 1, \eta > 1, E_h > 1$ 时，如果政府从上一代人那里征税，把这些收入用于下一代人的教育投资，那么当年的消费者劳动供给增加。

命题 2：当 $\sigma < 1, \eta < 1, E_h < 1$ 时，如果政府从上一代人那里征税，把这些收入用于下一代人的教育投资，那么当年的消费者劳动供给减少。

本章小结

本章从理论性概念和操作性统计角度，对教育投资进行了界定。本书研究采用教育的狭义概念，即教育投资是以货币形式投入学校正规教育的资本。在教育投资的统计口径上，囊括教学经费投入、科研等辅助经费、基本建设经费等，即包括事业性教育经费和基本建设经费。这一教育经费范围大于人力资本专家舒尔茨所主张的人力资本投资统计，即只包括事业性教育经费支出，不包括为学生提供住宿等费用。

依循人力资本和信号筛选两大功能的分析逻辑，从理论上分析人力资本及信号筛选影响就业的机制。通过生产函数模型，运用供求曲线分析了教育投资对就业的短期替代效应及长期促进效应，从教育投资的生产性和消费性角度分析人力资本要素对简单劳动要素的效率性替代，进而推动就业结构升级。教育投资的人力资本功能对就业充满了乐观的看法,对于短期内由于教育扩张形成的失业现象,归因于劳动力市场摩擦性失业,长期看将在劳动力市场上沽清。

信号筛选理论认为教育投资影响就业的情况则有复杂性、不确定性。分割劳动力市场理论认为,可以有几种情况:一是高校扩招将带来主要劳动市场上供给增加,次要劳动市场上供给减少,缓解次要劳动力市场结构性失业的矛盾;二是当生产部门快速增长时,主要劳动力市场和次要劳动力市场的就业均获得上升;三是高等教育扩张速度大大快于经济增长速度,主要劳动力市场的失业率提高,次要劳动力市场普通工人短缺,两级劳动力市场的在工资上的界限消失,最终形成主要劳动力市场和次要劳动力市场劳动力供给双重过剩,两类劳动力市场就业均降低。

财政性资金在我国教育经费供给结构占据主要部分。运用世代交叠模型,讨论政府通过征税用于教育投资,以提高下一代人的人力资本,从而提高劳动生产率,影响消费者的收入,进而影响消费者的行为,也就影响到消费者的劳动供给。数量模型推导说明,只有当人力资本产出弹性大于 1 时,政府投入教育的财政性经费才可能带来劳动力供给增加,反之,劳动供给则降低。数理模型推导从理论上表明,教育经费对就业的积极影响的源泉在于人力资本产出弹性,即是说,只有当政府进行的教育投资转化为高效的人力资本,才可能带来劳动就业的增长,否则会导致劳动就业的减少。

第四章 中国教育经费收入
与支出特征

　　充足的教育经费是维持一国教育规模和教育质量的基本保证，"仅仅强调公平而忽略对供给的充分性的关注，这是对所寻求的公正的一种嘲弄"①。本章主要分析 2002—2013 年我国教育经费收入和支出变化特征。通过与 OECD 国家教育经费横向比较，凸显我国教育经费收支变化特征。

第一节　教育经费收入特征

一、教育总经费

　　2002—2013 年，我国教育经费年平均增长率高于同期国内生产总值（GDP）增速，教育经费的 GDP 占比不断增长。以当年价格计，2002 年我国教育经费 5480.02 亿元，2013 年 29430.7 亿元，即便在 2008 年遭遇全球经济危机的情况下，我国教育经费支出也较上年增长 19.37%；以 2000 年可比价格计算，2002 年我国教育经费 5289.106 亿元，2013 年 15293.65 亿元，年平均增长率 15.6%。2002 — 2013 年，我国教育经费增速高于同期 GDP7.5%—14.2%的增速。同时，教育经费的 GDP 占比不断增加。2000

---

　　① ［美］理查德·A.金等:《教育财政:效率、公平与绩效》,曹淑江等译,中国人民大学出版社 2009 年版,第 311 页。

年以前,我国教育经费均未超过 GDP 的 4%,最高为 3.88%。2002 年,我国教育经费占 GDP 的比重为 4.55%,2012 年为 5.33%。

到 2012 年,中国教育经费的 GDP 占比已经略高于 OECD 国家平均水平。2000—2013 年,OECD 国家平均教育经费的 GDP 占比从 4.8%上升到5.2%,增幅 0.4 个百分点;同期,我国从 3.88%上升为 2012 年的 5.33%,2013 年回落至 5.16%。OECD 国家中仅有少数国家的教育经费的 GDP 占比增幅超过了中国,中国教育经费的 GDP 占比已经超过了德国(4.3%)、日本(4.5%),但与美国(6.2%)、英国(6.7%)、以色列(5.9%)仍然存在一定差距。OECD 国家教育投资占 GDP 的比重具有不断上升的趋势,反映一个普适性的规律:伴随社会经济发达程度的提高,社会对更多更好教育的追求不断提升,教育经费占用全社会资源总量将持续增加。

表 4-1 教育经费的 GDP 占比(2002—2013 年)   单位:%

	2000 年	2005 年	2008 年	2010 年	2011 年	2012 年	2013 年
OECD 平均	4.8	5.0	5.0	5.3	5.2	5.2	5.2
中国	3.88	4.55	4.61	4.87	5.05	5.33	5.16
澳大利亚	5.1	5.2	5.2	5.9	5.7	5.6	5.6
法国	5.5	5.2	5.2	5.4	5.3	5.3	5.3
以色列	5.9	5.6	5.5	5.5	5.9	6.0	5.9
德国	—	—	—	4.5	4.4	4.4	4.3
日本	4.4	4.3	4.4	4.5	4.5	4.5	4.5
英国	4.9	5.9	5.5	—	6.2	6.4	6.7
美国	5.6	6.0	6.4	6.5	6.4	6.2	6.2

资料来源:OECD 国家数据来自 *Eduation at a Glance 2016*,OECD Publishing,Paris,p.206;中国数据根据《中国教育统计年鉴(2015)》计算获得。

二、国家财政性教育经费

(一)财政性教育经费在教育经费中的占比

我国教育经费来源可划分为两大类:一是财政性教育经费,二是非财政性教育经费。财政性教育经费包括公共财政预算教育经费、各级政府征收用于教育的税费、企业办学中的企业拨款、校办企业和社会服务收入用于教育的经费;非财政性教育经费包括民办学校的举办者投入、社会捐赠经费、事业收入及其他教育经费。

2002—2013 年,我国教育经费的 GDP 占比增长显著,一个很重要的源泉是国家财政性教育经费增幅扩大,财政性教育经费的占比显著上升。以2000 年可比价格计,财政性教育经费从 2002 年 3369.8 亿元增长为 2013 年12725.3 亿元,增长 2.78 倍,年均增长 25%,高于同期中国公共财政收入年均 19.73%的增长速度,达到了《中华人民共和国教育法》关于"各级人民政府教育财政拨款的增长应当高于财政经常性收入的增长"的规定。财政性教育经费占教育经费的比重 2002 年为 63.71%,随后两年略有下降,此后逐年持续增长,2013 年财政性教育经费占教育经费的比重达到 80.64%。

表 4-2   国家财政性教育经费(2002—2013 年)

年份	财政性教育经费占 教育经费比重(%)	可比价格的财政性 教育经费支出(亿元)
2002	63.71	3369.8
2003	62.02	3433.1
2004	61.66	3807.8
2005	61.30	4211.8
2006	64.68	4729.0
2007	68.16	5643.1
2008	72.06	7168.7
2009	74.12	7775.6
2010	74.99	8530.6
2011	77.87	10575.9
2012	80.29	11766.9
2013	80.64	12725.3

资料来源:根据《中国统计年鉴(2015)》计算获得。

由于我国政府在教育投入上持续的努力,我国财政性教育经费占教育经费的比重与 OECD 国家差距不断缩小。OECD 国家将教育经费来源分为公共部分(public resources)和私人部分(private sources),与我国财政性教育经费和非财政教育经费大致相对应。OECD 国家平均而言,公共经费占教育经费的比重从 2000 年的 86.7% 下降为 2013 年的 83.5%。下降的主要原因是同期私人支出的比例大幅提高。例如,在葡萄牙和英国,高等教育机构的学费大幅度提高。教育机构公共支出比例的下降并不与教育机构公共支出实际数量削减保持同步。实际上,许多私人投入增速最高的 OECD 国家,其公共投入也增长最快。这表明,私人投入的增长不会取代公共投入,而是其有益的补充。2013 年,OECD 国家教育机构总经费平均有 83.5% 直接来自公共经费,[①]我国与之的差距仅 2.9 个百分点。OECD 国家近年来由于学费收入的增长,而公共来源的教育经费相对比例略下降,伴随着我国各级政府教育投入的持续增长,可以预见,我国财政性教育经费在教育经费中的占比将与 OECD 国家平均水平持平。

(二)财政性教育经费的 GDP 占比

我国财政性教育经费的 GDP 占比与 OECD 等国家平均水平的差距不断缩小。2013 年,我国财政性教育经费的 GDP 占比为 4.3%,OECD 国家平均来自政府的教育经费占 GDP 的百分比是 4.5%(由于 2008 年经济危机影响,2010 年后部分 OECD 国家公共教育经费的 GDP 占比下降)。由于中国政府在教育经费投入上的持续努力,2002—2013 年我国财政性教育经费的 GDP 占比从 2.8% 增长为 4.3%,超过了日本(3.2%),与美国(4.2%)的水平相当。[②]

表 4-3　我国财政性教育经费的 GDP 占比(2002—2013 年)

年份	财政性教育经费支出 (亿元)	GDP (亿元)	财政性教育经费的 GDP 占比 (%)
2002	3491.4	120332.7	2.9
2003	3850.6	135822.8	2.8
2004	4465.9	159878.3	2.8

---

① *Eduation at a Glance 2016*,OECD Publishing,Paris,p.218.

② *Eduation at a Glance 2016*,OECD Publishing,Paris,p.207.

年份	财政性教育经费支出 （亿元）	GDP （亿元）	财政性教育经费的 GDP 占比 （%）
2005	5161.1	184937.4	2.8
2006	6348.4	216314.4	2.9
2007	8280.2	265810.3	3.1
2008	10449.6	314045.4	3.3
2009	12231.1	340902.8	3.6
2010	14670.1	401512.8	3.7
2011	18586.7	473104.0	3.9
2012	22236.23	519470.1	4.3
2013	24488.2	568845.2	4.3

资料来源：根据 2003—2015 年《中国教育经费统计年鉴》和《中国统计年鉴》计算获得。

（三）财政性教育经费的公共财政占比

我国财政性教育经费的公共财政占比达 15% 以上。1993 年中共中央、国务院颁布的《中国教育改革和发展纲要》指出，"要提高各级财政支出中教育经费所占的比例，'八五'期间逐步提高到全国平均不低于 15%"。1993 年，我国财政性教育经费占公共财政支出的比例为 14.57%，接近 15%。2001—2005 年，由于施行的税费改革削减了地方政府的财力，农村教育费附加削弱了地方财政发展农村基础教育的能力，农村基础教育经费缺口加剧，加上中央财政转移支付制度不健全，使本来就入不敷出的农村基础教育经费问题更加严重，2001—2005 年我国财政性教育经费占公共财政支出的比例一直在 15% 以下徘徊。2006 年，我国开始实施免费义务教育，中央财政加大了转移支付力度，基础教育经费问题开始逐步缓解。2006 年以来，财政性教育经费占公共财政支出的比例均在 15% 以上。

我国财政性教育经费占公共财政支出的比例，高于 OECD 国家平均水平。2013 年，OECD 国家平均的教育公共支出占公共支出的 11.2%，变化范围从新西兰的 18.4%，到意大利的 7.3%。我国财政性教育经费占公共财政支出比例甚至高于一些发达国家，例如，高于美国（11.6%）、英国

（12.1%）、日本（8.1%）、德国（9.5%）等。[①]

三、高等教育经费

（一）高等教育经费收入增长特点

2002—2013 年,我国高校教育经费来源中,财政性经费持续增长。以 2000 年可比价格计,高校经费增长 178%,从 2002 年的 1528 亿元增长为 2013 年的 4253 亿元。其中,高等教育的财政性经费从 2002 年的 760.08 亿元逐年增长为 2013 年的 2565.36 亿元,增长 2.38 倍,增速高于高校教育经费(2002—2013 年高等教育经费增长 1.78 倍)。

高校学杂费呈现先迅猛增长,后波动形态。高校学杂费从 2002 年的 411.59 亿元迅速增长为 2009 年的 1013.29 亿元,此后为小幅度波动形态: 2010 年下降为 1002.81 亿元,2011 年上升为 1059.69 亿元,2012 年再次下降为 1006.15 亿元,2013 年回升至 1065.16 亿元,2002—2013 年期间增长 1.59 倍,小于同期高等教育的财政性经费增幅。

社会团体和公民个人办学经费先快速增长,后极度萎缩,社会捐资和集资办学经费先小幅度下降再回升。社会团体和公民个人办学经费从 2002 年的 40.31 亿元增长为 2006 年的 174.56 亿元,增长 3.33 倍,2007 年迅速减少为 21.75 亿元,2013 年为 17.70 亿元,比 2002 年减少了 56%;社会捐资和集资办学经费总量较少,在 20 亿元上下波动。

表 4-4　高等教育经费来源(2002—2013 年,2000 年可比价格计)

单位:亿元

年份	合计	财政性教育经费	公共财政预算教育经费	社会团体和公民个人办学经费	社会捐资和集资办学经费	事业收入	学费和杂费
2002	1528.05	760.08	728.59	40.31	26.98	—	411.59

---

① *Eduation at a Glance 2016*,OECD Publishing,Paris,p.231.

续表

年份	合计	财政性教育经费	公共财政预算教育经费	社会团体和公民个人办学经费	社会捐资和集资办学经费	事业收入	学费和杂费
2003	1670.49	781.78	747.93	69.21	22.95	—	489.24
2004	1924.99	861.04	823.52	111.63	18.44	—	591.62
2005	2169.01	920.97	881.52	148.11	17.30	—	683.79
2006	2277.80	970.27	928.80	174.56	14.51	961.72	674.95
2007	2564.06	1123.22	1090.37	21.75	18.72	1203.66	870.60
2008	2982.08	1414.90	1371.12	20.70	19.89	1326.01	1011.40
2009	3040.54	1479.58	1429.97	21.04	16.78	1324.64	1013.29
2010	3273.29	1724.32	1615.28	15.68	17.43	1323.93	1002.81
2011	3994.92	2330.84	2179.48	18.94	24.72	1400.89	1059.69
2012	4010.78	2372.47	2221.78	17.94	23.02	1371.09	1006.15
2013	4252.88	2565.36	2341.42	17.70	22.67	1428.09	1065.16
增长率	178	238	221	−56	−16		159

资料来源:根据 2003—2015 年《中国教育经费统计年鉴》和《中国统计年鉴》计算获得。

(二)高等教育经费来源特征

我国高等教育经费来源呈现多元化特征。1978—1985 年,我国高等教育依靠单一财政拨款,唯一的投资者是政府。1986—1998 年,高等教育投入逐步转向以财政拨款为主,高等教育办学机构自筹为辅,高等教育由免费转向收费。自此,我国高等教育投入逐步形成多渠道、多元化特征,经费来源包括国家投入的财政性教育经费、学费和杂费、社会团体和公民个人办学经费、社会捐赠和集资办学经费等。

国家财政性教育经费是高等教育经费最主要来源。2002—2013 年期间,除了 2007 年,我国高等教育经费中的财政性教育经费占比在各项高等教育经费来源中最高。高等教育经费中的财政性教育经费占比变化趋势可以划分为两个阶段:2002—2005 年和 2006—2013 年。第一阶段 2002—

2005 年,学费占比从 2002 年的 26.94%增长为 2005 年的 31.53%,财政性教育经费占比相对下降;第二阶段 2006—2013 年,伴随学杂费占比下降到 25%,财政性教育经费增长,其占比逐年上升至 2013 年的 60.32%。

事业收入是高等教育经费第二重要的收入渠道,其中学费和杂费在事业收入中占据相当大比例。高等教育经费中的事业收入占比(47%)仅在 2007 年略高于财政性经费占比(44%),2002—2013 年其余年份均低于财政性经费占比。近年来,高校学杂费占比下降,财政性经费增长比例超过高等教育经费平均增长水平,高等教育经费来源中事业收入占比与财政性教育经费占比的差异逐步增大,至 2013 年前者比后者低约 27 个百分点。

表 4-5　高等教育经费来源结构(2002—2013 年)

单位:%

年份	国家财政性教育经费占比	社会团体和公民个人办学经费占比	社会捐资和集资办学经费占比	事业收入占比	学费和杂费占比
2002	49.74	2.64	1.77	—	26.94
2003	46.80	4.14	1.37	—	29.29
2004	44.73	5.80	0.96	—	30.73
2005	42.46	6.83	0.80	—	31.53
2006	42.60	7.66	0.64	42.22	29.63
2007	43.81	0.85	0.73	46.94	33.95
2008	47.45	0.69	0.67	44.47	33.92
2009	48.66	0.69	0.55	43.57	33.33
2010	52.68	0.48	0.53	40.45	30.64
2011	58.34	0.47	0.62	35.07	26.53
2012	59.15	0.45	0.57	34.19	25.09
2013	60.32	0.42	0.53	33.58	25.05

注:高等教育不同来源的经费占比合计不足 100%,因为还有"其他来源"经费没有列入。

资料来源:根据 2003—2015 年《中国教育经费统计年鉴》和《中国统计年鉴》计算获得。

高等教育经费来源多元化在 20 世纪 90 年代成为比较普遍的趋势。20 世纪 90 年代,世界范围内高等教育经费与管理改革已呈现出明显的相似性。[①] 我国高等教育通过收取学费扩大经费来源,与国际高等教育经费来源渠道变革模式类似。但是,以学费的形式向教育机构提供足够的支持与维持入学机会和公平之间掌握恰当的平衡并非易事。一方面,学费为教育机构增加了可用的资源,支持保证高质量学术课程以及开发新课程的努力,扩大学生接受高等教育机会;另一方面,这也会限制学生的高等教育入学机会——尤其是那些来自低收入家庭的学生,或者可能会限制一些学生选择那些需要延长学习期限的学科领域。

在学费收取的差异化方面,我国与很多国家类似,根据学科领域进行差别化收费。在学费上涨的同时,不同类专业的收费也各不相同。例如,爱尔兰、意大利、新西兰、波兰等根据学科成本的差异实施不同学费。澳大利亚的差别化收费与劳动力市场上的技能短缺以及特定学科毕业生的预期工资水平相联系。

第二节　各级各类教育经费总支出特征

一、教育经费在各级各类教育机构的分配

基础教育阶段,从小学与中学经费支出占比看,小学经费占比呈现"U"型,而普通中学经费占比则体现出缓慢下降的趋势。小学经费占比呈先小幅度下降,再回升的形态:从 2002 年的 26.43% 逐年下降为 2006 年的 23.43%,下降了 3 个百分点,2007—2013 年波浪式回升,2013 年上升至 26.66%。相比之下,普通中学经费占比则呈现向下趋势,大约下降了 2—3 个百分点。

---

① ［美］布鲁斯·约翰斯通:《高等教育财政与管理:世界改革现状报告》,《高等教育研究》1999 年第 6 期。

表 4-6　我国各级各类教育经费支出及占比（2002—2013 年）

年份	合计（亿元）	高等教育（亿元）	高等教育经费占比（%）	中等职业教育（亿元）	中等职业教育经费占比（%）	中学（亿元）	中学经费占比（%）	小学（亿元）	小学经费占比（%）	基础教育经费占比（亿元）	小学、中学、中等职业教育占比（%）
2002	5480.03	1583.21	28.89	434.22	7.92	1670.46	30.48	1448.59	26.43	56.92	64.83
2003	6208.27	1873.68	30.18	474.54	7.64	1914.72	30.84	1575.45	25.38	56.22	63.86
2004	7242.60	2257.65	31.17	512.70	7.08	2226.52	30.74	1805.11	24.92	55.67	62.74
2005	8418.84	2657.86	31.57	568.72	6.76	2593.08	30.80	2032.11	24.14	54.94	61.7
2006	9815.31	3057.77	31.15	651.76	6.64	2912.35	29.67	2299.55	23.43	53.10	59.74
2007	12148.07	3762.30	30.97	851.80	7.01	3452.45	28.42	2948.72	24.27	52.69	59.70
2008	14500.74	4346.88	29.98	1049.24	7.24	4129.10	28.48	3551.23	24.49	52.97	60.21
2009	16502.71	4782.78	28.98	1198.87	7.26	4768.09	28.89	4217.39	25.56	54.45	61.71
2010	19561.85	5629.08	28.78	1357.31	6.94	5421.09	27.71	4887.48	24.98	52.70	59.63
2011	23869.29	7020.87	29.41	1638.50	6.86	6670.90	27.95	6012.42	25.19	53.14	60.00
2012	27695.97	7387.56	26.67	1869.48	6.75	7664.44	27.67	7045.54	25.44	53.11	59.86
2013	29430.66	7742.65	26.31	1948.75	6.62	8211.66	27.90	7846.63	26.66	54.56	61.18

注：高等学校、中学、中等职业学校、小学教育经费支出合计百分比不足 100%，是由于教育经费总支出中还包括特殊教育、幼儿园、教育行政事业单位支出，表中未列出。

资料来源：根据 2003—2015 年《中国教育经费统计年鉴》和《中国统计年鉴》计算获得。

　　中等教育阶段，从普通中学与中等职业教育经费占比看，我国中等职业教育经费占比呈现上下波动起伏形态，而普通中学经费占比呈现轻微缓慢下降特点。中等职业教育经费占比从 2002 年的 7.92% 逐年缓慢下降为 2006 年的 6.64%，2007—2009 年回升，2009 年中等职业教育经费占比达 7.26%，此后再次掉头向下逐年走低，2013 年占比下降为 6.62%。普通中学经费占比，除了 2008 年、2009 年、2013 年没有出现下降情况，其他年份基本呈现逐年下降形态，总体上从 2002 年的 30.48% 下降为 2013 年的 27.90%。

　　从高等教育与基础教育及中等职业教育分类看，2002—2013 年，高校经费占比呈现倒"U"型形态，小学、中学、中等职业教育经费占比呈现"L"

型特征。我国高等教育经费占教育经费总支出的比重围绕 30%上下波动，整体呈现倒"U"型:2002 年高等教育经费占比为 28.89%,伴随高校持续扩招,高校学费收入增长,2002—2005 年高等教育经费占比逐年增长,2005 年占比上升到峰值 31.57%;2006—2013 年,除 2011 年回升至 29.41%,高等教育经费占比逐年降低,2013 年下降为 26.31%。小学、中学、中等职业教育经费占比 2002 年为 64.83%,此后逐年下降,2007 年下降为 59.70%,降低了约 5 个百分点,2007—2013 年则围绕 60%上下小幅度波动。

我国教育经费在各级教育之间的分配使用比例大致与 OECD 国家平均水平相似。OECD 国家 61%的总教育支出用于初等教育、中等教育和中等后非高等教育,30%用于高等教育,而用于学前教育的比例超过 7%。在所有数据可得的 OECD 国家中,用于初等教育、中等教育和中等后非高等教育的经费在教育经费总支出中所占比重是最大的。OECD 的大多数国家这一比例超过了 60%,只有 6 个国家例外:智利(53%)、以色列(56%)、日本(57%)、韩国(58%)、俄罗斯(43%)和美国(58%)。

二、各级各类教育经费的 GDP 占比

各级各类教育经费的 GDP 占比指标表示国民财富在各级各类教育中分配的比例。我国小学、中学、中等职业教育经费的 GDP 占比高于高等教育的 GDP 占比。2002—2013 年,高等教育经费的 GDP 占比是 1.4%左右,小学、中学、中等职业教育经费的 GDP 占比是 2.7%—3.2%。高等教育经费的 GDP 占比呈现小幅度波动特征,从 2002 年的 1.32%逐年增长为 2005 年的 1.44%,然后逐年下降,2008 年降低为 1.38%,此后上升,在 2011 年增长为 1.48%,随后两年再次下降,2013 年的占比为 1.36%。小学、中学、中等职业教育经费的 GDP 占比变化趋势则呈现"U"型,2002—2006 年小幅度下降,然后增长。小学、中学和中等职业教育经费的 GDP 占比从 2002 年的 2.95%降低到 2006 年的 2.71%,下降了 0.24 个百分点;2007—2009 年小幅度增长,2009 年达到 2.99%,2010 年轻微下降到 2.91%,此后再次上

升,2012 年达到 3.19%的最高值。

表 4-7　我国各级各类教育经费的 GDP 占比(2002—2013 年)

单位:%

年份	高等教育经费的 GDP 占比	小学、中学、中等职业教育 经费的 GDP 占比
2002	1.32	2.95
2003	1.38	2.92
2004	1.41	2.84
2005	1.44	2.81
2006	1.41	2.71
2007	1.42	2.73
2008	1.38	2.78
2009	1.40	2.99
2010	1.40	2.91
2011	1.48	3.03
2012	1.42	3.19
2013	1.36	3.17

资料来源:根据 2003—2015 年《中国统计年鉴》和《中国教育经费统计年鉴》计算获得。

我国小学、中学、中等职业教育经费的 GDP 占比低于 OECD 国家平均水平。2000 年,OECD 国家初等教育、中等教育、中等后教育经费的 GDP 占比为 3.5%,即便在受全球经济危机影响下,2010 年占比仍然达 3.8%,2012 年和 2013 年小幅度下降为 3.6%和 3.7%。我国小学、中学、中等职业教育经费的 GDP 占比在 2006 年最低值时几乎低于 OECD 国家平均水平 1 个百分点,2011 年以后,我国小学、中学、中等职业教育经费的 GDP 占比才达到 3%以上,但是与 OECD 国家平均水平仍然存在一定差距。例如,英国重视加大基础教育阶段教育经费投入水平,即便 2008 年以后仍然保持增长趋势,2012 年初等教育、中等教育、中等后教育经费的 GDP 占比为 4.5%。以重视教育闻名的以色列初等基础教育经费的 GDP 占比基本在 4%以上。

我国高等教育经费的 GDP 占比与 OECD 国家平均水平大致相当。2000—2013 年,OECD 国家平均高等教育经费的 GDP 占比略微增长,从

2000 年的 1.3%增长为 2013 年的 1.5%。2002—2013 年,中国高等教育经费的 GDP 占比有所增长,从 2002 年的 1.32%增长至 2011 年的最高峰 1.48%,已经与 OECD 国家平均水平基本持平。目前,中国高等教育经费的 GDP 占比高于德国(1.2%),与法国(1.4%)基本持平,略低于日本(1.5%)、以色列(1.8%)、澳大利亚(1.6%)、英国(1.8%),显著低于美国(2.8%)、韩国(2.3%)。

表 4-8　OECD 国家各级各类教育经费的 GDP 占比

单位:%

	初等、中等、中等后教育经费占 GDP 比重						高等教育经费占 GDP 比重					
	2000 年	2005 年	2008 年	2011 年	2012 年	2013 年	2000 年	2005 年	2008 年	2011 年	2012 年	2013 年
OECD 平均	3.5	3.6	3.6	3.8	3.6	3.7	1.3	1.4	1.4	1.5	1.5	1.5
美国	3.6	3.6	3.9	3.8	3.7	3.6	2.1	2.3	2.5	2.6	2.7	2.8
英国	—	4.2	3.9	4.3	4.4	4.5	—	—	—	—	—	1.8
澳大利亚	3.6	3.7	3.7	4.3	4.1	4.0	1.4	1.4	1.5	1.6	1.6	1.6
法国	4.2	3.9	3.8	4.0	3.9	3.8	1.3	1.3	1.4	1.4	1.5	1.4
以色列	4.2	3.8	4.0	4.0	4.2	4.4	1.7	1.8	1.5	1.6	1.7	1.6
日本	2.9	2.9	3.0	3.0	2.9	3.0	1.4	1.4	1.5	1.5	1.6	1.5
德国	—	—	—	3.3	3.2	3.1	—	—	—	1.2	1.2	1.2
韩国	3.3	3.8	3.9	3.9	3.8	3.7	2.1	2.1	2.4	2.4	2.4	2.3

资料来源:*Eduation at a Glance 2016*,OECD Publishing,Paris,p.234。

三、各级各类教育的财政性经费

表 4-9　各级各类教育的财政性经费占比(2002—2013 年)

单位:%

年份	高等教育财政性经费占比	中等职业教育财政性经费占比	中学财政性经费占比	小学财政性经费占比	小学、中学、中等职业教育财政性经费占比
2002	49.74	56.22	63.60	80.36	69.53

续表

年份	高等教育财政性经费占比	中等职业教育财政性经费占比	中学财政性经费占比	小学财政性经费占比	小学、中学、中等职业教育财政性经费占比
2003	46.80	55.22	62.27	80.53	68.68
2004	44.73	54.35	62.88	81.63	69.37
2005	42.46	54.02	63.40	82.16	69.71
2006	42.60	56.37	67.35	86.56	73.66
2007	43.81	60.13	73.46	90.69	78.90
2008	47.45	65.03	77.85	92.88	82.43
2009	48.66	67.91	80.42	94.21	84.66
2010	52.68	71.34	82.59	95.00	86.48
2011	58.34	76.84	85.62	95.80	88.89
2012	59.61	82.57	87.13	96.03	90.51
2013	60.32	86.04	88.06	96.11	91.33

资料来源:根据 2003—2015 年《中国教育经费统计年鉴》计算获得。

从高等教育与基础教育的财政性经费占比看,我国高等教育财政性经费占比低于基础教育阶段 20—30 个百分点。从产品公共性属性看,基础教育阶段的公共性特征强于高等教育阶段,基础教育阶段财政性教育经费占比高于高等教育阶段,符合公共产品理论。我国高等教育与基础教育财政性经费占比差距在不断扩大,两者的差距从 2002 年的 20 个百分点增加为 2013 年的 33 个百分点,说明我国财政性经费投入在基础教育阶段增速更快,为基础教育阶段教育质量提升提供了经费上的保障。

在基础教育阶段,中等职业教育财政性经费占比增幅最高,中学次之,小学最低。2002—2013 年,小学、中学、中等职业教育合计的财政性经费占比从 69.53% 增长为 91.33%,上升了约 21 个百分点。其中,中等职业教育财政性经费占比则从 56.22% 上升为 86.04%,大幅度增长约 30 个百分点;中学财政性教育经费占比从 63.69% 增长为 88.06%,上升了约 24 个百分点;小学财政性教育经费占比从 80.36% 增长为 96.11%,上涨了 16 个百分点。

我国基础教育及中等职业教育合计的财政性经费占比与 OECD 国家平均水平相当。2002—2013 年,OECD 国家公共经费投入基础教育及中等后非高等教育的占比平均为 91%—92%,基本保持平稳。我国小学、中学和中等职业教育合计的财政性经费占比从 2002 年的 67%增长为 2013 年的91.33%。2002—2013 年,OECD 国家平均财政性教育经费占比相对略降,缘由是 OECD 国家有可比数据的国家中超过半数在初等教育、中等教育、中等后非高等教育阶段公共投入的比例都有所下降,而企业对高等教育及中等后非高等教育阶段的学徒式双元制教育经费投入以及私人家庭学费增长。很多 OECD 国家私人教育经费投入增长 3 个百分点或更多,例如,加拿大从 7.6%增长到 10.9%,韩国从 19.2%增长到 23.8%,墨西哥从 13.9%增长到 19.0%,斯洛伐克从 2.4%增长到 12.5%,英国从 11.3%增长到 21.3%。①

我国高等教育财政性经费占比呈现"先降后升,整体上升"的形态。2002 年,高等教育财政性经费占比为 49.74%,由于高校扩招带来的学费和杂费收入增长,高等教育财政性教育经费占比相对下降,2005 年高等教育财政性经费占比下降为 42.46%;此后,高校学费增长相对稳定,加之财政性教育经费投入逐年增长,2006—2013 年高等教育财政性经费占比逐年增长,2013 年达 60.32%。

我国高等教育财政性经费占比低于 OECD 国家平均水平。OECD 国家高等教育经费平均有 70%来自公共经费。实际上,在许多 OECD 国家中,伴随高等教育入学率的上升,学生规模的增加,私人教育投资水平提高,高等教育机构公共经费占比均有小幅下降,从 2002 年的 75%下降为 2013 年为 70%。不过,OECD 国家高等教育平均 70%的公共经费来源可能掩盖了在 OECD 国家中情况的差距。在高等教育支出中由个人、企业、其他私人来源经费所支付的比例,从丹麦、芬兰和挪威的不足 5%到日本的 65%和韩国的 68%,高等教育私人经费占比差异很大。在日本、韩国和英国,多数学生

---

① *Eduation at a Glance 2016*,OECD Publishing,Paris,pp. 213-216.

进入私立教育机构学习,这些教育机构大多数经费来自学费,公共经费仅占
30%—40%。

第三节　生均教育经费支出特征

一、各级各类教育生均经费支出

表 4-10　各级各类教育生均经费支出(2002—2013 年,以 2000 年可比价格计)

单位:元

年份	高校生均	中等职业教育生均	中学生均	高中生均	初中生均	小学生均
2002	14592	3636	1911	3726	1480	1114
2003	13339	3684	1928	3543	1486	1155
2004	12728	3923	2116	3643	1641	1331
2005	12262	4117	2363	3792	1858	1487
2006	11421	4136	2475	3722	1987	1580
2007	11122	4256	2774	3725	2375	1875
2008	12329	4990	3462	4283	3108	2339
2009	11854	5078	3826	4352	3537	2652
2010	11919	5061	4078	4710	3795	2867
2011	13679	5913	4978	5678	4654	3481
2012	13253	5821	5210	6174	5473	4062
2013	13565	6209	6223	6713	5960	4372

资料来源:根据 2003—2015 年《中国教育经费统计年鉴》计算获得。

2002—2013 年,我国基础教育和中等职业教育生均经费支出增长,而高等教育生均经费支出下降。以 2000 年可比价格计算,我国普通小学生均经费支出从 1114 元增长为 2013 年的 4372 元,增长 292%;中学生均经费支出从 1911 元增长为 2013 年的 6223 元,增长 226%,其中高中生均经费支出增长 80%,初中生均经费支出增长 303%;中等职业教育生均经费支出从

3636 元增长为 2013 年的 6209 元,增长 71%;高校生均经费支出从 2002 年的 14592 元下降为 2007 年的 11122 元,下降了 19%,2008—2013 年有所回升,2013 年达 13565 元,2002—2013 年总体上高校生均经费支出下降了 7%。

我国基础教育阶段生均经费支出增速远远高于 OECD 国家平均水平。2000—2013 年,我国基础教育生均经费支出增长近 3 倍;同期,几乎所有 OECD 国家(除了丹麦略有下降)初等教育和中等教育阶段生均经费支出平均增长 32%。有些国家初等教育和中等教育生均经费支出增长率较高,例如韩国(74%)、波兰(70%)、英国(45%)、捷克(62%)。有两点原因可诠释这一现象:一是我国基础教育的基础十分薄弱,历史欠账过多,基础差,因此增幅大;二是 21 世纪以来我国政府在基础教育阶段做出了巨大努力,财政性教育经费投入持续增长,即便 2008 年后在全球经济危机影响下基础教育经费投入增长也未受到阻碍。

2002—2013 年,我国高校生均经费支出下降 7%,而几乎所有 OECD 国家(除了匈牙利有所波动以外)高等教育阶段生均经费支出均有所增长,平均增长率为 15%,并且有的国家远高于这一数字,例如英国(48%)、捷克(35%)、芬兰(30%)、西班牙(26%)、日本(24%)。需要指出的是,2008 年以来,由于经费增长跟不上学生规模的增长,以及全球经济危机的波及,少部分 OECD 国家高等教育生均经费支出水平有所下降,例如奥地利(-8%)、冰岛(-13%)、墨西哥(-6%)。

二、各级各类教育生均经费支出比例

2002—2013 年,由于我国高校生均经费支出下降,基础教育阶段生均经费支出比重显著上升。2002 年,我国小学、中学、高校三级教育生均经费支出比例是 6∶11∶83;2013 年,三级教育生均经费支出比例为 18∶26∶56。小学生均经费支出的相对占比增长 12 个百分点,中学生均经费支出的相对占比增长 15 个百分点,而高校生均相对占比则下降 27 个百分点。

　　我国高等教育与基础教育生均经费支出的比例高于 OECD 国家平均水平,我国高校生均经费支出是小学的 3.1 倍,是中学的 2.2 倍,而 OECD 国家平均的高等教育生均经费支出是初等教育的 1.68 倍,是中等教育的 1.5 倍。2013 年,以购买力平价转换后的等值美元计,OECD 国家平均的生均教育经费支出为 9487 美元,其中初等教育阶段生均经费支出 8296 美元,中等教育阶段生均经费支出 9289 美元,高等教育阶段(包括研发活动经费)生均经费支出 13958 美元。但是,OECD 不同国家之间也存在明显差异,主要原因是高等教育阶段教育政策差异大。除了冰岛高等教育生均经费支出低于初等教育阶段以外,意大利(1.18)、韩国(1.42)、英国(1.44)、奥地利(1.41)等国高等教育阶段生均经费支出与初等教育阶段生均经费支出的比例低于 OECD 平均水平。然而,澳大利亚(1.88)、捷克(2.06)、法国(2.22)、德国(2.18)、匈牙利(2.02)、美国(2.37)、墨西哥(3.01)高等教育阶段生均经费支出与初等教育阶段生均经费支出的比例则高于 OECD 国家平均水平。[①]

表 4-11　2013 年 OECD 国家各级各类教育的生均经费支出

单位:美元

	初等教育	中等教育	高等教育	初等教育到高等教育	高等/初等	中等/初等
OECD 平均	8296	9280	13958	9487	1.68	1.12
澳大利亚	8671	10354	16267	10711	1.88	1.19
奥地利	10600	13697	14895	13116	1.41	1.29
捷克	4567	7270	9392	6931	2.06	1.59
法国	6917	11109	15375	10454	2.22	1.61
德国	7679	10275	16723	10904	2.18	1.34
匈牙利	4566	4574	9210	5410	2.02	1.00
冰岛	10339	8470	8612	9180	0.83	0.82
意大利	8448	8585	9990	8790	1.18	1.02
日本	8280	9886	16446	10646	1.99	1.19

---

① *Eduation at a Glance 2014*,OECD Publishing,Paris,p.221.

续表

	初等教育	中等教育	高等教育	初等教育到高等教育	高等/初等	中等/初等
韩国	6976	8199	9927	8382	1.42	1.18
墨西哥	2622	2946	7889	3266	3.01	1.12
波兰	6233	5870	9659	6796	1.55	0.94
瑞士	12907	15891	22882	16090	1.77	1.23
英国	9857	9649	14223	10412	1.44	0.98
美国	10958	12731	26021	15345	2.37	1.16

资料来源：OECD,*Education at a Glance 2014*,p.221。

三、各级各类教育生均经费支出的人均 GDP 占比

2002—2013 年,我国基础教育生均经费支出的人均 GDP 占比增长,而高校生均经费支出的人均 GDP 占比迅速下降。小学生均经费支出的人均 GDP 占比从 2002 年的 12.28% 增长为 2013 年的 18.45%,提高了 6 个百分点;中学生均经费支出的人均 GDP 占比从 2002 年的 21.07% 逐年增长为 2013 年的 24.98%,增长约 3 个百分点;高校生均经费支出的人均 GDP 占比从 2002 年的 160.87% 显著下降为 2013 年的 68.11%,降低了约 92 个百分点。

表 4-12　各级各类教育生均经费支出的人均 GDP 占比（2002—2013 年）

单位:%

年份	高校生均经费支出的人均 GDP 占比	中学生均经费支出的人均 GDP 占比	小学生均经费支出的人均 GDP 占比
2002	160.87	21.07	12.28
2003	141.93	20.52	12.28
2004	121.02	20.12	12.65
2005	105.92	20.42	12.84
2006	92.92	20.14	12.85
2007	76.81	20.18	13.64

年份	高校生均经费支出的人均 GDP 占比	中学生均经费支出的人均 GDP 占比	小学生均经费支出的人均 GDP 占比
2008	72.79	21.29	14.38
2009	70.87	23.50	16.29
2010	66.47	23.36	16.43
2011	68.30	24.86	17.38
2012	68.70	24.64	18.02
2013	68.11	24.98	18.45

资料来源:根据 2003—2015 年《中国教育经费统计年鉴》和《中国统计年鉴》计算获得。

　　我国小学生均经费支出的人均 GDP 占比与 OECD 国家平均水平不断缩小,但仍然低于 OECD 国家平均水平,中学生均经费支出的人均 GDP 占比与 OECD 国家平均水平大致相当,而高等教育生均经费支出的人均 GDP 占比高于 OECD 国家平均水平。2013 年,OECD 国家初等、中等、高等教育生均经费支出占人均 GDP 的比例平均水平分别为 23%、26% 和 41%。我国小学生均经费支出的人均 GDP 占比从 2002 年的 12.3% 逐年上升至 2013 年的 18.45%,与 OECD 国家平均水平(23%)差距逐步缩小,高于墨西哥(15%)、捷克(17%)。我国中学生均经费支出的人均 GDP 占比从 21.1% 增长为 24.98%,基本接近 OECD 国家平均水平(26%),高于墨西哥(17%)、以色列(19%)、匈牙利(20%)、冰岛(22%)。我国高校生均 GDP 占比从 160.9% 下降为 68.3%,仍然高于 OECD 国家平均水平(41%),甚至高于 OECD 国家中排名前列的加拿大(62%)、美国(53%)、丹麦(51%)、瑞典(50%)等国。尽管我国高校大规模扩招后降低了生均经费支出水平,但相比 OECD 国家,我国高等教育仍然体现出将有限的教育资源集中于相对数量较少的学生的特征。

四、城乡基础教育生均经费支出

　　我国农村基础教育生均经费支出增速高于城乡平均水平,与全国平均水平差距不断缩小,目前差距微小。2002—2013 年,我国农村小学生均经费支出增长 7.56 倍,高于全国小学平均生均经费支出 6.29 倍的增幅;农村初中生均经费支出增长 8.75 倍,高于全国初中生均经费支出 6.48 倍的增幅。

农村基础教育生均经费支出与全国平均水平仍然存在差距,但是差距不断缩小。2002 年,农村小学生均经费支出相当于全国平均水平的 82.58%,农村初中生均经费支出仅相当于全国平均水平的 73.65%;2013 年,农村小学生均经费支出是全国平均水平的 97.05%,农村初中生均经费支出是全国平均水平的 96%,因此,农村义务教育阶段的生均经费支出与全国平均水平已经相差无几。农村高中生均经费支出水平是全国平均水平的 84.66%。

表 4-13　我国城乡基础教育生均经费支出(2002—2013 年,当年价格计)

单位:元,%

年份	高中生均	农村高中生均	初中生均	农村初中生均	小学生均	农村小学生均
2002	3861	—	1533	1129	1154	953
2003	3974	—	1667	1210	1295	1058
2004	4272	—	1925	1484	1561	1326
2005	4647	—	2277	1819	1822	1572
2006	4997	—	2668	2190	2121	1846
2007	5466	4031	3485	2926	2751	2463
2008	6243	4779	4531	4005	3410	3116
2009	6846	5508	5564	5023	4171	3842
2010	8100	6280	6526	5874	4931	4561
2011	9978	7878	8179	7439	6117	5718
2012	11668	9145	10343	9101	7677	6891
2013	12910	10929	11462	11003	8407	8159

资料来源:根据 2003—2015 年《中国教育经费统计年鉴》计算获得。

第四节　教育经费支出结构特征

一、事业性经费与基本建设经费

（一）事业性经费与基本建设经费占比

表 4-14　我国教育经费支出（2002—2013 年）

单位：亿元

年份	事业性经费	基本建设经费	2000 年可比价格计事业性经费	2000 年可比价格计基本建设经费支出
2002	4545. 66	502. 22	4387. 29	484. 72
2003	5161. 48	572. 09	4601. 76	510. 06
2004	5882. 82	675. 82	5016. 00	576. 24
2005	6983. 39	689. 05	5698. 97	562. 32
2006	7994. 00	454. 28	5954. 90	338. 40
2007	11170. 10	498. 29	7612. 59	339. 59
2008	13470. 23	515. 43	9240. 95	353. 60
2009	15354. 81	568. 59	9761. 46	361. 47
2010	18183. 37	612. 76	10573. 55	356. 32
2011	22475. 29	610. 49	12788. 58	347. 37
2012	25831. 46	635. 35	13669. 38	336. 21
2013	28770. 85	659. 81	14950. 79	342. 87

资料来源：根据 2003—2015 年《中国教育经费统计年鉴》计算获得。

事业性经费和基本建设经费表示教育经费用于教育资源和服务的不同方向，资源分配的决策可以影响教学条件及教育质量。2002—2013 年，我国教育经费中的事业性经费占比增长十分显著，基本建设经费占比呈现下降趋势。我国教育经费中的事业性经费占比从 2002 年的 90.05% 提高到 2013 年的 97.76%，增长 7.71 个百分点，基本建设经费占比从 2002 年的

9.95%下降为 2013 年的 2.24%。以当年价格计，我国事业性经费从 2002 年的 4545.66 亿元增长为 2013 年的 28770.85 亿元，增长 5.33 倍；基本建设经费从 2002 年的 502.21 亿元增长为 2013 年的 659.80 亿元，仅增长 31.38%。以 2000 年可比价格计，我国事业性经费从 2002 年的 4387.29 亿元增长为 2013 年的 14950.79 亿元，增长 2.41 倍；基本建设经费则"先升后降"，从 2002 年的 484.71 亿元增长为 2005 年的 562.31 亿元，然后下降，到 2013 年为 342.86 亿元，比 2002 年减少了 30%。

表 4-15　OECD 国家教育经费支出结构（2013 年）

单位:%

	初等教育、中等教育和中等后非高等教育						高等教育					
	占全部教育经费支出的百分比		占经常项目支出的百分比				占全部教育经费支出的百分比		占经常项目支出的百分比			
	经常项目支出	资本项目支出	教师薪酬	其他人员薪酬	所有人员薪酬	其他经常项目支出	经常项目支出	资本项目支出	教师薪酬	其他人员薪酬	所有人员薪酬	其他经常项目支出
澳大利亚	83.6	16.4	60.8	15.6	76.4	23.6	86.9	13.1	33.1	28.7	61.7	38.3
奥地利	97.8	2.2	65.7	10.8	76.5	23.5	93.5	6.5	53.6	8.7	62.3	37.7
比利时	96.8	3.2	72.8	17.2	89.9	10.1	96.9	3.1	49.6	27.5	77.1	22.9
加拿大	92.8	7.2	62.4	15.1	77.4	22.6	89.5	10.5	36.2	27.0	63.1	36.9
智利	—	—	—	—	—	—	94.7	5.3	—	—	62.6	37.4
捷克	89.9	10.1	47.1	15.3	62.4	37.6	89.8	10.2	31.3	17.8	49.1	50.9
丹麦	93.5	6.5	47.9	32.3	80.2	19.8	95.7	4.3	48.9	34.4	83.8	16.7
芬兰	92.5	7.5	53.3	11.1	64.4	35.6	95.2	4.8	33.7	27.9	61.6	38.4
法国	89.6	10.4	58.7	21.9	80.7	19.3	91.0	9.0	46.3	29.5	75.8	24.2
德国	90.6	9.4			81.0	19.0	90.2	9.8			65.8	34.2
匈牙利	94.2	5.8			76.2	23.8	84.1	15.9			61.8	38.2
冰岛	91.5	8.5			75.6	24.4	100.0	—			77.7	22.3
爱尔兰	92.7	7.3	71.1	9.2	80.3	19.7	88.8	11.2	38.8	26.2	65.0	35.0
以色列	92.2	7.8			82.7	17.3	89.5	10.5			80.3	19.7
意大利	95.7	4.3	62.5	18.1	80.5	19.5	90.8	9.2	35.9	30.0	65.9	34.1
日本	87.2	12.8			86.3	13.7	84.5	15.5			60.0	40.0

续表

	初等教育、中等教育和中等后非高等教育						高等教育					
	占全部教育经费支出的百分比		占经常项目支出的百分比				占全部教育经费支出的百分比		占经常项目支出的百分比			
	经常项目支出	资本项目支出	教师薪酬	其他人员薪酬	所有人员薪酬	其他经常项目支出	经常项目支出	资本项目支出	教师薪酬	其他人员薪酬	所有人员薪酬	其他经常项目支出
韩国	85.4	14.6	57.0	9.0	66.9	33.1	83.5	16.5	34.9	18.5	53.4	46.6
卢森堡	85.9	14.1	76.4	9.1	85.5	14.5	—	—	—	—	—	—
墨西哥	96.9	3.1	80.1	11.6	91.7	8.3	93.6	6.4	61.5	14.6	76.1	23.9
荷兰	87.5	12.5	—	—	82.8	17.2	91.2	8.8	—	—	69.1	30.9
挪威	85.6	14.4	—	—	77.5	22.5	94.4	5.6	—	—	68.0	32.0
波兰	93.9	6.1	—	—	67.6	32.4	86.9	13.1	—	—	77.2	22.8
葡萄牙	92.8	7.2	80.1	12.5	92.6	7.4	94.8	5.2	—	—	74.1	25.9
斯洛伐克	95.6	4.4	49.6	14.0	63.6	36.4	90.7	9.3	32.4	23.4	55.8	44.2
西班牙	91.1	8.9	73.7	9.3	83.0	17.0	81.2	18.8	56.1	21.3	77.3	22.7
瑞典	92.8	7.2	50.9	16.9	67.8	32.2	96.5	3.5	—	—	62.9	37.1
瑞士	91.1	8.9	70.0	13.5	83.5	16.5	90.9	9.1	46.6	27.9	74.5	25.5
英国	87.9	12.1	52.9	20.1	73.1	26.9	94.9	5.1	43.1	36.8	79.9	20.1
美国	88.6	11.4	55.3	26.1	81.4	18.6	91.9	8.1	25.8	36.5	62.3	37.7
OECD平均	91.3	8.7	62.4	15.3	78.1	21.9	91.0	9.0	41.6	25.7	67.9	32.1

资料来源:*Eduation at a Glance 2014*,OECD Publishing,Paris,pp.286-292。

OECD 国家将教育经费支出分为两大门类:资本项目支出和经常项目支出。资本项目支出,是用于期限在一年以上的资产的支出,包括校舍建设、维护或大修及添置或更新设备的支出。经常项目支出,是在当年消费的商品和服务的支出与保证教育服务提供的周期性生产的支出。教育机构的经常项目支出,除了用于人员薪酬外,还包括某些分包服务的支出,例如,校舍维护和校舍及其他设备的租赁。OECD 国家教育经费支出中资本项目支出和经常项目支出的分类,与我国教育经费支出中基本建设经费支出和事业性经费支出大致对应。

表 4-16　我国各级各类教育经费支出（2002—2013 年，以 2000 年可比价格计）

单位：亿元

年份	事业性经费				基本建设经费			
	高校	中职	中学	小学	高校	中职	中学	小学
2002	1172.70	354.58	1303.85	1257.14	250.24	24.54	134.38	54.78
2003	1311.14	353.62	1383.14	1266.69	296.03	59.33	128.53	43.62
2004	1472.23	369.16	1547.88	1397.68	333.06	29.00	141.98	51.18
2005	1658.41	377.56	1744.78	1517.83	318.21	29.38	142.18	50.06
2006	1724.63	391.35	1821.87	1578.74	216.33	11.79	69.84	9.80
2007	2259.75	548.64	2264.99	1972.06	206.15	20.82	67.64	24.88
2008	2704.47	691.81	2717.64	2394.67	203.56	22.63	74.82	29.13
2009	2812.38	722.50	2889.55	2622.62	145.85	33.11	103.92	46.00
2010	2970.14	743.28	3015.11	2772.98	134.10	31.73	101.15	52.51
2011	3646.52	873.74	3621.20	3327.46	139.27	23.99	91.67	55.86
2012	3694.59	900.07	3699.47	3498.80	118.94	10.88	96.24	57.67
2013	3820.62	971.16	4163.85	4017.13	101.32	5.55	99.45	60.20

资料来源：根据 2003—2015 年《中国教育经费统计年鉴》计算获得。

表 4-17　我国各级各类教育经费支出结构（2002—2013 年）

单位：%

年份	各级各类教育		高等教育		中等职业教育		中学		小学
	事业性经费	基本建设经费	事业性经费	基本建设经费	事业性经费	基本建设经费	事业性经费	基本建设经费	基本建设经费
2002	90.05	9.95	82.41	17.59	93.53	6.47	90.66	9.34	95.82	4.18
2003	90.02	9.98	81.58	18.42	85.63	14.37	91.50	8.50	96.67	3.33
2004	88.22	10.13	81.55	18.45	92.72	7.28	91.60	8.40	96.47	3.53
2005	91.02	8.98	83.90	16.10	92.78	7.22	92.47	7.53	96.81	3.19
2006	92.01	5.23	85.87	10.77	97.08	2.92	93.44	3.58	97.06	2.94
2007	95.73	4.27	91.64	8.36	96.34	3.66	97.10	2.90	98.75	1.25
2008	96.31	3.69	93.00	7.00	96.83	3.17	97.32	2.68	98.80	1.20
2009	96.43	3.57	95.07	4.93	95.62	4.38	96.53	3.47	98.28	1.72
2010	96.74	3.26	95.68	4.32	95.91	4.09	96.75	3.25	98.15	1.86

年份	各级各类教育			高等教育		中等职业教育		中学		小学	
	事业性经费	基本建设经费	事业性经费	基本建设经费	事业性经费	基本建设经费	事业性经费	基本建设经费	事业性经费	基本建设经费	
2011	97.36	2.64	96.32	3.68	97.33	2.67	97.53	2.47	98.35	1.65	
2012	97.54	2.46	96.89	3.11	98.81	1.19	97.60	2.40	98.45	1.55	
2013	97.76	2.24	97.42	2.58	99.43	0.57	97.67	2.33	98.53	1.47	

资料来源:根据 2003—2015 年《中国教育经费统计年鉴》计算获得。

我国各级各类教育事业性经费支出占比高于 OECD 国家经常项目支出平均水平。2013 年,我国小学、中学、中等职业教育和高校的事业性经费支出占比分别为 98.53%、97.67%、99.43% 和 97.42%。同年,OECD 国家平均用于初等教育、中等教育和中等后非高等教育的经常项目支出占比为 91.3%,高等教育为 91.0%。教育经费支出中的经常项目支出占比在 OECD 不同国家之间的差异相当大。冰岛、挪威和英国高等教育阶段的经常项目支出超过了初等教育、中等教育和中等后非高等教育阶段的经常项目支出 7—9 个百分点。而在匈牙利和西班牙,初等教育、中等教育和中等后非高等教育阶段的经常项目支出超过高等教育阶段的经常项目支出约 10 个百分点。

(二)各级各类教育事业性经费支出

考察事业性教育经费充足与否,需要结合学生数量变化以及教师数量的增减,综合分析事业性教育经费变化特点。

2002—2013 年我国在校生数量变化特征:(1)小学在校生数量下降,小学在校生数量从 2002 年的 12156.7 万人下降到 2013 年的 9360.5 万人,2013 年小学在校生数量只有 2002 年的 77%;(2)中学在校生数量下降,从 2002 年的 8371.2 万人下降到 2013 年的 6876 万人,2013 年中学在校生数量只有 2002 年的 82.14%,其中初中阶段在校生数量下降,高中阶段在校生数量增长 1234.6 万人;(3)中等职业教育在校生数量波动起伏,从 2002 年的 1256.72 万人增长为 2010 年的 2238.5 万人,随后减少,2013 年在校生数量 1923.0 万人,是 2002 年的 1.53 倍;(4)普通高等教育在校生数量从 2002 年的 903.4 万人增长为 2013 年的 2468.1 万人,增长 1.73 倍。

表 4-18　我国各级各类教育在校生数量(2002—2013 年)

单位:万人,%

年份	高校	中等职业教育	高中	初中	小学
2002	903.4	1256.72	1683.8	6687.4	12156.7
2003	1108.6	1409.25	1964.8	6690.8	11689.7
2004	1333.5	1600	2220.4	6527.5	11246.2
2005	1561.8	1700.0	2409.1	6214.9	10864.1
2006	1738.8	1809.9	2514.5	5958.0	10711.5
2007	1884.9	1987.0	2522.4	5736.2	10564.0
2008	2021.0	2087.1	2476.3	5585.0	10331.5
2009	2144.7	2195.2	2434.3	5440.9	10071.5
2010	2231.8	2238.5	2427.3	5279.3	9940.7
2011	2308.5	2205.3	2454.8	5066.8	9926.4
2012	2391.3	2113.7	2467.2	4763.1	9695.9
2013	2468.1	1923.0	2435.9	4440.1	9360.5

资料来源:根据 2003—2015 年《中国教育经费统计年鉴》计算获得。

各级各类学校专任教师数量也发生了变化。除了小学专任教师数量稍微下降 3%外,初中专任教师数量基本稳定,高中阶段增长 72%,中等职业教育增长 22%,高等教育增长 142%。

表 4-19　我国各级各类教育专任教师数量(2002—2013 年)

单位:万人

年份	高校	中等职业教育	高中	初中	小学
2002	61.8	71.3	94.6	346.8	577.9
2003	72.5	73.6	107.1	349.8	570.3
2004	85.8	74.9	119.1	350.1	562.9

年份	高校	中等职业教育	高中	初中	小学
2005	96.6	75.0	129.9	349.2	559.2
2006	107.6	79.9	138.7	347.5	558.8
2007	116.8	85.9	144.3	347.3	561.3
2008	123.7	89.5	147.6	347.6	562.2
2009	129.5	86.9	149.3	351.8	563.3
2010	134.3	87.1	151.8	352.5	561.7
2011	139.3	88.2	155.7	352.5	560.5
2012	144.0	88.1	159.5	350.4	558.5
2013	149.7	86.8	162.9	348.1	558.5

资料来源:根据 2003—2015 年《中国教育经费统计年鉴》计算获得。

结合各级各类在校生数量和专任教师数量的变化,分析 2002—2013 年各级各类教育事业性经费变化特点:(1)在小学在校生减少及专任教师微减的情况下,小学事业性经费从 2002 年的 1257.14 亿元增长为 2013 年的 4017.13 亿元,增长 2.2 倍,为小学教育质量的提高提供了资金保障;(2)中等职业教育专任教师增长 22%,中等职业教育事业性经费从 2012 年的 354.58 亿元增长到 2013 年的 971.16 亿元,增长 1.74 倍,显著高于中等职业教师增长率;(3)中学专任教师数量增长 72%,中学的事业性经费从 2002 年的 1303.85 亿元增长为 2013 年的 4163.85 亿元,增长 2.2 倍,高于中学教师增长率;(4)高等教育事业性经费在专任教师增长 142%、在校生增长 173% 的情况下,从 2002 年的 1172.703 亿元增长为 2013 年的 3820.62 亿元,增长 2.26 倍,高于高校教师及学生增长率。

(三)各级各类教育基本建设经费支出

在基础教育阶段,中学和小学的基本建设经费占比下降,中学基本建设经费占比从 2002 年的 9.3% 下降到 2013 年的 2.3%,而小学基本建设经费占比从 2002 年的 4% 下降到 2013 年的 1.5%。2002—2013 年我国基础教育的在校生数量下降了约 20%,基本建设项目需求小,从而基本建设经费占比下降。

中等职业教育的基本建设经费占比总体呈现下降趋势,从 2002 年的 6.5% 下降为 2013 年的 0.8%,与中等职业教育在校生数量"先升后降"的趋势并不十分吻合,基本建设经费可能制约了中等职业教育的办学条件发展。2011 年 5 月国家督导组发布的《国家教育督导报告:关注中等职业教育》指出,全国 1.4 万多所中等职业学校中,各项办学条件全部达到标准要求的仅有 148 所。

高等学校基本建设经费占比大幅度下降,从 2002 年的 17.6% 下降为 2013 年的 2.6%。2000 年前后,我国高校的基本建设经费占比相对较高,这与我国 1999 年开始实施高校扩招关系密切。1999 年我国高校大规模扩招之前,1998 年我国普通高校在校生数量是 340.88 万人,1999 年达到 413 万人,2003 年达到 1108 万人,大致是扩招前的 3 倍。高校在校生规模的扩大必然要求增加学校基本建设,因此高校教育经费支出中基本建设经费的占比较高。2006 年以后,我国高校大规模扩招基本结束,高等教育在校生规模稳步增长,不再补偿性地增加基本建设经费支出,因此高校基本建设经费支出占比逐年下降。

二、工资福利经费

需要说明的是,2007 年我国教职工的工资福利支出统计口径发生了变化,2007 年以后的"工资福利"统计范围不再包括离退休人员工资福利支出,2007 年之前的统计范围略大于 2007 年之后。

2002—2013 年,我国教育经费中的工资福利经费支出呈现上涨形态。其中,基础教育阶段的工资福利经费支出的增长幅度大。相比 2002 年,2013 年我国小学在校生数量下降了 23%,小学专任教师数减少了 3.36%,小学工资福利支出增长 87.83%;中学在校生数量下降 17.86%,中学专任教师数量增长 15.77%,中学工资福利经费支出增长 111.18%。另一方面,我国高等教育和中等职业教育工资福利经费支出增长率低于在校学生数量增长率。2002—2013 年,我国高校工资福利经费支出增长 97.83%,在校生数量却大幅度增长 173.20%,中等职业教育工资福利经费支出增长 47.99%,在校生数量却增长率了 53.02%。更值得关注的是,高校和中等职业教育专任教师增长率不及在校学生增长率,二者存在不小差距。高校在校生数量增长 173.20%,专任教师数量仅增长 142.23%,中等职业教育在校生数量增长 53.02%,专任教师数量却仅仅增长 21.74%。

表 4-20　我国各级各类教育工资福利经费支出(2002—2015 年,以 2000 年可比价格计)

单位:亿元

年份	总计	高等教育	中等职业教育	中学	小学
2002	2651.31	504.85	200.54	843.78	926.05
2003	2716.36	543.23	195.91	876.66	978.75
2004	3021.83	616.24	205.25	991.31	1073.97
2005	3289.02	692.83	207.59	1095.05	1139.98
2006	3424.41	718.18	210.09	1148.52	1182.71
2007	3297.13	635.95	212.27	1164.42	1112.64
2008	3759.15	712.70	241.64	1325.61	1275.41
2009	4041.50	735.12	247.91	1433.92	1411.25
2010	4271.32	750.89	245.19	1464.27	1450.83
2011	4781.48	851.06	273.80	1625.08	1590.89
2012	5001.17	909.19	271.17	1654.67	1623.44
2013	5416.98	998.73	296.78	1781.93	1739.37

资料来源:根据 2003—2015 年《中国教育经费统计年鉴》计算获得。

表 4-21　我国各级各类教育工资福利经费支出、在校生数量、专任教师数量变化比率

单位:%

	总计	高等教育	中等职业教育	中学	小学
工资福利支出	104.31	97.83	47.99	111.18	87.83
在校学生数	-9.08	173.20	53.02	-17.86	-23.00
专任教师数	13.33	142.23	21.74	15.77	-3.36

资料来源:根据 2003—2015 年《中国教育经费统计年鉴》计算获得。

　　我国事业性教育经费中的工资福利经费支出占比不断下降。2002—2013年,工资福利经费支出占事业性教育经费的比重从60.43%下降到36.23%。其中,高校工资福利经费支出占比下降幅度最大,从2002年的43.05%下降到2011年的22.48%(2012年和2013年略有回升),中等职业教育工资福利经费支出占比从2002年的56.56%下降到2013年的30.56%,中学工资福利经费支出占比从2002年的64.71%下降到2013年的42.80%;小学工资福利经费支出占比从2002年的73.66%下降到2013年的43.30%。

　　虽然我国各级各类教育工资福利经费支出在事业性教育经费中的占比呈现下降特征,但各级各类教育工资福利经费支出占比变化的实质内容却有所差异。通常情况下,为了保持教育质量,教职员工薪酬与学生数量呈正比,学生数量增长时,教职员工的薪酬占比相应提高。因此,判断工资福利经费支出水平,不仅应该考察工资福利经费支出绝对金额,更需要结合在校生数量和教师数量综合判断工资福利经费支出水平高低。2002—2013年,我国基础教育阶段的在校学生数减少,工资福利经费支出却增长几乎一倍,表明基础教育阶段工资福利实质性增长为师资质量的不断提升提供了经费支持。相反的是,高等教育以及中等职业教育工资福利增长率低于学生增长率,尤其高校教师工资福利增长率与学生增长率的差距更大,意味着我国在高等教育及中等职业教育阶段师资投入力度的实质性降低。

表4-22　事业性教育经费中的工资福利经费支出占比
（2002—2013年,以2000年可比价格计）

单位:%

年份	工资福利总支出	高等教育	中等职业教育	中学	小学
2002	60.43	43.05	56.56	64.71	73.66
2003	59.03	41.43	55.40	63.38	77.27
2004	60.24	41.86	55.60	64.04	76.84

续表

年份	工资福利总支出	高等教育	中等职业教育	中学	小学
2005	57.71	41.78	54.98	62.76	75.11
2006	57.51	41.64	53.68	63.04	74.91
2007	43.31	28.14	38.69	51.41	56.42
2008	40.68	26.35	34.93	48.78	53.26
2009	41.40	26.14	34.31	49.62	53.81
2010	40.40	25.28	32.99	48.56	52.32
2011	37.39	22.48	31.34	43.77	47.02
2012	36.59	24.32	30.13	43.21	45.44
2013	36.23	26.14	30.56	42.80	43.30

资料来源:根据 2003—2015 年《中国教育经费统计年鉴》计算获得。

2013 年,我国小学、中学和中等职业教育的工资福利经费支出占事业性教育经费的比重(分别为 43.30%、42.80% 和 30.56%),低于 OECD 国家平均水平(基础教育及中等后非高等教育教师薪酬和其他员工薪酬合计占经常项目支出的 78%),我国高等教育工资福利经费支出占事业性教育经费的比重(36%)也低于 OECD 国家平均水平(OECD 国家高校教师薪酬和其他员工薪酬合计占经常项目支出的 68%)。平均而言,OECD 国家在初等教育、中等教育和中等后非高等教育阶段,62% 的经常项目支出用于教师薪酬,16% 用于其他员工薪酬,22% 用于其他支出;在高等教育阶段,42% 的经常项目支出用于教师薪酬,26% 用于其他员工薪酬。OECD 国家的高等教育阶段经常项目支出用于教职员工薪酬以外的部分较大,原因在于,与其他教育阶段相比,高等教育阶段用于设施、设备的费用更高。我国各级各类教育工资福利经费支出占事业性教育经费的比重均低于 OECD 国家平均水平,表明我国教师工资福利经费支出占比偏低,应继续提高教师工资福利待遇,以吸引优秀人才进入教育领域,提高教师质量。

三、奖贷助经费

表4-23 我国各级各类教育奖贷助经费支出（2002—2013年）

年份	总计（亿元）	按2000年可比价格计算总计（亿元）	助学金在事业性教育经费占比（%）	助学金在财政性教育经费占比（%）	高校（亿元）	中等职业学校（亿元）	中学（亿元）	小学（亿元）	高校助学金占比（%）	中等职业学校助学金占比（%）	中学助学金占比（%）	小学助学金占比（%）
2002	79.19	76.43	1.74	2.27	61.68	7.15	6.01	3.92	77.90	9.03	7.59	4.95
2003	95.20	84.88	1.84	2.47	74.79	7.42	7.82	5.05	78.56	7.80	8.22	5.31
2004	110.66	94.35	1.88	2.48	84.82	7.51	10.93	7.24	76.65	6.78	9.87	6.54
2005	148.38	121.09	2.12	2.87	101.96	7.85	21.1	17.21	68.72	5.29	14.22	11.60
2006	162.69	121.19	2.04	2.56	107.36	11.11	25.65	18.26	65.99	6.83	15.77	11.22
2007	318.02	216.73	2.85	3.84	154.02	55.05	53.97	37.98	48.43	17.31	16.97	11.94
2008	624.91	428.71	4.64	5.98	246.95	126.93	133.02	100.47	39.52	20.31	21.29	16.08
2009	644.16	395.15	4.20	5.27	274.24	141.15	132.98	94.83	42.57	21.91	20.64	14.72
2010	754.59	438.79	4.15	5.14	328.45	149.12	172.20	103.07	43.53	19.76	22.83	13.66
2011	914.55	520.38	4.07	4.92	396.01	158.51	229.68	123.62	43.30	17.33	25.11	13.52
2012	1002.35	530.42	3.88	4.51	420.99	152.67	254.33	187.33	42.00	15.23	25.37	18.69
2013	1132.34	588.42	3.94	4.62	456.08	134.57	278.18	226.54	40.28	11.88	24.57	20.01

资料来源：根据2003—2015年《中国教育经费统计年鉴》计算获得。

2002—2013年，我国奖贷助经费支出持续增长。以2000年可比价格计，从2000年的76.43亿元增长为2013年的588.42亿元，增长6.7倍。

高等教育奖贷助经费支出占比最高，其次是中等教育（包括中等职业学校和中学），小学阶段的奖贷助经费占比最低。高等教育阶段奖贷助经费支出占教育经费的比例迅速下降，从2002年的77.90%下降为2013年的39.52%，下降近一半，而中学和中等职业教育的奖贷助经费支出占教育经费的比例增长较大，分别从2002年的7.59%和4.95%增长至2013年的24.57%和20.01%。义务教育阶段奖助贷占教育经费的比例增长的原因是,我国 2007 年全面实施免费义务教育,并对困难家庭学生实施财政补助。

2002—2013 年,我国奖贷助经费支出占事业性教育经费的比例不断增长,尤其在 2008 年增幅较大,这受益于政府相关政策补助。2002 年,奖贷助经费支出占事业性教育经费的比例为 1.74%,2008 年增长到 4.64%,此后缓慢回落,2013 年占比为 3.94%。2008 年,我国奖贷助经费支出占比显著增长得益于 2007 年颁布的《国务院关于建立健全普通本科高校、高等职业学校和中等职业学校家庭经济困难学生资助政策体系的意见》(国发〔2007〕13 号)实施。该《意见》及其配套办法,建立起多种形式并存的家庭经济困难学生资助政策体系,非义务教育阶段家庭经济困难学生学习和生活困难问题也在一定程度上得到了缓解。该《意见》规定资助的标准是,中等职业学校国家助学金标准为每生每年 1500 元,资助两年,2007 年后奖贷助经费中用于中等职业教育的比例上涨迅速。

奖贷助经费支出的财政性教育经费占比呈现小幅度增长特征,从 2002 年的 2.27% 上升为 2008 年的 5.98%,随后微弱下降,2013 年的占比为 4.62%。

我国高校奖贷助经费支出的财政性经费占比呈现"先增长,后回落"的形态,从 2002 年的 7.83% 上升为 2008 年的 11.97%,此后逐年小幅度减少,2013 年为 9.51%,这与我国 2002—2013 年高校扩招规模变化相匹配。

表 4-24　高等教育经费支出中的奖贷助经费支出(2002—2013 年,以当年价格计)

年份	高等教育奖贷助经费支出(亿元)	高等教育奖贷助经费支出的财政性经费占比(%)
2002	61.68	7.83
2003	74.79	8.53
2004	84.82	8.40
2005	101.96	9.03
2006	107.36	8.24
2007	154.02	9.35
2008	246.95	11.97

年份	高等教育奖贷助经费支出（亿元）	高等教育奖贷助经费支出的财政性经费占比（%）
2009	274.24	11.78
2010	328.45	11.08
2011	396.01	9.67
2012	421.34	9.45
2013	468.65	9.51

资料来源：根据2003—2015年《中国教育经费统计年鉴》计算获得。

我国高等教育奖贷助经费支出的财政性教育经费占比低于OECD国家平均水平。OECD国家公共支出中类似我国奖贷助经费支出的项目包括：(1)助学金/奖学金；(2)公共学生贷款；(3)根据学生身份而定的家庭补贴或子女津贴；(4)以现金或其他实物提供的政府资助；(5)私人贷款的相关利息补贴。2008年，我国高校奖贷助经费支出的财政性经费占比达到最高11.97%，2013年占比为9.51%，仅为OECD国家平均水平的一半。2013年，OECD国家平均21%的高等教育公共支出用于资助学生、家庭和其他私人实体。在澳大利亚、智利、荷兰、新西兰、挪威和英国，至少27%的高等教育公共经费用于对家庭的公共补贴，助学金/奖学金和助学贷款体系非常完善。

我国高等教育资助体系的建设滞后于学费分担政策的实施，而OECD多数国家在学费上涨的同时加强了资助体系建设。1999年，我国高校开始全面收取学费，当年高等教育助学金的财政性经费占比不到7%，2002年达7.83%。在2007年颁布《国务院关于建立健全普通本科高校、高等职业学校和中等职业学校家庭经济困难学生资助政策体系的意见》(国发〔2007〕13号)以后，国家才逐步建立起比较完善的高校家庭经济困难学生资助体系。2008年，高等学校助学金的财政性经费占比达到11.97%。OECD多数国家在学费政策和学生资助政策之间寻找到平衡，以保证高等教育的社会公平性。25个数据可得OECD国家中14个提高了高等教育机构的收费，但学费的增长通常伴随着对学生资助的增长。对学生的资助通常都通过发放助学金/奖学金或助学贷款的方式,或者实施不同水平的收费,为来自处境不利背景的学生提供更多的高等教育入学机会,减少所有学生的经济压力。例如,荷兰设立了专门的助学贷款,美国增加了基于收入的助学金,降低了学生贷款的利率,创立了基于收入的政府贷款偿还体系,增加了在公共部门和公共服务岗位工作学生的贷款免除额。

本章小结

本章从纵向时间维度和与横向 OECD 国家对比两个维度,凸显 2002—2013 年我国教育经费收支特点,具体而详实地分析了我国教育总经费、教育经费不同来源、各级各类教育经费支出、各级各类教育生均经费支出、教育经费支出结构、各级各类教育经费支出结构等变化特征。

2002—2013 年,我国教育总经费呈现以下特征:一是教育经费增长率高于同期 GDP 增速,教育经费的 GDP 占比不断增长,已经略高于 OECD 国家平均水平;二是教育经费在公共财政支出中的占比保持在 15% 以上。

我国教育经费在不同来源方面呈现以下特征:一是国家财政性经费是高等教育经费最主要来源,事业收入是第二重要的收入渠道,其中学费和杂费占据相当大比例;二是高校财政性经费保持持续增长,学杂费呈现“先迅猛增长,后波动”形态,社会团体和公民个人办学经费经快速增长后极度萎缩,社会捐资和集资办学经费先小幅度下降再回升。

我国各级各类教育经费支出特征如下:一是高校教育经费在三级教育中占比呈现倒“U”型形态,小学、中学、中等职业教育经费占比呈现“L”型特征,三级教育经费比例与 OECD 国家平均水平相似;二是基础教育阶段,小学教育经费占比大体呈现“U”型,而普通中学教育经费占比则体现出缓慢下降的趋势;三是从普通中学和中等职业教育经费分类看,我国中等职业教育经费占比呈现上下波动起伏形态,而普通中学教育经费占比呈现轻微缓慢下降特点;四是基础教育及中等职业教育经费的 GDP 占比低于 OECD

国家平均水平,高等教育经费的 GDP 占比与 OECD 国家平均水平相当;五是中等职业教育财政性经费占比增幅最高,中学次之,小学最低,基础教育及中等职业教育合计的财政性经费占比逐年增长,与 OECD 国家平均水平相当;六是高等教育财政性经费占比呈现"先降后升,整体上升"的形态,但低于 OECD 国家平均水平。

我国各级各类教育生均经费支出呈现如下特征:一是我国基础教育和中等职业教育生均经费支出,增速远远高于 OECD 国家平均水平,高等教育生均经费支出却呈现负增长;二是各级各类教育生均经费支出比例中,基础教育阶段生均经费支出相对比重显著上升,但仍然低于 OECD 国家平均水平;三是我国小学生均经费支出的人均 GDP 占比低于 OECD 国家平均水平,中学生均经费支出的人均 GDP 占比与 OECD 国家平均水平相当,高等教育阶段生均经费支出的人均 GDP 远远高于 OECD 国家平均水平;四是我国农村基础教育生均经费支出增速高于全国平均水平,与全国平均水平差距不断缩小,目前差距微小。

我国教育经费支出结构特征如下:一是事业性教育经费占比增长十分显著,基本建设教育经费占比呈现下降趋势,我国事业性教育经费支出占比高于 OECD 国家平均的经常项目支出水平;二是小学事业性教育经费增长 2.2 倍,中等职业教育事业性教育经费增长 1.74 倍,普通中学事业性教育经费增长 2.2 倍,高等教育事业性教育经费增长 2.26 倍;三是在基础教育阶段学生数量下降的情况下,基础教育阶段的工资福利经费支出增长率显著高于教师数量增长率,我国高等教育和中等职业教育的工资福利经费支出增长率却低于在校学生数量增长率,我国各级各类教育的工资福利经费支出占事业性教育经费的比例均低于 OECD 国家平均水平;四是奖贷助经费支出持续增长,用于高等教育的奖贷助经费支出最多,但占比下降,而用于中等职业教育的奖贷助经费支出占比增幅较大。

第五章　全国就业的教育投资弹性

　　研究教育经费投入影响就业的目的,重点不是判断短时期教育经费投入对就业的乘数效应。相比劳动密集型产业,教育行业的就业乘数效应并不高,教育行业本身属于智力型劳动密集行业,对普通劳动力的吸纳水平不高,并不是短时期内促进就业增长的优选行业。本书研究更重要的目的是,评价教育投入形成的人力资本推动劳动就业长时期持续增长的效应。

　　2002—2013 年,我国教育经费增长迅速,与发达国家的差距不断缩小。本章将运用长期均衡模型计算全国就业的教育投资长期弹性,运用误差修正模型计算短期弹性,判断我国教育经费收支的短期就业抑制效应和长期就业促进效应是否显著,并结合我国教育经费变化特征对此进行阐释和分析。

第一节　全国就业的教育经费收入弹性

一、长期弹性

　　首先对教育总经费,以及教育经费中不同来源的财政性教育经费、学杂费、高校学杂费取自然对数,得到 $\ln EDU$、$\ln FED$、$\ln FEE$、$\ln HF$。运用协整检验方法检验序列的平稳性,如果原序列是非平稳的,则进行差分平稳性检验。检验结果表示 $lnEDU$、$lnFED$、$lnFEE$、$lnHF$ 二阶差分都平稳。结果如表 5-1 所示。

表 5-1　运用 ADF 的单位根检验结果

序列	T 统计值	5%临界值	结论
$lnEDU$	-2.581	-3.175	非平稳
$lnFED$	-2.550	-3.175	非平稳
$lnFEE$	-2.589	-3.175	非平稳
$lnHF$	-2.941	-3.175	非平稳
$\triangle lnEDU(-1)$	-1.879	-4.247	非平稳
$\triangle lnFED(-1)$	-1.547	-4.247	非平稳
$\triangle lnFEE(-1)$	-2.809	-4.247	非平稳
$\triangle lnHF(-1)$	-2.267	-4.247	非平稳
$\triangle lnEDU(-2)$	-10.919	-4.450	平稳
$\triangle lnFED(-2)$	-4.820	-4.450	平稳
$\triangle lnFEE(-2)$	-7.352	-4.450	平稳
$\triangle lnHF(-2)$	-4.897	-4.450	平稳

（一）全国就业的教育总经费长期弹性

建立教育总经费与全国就业的长期均衡模型：

$$lnEMP = c_0 + c_1 lnEDU + \varepsilon_t \tag{5-1}$$

通过最小二乘法回归，获得调整后的可决系数 $R^2 = 0.968$，表明模型拟合效果很好。估计模型可以写作：

$$lnEMP = 10.857 + 0.041lnEDU \tag{5-2}$$

$$（0.002）$$

$$t = （18.300）$$

式中 $lnEDU$ 的系数估计值表示，教育总经费增加 1%，全国就业增加 0.041%。

（二）全国就业的财政性教育经费长期弹性

构建财政性教育经费与全国就业的长期均衡模型：

$$\ln EMP = c_0 + c_1 \ln FED + \varepsilon_t \tag{5-3}$$

通过最小二乘法回归，获得调整后的可决系数 $R^2 = 0.955$，表明模型拟合效果很好。估计模型可以写作：

$$\ln EMP = 10.953 + 0.032 \ln FED \tag{5-4}$$
$$(0.002)$$
$$t = (14.581)$$

式中 $\ln FED$ 系数估计值表示，财政性教育经费增加 1%，全国就业增加 0.032%，低于全国就业的教育总经费 0.041% 的长期弹性。

（三）全国就业的学杂费长期弹性

建立学杂费收入与全国就业的长期均衡模型：

$$\ln EMP = c_0 + c_1 \ln FEE + \varepsilon_t \tag{5-5}$$

通过最小二乘法回归，获得模型可决系数 $R^2 = 0.961$，表明模型拟合效果很好。估计模型可以写作：

$$\ln EMP = 10.811 + 0.058 \ln FEE \tag{5-6}$$
$$(0.004)$$
$$t = (15.644)$$

式中 $\ln FEE$ 的系数估计值表示，学杂费收入增加 1%，全国就业增加 0.058%，高于全国就业的财政性教育经费长期弹性 0.032%，也高于全国就业的教育总经费长期弹性 0.041%。

（四）全国就业的高校学杂费长期弹性

建立高校学杂费收入与全国就业的长期均衡模型：

$$\ln EMP = c_0 + c_1 \ln HF + \varepsilon_t \tag{5-7}$$

通过最小二乘法回归，获得模型可决系数 $R^2 = 0.920$，表明模型拟合效果很好。估计模型可以写作：

$$\ln EMP = 10.931 + 0.044 \ln HF \qquad\qquad (5-8)$$

$$(0.004)$$

$$t = (10.739)$$

式中 $\ln HF$ 的系数估计值表示,高校学杂费收入增加 1%,全国就业增加 0.044%,高于全国就业的财政性教育经费长期弹性 0.032%,却低于学杂费长期弹性 0.058%。

二、短期弹性

(一)全国就业的教育总经费短期弹性

对教育总经费与全国就业长期均衡模型的残差 ECM 进行单位根检验。检验结果表明,残差单位根 $t = -2.982$,概率 0.0068,小于 1% 检验水平的临界值 -2.792,因此拒绝存在单位根的原假设,即认为残差平稳。

构建误差修正模型,分析全国就业的教育总经费短期弹性。构建模型时发现,教育总经费与全国就业的误差修正模型拟合度欠佳,增加上一年的教育总经费和上一年全国就业差分变量消除共线性,构建模型如下:

$$\Delta \ln EMP_t = c + c_1 \Delta \ln EDU_t + c_2 \Delta \ln EDU_{t-1} + c_3 \Delta \ln EMP_{t-1} + c_4 ECM_{t-1} + \varepsilon_t$$

$$(5-9)$$

模型估计可决系数 $R^2 = 0.760$,$DW = 2.002$,模型整体 F 值 3.952,其概率水平 0.082,表示 10% 显著水平下模型整体估计是显著的。误差修正模型估计结果如下:

$$\Delta \ln EMP_t = 0.002 + 0.002 \Delta \ln EDU_t - 0.010 \Delta \ln EDU_{t-1} + 0.642 \Delta \ln EMP_{t-1} - 0.200 ECM_{t-1}$$

$$\quad\quad (0.006) \qquad\quad (0.005) \qquad\quad (0.207) \qquad\quad (0.144)$$

$$t = (0.370) \qquad (-1.176) \qquad (3.106) \qquad (-1.379)$$

$$(5-10)$$

教育总经费与全国就业误差修正模型估计结果表示:(1)当年和上一年教育经费支出与全国就业没有短期弹性;(2)10% 显著水平下,上一年全国就业增长 1%,当年就业则增长 0.642%;(3)残差对教育总经费与全国就业之间偏离长期均衡关系时没有显著短期修正。

(二)全国就业的财政性教育经费短期弹性

对财政性教育经费与全国就业长期均衡的残差 $FECM$ 进行平稳性检验,表明残差平稳。构建财政性教育经费与全国就业误差修正模型:

$$\Delta \ln EMP_t = c + c_1 \Delta \ln FED_t + c_2 \Delta \ln FED_{t-1} + c_3 \Delta \ln EMP_{t-1} + c_4 FECM_{t-1} + \varepsilon_t \tag{5-11}$$

模型估计:可决系数 $R^2 = 0.778$,表明模型拟合效果较好;模型整体 F 值 4.398,概率水平为 0.068,表示模型整体估计在 10% 显著水平下是显著的;DW = 2.341,无自相关性。误差修正模型估计结果如下:

$$\Delta \ln EMP_t = 0.002 + 0.001 \Delta \ln FED_t - 0.007 \Delta \ln FED_{t-1} + 0.553 \Delta \ln EMP_{t-1} - 0.147 FECM_{t-1}$$
$$ (0.005) \qquad (0.004) \qquad\quad (0.226) \qquad\qquad (0.129)$$
$$ t = (0.270) \qquad (-1.811) \qquad\quad (2.443) \qquad\qquad (-1.139)$$
$$\tag{5-12}$$

财政性教育经费与全国就业误差修正模型估计结果表示:(1)当年和上一年财政性教育经费与全国就业没有短期弹性;(2)10% 显著水平下,上一年就业增长 1%,当年就业增长 0.553%;(3)残差对财政性教育经费与全国就业偏离长期均衡没有短期修正。

(三)全国就业的学杂费短期弹性

对学杂费与全国就业长期均衡的残差 $FEECM$ 进行 ADF 平稳性检验,表明残差平稳。

构建学杂费与全国就业误差修正模型:

$$\Delta \ln EMP_t = c + c_1 \Delta \ln FEE_t + c_2 \Delta \ln FEE_{t-1} + c_3 \Delta \ln EMP_{t-1} + c_4 FEECM_{t-1} + \varepsilon_t \tag{5-13}$$

模型估计可决系数 $R^2 = 0.686$,表明模型拟合效果一般;DW = 2.231,无自相关性。误差修正模型估计结果如下:

$$\Delta \ln EMP_t = 0.001 + 0.005\Delta \ln FEE_t - 0.008\Delta \ln FEE_{t-1} + 0.748\Delta \ln EMP_{t-1} - 0.230FEECM_{t-1}$$

$$(0.005) \qquad (0.006) \qquad (0.265) \qquad (0.210)$$

$$t = (1.092) \qquad (-1.265) \qquad (2.821) \qquad (-1.098)$$

$$(5-14)$$

学杂费与全国就业误差修正模型估计结果表示:(1)当年和上一年学杂费与全国就业没有短期弹性;(2)上一年全国就业增长 1%,当年就业增长 0.748%;(3)残差对学杂费与全国就业偏离长期均衡关系时没有短期修正。

(四)全国就业的高校学杂费短期弹性

对高校学杂费与全国就业长期均衡的残差 HFECM 进行 ADF 平稳性检验,表明残差 HFECM 平稳。

构建高校学杂费与全国就业误差修正模型:

$$\Delta \ln EMP_t = c + c_1\Delta \ln HF_t + c_2\Delta \ln HF_{t-1} + c_3\Delta \ln EMP_{t-1} + c_4HFECM_{t-1} + \varepsilon_t$$

$$(5-15)$$

模型估计可决系数 $R^2 = 0.686$,表明模型拟合效果比较一般;DW = 2.135,无自相关性;模型整体 F 值 2.011,概率值 0.218,表明估计系数不显著。

误差修正模型估计结果如下:

$$\Delta \ln EMP_t = 0.0009 + 0.002\Delta \ln HF_t - 0.004\Delta \ln HF_{t-1} + 0.776\Delta \ln EMP_{t-1} - 0.035HFECM_{t-1}$$

$$(0.004) \qquad (0.006) \qquad (0.406) \qquad (0.125)$$

$$t = (0.607) \qquad (-0.740) \qquad (1.914) \qquad (-0.279)$$

$$(5-16)$$

高校学杂费与全国就业误差修正模型估计结果表示:(1)当年和上一年高校学杂费与全国就业没有短期弹性;(2)上一年就业与当年全国就业没有短期弹性;(3)残差对高校学杂费与全国就业之间偏离长期均衡关系时没有调整短期修正力度。

第二节　全国就业的各级各类教育经费总支出弹性

一、长期弹性

对 2000 年可比价格的基础教育经费支出、高等教育经费支出、中等职业教育经费支出取自然对数,得到 ln$JEDU$、ln$HEDU$、ln$VEDU$。运用 ADF 方法进行序列平稳性检验,发现 ln$HEDU$ 一阶差分平稳、ln$JEDU$ 和 ln$VEDU$ 二阶差分平稳。

表 5-2　运用 ADF 的单位根检验结果

	T 统计值	5%临界值	结论
ln$JEDU$	13.839	−3.175	非平稳
ln$HEDU$	0.0572	−3.175	非平稳
ln$VEDU$	−2.076	−3.175	非平稳
△ln$JEDU$(−1)	0.342	−4.247	非平稳
△ln$HEDU$(−1)	−8.713	−4.247	平稳
△ln$VEDU$(−1)	−3.137	−4.247	非平稳
△ln$JEDU$(−2)	−2.855	−4.450	平稳
△ln$VEDU$(−2)	−3.397	−4.450	平稳

(一)全国就业的基础教育经费支出长期弹性

建立基础教育经费支出与全国就业的长期均衡模型:

$$\ln EMP = c_0 + c_1 \ln JEDU + \varepsilon_t \tag{5-17}$$

通过最小二乘法回归,获得调整后的可决系数 $R^2 = 0.952$,表明模型拟合效果很好;模型整体 F 值 218.753,表示模型整体估计显著。

估计模型可以写作:

$$\ln EMP = 10.868 + 0.043\ln JEDU \tag{5-18}$$

$$(0.003)$$

$$t = (14.790)$$

式中 $\ln JEDU$ 的系数估计值表示,基础教育经费支出增加 1% ,全国就业增加 0.043% ,高于教育总经费支出与全国就业 0.041% 的长期弹性。

(二)全国就业的中等职业教育支出长期弹性

建立中等职业教育经费支出与全国就业的长期均衡模型:

$$\ln EMP = c_0 + c_1\ln VEDU + \varepsilon_t \tag{5-19}$$

运用最小二乘法回归,获得调整后的可决系数 $R^2 = 0.915$,表明模型拟合效果很好;模型整体 F 值 119.641,表示模型整体估计显著。

估计模型可以写作:

$$\ln EMP = 10.946 + 0.044\ln VEDU \tag{5-20}$$

$$(0.004)$$

$$t = (10.938)$$

式中 $\ln VEDU$ 的系数估计值表示,中等职业教育经费支出增加 1% ,全国就业增加 0.044% ,略高于经费支出全国就业的 0.043% 的长期弹性系数。

(三)全国就业的高等教育经费支出长期弹性

建立高等教育经费支出与全国就业的长期均衡模型:

$$\ln EMP = c_0 + c_1\ln HEDU + \varepsilon_t \tag{5-21}$$

运用最小二乘法回归,获得调整后的可决系数 $R^2 = 0.982$,模型拟合效果很好;模型整体 F 值 595.792,表示模型整体估计显著。

估计模型可以写作:

$$\ln EMP = 10.868 + 0.046\ln HEDU \tag{5-22}$$

$$(0.002)$$

$$t = (24.409)$$

式中 ln$HEDU$ 的系数估计值表示,高等教育经费支出增加 1%,全国就业增加 0.046%,高于全国就业的基础教育经费支出、中等职业教育经费支出 0.043% 和 0.044% 的长期弹性。

二、短期弹性

(一)全国就业的基础教育经费支出短期弹性

对基础教育经费支出与全国就业长期均衡模型的残差 $JECM$ 进行 ADF 平稳性检验。ADF 检验结果表明,t 值 $= -2.810$,小于 5% 检验水平临界值,因此拒绝残差存在单位根的原假设,认为残差平稳。

构建基础教育支出与全国就业误差修正模型,增加上一年的基础教育经费支出和上一年全国就业差分变量以消除模型自相关性,构建模型如下:

$$\Delta \ln EMP_t = c + c_1 \Delta \ln JEDU_t + c_2 \Delta \ln JEDU_{t-1} + c_3 \Delta \ln EMP_{t-1} + c_4 JECM_{t-1} + \varepsilon_t$$

$$(5-23)$$

模型可决系数 $R^2 = 0.789$,表明模型拟合较好;模型整体 F 值 4.662,概率水平 0.061,表示 10% 显著水平下模型整体估计是显著的;DW $= 2.134$,无自相关性。

误差修正模型估计如下:

$$\Delta \ln EMP_t = 0.003 + 0.001 \Delta \ln JEDU_t - 0.009 \Delta \ln JEDU_{t-1} + 0.561 \Delta \ln EMP_{t-1} - 0.173 JECM_{t-1}$$

$$(0.005) \qquad (0.005) \qquad (0.196) \qquad (0.106)$$

$$t = (0.227) \qquad (-2.047) \qquad (2.855) \qquad (-1.617)$$

$$(5-24)$$

上述误差修正模型估计结果表示:(1)当年基础教育经费支出与全国就业没有短期弹性;(2)10% 显著水平下,上一年基础教育经费支出增长 1%,全国就业人员数量减少 0.009%,但在 5% 显著水平下不存在显著的短期抑制效应;(3)上一年就业总量增长 1%,当年就业增长 0.561%;(4)残差对基础教育经费支出与全国就业之间偏离长期均衡时没有短期修正。

(二)全国就业的中等职业教育经费支出短期弹性

对中等职业教育经费支出与全国就业长期均衡模型的残差 $VECM$ 进行平稳性检验。ADF 检验结果表明,残差平稳。

构建中等职业教育经费支出与全国就业误差修正模型:

$$\Delta \ln EMP_t = c + c_1 \Delta \ln VEDU_t + c_2 \Delta \ln VEDU_{t-1} + c_3 \Delta \ln EMP_{t-1} + c_4 VECM_{t-1} + \varepsilon_t$$

$$(5-25)$$

模型估计可决系数 $R^2 = 0.754$,表明模型拟合一般;DW = 2.004,无自相关性。

误差修正模型可以写作如下:

$$\Delta \ln EMP_t = 0.0019 - 0.006 \Delta \ln VEDU_t - 0.006 \Delta \ln VEDU_{t-1} + 0.609 \Delta \ln EMP_{t-1} - 0.143 VECM_{t-1}$$

$$(0.005) \qquad (0.004) \qquad (0.232) \qquad (0.103)$$

$$t = (0.516) \qquad (-1.614) \qquad (2.631) \qquad (-1.387)$$

$$(5-26)$$

上述误差修正模型估计结果表示:(1)当年及上一年中等职业教育经费支出与全国就业没有显著短期弹性;(2)上一年全国就业增长 1%,当年全国就业增长 0.609%;(3)残差对中等职业教育经费支出与全国就业偏离长期均衡时没有短期修正。

(三)全国就业的高等教育经费支出短期弹性

对高等教育经费支出与全国就业长期均衡模型的残差 $HECM$ 进行平稳性检验。ADF 检验结果表明,残差一阶差分平稳。

构建高等教育经费支出与全国就业误差修正模型:

$$\Delta \ln EMP_t = c + c_1 \Delta \ln HEDU_t + c_2 \Delta \ln HEDU_{t-1} + c_3 \Delta \ln EMP_{t-1} + c_4 HECM_{t-1} + \varepsilon_t$$

$$(5-27)$$

估计结果表明,模型可决系数 $R^2 = 0.723$,表明模型拟合较好;DW = 2.121,无自相关性。误差修正模型估计结果如下:

$$\Delta \ln EMP_t = 0.0007 - 0.008\Delta \ln HEDU_t - 0.010\ln HEDU_{t-1} + 0.826\Delta \ln EMP_{t-1} - 0.460 HECM_{t-1}$$

$$(0.006) \qquad (0.006) \qquad (0.261) \qquad (0.293)$$

$$t = (1.372) \qquad (-1.542) \qquad (3.164) \qquad (-1.569)$$

$$(5-28)$$

上述误差修正模型估计结果表示:(1)当年及上一年高等教育支出与全国就业没有显著短期弹性;(2)上一年就业增长 1%,当年就业增长 0.826%;(3)残差对高等教育支出与全国就业偏离长期均衡时没有短期修正。

第三节　全国就业的各级各类生均教育经费支出弹性

一、长期弹性

对 2000 年可比价格的全国小学生均教育经费支出、农村小学生均教育经费支出、全国中学生均教育经费支出、全国初中生均教育经费支出、农村初中生均教育经费支出、中等职业教育生均教育经费支出、高校生均教育经费支出取自然对数,得到 $\ln APED$、$\ln ASP$、$\ln AMED$、$\ln AJED$、$\ln ASJ$、$\ln AVED$、$\ln HEDU$。运用 ADF 方法进行序列平稳性检验,结果如表 5-3 所示。

表 5-3　运用 ADF 的单位根检验结果

	T 统计值	5%临界值	结论
$\ln APED$	-2.481	-3.175	非平稳
$\ln ASP$	-3.008	-3.175	非平稳
$\ln AMED$	-2.275	-3.175	非平稳
$\ln AJED$	-2.555	-3.175	非平稳
$\ln ASJ$	-3.073	-3.175	非平稳
$\ln AVED$	-3.037	-3.175	非平稳

	T 统计值	5%临界值	结论
ln$AHED$	-2.034	-3.175	非平稳
△ln$APED$(-1)	-4.803	-4.247	平稳
△lnASP(-1)	-3.845	-4.247	非平稳
△ln$AMED$(-1)	-5.976	-4.247	平稳
△ln$AJED$(-1)	-3.436	-4.247	非平稳
△lnASJ(-1)	-3.083	-4.247	非平稳
△ln$AVED$(-1)	-5.317	-4.247	平稳
△ln$AHED$(-1)	-1.581	-4.247	非平稳
△lnASP(-2)	-4.498	-4.450	平稳
△ln$AJED$(-2)	-7.545	-4.450	平稳
△lnASJ(-2)	-13.193	-4.450	平稳
△ln$AHED$(-2)	-4.500	-4.450	平稳

ADF 的单位根检验表明,全国小学生均教育经费支出一阶差分、中学生均支出一阶差分、中等职业教育生均教育经费支出一阶差分平稳,农村小学生均教育经费支出二阶差分、全国初中生均教育经费支出二阶差分、农村初中生均教育经费支出二阶差分、高校生均教育经费支出二阶差分平稳。

(一)全国就业的小学生均支出长期弹性

建立全国小学生均教育经费支出和全国就业的长期均衡模型:

$$\ln EMP = c_0 + c_1 \ln APED + \varepsilon_t \qquad (5-29)$$

通过最小二乘法估计,获得调整后的可决系数 $R^2 = 0.956$,表明模型拟合效果相当好。模型整体 F 值 242.215,概率值 0.000,表示模型整体估计系数显著。

估计模型可以写作:

$$\ln EMP = 10.987 + 0.032 \ln APED \qquad (5-30)$$

$$(0.002)$$

$$t = (15.560)$$

ln*APED* 的系数估计值表示,全国小学生均支出增加 1%,全国就业增加 0.032%。

(二)全国就业的农村小学生均教育经费支出长期弹性

建立农村小学生均支出与全国就业的长期均衡模型:

$$\ln EMP = c_0 + c_1 \ln ASP + \varepsilon_t \tag{5-31}$$

对上述模型进行最小二乘法估计,获得调整后的可决系数 $R^2 = 0.963$,表明模型拟合效果相当好。模型整体 F 值 288.912,概率值 0.000,表示模型系数整体估计显著。模型估计可以写作:

$$\ln EMP = 10.987 + 0.032 \ln ASP \tag{5-32}$$
$$(0.002)$$
$$t = (15.560)$$

ln*ASP* 的系数估计值说明,农村小学生均教育经费支出增加 1%,全国就业增加 0.029%,略低于全国就业的小学生均支出长期弹性 0.032%。

(三)全国就业的全国中学生均支出长期弹性

建立全国中学生均教育经费支出与全国就业的长期均衡模型:

$$\ln EMP = c_0 + c_1 \ln AMED + \varepsilon_t \tag{5-33}$$

通过最小二乘法估计,获得调整后的可决系数 $R^2 = 0.944$,表明模型拟合效果相当好。模型整体 F 值 170.781,概率值 0.000,表示模型整体估计系数显著。

估计模型可以写作:

$$\ln EMP = 10.930 + 0.037 \ln AMED \tag{5-34}$$
$$(0.003)$$
$$t = (13.039)$$

ln*AMED* 的系数估计值说明,全国中学生均教育经费支出增加 1%,全国就业人员增加 0.037%,高于全国就业的全国小学生均教育经费支出长期弹性 0.032%。

（四）全国就业的全国初中生均教育经费支出长期弹性

建立全国初中生均教育经费支出与全国就业的长期均衡模型：

$$\ln EMP = c_0 + c_1 \ln AJED + \varepsilon_t \tag{5-35}$$

通过最小二乘法估计，获得调整后的可决系数 $R^2 = 0.943$，表明模型拟合效果相当好。模型整体 F 统计值 166.334，概率值 0.000，表示模型整体估计系数显著。

估计模型可以写作：

$$\ln EMP = 10.993 + 0.030 \ln AJED \tag{5-36}$$
$$(0.002)$$
$$t = (12.897)$$

$\ln AJED$ 的系数估计值说明，全国初中生均教育经费支出增加 1%，全国就业增加 0.030%，低于全国就业的全国小学生均教育经费支出长期弹性 0.032% 和全国就业的全国中学生生均教育经费支出长期弹性 0.037%。

（五）全国就业的农村初中生均教育经费支出长期弹性

建立农村初中生均教育经费支出与全国就业的长期均衡模型：

$$\ln EMP = c_0 + c_1 \ln ASJ + \varepsilon_t \tag{5-37}$$

通过最小二乘法估计，获得调整后的可决系数 $R^2 = 0.956$，表明模型拟合效果相当好。模型整体 F 值 218.823，概率值 0.000，表示模型整体估计系数显著。

估计模型可以写作：

$$\ln EMP = 11.029 + 0.026 \ln ASJ \tag{5-38}$$
$$(0.002)$$
$$t = (14.793)$$

$\ln ASJ$ 的系数估计值说明，农村初中生均教育经费支出增加 1%，全国就业增加 0.026%，低于全国就业的全国初中生均教育经费支出长期弹性 0.030%。

（六）全国就业的中等职业教育生均教育经费支出长期弹性

建立中等职业教育生均教育经费支出与全国就业的长期均衡模型：

$$\ln EMP = c_0 + c_1 \ln AVED + \varepsilon_t \tag{5-39}$$

通过最小二乘法估计，获得调整后的可决系数 $R^2 = 0.931$，表明模型拟合效果相当好。

估计模型可以写作：

$$\ln EMP = 10.554 + 0.080 \ln AVED \tag{5-40}$$

$$(0.007)$$

$$t = (11.660)$$

$\ln AVED$ 的系数估计值说明，中等职业教育生均支出增加 1%，全国就业人员总量增加 0.080%，明显分别高于全国就业的全国小学生均教育经费支出长期弹性 0.032% 和全国就业的全国中学生均教育经费支出长期弹性 0.037%。

（七）全国就业的高校生均教育经费支出长期弹性

建立高校生均教育经费支出与全国就业的长期均衡模型：

$$\ln EMP = c_0 + c_1 \ln AHED + \varepsilon_t \tag{5-41}$$

通过最小二乘法估计，获得调整后的可决系数 $R^2 = 0.021$，表明模型拟合效果非常不好。$\ln AHED$ 的系数估计值的 t 值 -0.468，表示系数估计值不显著，2002—2013 年我国高校生均教育经费支出与全国就业没有长期弹性。

二、短期弹性

（一）全国就业的全国小学生均教育经费支出短期弹性

对全国小学生均教育经费支出与全国就业均衡模型的残差 $APECM$ 进行 ADF 单位根检验，残差平稳。

构建全国小学生均教育经费支出与全国就业的误差修正模型：

$$\Delta \ln EMP_t = c + c_1\Delta \ln APED_t + c_2\Delta \ln APED_{t-1} + c_3\Delta \ln EMP_{t-1} + c_4 APECM_{t-1} + \varepsilon_t$$

$$(5-42)$$

模型可决系数 $R^2 = 0.880$，模型拟合效果好；模型整体 F 值 9.137，概率水平 0.016，表示模型整体估计显著；DW = 2.326，表明模型没有自相关。

误差修正模型估计结果如下：

$$\Delta \ln EMP_t = 0.003 + 0.002\Delta \ln APED_t - 0.011\Delta \ln APED_{t-1} + 0.509\Delta \ln EMP_{t-1} - 0.174 APECM_{t-1}$$

$$(5-43)$$

$$(0.004) \qquad (0.003) \qquad (0.153) \qquad (0.085)$$

$$t = (0.594) \qquad (-3.296) \qquad (3.330) \qquad (-2.059)$$

上述误差修正模型估计结果表示：（1）当年全国小学生均教育经费支出与全国就业没有短期弹性；（2）上一年全国小学生均教育经费支出增长 1%，全国就业减少 0.011%，形成显著的短期就业抑制效应；（3）上一年就业增长 1%，当年就业增长 0.509%；（4）10% 显著水平下，为了维持全国小学生均教育经费支出与全国就业之间的长期均衡，残差以 -0.174 的速度对全国小学生均教育经费与全国就业之间非均衡关系进行调整，将其拉回到长期均衡状态。

（二）全国就业的农村小学生均教育经费支出短期弹性

对农村小学生均教育经费支出与全国就业长期均衡模型的残差 ASPECM 进行 ADF 单位根检验，残差平稳。

构建农村小学生均教育经费支出与全国就业的误差修正模型：

$$\Delta \ln EMP_t = c + c_1\Delta \ln ASP_t + c_2\Delta \ln ASP_{t-1} + c_3\Delta \ln EMP_{t-1} + c_4 ASPECM_{t-1} + \varepsilon_t$$

$$(5-44)$$

模型可决系数 $R^2 = 0.865$，拟合效果好；模型整体 F 值 8.032，概率水平 0.021，表示模型整体估计显著；DW = 2.180，表明模型没有自相关。

误差修正模型估计结果如下：

$$\Delta\mathrm{ln}EMP_t = 0.002 + 0.001\Delta\mathrm{ln}ASP_t - 0.009\Delta\mathrm{ln}ASP_{t-1} + 0.603\Delta\mathrm{ln}EMP_{t-1} - 0.156ASPECM_{t-1}$$

$$(0.004)\qquad(0.003)\qquad\qquad(0.155)\qquad\qquad(0.103)$$

$$t = (0.370)\qquad(-2.973)\qquad\quad(3.888)\qquad\qquad(-1.512)$$

$$(5-45)$$

上述误差修正模型估计结果表示:(1)当年农村小学生均教育经费支出与全国就业没有显著的短期弹性;(2)上一年农村小学生均教育经费支出增长1%,全国就业减少0.009%,形成短期就业抑制效应,低于全国就业的全国小学生均教育经费支出短期弹性-0.011%;(3)上一年就业增长1%,当年就业增长0.603%;(4)残差对农村小学生均教育经费支出与全国就业偏离长期均衡没有短期修正。

(三)全国就业的全国中学生均教育经费支出短期弹性

对全国中学生均教育经费支出与全国就业长期均衡模型的残差 $AMECM$ 进行 ADF 单位根检验,残差平稳。

构建全国中学生均教育经费支出与全国就业误差修正模型:

$$\Delta\mathrm{ln}EMP_t = c + c_1\Delta\mathrm{ln}AMED_t + c_2\Delta\mathrm{ln}AMED_{t-1} + c_3\Delta\mathrm{ln}EMP_{t-1} + c_4AMECM_{t-1} + \varepsilon_t$$

$$(5-46)$$

模型估计可决系数 $R^2 = 0.815$,模型拟合效果好;模型整体 F 值 5.505,概率水平 0.045,表示模型整体估计显著;DW = 2.145,没有自相关。

误差修正模型估计结果如下:

$$\Delta\mathrm{ln}EMP_t = 0.004 - 0.003\Delta\mathrm{ln}AMED_t - 0.008\Delta\mathrm{ln}AMED_{t-1} + 0.474\Delta\mathrm{ln}EMP_{t-1} - 0.138\,AMECM_{t-1}$$

$$(0.004)\qquad(0.004)\qquad\qquad(0.200)\qquad\qquad(0.099)$$

$$t = (-0.759)\quad(-2.093)\qquad\quad(2.372)\qquad\qquad(-1.387)$$

$$(5-47)$$

上述误差修正模型估计结果表示:(1)当年全国中学生均教育经费支出与全国就业没有显著的短期弹性;(2)10%显著水平下,上一年全国中学生均教育经费支出增长1%,全国就业减少0.008%,产生短期就业抑制效应,小于全国就业的全国小学生均教育经费支出短期弹性-0.011%;(3)

10%显著水平下,上一年就业增长1%,当年就业增长0.474%;(4)残差对全国中生均教育经费支出与全国就业偏离长期均衡没有短期修正。

(四)全国就业的全国初中生均支出短期弹性

对全国初中生均教育经费支出与全国就业长期均衡模型的残差 $AJECM$ 进行 ADF 单位根检验,残差平稳。

构建全国初中生均教育经费支出与全国就业数误差修正模型:

$$\Delta \ln EMP_t = c + c_1 \Delta \ln AJED_t + c_2 \Delta \ln AJED_{t-1} + c_3 \Delta \ln EMP_{t-1} + c_4 AJECM_{t-1} + \varepsilon_t$$

$$(5-48)$$

模型可决系数 $R^2 = 0.846$,拟合效果好;模型整体 F 值 6.856,概率水平 0.029,模型整体估计显著;DW = 2.237,没有自相关性。

误差修正模型估计结果如下:

$$\Delta \ln EMP_t = 0.004 - 0.0002 \Delta \ln AJED_t - 0.008 \Delta \ln AJED_{t-1} + 0.430 \Delta \ln EMP_{t-1} - 0.127 AJECM_{t-1}$$

$$(0.004) \qquad (0.004) \qquad (0.200) \qquad (0.099)$$

$$t = (-0.759) \qquad (-2.093) \qquad (2.372) \qquad (-1.387)$$

$$(5-49)$$

上述误差修正模型估计结果表示:(1)当年全国初中生均教育经费支出与全国就业没有短期弹性;(2)10%显著水平下,上一年全国初中生均教育经费支出增长1%,全国就业减少0.008%,产生短期就业抑制效应;(3)10%显著水平下,上一年就业增长1%,当年就业增长0.43%;(4)残差对全国初中生均教育经费支出与全国就业偏离长期均衡没有修正作用。

(五)全国就业的农村初中生均教育经费支出短期弹性

对农村初中生均教育经费支出与全国就业长期均衡的残差 $ASJECM$ 进行 ADF 单位根检验,残差平稳。

构建农村初中生均教育经费支出与全国就业误差修正模型:

$$\Delta \ln EMP_t = c + c_1 \Delta \ln ASJ_t + c_2 \Delta \ln ASJ_{t-1} + c_3 \Delta \ln EMP_{t-1} + c_4 ASJECM_{t-1} + \varepsilon_t$$

$$(5-50)$$

模型可决系数 $R^2 = 0.831$,模型拟合效果好;模型整体 F 值 6.143,概率水平 0.036,表示模型整体估计显著;DW = 2.316,表明模型没有自相关。

误差修正模型估计结果如下:

$$\Delta \ln EMP_t = 0.003 - 0.0008\Delta \ln ASJ_t - 0.006\Delta \ln ASJ_{t-1} + 0.557\Delta \ln EMP_{t-1} - 0.122\,ASJECM_{t-1}$$

$$(0.004) \qquad (0.003) \qquad\qquad (0.190) \qquad\qquad (0.117)$$

$$t = (-0.225) \qquad (-2.424) \qquad\quad (2.935) \qquad\qquad (-1.051)$$

$$(5-51)$$

上述误差修正模型估计结果表示:(1)当年全国的农村初中生均教育经费支出与全国就业没有显著的短期弹性;(2)10%显著水平下,上一年全国农村初中生均教育经费支出增长 1%,全国就业下降 0.006%,短期就业抑制效应显著,低于全国就业的全国初中生均教育经费支出短期弹性 −0.008%;(3)上一年就业增长 1%,当年就业增长 0.557%;(4)误差修正项对农村初中生均教育经费支出与全国就业之间偏离长期均衡无短期修正。

(七)全国就业的中等职业教育生均教育经费支出短期弹性

对中等职业教育生均教育经费支出与全国就业长期均衡模型的残差 $AVECM$ 进行 ADF 单位根检验,残差平稳。

构建中等职业教育生均教育经费支出与全国就业误差修正模型:

$$\Delta \ln EMP_t = c + c_1\Delta \ln AVED_t + c_2\Delta \ln AVED_{t-1} + c_3\Delta \ln EMP_{t-1} + c_4 AVECM_{t-1} + \varepsilon_t$$

$$(5-52)$$

模型可决系数 $R^2 = 0.718$,模型拟合一般;DW = 2.200,表明模型没有自相关。

误差修正模型估计结果如下:

$$\Delta \ln EMP_t = 0.002 - 0.002\Delta \ln AVED_t - 0.008\Delta \ln AVED_{t-1} + 0.583\Delta \ln EMP_{t-1} - 0.174\,AVECM_{t-1}$$

$$(0.006) \qquad (0.006) \qquad\qquad (0.223) \qquad\qquad (0.116)$$

$$t = (0.331) \qquad (-1.458) \qquad\quad (2.612) \qquad\qquad (-1.496)$$

$$(5-53)$$

上述误差修正模型估计结果表示:(1)当年及上一年中等职业教育生

均教育经费支出与全国就业没有显著的短期弹性;(2)上一年全国就业增长 1%,当年全国就业增加 0.583%;(3)残差对中等职业教育生均教育经费支出与全国就业之间偏离长期均衡没有短期修正。

(八)全国就业的高校生均教育经费支出短期弹性

对高校生均教育经费支出与全国就业长期均衡模型的残差 $AHECM$ 进行 ADF 单位根检验,残差平稳。

构建高校生均教育经费支出与全国就业的误差修正模型:

$$\Delta\ln EMP_t = c + c_1\Delta\ln AHED_t + c_2\Delta\ln AHED_{t-1} + c_3\Delta\ln EMP_{t-1} + c_4 AHECM_{t-1} + \varepsilon_t$$

$$(5-54)$$

模型估计可决系数 $R^2 = 0.635$,拟合度一般;DW = 1.636,表明没有自相关。

误差修正模型估计结果如下:

$$\Delta\ln EMP_t = 0.003 - 0.003\Delta\ln AHED_t - 0.003\Delta\ln AHED_{t-1} + 0.354\Delta\ln EMP_{t-1} - 0.023 AHECM_{t-1}$$

$$(0.005) \qquad (0.006) \qquad\qquad (0.393) \qquad\qquad (0.043)$$

$$t = (-0.504) \qquad (-0.510) \qquad\quad (0.901) \qquad\qquad (-0.537)$$

$$(5-55)$$

上述误差修正模型估计结果表示:(1)高校生均教育经费支出与全国就业没有显著的短期弹性;(2)上一年全国就业与当年就业不存在显著的短期弹性;(3)残差对高校生均教育经费支出与全国就业偏离长期均衡没有短期修正。

第四节　全国就业的教育经费分项支出弹性

一、长期弹性

对 2000 年可比价格的教育经费中的事业性经费、基本建设经费、工资福利经费、助学金取自然对数,得到 $\ln SED$、$\ln BED$、$\ln WAGE$、$\ln SUBS$。运用 ADF 方法进行序列平稳性检验,工资福利经费的一阶差分平稳,事业性经费、基本建设经费、助学金的二阶差分平稳,结果如表 5-4 所示。

表 5-4　运用 ADF 的单位根检验结果

序列	T 统计值	5%临界值	结论
LnSED	0.592	−3.175	非平稳
lnBED	−1.130	−3.175	非平稳
ln$WAGE$	0.61	−3.175	非平稳
ln$SUBS$	2.392	−3.175	非平稳
△Ln$SED(-1)$	−2.688	−4.247	非平稳
△ln$BED(-1)$	−2.488	−4.247	非平稳
△ln$WAGE(-1)$	−6.858	−4.247	平稳
△ln$SUBS(-1)$	−1.587	−4.247	非平稳
△Ln$SED(-2)$	−3.879	−4.450	平稳
△ln$BED(-2)$	−3.648	−4.450	平稳
△ln$SUBS(-2)$	−3.039	−4.450	平稳

(一)全国就业的事业性经费长期弹性

建立事业性教育经费与全国就业的长期均衡模型:

$$\ln EMP = c_0 + c_1 \ln SED + \varepsilon_t \tag{5-56}$$

通过最小二乘回归方法,获得调整后的可决系数 $R^2 = 0.962$,表明模型拟合效果很好。

估计模型可以写作:

$$\ln EMP = 10.916 + 0.035 \ln SED \tag{5-57}$$
$$(0.002)$$
$$t = (15.876)$$

$\ln SED$ 的系数估计值表示,事业性经费增加 1%,全国就业增加 0.035%。

（二）全国就业的基本建设经费长期弹性

建立基本建设经费与全国就业的长期均衡模型：

$$\ln EMP = c_0 + c_1 \ln BED + \varepsilon_t \qquad (5-58)$$

通过最小二乘回归方法，获得调整后的可决系数 $R^2 = 0.600$，表明模型拟合一般，基本建设经费估计系数显著。

估计模型可以写作：

$$\ln EMP = 11.565 - 0.056\ln BED \qquad (5-59)$$

$$(0.014)$$

$$t = (-3.872)$$

$\ln BED$ 的系数估计值表示，基本建设经费支出增加 1%，全国就业减少 0.056%，表明基本建设经费与全国就业的长期弹性为负值，这与全国就业的事业性经费正向长期弹性 0.035% 相反。

（三）全国就业的工资福利经费长期弹性

建立工资福利经费与全国就业的长期均衡模型：

$$\ln EMP = c_0 + c_1 \ln WAGE + \varepsilon_t \qquad (5-60)$$

通过最小二乘回归方法，获得调整后的可决系数 $R^2 = 0.904$，表明模型拟合好。

估计模型可以写作：

$$\ln EMP = 10.751 + 0.058\ln WAGE \qquad (5-61)$$

$$(0.006)$$

$$t = (9.684)$$

$\ln WAGE$ 的系数估计值表示，工资福利经费支出增加 1%，全国就业增加 0.058%，高于教育经费总支出与全国就业 0.041% 的长期弹性，略高于全国就业的事业性经费长期弹性 0.056%。

（四）全国就业的助学金长期弹性

建立助学金与全国就业的长期均衡模型：

$$\ln EMP = c_0 + c_1 \ln SUBS + \varepsilon_t \tag{5-62}$$

通过最小二乘回归方法,获得调整后的可决系数 $R^2 = 0.911$,表明模型拟合好。

估计模型可以写作:

$$\ln EMP = 11.129 + 0.018 \ln SUBS \tag{5-63}$$

$$(0.006)$$

$$t = (9.684)$$

$\ln SUBS$ 的系数估计值表示,助学金投入增加 1%,全国就业增加 0.018%,低于全国就业的教育经费总支出长期弹性 0.041%。

二、短期弹性

(一)全国就业的事业性经费短期弹性

对事业性经费与全国就业的长期均衡模型的残差 $SECM$ 进行 ADF 平稳性检验,表明残差平稳。

构建误差修正模型:

$$\Delta \ln EMP_t = c + c_1 \Delta \ln SED_t + c_2 \Delta \ln SED_{t-1} + c_3 \Delta \ln EMP_{t-1} + c_4 SECM_{t-1} + \varepsilon_t \tag{5-64}$$

模型可决系数 $R^2 = 0.785$,表明拟合效果较好;模型整体 F 值 4.584,概率水平 0.063,表示 10% 显著水平下模型整体估计显著;DW = 2.38,表明不存在自相关性。

误差修正模型估计结果如下:

$$\Delta \ln EMP_t = 0.002 + 0.001 \Delta \ln SED_t - 0.007 \Delta \ln SED_{t-1} + 0.669 \Delta \ln EMP_{t-1} - 0.182 SECM_{t-1}$$

$$(0.005) \quad\quad (0.003) \quad\quad (0.200) \quad\quad (0.135)$$

$$t = (0.526) \quad\quad (-2.076) \quad\quad (3.341) \quad\quad (-1.345)$$

$$\tag{5-65}$$

上述误差修正模型估计结果表示:(1)当年事业性经费与全国就业没有显著的短期弹性;(2)10% 显著水平下,上一年事业性经费增长 1%,全国就业减少 0.007%，形成短期就业抑制效应；(3)上一年就业总量增长 1%，当年就业增长 0.669%；(4)长期均衡模型的残差对事业性经费与全国就业偏离长期均衡没有短期修正。

(二)全国就业的基本建设经费短期弹性

对基本建设经费与全国就业长期均衡模型的残差 BECM 进行 ADF 平稳性检验，残差平稳。

构建误差修正模型：

$$\Delta \ln EMP_t = c + c_1 \Delta \ln BED_t + c_2 \Delta \ln BED_{t-1} + c_3 \Delta \ln EMP_{t-1} + c_4 BECM_{t-1} + \varepsilon_t$$

(5-66)

模型可决系数 $R^2 = 0.597$，表明拟合效果一般；DW = 2.18，不存在自相关性。

误差修正模型估计结果如下：

$$\Delta \ln EMP_t = 0.001 + 0.0007 \Delta \ln BED_t - 0.0003 \Delta \ln BED_{t-1} + 0.693 \Delta \ln EMP_{t-1} - 0.189\, BECM_{t-1}$$

$$(0.003) \qquad (0.003) \qquad (0.273) \qquad (0.060)$$

$$t = (0.299) \qquad (0.106) \qquad (2.539) \qquad (-0.313)$$

(5-67)

上述误差修正模型估计结果表示：(1)当年及上一年基本建设经费支出与全国就业没有短期弹性；(2)10% 显著水平下，上一年就业总量增长 1%，当年就业增长 0.693%；(3)长期均衡模型的残差对基本建设经费与全国就业偏离长期均衡没有短期修正。

(三)全国就业的工资福利经费短期弹性

对工资福利经费与全国就业长期均衡模型的残差 WAGECM 进行 ADF 平稳性检验，残差平稳。

构建误差修正模型：

$$\Delta \ln EMP_t = c + c_1 \Delta \ln WAGE_t + c_2 \Delta \ln WAGE_{t-1} + c_3 \Delta \ln EMP_{t-1} + c_4 WAGECM_{t-1} + \varepsilon_t$$

(5-68)

模型可决系数 $R^2 = 0.934$,表明拟合效果佳;模型的 F 值 17.534,概率为 0.004,表示模型整体估计显著;DW = 1.771,表明模型没有自相关性。

误差修正模型估计结果如下:

$$\Delta\ln EMP_t = -0.001 + 0.013\Delta\ln WAGE_t + 0.007\Delta\ln WAGE_{t-1} + 0.964\Delta\ln EMP_{t-1} - 0.183\,WAGECM_{t-1}$$

$$(0.003) \qquad\qquad (0.003) \qquad\qquad (0.154) \qquad\qquad (0.049)$$

$$t = (4.637) \qquad\qquad (2.426) \qquad\qquad (6.280) \qquad\qquad (-3.705)$$

$$(5-69)$$

上述误差修正模型估计结果表示:(1)工资福利经费增长 1%,全国就业增加 0.013%,产生就业促进效应;(2)10% 显著水平下,上一年工资福利经费增加 1%,全国就业增加 0.007%;(3)上一年就业增长 1%,当年就业增长 0.964%;(4)误差修正项以 -0.183 的速度在工资福利经费与全国就业偏离时将其拉回到长期均衡关系。

(四)全国就业的助学金短期弹性

对助学金与全国就业长期均衡模型的残差 $SUBECM$ 进行 ADF 平稳性检验,残差平稳。

构建误差修正模型如下:

$$\Delta\ln EMP_t = c + c_1\Delta\ln SUBS_t + c_2\Delta\ln SUBS_{t-1} + c_3\Delta\ln EMP_{t-1} + c_4 SUBECM_{t-1} + \varepsilon_t$$

$$(5-70)$$

模型可决系数 $R^2 = 0.694$,表明拟合效果一般;模型的 F 值 2.864,概率 0.14,表示系数整体估计不显著;DW = 2.48,表明模型没有自相关性。

误差修正模型估计结果如下:

$$\Delta\ln EMP_t = -0.001 + 0.0002\Delta\ln SUBS_t - 0.002\Delta\ln SUBS_{t-1} + 0.239\Delta\ln EMP_{t-1} - 0.108\,SUBECM_{t-1}$$

$$(0.002) \qquad\qquad (0.001) \qquad\qquad (0.238) \qquad\qquad (0.101)$$

$$t = (0.158) \qquad\qquad (-1.285) \qquad\qquad (3.071) \qquad\qquad (-1.070)$$

$$(5-71)$$

上述误差修正模型估计结果表示:(1)当年及上一年助学金水平与全

国就业没有短期弹性;(2)上一年就业增长 1%,当年就业增长 0.239%;(3)残差对助学金与就业偏离长期均衡没有短期修正。

第五节　全国就业的各级各类教育经费分项支出弹性

一、长期弹性

对 2000 年可比价格的教育经费中的小学事业性经费、小学工资福利经费、中学事业性经费、中学工资福利经费、中等职业教育事业性经费、中等职业教育工资福利经费,以及高校事业性经费、高校基本建设经费、高校工资福利经费、高校助学金取自然对数,得到 $\ln PSED$、$\ln PWAGE$、$\ln MSED$、$\ln MWAGE$、$\ln VSED$、$\ln VWAGE$、$\ln HSED$、$\ln HBED$、$\ln HWAGE$、$\ln HSUB$。运用 ADF 方法进行上述序列的平稳性进行检验,上述序列二阶差分平稳。结果如表 5-5 所示。

表 5-5　运用 ADF 的单位根检验结果

序列	T 统计值	5%临界值	结论
$\ln PSED$	-2.342	-3.175	非平稳
$\ln PWAGE$	-2.615	-3.175	非平稳
$\ln MSED$	-2.487	-3.175	非平稳
$\ln MWAGE$	-1.987	-3.175	非平稳
$\ln VSED$	-2.234	-3.175	非平稳
$\ln VWAGE$	-2.782	-3.175	非平稳
$\ln HSED$	-2.443	-3.175	非平稳
$\ln HBED$	-2.455	-3.175	非平稳
$\ln HWAGE$	-2.511	-3.175	非平稳
$\ln HSUB$	-2.217	-3.175	非平稳
$\triangle \ln PSED(-1)$	-3.277	-4.247	非平稳
$\triangle \ln PWAGE(-1)$	-3.502	-4.247	非平稳

序列	T统计值	5%临界值	结论
$\triangle \ln MSED(-1)$	-3.738	-4.247	非平稳
$\triangle \ln MWAGE(-1)$	-3.455	-4.247	非平稳
$\triangle \ln VSED(-1)$	-3.561	-4.247	非平稳
$\triangle \ln VWAGE(-1)$	-3.298	-4.247	非平稳
$\triangle \ln HSED(-1)$	-3.113	-4.247	非平稳
$\triangle \ln HBED(-1)$	-3.565	-4.247	非平稳
$\triangle \ln HWAGE(-1)$	-3.457	-4.247	非平稳
$\triangle \ln HSUB(-1)$	-3.766	-4.247	非平稳
$\triangle \ln PSED(-2)$	-4.579	-4.450	平稳
$\triangle \ln PWAGE(-2)$	-4.578	-4.450	平稳
$\triangle \ln MSED(-2)$	-4.552	-4.450	平稳
$\triangle \ln MWAGE(-2)$	-4.544	-4.450	平稳
$\triangle \ln VSED(-2)$	-4.835	-4.450	平稳
$\triangle \ln VWAGE(-2)$	-4.567	-4.450	平稳
$\triangle \ln HSED(-2)$	-5.098	-4.450	平稳
$\triangle \ln HBED(-2)$	-4.876	-4.450	平稳
$\triangle \ln HWAGE(-2)$	-4.634	-4.450	平稳
$\triangle \ln HSUB(-2)$	-4.645	-4.450	平稳

（一）全国就业的小学事业性经费长期弹性

建立小学事业性经费与全国就业的长期均衡模型：

$$\ln EMP = c_0 + c_1 \ln PSED + \varepsilon_t \tag{5-72}$$

通过最小二乘回归方法，获得调整后的可决系数 $R^2 = 0.947$，表明模型拟合效果很好。估计模型可以写作：

$$\ln EMP = 10.950 + 0.036 \ln PSED \tag{5-73}$$

$$(0.003)$$

$$t = (13.386)$$

$\ln PSED$ 的系数估计值表示，小学事业性教育经费增加1%，全国就业增加 0.036%。

（二）全国就业的小学工资福利经费长期弹性

建立小学工资福利经费与全国就业的长期均衡模型：

$$\ln EMP = c_0 + c_1 \ln PWAGE + \varepsilon_t \tag{5-74}$$

通过最小二乘回归方法，获得调整后的可决系数 $R^2 = 0.949$，表明模型拟合好。

估计模型可以写作：

$$\ln EMP = 10.702 + 0.074 \ln PWAGE \tag{5-75}$$
$$(0.005)$$
$$t = (13.583)$$

$\ln PWAGE$ 的系数估计值表示，小学工资福利经费增加 1%，全国就业增加 0.074%，高于全国工资福利经费与全国就业的 0.058% 长期弹性，说明全国就业的小学工资福利经费长期弹性高于全国就业的全国工资福利经费长期弹性。

（三）全国就业的中学事业性经费长期弹性

建立中学事业性经费与全国就业的长期均衡模型：

$$\ln EMP = c_0 + c_1 \ln MSED + \varepsilon_t \tag{5-76}$$

通过最小二乘回归方法，获得调整后的可决系数 $R^2 = 0.972$，表明模型拟合效果很好。估计模型可以写作：

$$\ln EMP = 10.934 + 0.038 \ln MSED \tag{5-77}$$
$$(0.002)$$
$$t = (18.572)$$

$\ln MSED$ 的系数估计值表示，中学事业性教育经费增加 1%，全国就业增加 0.038%，略高于全国就业的小学事业性经费全国就业的长期弹性 0.036%。

（四）全国就业的中学工资福利经费长期弹性

建立中学工资福利经费与全国就业长期均衡模型：

$$\ln EMP = c_0 + c_1\ln MWAGE + \varepsilon_t \tag{5-78}$$

通过最小二乘回归方法，获得调整后可决系数 $R^2 = 0.949$，表明模型拟合好；DW = 1.991，表明模型无自相关性。

估计模型可以写作：

$$\ln EMP = 10.786 + 0.062\ln MWAGE \tag{5-79}$$

$$(0.005)$$

$$t = (13.583)$$

$\ln MWAGE$ 的系数估计值表示，中学工资福利经费增加 1%，全国就业增加 0.062%，低于全国就业的小学工资福利经费长期弹性 0.074%。

（五）全国就业的中等职业教育事业性经费长期弹性

建立中等职业教育事业性经费与全国就业的长期均衡模型：

$$\ln EMP = c_0 + c_1\ln VSED + \varepsilon_t \tag{5-80}$$

通过最小二乘回归方法，获得调整后的可决系数 $R^2 = 0.899$，表明模型拟合效果很好。

估计模型可以写作：

$$\ln EMP = 10.996 + 0.037\ln VSED \tag{5-81}$$

$$(0.002)$$

$$t = (18.572)$$

$\ln VSED$ 的估计系数表示，中等职业教育事业性经费增加 1%，全国就业增加 0.037%，略低于全国就业的中学事业性经费长期弹性 0.038%，但略高于全国就业的小学事业性经费长期弹性 0.036%。

（六）全国就业的中等职业教育工资福利经费长期弹性

建立中学职业教育工资福利经费与全国就业的长期均衡模型：

$$\ln EMP = c_0 + c_1 \ln VWAGE + \varepsilon_t \qquad (5-82)$$

通过最小二乘回归方法,获得调整后的可决系数 $R^2 = 0.873$,表明模型拟合好。

估计模型可以写作:

$$\ln EMP = 10.663 + 0.104 \ln VWAGE \qquad (5-83)$$

$$(0.012)$$

$$t = (8.292)$$

$\ln VWAGE$ 的系数估计值表示,中等职业教育工资福利支出增加 1%,全国就业增加 0.104%,高于全国就业的全国教育工资福利总经费长期弹性 0.058%,也高于全国就业的普通中学工资福利经费长期弹性 0.062%。

(七)全国就业的高校事业性经费长期弹性

建立高校事业性经费与全国就业长期均衡模型:

$$\ln EMP = c_0 + c_1 \ln HSED + \varepsilon_t \qquad (5-84)$$

通过最小二乘回归方法,获得调整后可决系数 $R^2 = 0.972$,表明模型拟合效果很好。

估计模型可以写作:

$$\ln EMP = 10.949 + 0.036 \ln HSED \qquad (5-85)$$

$$(0.002)$$

$$t = (18.223)$$

$\ln HSED$ 的系数估计值表示,高校事业性经费增加 1%,全国就业增加 0.036%,与全国就业的小学事业性经费长期弹性 0.036% 相等,但略低于全国就业的中学事业性经费长期就业弹性 0.038%。

(八)全国就业的高校基本建设经费长期弹性

建立高校基本建设经费与全国就业的长期均衡模型:

$$\ln EMP = c_0 + c_1 \ln HBED + \varepsilon_t \qquad (5-86)$$

通过最小二乘回归方法,获得调整后的可决系数 $R^2 = 0.802$,表明模型拟合较好。

估计模型可以写作:

$$\ln EMP = 11.412 - 0.035\ln HBED \tag{5-87}$$
$$(0.005)$$
$$t = (-6.379)$$

$\ln HBED$ 的系数估计值表示,高校基本建设经费增加 1%,全国就业将减少 0.035%,高校基本建设经费形成就业抑制效应。相比之下,高校事业性经费增加 1%,全国就业增加 0.036%,产生就业促进效应。

(九)全国就业的高校工资福利经费长期弹性

建立高校工资福利经费与全国就业的长期均衡模型:

$$\ln EMP = c_0 + c_1\ln HWAGE + \varepsilon_t \tag{5-88}$$

通过最小二乘回归方法,获得调整后的可决系数 $R^2 = 0.873$,表明模型拟合好。

估计模型可以写作:

$$\ln EMP = 10.738 + 0.075\ln HWAGE \tag{5-89}$$
$$(0.008)$$
$$t = (9.977)$$

$\ln HWAGE$ 的系数估计值表示,高校工资福利经费增加 1%,全国就业增加 0.075%,高于全国就业的全国教育工资福利总经费长期弹性 0.058%,但是低于全国就业的中等职业教育工资福利经费长期弹性 0.104%。

(十)全国就业的高校助学金长期弹性

建立高校助学金与全国就业的长期均衡模型:

$$\ln EMP = c_0 + c_1\ln HSUBS + \varepsilon_t \tag{5-90}$$

通过最小二乘回归方法,获得调整后的可决系数 $R^2 = 0.921$,表明模型拟合好。

估计模型可以写作：

$$\ln EMP = 11.093 + 0.028\ln HSUBS \quad\quad (5-91)$$

$$(0.003)$$

$$t = (10.789)$$

$\ln HSUBS$ 的系数估计值表示，高校助学金增加 1%，全国就业增加 0.028%，高于全国助学金与全国就业 0.018% 的长期弹性，但低于全国就业的高校事业性经费长期弹性 0.036%。

二、短期弹性

（一）全国就业的小学事业性经费短期弹性

对小学事业性经费与全国就业长期均衡模型的残差 $PSECM$ 进行 ADF 平稳性检验，残差平稳。

构建误差修正模型：

$$\Delta\ln EMP_t = c + c_1\Delta\ln PSED_t + c_2\Delta\ln PSED_{t-1} + c_3\Delta\ln EMP_{t-1} + c_4 PSECM_{t-1} + \varepsilon_t$$

$$(5-92)$$

模型可决系数 $R^2 = 0.834$，模型拟合较好；模型 F 估计值 6.302，概率水平 0.034，表示模型整体估计显著；DW = 2.074，表明模型不存在自相关性。

误差修正模型估计结果如下：

$$\Delta\ln EMP_t = 0.002 + 0.002\Delta\ln PSED_t - 0.008\Delta\ln PSED_{t-1} + 0.604\Delta\ln EMP_{t-1} - 0.146 PSECM_{t-1}$$

$$(0.004) \quad\quad (0.003) \quad\quad (0.200) \quad\quad (0.098)$$

$$t = (0.600) \quad\quad (-2.514) \quad\quad (3.320) \quad\quad (-1.495)$$

$$(5-93)$$

上述误差修正模型估计结果表示：（1）当年小学事业性经费与全国就业没有短期弹性；（2）10% 显著水平下，上一年小学事业性经费增长 1%，全国就业减少 0.008%；（3）上一年全国就业总量增长 1%，当年全国就业增长 0.604%；（4）残差对小学事业性经费与全国就业偏离长期均衡没有短期修正。

（二）全国就业的小学工资福利经费短期弹性

对小学工资福利经费与全国就业长期均衡模型的残差 $PWAGECM$ 进行 ADF 平稳性检验，残差平稳。

构建误差修正模型：

$$\Delta \ln EMP_t = c + c_1 \Delta \ln PWAGE_t + c_2 \Delta \ln PWAGE_{t-1} + c_3 \Delta \ln EMP_{t-1}$$
$$+ c_4 PWAGECM_{t-1} + \varepsilon_t \tag{5-94}$$

模型可决系数 $R^2 = 0.663$，表明拟合一般；DW = 2.02，表明模型没有自相关性。

上述误差修正模型估计结果如下：

$$\Delta \ln EMP_t = 0.002 + 0.003 \Delta \ln PWAGE_t - 0.003 \Delta \ln PWAGE_{t-1} + 0.541 \Delta \ln EMP_{t-1} - 0.164 PWAGECM_{t-1}$$

$$(0.006) \qquad (0.007) \qquad (0.263) \qquad (0.135)$$

$$t = (0.497) \qquad (-0.423) \qquad (2.057) \qquad (-1.218)$$

$$\tag{5-95}$$

上述误差修正模型估计结果表示：（1）当年及上一年小学工资福利经费与全国就业没有显著的短期弹性；（2）上一年全国就业增长 1%，当年就业增长 0.541%；（3）残差对小学工资福利经费与全国就业偏离长期均衡没有短期修正。

（三）全国就业的中学事业性经费短期弹性

对中学事业性经费与全国就业长期均衡折残差 $MSECM$ 进行 ADF 平稳性检验，残差平稳。

构建误差修正模型：

$$\Delta \ln EMP_t = c + c_1 \Delta \ln MSED_t + c_2 \Delta \ln MSED_{t-1} + c_3 \Delta \ln EMP_{t-1} + c_4 MSECM_{t-1} + \varepsilon_t$$

$$\tag{5-96}$$

模型可决系数 $R^2 = 0.779$，表明拟合较好；模型 F 值 4.410，概率 0.068，表示 10% 显著水平下模型整体估计系数显著；DW = 2.423，表明模型不存在自相关性。上述误差修正模型估计结果如下：

$$\Delta \ln EMP_t = 0.001 + 0.003\Delta \ln MSED_t - 0.008\Delta \ln MSED_{t-1} + 0.765\Delta \ln EMP_{t-1} - 0.224MSECM_{t-1}$$

$$(0.005) \qquad (0.004) \qquad (0.201) \qquad (0.154)$$

$$t = (0.647) \qquad (-2.040) \qquad (3.795) \qquad (-1.452)$$

$$(5-97)$$

上述误差修正模型估计结果表示：（1）当年中学事业性经费与全国就业没有短期弹性；（2）10%显著水平下，上一年中学事业性教育经费增长1%，全国就业人员数将减少0.008%；（3）上一年全国就业增长1%，当年全国就业增长0.765%；（4）残差对中学事业性经费与全国就业偏离长期均衡没有短期修正。

（四）全国就业的中学工资福利经费短期弹性

对中学工资福利经费与全国就业长期均衡模型的残差 $MWAGECM$ 进行 ADF 平稳性检验，残差平稳。

构建误差修正模型：

$$\Delta \ln EMP_t = c + c_1\Delta \ln MWAGE_t + c_2\Delta \ln MWAGE_{t-1} + c_3\Delta \ln EMP_{t-1} + c_4MWAGECM_{t-1} + \varepsilon_t$$

$$(5-98)$$

模型可决系数 $R^2 = 0.742$，表明拟合一般；模型 F 值 3.592，概率为 0.0966，表示 10%显著性下整体估计系数显著；DW = 2.23，表明模型没有自相关性。

上述误差修正模型估计结果如下：

$$\Delta \ln EMP_t = 0.001 + 0.008\Delta \ln MWAGE_t - 0.014\Delta \ln MWAGE_{t-1} + 0.776\Delta \ln EMP_{t-1} - 0.465MWAGECM_{t-1}$$

$$(0.009) \qquad (0.008) \qquad (0.242) \qquad (0.257)$$

$$t = (0.879) \qquad (-1.640) \qquad (3.210) \qquad (-1.811)$$

$$(5-99)$$

上述误差修正模型估计结果表示：（1）当年及上一年中学工资福利经费与全国就业没有显著短期弹性；（2）上一年全国就业增长1%，当年就业增长0.776%；（3）残差对中学工资福利经费与全国就业偏离长期均衡关系时没有短期调整。

（五）全国就业的中等职业教育事业性经费短期弹性

对中等职业教育事业性经费与全国就业长期均衡模型的残差 $VSECM$ 进行 ADF 平稳性检验,残差平稳。

构建误差修正模型:

$$\Delta \ln EMP_t = c + c_1 \Delta \ln VSED_t + c_2 \ln VSED_{t-1} + c_3 \Delta \ln EMP_{t-1} + c_4 VSECM_{t-1} + \varepsilon_t$$

$$(5-100)$$

模型可决系数 $R^2 = 0.858$,表明拟合好;模型 F 值 7.57,概率水平 0.023,表示模型整体估计系数显著;DW＝2.493,表明模型不存在自相关性。

上述误差修正模型估计结果如下:

$$\Delta \ln EMP_t = 0.001 + 0.005 \Delta \ln VSED_t - 0.006 \Delta \ln VSED_{t-1} + 0.677 \Delta \ln EMP_{t-1} - 0.173 VSECM_{t-1}$$

$$\qquad\quad (0.003) \qquad (0.002) \qquad\qquad (0.167) \qquad\qquad (0.069)$$

$$t = (1.913) \qquad (-3.034) \qquad\quad (4.057) \qquad\qquad (-2.492)$$

$$(5-101)$$

上述误差修正模型估计结果表示:(1)当年及上一年当年中等职业教育事业性经费与全国就业没有短期弹性;(2)上一年中等职业教育事业性经费增长 1%,全国就业减少 0.006%,短期内产生就业抑制效应;(3)上一年就业增长 1%,当年就业增长 0.677%;(4)10% 显著水平下,在中等职业教育事业性经费与全国就业偏离均衡时误差修正项以 -0.173 负向速度将其拉回。

（六）全国就业的中等职业教育工资福利短期弹性

对中等职业福利工资教育经费与全国就业长期均衡模型的残差 $VWAGECM$ 进行 AFD 平稳性检验,残差平稳。

构建误差修正模型:

$$\Delta \ln EMP_t = c + c_1 \Delta \ln VWAGE_t + c_2 \Delta \ln VWAGE_{t-1} + c_3 \Delta \ln EMP_{t-1} + c_4 VWAGECM_{t-1} + \varepsilon_t$$

$$(5-102)$$

模型可决系数 $R^2 = 0.761$,表明拟合较好;模型 F 值 3.975,概率 0.081,表示 10% 显著水平下模型整体估计系数显著,5% 显著水平下系数估计则不显著;DW = 2.25,表明模型没有自相关性。

上述误差修正模型估计结果如下:

$$\Delta \ln EMP_t = 0.003 - 0.001\Delta \ln VWAGE_t - 0.010\Delta \ln VWAGE_{t-1} + 0.413\Delta \ln EMP_{t-1} - 0.016 VWAGECM_{t-1}$$

$$(0.007) \qquad (0.006) \qquad (0.235) \qquad (0.010)$$

$$t = (-0.178) \qquad (-1.686) \qquad (1.757) \qquad (-1.598)$$

$$(5-103)$$

上述误差修正模型估计结果表示:(1)当年及上一年中等职业教育工资福利经费与全国就业没有短期弹性;(2)上一年全国就业与当年就业没有短期弹性;(3)残差对中等职业教育工资福利经费与全国就业偏离长期均衡时没有短期修正。

(七)全国就业的高校事业性经费短期弹性

对高校事业性经费与全国就业长期均衡模型的残差 $HSECM$ 进行 ADF 平稳性检验,残差平稳。

构建误差修正模型:

$$\Delta \ln EMP_t = c + c_1\Delta \ln HSED_t + c_2\Delta \ln HSED_{t-1} + c_3\Delta \ln EMP_{t-1} + c_4 HSECM_{t-1} + \varepsilon_t$$

$$(5-104)$$

模型可决系数 $R^2 = 0.757$,表明拟合效果较好;模型 F 值 3.890,概率水平 0.084,表示 10% 显著水平下模型整体估计系数显著,5% 显著水平下则不显著;DW = 2.38,表明模型不存在自相关性。

上述误差修正模型估计结果如下:

$$\Delta \ln EMP_t = 0.0008 + 0.005\Delta \ln HSED_t - 0.007\Delta \ln HSED_{t-1} + 0.824\Delta \ln EMP_{t-1} - 0.263 HSECM_{t-1}$$

$$(0.004) \qquad (0.004) \qquad (0.220) \qquad (0.159)$$

$$t = (1.234) \qquad (-1.895) \qquad (3.751) \qquad (-1.656)$$

$$(5-105)$$

上述误差修正模型估计结果表示:(1)当年及上一年高校事业性经费

与全国就业没有短期弹性;(2)上一年全国就业增长 1%,当年全国就业增长 0.824%;(3)残差对高校事业性经费与全国就业偏离长期均衡没有短期修正。

(八)全国就业的高校基本建设经费短期弹性

对高校基本建设经费与全国就业长期均衡模型的残差 $HBECM$ 进行 ADF 平稳性检验,残差平稳。

构建误差修正模型:

$$\Delta \ln EMP_t = c + c_1 \Delta \ln HBED_t + c_2 \Delta \ln HBED_{t-1} + c_3 \Delta \ln EMP_{t-1} + c_4 HBECM_{t-1} + \varepsilon_t$$

$$(5-106)$$

模型可决系数 $R^2 = 0.921$,表明拟合效果好;模型 F 值 14.548,概率值 0.006,表示模型整体估计系数显著;DW = 2.431,表明模型不存在自相关性。

上述误差修正模型估计结果如下:

$$\Delta \ln EMP_t = 0.0003 - 0.0006 \Delta \ln HBED_t + 0.001 \Delta \ln HBED_{t-1} + 0.871 \Delta \ln EMP_{t-1} - 0.303 HBECM_{t-1}$$

$$(0.002) \qquad (0.001) \qquad\qquad (0.168) \qquad\qquad (0.069)$$

$$t = (-2.820) \quad (1.087) \qquad\qquad (5.180) \qquad\qquad (-4.389)$$

$$(5-107)$$

上述误差修正模型估计结果表示:(1)高校基本建设经费增加 1%,当年全国就业减少 0.0006%,产生短期就业抑制效应;(2)上一年高校基本建设经费与全国就业没有短期弹性;(3)上一年全国就业增长 1%,全国就业增长 0.871%;(4)在高校基本建设经费与全国就业偏离长期均衡时误差修正项以 -0.303 的负向速度进行修正。

(九)全国就业的高校工资福利经费短期弹性

对高校工资福利经费与全国就业长期均衡模型的残差 $HWAGECM$ 进行 ADF 平稳性检验,残差平稳。

构建误差修正模型:

$$\Delta \ln EMP_t = c + c_1 \Delta \ln HWAGE_t + c_2 \Delta \ln HWAGE_{t-1} + c_3 \Delta \ln EMP_{t-1} +$$
$$c_4 HWAGECM_{t-1} + \varepsilon_t \qquad (5-108)$$

模型可决系数 $R^2 = 0.934$，表明拟合效果佳；模型 F 值 1.608，概率 0.302，表明模型整体估计系数不显著；DW = 1.77，表明模型没有自相关性。

上述误差修正模型估计结果如下：

$$\Delta \ln EMP_t = 0.001 - 0.0002 \Delta \ln HWAGE_t + 0.002 \Delta \ln HWAGE_{t-1} + 0.639 \Delta \ln EMP_{t-1} - 0.008 HWAGECM_{t-1}$$

$$(0.008) \qquad (0.007) \qquad (0.467) \qquad (0.049)$$

$$t = (-0.023) \qquad (0.259) \qquad (1.370) \qquad (-0.046)$$

$$(5-109)$$

上述误差修正模型估计结果表示：(1)当年及上一年高校工资福利经费与全国就业没有短期弹性；(2)上一年全国就业与当年就业没有显著短期弹性；(3)残差对高校工资福利经费与全国就业偏离长期均衡没有短期修正。

(十)全国就业的高校助学金短期弹性

对高校助学金与全国就业长期均衡模型的残差 $HSUBECM$ 进行 ADF 平稳性检验，残差平稳。

构建误差修正模型：

$$\Delta \ln EMP_t = c + c_1 \Delta \ln HSUBS_t + c_2 \Delta \ln HSUBS_{t-1} + c_3 \Delta \ln EMP_{t-1} +$$
$$c_4 HSUB\ ECM_{t-1} + \varepsilon_t \qquad (5-110)$$

模型可决系数 $R^2 = 0.6864$，表明拟合效果一般；模型 F 值 2.731，概率 0.149，表示模型整体估计系数不显著；DW = 2.46，表明模型没有自相关性。

上述误差修正模型估计结果如下：

$$\Delta \ln EMP_t = 0.001 + 0.0004 \Delta \ln HSUBS_t - 0.002 \Delta \ln HSUBS_{t-1} + 0.690 \Delta \ln EMP_{t-1} - 0.123 HSUBECM_{t-1}$$

$$(0.003) \qquad (0.002) \qquad (0.235) \qquad (0.104)$$

$$t = (0.171) \qquad (-1.025) \qquad (2.931) \qquad (-1.185)$$

$$(5-111)$$

上述误差修正模型估计结果表示：(1)当年及上一年高校助学金与全

国就业没有显著短期弹性;(2)上一年全国就业增长 1%,当年全国就业增长 0.690%;(3)残差对高校助学金与全国就业偏离长期均衡没有短期修正。

本章小结

表 5-6　教育经费与全国就业的长期弹性和短期弹性

教育经费类别	教育经费指标	长期弹性	短期弹性
教育经费总量	教育总经费	0.041 **	无
不同来源教育经费	财政性教育经费	0.032 **	无
	学杂费	0.058 **	无
	高校学杂费	0.044 **	无
各级各类教育经费总支出	基础教育经费	0.043 **	−0.009(−1) *
	中等职业教育经费	0.044 **	无
	高等教育经费	0.046 **	无
各级各类生均教育经费支出	小学生均教育经费支出	0.032 **	−0.011(−1) **
	农村小学生均教育经费支出	0.028 **	−0.009(−1) **
	中学生均教育经费支出	0.037 **	−0.008(−1) **
	初中生均教育经费支出	0.030 **	−0.008(−1) **
	农村初中生均教育经费支出	0.026 **	−0.006(−1) **
	中等职业教育生均教育经费支出	0.080 **	无
	高校生均教育经费支出	−0.028 **	无
教育经费分项支出	事业性经费	0.035 **	−0.007(−1) *
	基本建设经费	−0.056 **	无
	工资福利经费	0.058 **	0.013 ** ; 0.007(−1) *
	助学金	0.018 **	无

续表

教育经费类别	教育经费指标	长期弹性	短期弹性
各级各类教育经费分项支出	小学事业性经费	0.036 **	-0.008(-1) *
	小学工资福利经费	0.074 **	无
	中学事业性经费	0.038 **	-0.008(-1) *
	中学工资福利经费	0.062 **	无
	中等职业教育事业性经费	0.037 **	-0.006(-1) **
	中等职业教育工资福利经费	0.104 **	无
	高校事业性经费	0.036 **	无
	高校基本建设经费	-0.035 **	-0.0006 **
	高校工资福利经费	0.075 **	无
	高校助学金经费	0.028 **	无

注:* 表示10%显著水平,** 表示5%显著水平,(-1)表示上一年教育经费支出。

一、长期弹性小结

1.教育经费与全国就业存在正向弹性,长期弹性伴随教育层次提高逐步提升

2002—2013 年,我国教育经费总量增加 1%,全国就业增加 0.041%,基础教育、中等职业教育和高等教育的经费支出增长 1%,全国就业分别增长 0.043%、0.044%、0.046%。教育层次越高,拥有的人力资本水平也越高,在人力资本因素对经济增长的直接和外溢作用影响下,基础教育、中等职业教育、高等教育经费支出对全国就业的效应依次增高。

2.生均教育经费支出的长期就业弹性大小与生均教育经费支出增长幅度相吻合,生均教育经费支出增幅大,则与全国就业的长期弹性更大

教育投资的就业效应归根到底取决于教育质量的高低,生均教育经费

支出是体现教育质量的重要指标。生均教育经费支出的长期就业弹性大小与生均教育经费支出变化曲线契合,体现在两个方面。

高校生均教育经费支出与全国就业长期弹性为负值,基础教育及中等职业教育生均教育经费支出与全国就业长期弹性为正值。理论上讲,高校生均教育经费支出应该表现出比基础教育阶段生均教育经费支出更高的就业弹性,但高校生均教育经费支出的长期就业弹性为-0.028%,与之相对应的高校生均教育经费支出变化特征是,2013 年高校生均教育经费支出比2002 年下降了 7.1%。小学、中学及中等职业教育生均教育经费支出的全国就业长期弹性分别为 0.032%、0.037%、0.080%,我国 2002—2013 年小学生均、中学生均和中等职业教育生均教育经费支出分别增长 2.92 倍、2.25 倍和 0.9 倍。中等职业教育相比相同教育层次的普通中学,与社会生产结合更紧密,长期就业弹性高于普通中学。

农村义务教育生均教育经费支出的长期就业弹性低于全国平均水平。全国小学生均和初中生均教育经费支出增长 1%,全国就业分别增长0.032%和 0.030%,均高于农村小学和农村初中生均教育经费支出的长期就业弹性 0.04 个百分点,这与农村义务教育生均教育经费支出低于全国平均水平特征一致。2002 年,我国小学生均比农村小学生均教育经费支出多201 元,全国初中生均教育经费支出比农村初中生均教育经费支出多 404元;2013 年,我国小学生均教育经费支出比农村小学生均教育经费支出多248 元,初中生均支出比农村初中生均支出多 359 元。

3. 不同来源教育经费与全国就业的长期弹性差异显著,全国就业的学杂费长期弹性高于全国就业的财政性教育经费长期弹性

财政性教育经费增长 1%,全国就业增长 0.032%,而学杂费增长 1%,全国就业增长 0.058%,几乎是财政性教育经费长期就业弹性的两倍。对此的解释是,基础教育阶段的财政性教育经费占比远远高于高等教育阶段,尤其小学教育经费基本来自财政性经费。由于高等教育阶段形成的人力资本高于基础教育阶段,产生更大效用的长期就业弹性,而财政性教育经费支出重点在基础教育阶段,因此其长期就业弹性低于学杂费的就业弹性。

4. 不同教育经费不同支出项目的长期就业弹性差异巨大

事业性经费与全国就业弹性为正值,而基本建设经费的长期就业弹性为负值。事业性经费增长 1%,全国就业增长 0.035%,而基本建设经费增长 1%,全国就业则下降 0.056%。投入到基本建设的教育经费与投入其他生产领域的资本类似,都是通过物资资本的投入促进消费进而拉动就业增长。一定时期一国储蓄比例既定情况下,投入到教育基本建设上的资本过多必然挤占投入到其他行业的资本,产生资本挤占效应。

事业性经费中的工资福利经费与长期就业的弹性非常显著。工资福利经费增长 1%,全国就业增长 0.058%。教师素质是关系到人力资本质量高下之根本,工资福利经费支出水平与教师的人力资本建设水平紧密相关,教师素质高,则教育质量好。2002—2013 年,我国教师工资水平逐步提升,尤其基础教育阶段教师工资水平稳步提升,吸引了更高素质的人才进入教育领域工作,为基础教育质量提升提供了师资保障。

助学金的长期就业弹性尽管不高,但也为正值。助学金增长 1%,全国就业增长 0.018%,虽然低于事业性经费的长期就业弹性水平,但在保障与促进教育公平基础上,也实现了一定的促进就业目标。

5. 高等教育经费中不同支出项目的长期就业弹性低于理论预期

人力资本理论认为,人力资本的就业效应随着教育层次的提高而增长,高校教育经费支出的长期就业弹性应该显著高于基础教育及中等职业教育。然而,2002—2013 年,我国高等教育经费支出的长期就业弹性却未达到理论预期。

首先,高校事业性经费的长期就业弹性低于中学及中等职业教育。小学、中学、中等职业教育、高校的事业性经费增长 1%,与全国就业的长期弹性分别为 0.036%、0.038%、0.037%、0.036%。我国高校事业性经费的长期弹性仅与小学事业性经费的就业弹性相当,低于中学和中等职业教育事业性经费的长期就业弹性。

高校基本建设经费的长期就业弹性为负,高校基本建设经费增长 1%,全国就业减少 0.035%。高校扩招引发的大规模高校基础设施建设投资,并没有产生长期就业促进效应,反而产生资本挤占效应。

高校工资福利经费的长期就业弹性低于中等职业教育工资福利经费的长期就业弹性,这与高校工资福利经费增长赶不上高校在校学生数量增长有关系。2002—2013 年,中等职业教育工资福利经费增长 48%,在校生数增长 53%,两者增幅大致相当;而高校工资福利经费增长 98%,在校学生数增长 173%,不断提高的高校生师比可能导致高校教育质量下降,进而降低高等教育的就业促进效应。

二、短期弹性小结

运用误差修正模型研究表明,2002—2013 年教育总经费以及不同来源教育经费与全国就业没有显著的短期弹性。短时期内,教育总经费既不促进就业增长也不减少就业,但教育经费支出结构的不同对全国就业的短期效应存在差异性。

1. 基础教育经费显著增长,形成短期就业抑制效应,而中等职业教育及高等教育经费的短期就业抑制效应不明显,这与基础教育阶段经费显著增长关系密切

基础教育经费与全国就业存在负向短期弹性,上一年基础教育经费增长 1%,全国就业减少 0.009%,而中等职业教育经费以及高等教育经费与全国就业没有显著的短期弹性。2002—2013 年,我国在基础教育阶段的经费投入增长最显著,基础教育经费的 GDP 占比从 2.40%增长到 2.87%,中等职业教育经费的 GDP 占比围绕 0.3%波动,高等教育经费的 GDP 占比围绕 1.4%小幅度波动,并无明显增长。基础教育经费的显著增长,提供了更多受教育机会,起到了劳动力蓄水池的功能。

2. 基础教育阶段生均教育经费支出与全国就业的短期弹性为负值,而中等职业教育生均教育经费支出以及高校生均教育经费支出与全国就业不存在显著短期弹性

小学生均教育经费支出增长 1%,次年全国就业显著减少 0.011%,中

学生均教育经费支出增长 1%,次年全国就业减少 0.003%。基础教育阶段生均教育经费支出的短期替代效应源于基础教育阶段生均教育经费支出的增长。2002—2013 年,我国小学生均支教育经费支出长 2.92 倍,中学生均教育经费支出增长 2.25 倍,其中初中生均教育经费支出增长 3.03 倍,而中等职业教育生均支出仅增长 0.9 倍,高校生均教育经费支出下降了 7%。生均教育经费支出的增长意味着教育质量获得保证和提高,个体基于理性考虑,抑制短期就业动机,增加人力资本投入,期望未来在劳动力市场获得更高的收益,从而产生短期就业抑制效应。

农村基础教育生均教育经费支出的短期就业抑制效应显著,但相对较弱。农村小学生均教育经费支出、全国小学生均教育经费支出增长 1%,次年全国就业分别减少 0.009% 和 0.011%;农村初中生均教育经费支出、全国初中生均教育经费支出增长 1%,次年全国就业分别减少 0.006% 和 0.008%。2002—2013 年,我国农村基础教育阶段生均教育经费支出水平与全国平均水平有差距,造成农村生均教育经费支出的短期就业替代效应低于全国平均,这证实了人力资本理论的主张,人力资本投资水平越高,短期内就业抑制效应越显著。

3. 不同教育经费不同支出项目与全国就业的短期弹性是复杂的,形成了三种类型:负弹性、无弹性和正弹性

事业性经费的短期就业弹性方面,全国教育经费中的事业性经费增长 1%,下一年全国就业减少 0.007%;其中,基础教育、中等职业教育事业性经费增长 1%,下一年全国就业分别下降 0.008% 和 0.006%,而高等教育事业性经费与全国就业不存在显著性短期弹性。

全国教育经费中的工资福利经费与全国就业存在短期正弹性,工资福利经费增长 1%,当年全国就业增长 0.013%,下一年全国就业增长 0.007%。

教育经费中的基本建设经费与全国就业没有显著的短期弹性,但高校基本建设教育经费与就业存在负向的短期就业弹性。高校基本建设经费增长 1%,当年全国就业减少 0.0006%,说明高校基本建设经费产生短期就业挤占效应。

第六章　非农就业的教育投资弹性

上一章研究发现,总体上看,我国教育投资与全国就业的长期弹性系数微小,这可能与就业统计有关。我国将农村劳动年龄的人口都计算为就业人口,但受制于土地的劳动生产率低下,农村实际上存在隐性失业,运用我国非农就业统计口径更符合就业的定义,我国一些学者采用了非农就业统计量计算就业弹性①。本章研究教育投资与非农就业的长期弹性和短期弹性,一方面考察教育投资促进全国就业的真实影响,另一方面分析教育投资对推动我国就业结构调整的效应。

第一节　非农就业的教育经费收入弹性

一、长期弹性

(一)非农就业的教育总经费长期弹性

对非农就业取自然对数 ln$STEMP$ 绘制曲线来判定回归模型的形式,选取加入截距项和趋势项的回归模型。运用 ADF 方法对 ln$STEDU$ 进行检验,t 值是-4.548,概率 0.030, ln$STEDU$ 表现平稳。

---

① 陆铭、欧海军:《高增长与低就业:政府干预与就业弹性的经验研究》,《世界经济》2011 年第 12 期。

建立教育总经费和非农就业的长期均衡模型：

$$\ln STEMP = c_0 + c_1 \ln EDU + \varepsilon_t \tag{6-1}$$

通过最小二乘回归方法，获得模型调整后的可决系数 $R^2 = 0.887$，表明模型拟合效果好；模型 F 值 7.889，概率 0.035，表明模型整体估计效果理想；教育总经费估计系数 t 值 20.600，概率 0.015，该系数估计值显著。

估计模型可以写作：

$$\ln STEMP = 7.834 + 0.315 \ln EDU \tag{6-2}$$

$$(0.015)$$

$$t = (20.600)$$

上述模型估计结果表明，教育总经费增加 1%，非农就业增加 0.315%，显著高于上一章运用全国就业人员数计算的弹性值（0.042%），表明教育总经费与非农就业的长期弹性比较显著。

（二）非农就业的财政性教育经费长期弹性

建立财政性教育经费和非农就业的长期均衡模型：

$$\ln STEMP = c_0 + c_1 \ln FED + \varepsilon_t \tag{6-3}$$

通过最小二乘回归方法，获得模型调整后的可决系数 $R^2 = 0.962$，表明模型拟合效果很好；模型 F 值 282.902，概率值 0.000，表明模型整体估计效果理想；财政性教育经费投入估计系数 t 值 16.819，概率值 0.000，该系数估计值显著。

估计模型可以写作：

$$\ln STEMP = 8.570 + 0.243 \ln FED \tag{6-4}$$

$$(0.014)$$

$$t = (16.819)$$

上述模型估计结果表明，财政性教育经费增加 1%，非农就业增加 0.243%，低于非农就业的教育总经费长期弹性 0.315%。

（三）非农就业的学杂费长期弹性

建立学杂费与非农就业的长期均衡模型：

$$\ln STEMP = c_0 + c_1 \ln FEE + \varepsilon_t \tag{6-5}$$

通过最小二乘回归方法,获得模型可决系数 $R^2 = 0.961$,表明模型拟合效果很好。估计模型可以写作:

$$\ln STEMP = 7.501 - 0.441 \ln FEE \tag{6-6}$$

$$(0.031)$$

$$t = (14.123)$$

$\ln FEE$ 的系数估计值表示学杂费与非农就业的长期弹性,学杂费每增加 1%,非农就业增加 0.441%,高于非农就业的财政性教育经费长期弹性 0.243%,也高于非农就业的教育总经费长期弹性 0.315%。

(四)非农就业的高校学杂费长期弹性

建立高校学杂费与非农就业的长期均衡模型:

$$\ln STEMP = c_0 + c_1 \ln HF + \varepsilon_t \tag{6-7}$$

通过最小二乘回归方法,获得模型可决系数 $R^2 = 0.911$,表明模型拟合效果很好。

估计模型可以写作:

$$\ln STEMP = 8.421 + 0.342 \ln HF \tag{6-8}$$

$$(0.034)$$

$$t = (10.118)$$

$\ln HF$ 的系数表示高校学杂费与非农就业的长期弹性,说明高校学杂费每增加 1%,非农就业增加 0.342%,高于非农就业财政性教育经费长期弹性 0.243%,但低于非农就业的学杂费长期弹性 0.441%。

二、短期弹性

(一)非农就业的教育总经费短期弹性

对教育总经费与非农就业长期均衡模型的残差进行 ADF 单位根检验,残差二阶差分平稳。考虑到 $\ln EDU$ 与 $\ln STEMP$ 可能存在自相关性,因此加入上一年的教育总经费和上一年非农就业以消除模型的自相关性。

构建误差修正模型:

$$\Delta \ln STEMP_t = c + c_1 \Delta \ln EDU_t + c_2 \Delta \ln EDU_{t-1} + c_3 \Delta \ln STEMP_{t-1} + c_4 ECM_{t-1} + \varepsilon_t$$

$$(6-9)$$

模型可决系数 $R^2 = 0.582$,表明模型拟合效果非常一般;DW = 2.38,表示模型没有自相关性;当年教育总经费差分估计系数 t 值 0.112,该系数估计值不显著;上一年教育总经费差分估计系数 t 值 −2.146,概率 0.062,表明 10% 显著水平下该系数估计值显著;上一年非农就业差分估计系数 t 值 1.651,该系数估计值不显著;误差修正项估计系数 t 值 −1.476,该系数估计值不显著。

上述误差修正模型估计结果如下:

$$\Delta \ln STEMP_t = 0.028 + 0.008 \Delta \ln EDU_t - 0.124 \Delta \ln EDU_{t-1} + 0.543 \Delta \ln STEMP_{t-1} - 0.329 EMC_{t-1}$$

$$\quad\quad (0.071) \quad\quad (0.058) \quad\quad\quad (0.329) \quad\quad\quad (0.223)$$

$$t = (0.112) \quad\quad (-2.146) \quad\quad\quad (1.651) \quad\quad\quad (-1.476)$$

$$(6-10)$$

上述误差修正模型估计结果表示:(1)当年教育总经费与非农就业没有显著短期弹性;(2)在 10% 显著水平下,上一年教育总经费增长 1%,我国非农就业减少 0.124%,教育总经费产生短期内非农就业抑制效应;(3)上一年非农就业对当年非农就业没有显著短期弹性;(4)误差修正项对教育总经费与非农就业偏离长期均衡没有短期修正。

(二)非农就业的财政性教育经费短期弹性

检验财政性教育经费与非农就业长期均衡模型的残差 $FECM$ 的平稳性,ADF 检验发现残差二阶差分平稳。

构建误差修正模型:

$$\Delta \ln STEMP_t = c + c_1 \Delta \ln FED_t + c_2 \Delta \ln FED_{t-1} + c_3 \Delta \ln STEMP_{t-1} + c_4 FECM_{t-1} + \varepsilon_t$$

$$(6-11)$$

模型可决系数 $R^2 = 0.669$,表明拟合效果一般;模型 F 值 2.529,概率值 0.168,表明模型整体估计系数不显著;DW = 2.32,表示模型无自相关性。当年财政性教育经费差分估计系数 t 值 -0.365,概率值 0.729,该系数估计值不显著;上一年财政性教育经费差分估计系数 t 值 -2.698,概率 0.042,该系数估计值显著;上一年非农就业差分估计系数 t 值 1.068,概率 0.334,该系数估计值不显著;误差修正项估计系数 t 值 -0.472,该系数估计值不显著。

上述误差修正模型估计结果如下:

$$\Delta \ln STEMP_t = 0.038 - 0.223\Delta \ln FED_t - 0.100\Delta \ln FED_{t-1} + 0.373\Delta \ln STEMP_{t-1} - 0.110 FECM_{t-1}$$

$$(0.062) \qquad (0.037) \qquad (0.349) \qquad (0.233)$$

$$t = (-0.365) \qquad (-2.698) \qquad (1.068) \qquad (-0.472)$$

$$(6-12)$$

上述误差修正模型估计结果表示:(1)当年财政性教育经费与非农就业没有短期弹性;(2)上一年财政性教育经费增长 1%,非农就业减少 0.100%,财政性教育经费产生短期就业抑制效应;(3)上一年非农就业与当年非农就业没有短期弹性;(4)残差对财政性教育经费与非农就业偏离长期均衡没有短期修正力。

(三)非农就业的学杂费短期弹性

对学杂费与非农就业长期均衡的残差 FEECM 进行 ADF 平稳性检验。检验结果表明,残差平稳。

构建误差修正模型:

$$\Delta \ln STEMP_t = c + c_1 \Delta \ln FEE_t + c_2 \Delta \ln FEE_{t-1} + c_3 \Delta \ln STEMP_{t-1} + c_4 FEECM_{t-1} + \varepsilon_t$$

$$(6-13)$$

模型可决系数 $R^2 = 0.220$,表明模型拟合效果不佳。DW = 1.78,表示模型自相关性不显著。当年学杂费差分估计系数 t 值 0.856,上一年学杂费差分估计系数 t 值 -0.818,上一年非农就业差分估计系数 t 值 0.726,误差修正项估计系数 t 值 -1.029,上述系数估计值均不显著。

上述误差修正模型估计结果如下:

$$\Delta\ln STEMP_t = 0.024 + 0.054\Delta\ln FEE_t - 0.060\Delta\ln FEE_{t-1} + 0.281\Delta\ln STEMP_{t-1} - 0.335 FEECM_{t-1}$$

$$(0.063) \qquad (0.073) \qquad (0.387) \qquad (0.326)$$

$$t = (0.856) \qquad (-0.818) \qquad (0.726) \qquad (-1.029)$$

$$(6-14)$$

上述误差修正模型估计结果表示:(1)学杂费与非农就业没有短期弹性;(2)上一年非农就业与当年非农就业没有短期弹性;(3)残差对学杂费与非农就业偏离长期均衡没有短期修正。

(四)非农就业的高校学杂费短期弹性

对高校学杂费与非农就业长期均衡模型的残差进行 ADF 平稳性检验,残差一阶差分平稳。

构建误差修正模型:

$$\Delta\ln STEMP_t = c + c_1\Delta\ln HF_t + c_2\Delta\ln HF_{t-1} + c_3\Delta\ln STEMP_{t-1} + c_4 HFECM_{t-1} + \varepsilon_t$$

$$(6-15)$$

模型可决系数 $R^2 = 0.173$,表明模型拟合效果差。DW = 1.81,表明模型不存在自相关性。当年高校学杂费差分估计系数 t 值 0.440,上一年高校学杂费差分估计系数 t 值 0.437,上一年非农就业差分估计值 t 值 0.190,误差修正项估计 t 值 0.428,上述系数估计均不显著。

上述误差修正模型估计结果如下:

$$\Delta\ln STEMP_t = 0.028 + 0.020\Delta\ln HF_t - 0.023\Delta\ln HF_{t-1} + 0.081\Delta\ln STEMP_{t-1} - 0.080 HFECM_{t-1}$$

$$(0.046) \qquad (0.054) \qquad (0.426) \qquad (0.187)$$

$$t = (0.440) \qquad (0.437) \qquad (0.190) \qquad (0.428)$$

$$(6-16)$$

上述误差修正模型估计结果表示:(1)当年及上一年高校学杂费与非农就业没有短期弹性;(2)上一年非农就业与当年非农就业没有短期弹性;(3)残差对高校学杂费与非农就业偏离长期均衡没有短期修正。

第二节　非农就业的各级各类教育经费总支出弹性

一、长期弹性

(一)非农就业的基础教育经费长期弹性

建立基础教育经费与非农就业的长期均衡模型:

$$\ln STEMP = c_0 + c_1 \ln JEDU + \varepsilon_t \qquad (6-17)$$

通过最小二乘回归方法,获得模型可决系数 $R^2 = 0.963$,表明模型拟合效果很好。基础教育经费估计系数 t 值 16.141,概率值 0.000,表明系数估计值显著。

估计模型可以写作:

$$\ln STEMP = 7.920 + 0.328 \ln JEDU \qquad (6-18)$$
$$(0.020)$$
$$t = (16.141)$$

上述模型估计结果表示,基础教育经费支出增加 1%,非农就业增加 0.328%,高于教育总经费与非农就业 0.315% 的长期弹性。

(二)非农就业的中等职业教育经费长期弹性

建立中等职业教育经费与非农就业的长期均衡模型:

$$\ln STEMP = c_0 + c_1 \ln VEDU + \varepsilon_t \qquad (6-19)$$

通过最小二乘回归方法,获得模型可决系数 $R^2 = 0.936$,表明模型拟合效果很好。中等职业教育经费估计系数 t 值 12.152,概率值 0.000,该系数估计值显著。

估计模型可以写作:

$$\ln STEMP = 8.510 + 0.340 \ln VEDU \qquad (6-20)$$

$$(0.027)$$

$$t = (12.152)$$

上述模型估计结果表示,中等职业教育经费支出增加1%,非农就业增加0.340%,高于基础教育经费支出与非农就业0.328%的长期弹性。

(三)非农就业的高等教育经费长期弹性

建立高等教育经费与非农就业的长期均衡模型:

$$\ln STEMP = c_0 + c_1 \ln HEDU + \varepsilon_t \qquad (6-21)$$

通过最小二乘回归方法,获得模型可决系数 $R^2 = 0.983$,表明模型拟合效果很好;DW 值为1.901,模型自相关的可能性不大;高等教育经费估计系数 t 值24.305,概率值0.000,该系数估计值显著。

估计模型可以写作:

$$\ln STEMP = 7.923 + 0.353 \ln HEDU \qquad (6-22)$$

$$(0.014)$$

$$t = (24.305)$$

上述模型估计结果表示,高等教育经费增加1%,非农就业增加0.353%,高于基础教育经费及中等职业教育经费与非农就业0.328%和0.340%的长期弹性。

二、短期弹性

(一)非农就业的基础教育经费短期弹性

对基础教育经费与非农就业长期均衡模型的残差 JECM 进行单位根检验,残差二阶差分平稳。考虑到 $\ln JEDU$ 与 $\ln STEMP$ 可能存在自相关性,因此加入上一年的基础教育经费支出和上一年非农就业,以消除模型自相关性。

构建误差修正模型:

$$\Delta\ln STEMP_t = c + c_1\Delta\ln JEDU_t + c_2\Delta\ln JEDU_{t-1} + c_3\Delta\ln STEMP_{t-1} + c_4 JECM_{t-1} + \varepsilon_t$$

$$(6-23)$$

模型可决系数 $R^2 = 0.701$，表明模型拟合效果一般。$DW = 2.24$，表明模型自相关性不显著。当年基础教育经费差分估计系数 t 值 0.019，该系数估计值不显著；上一年基础教育经费差分估计系数 t 值 -2.740，概率 0.038，该系数估计值显著；上一年非农就业差分估计系数 t 值 1.545，该系数估计值不显著；误差修正项估计值 t 值 -1.851，该系数估计不显著。

上述误差修正模型估计结果如下：

$$\Delta\ln STEMP_t = 0.032 + 0.001\Delta\ln JEDU_t - 0.115\Delta\ln JEDU_{t-1} + 0.425\Delta\ln STEMP_{t-1} - 0.268 JECM_{t-1}$$

$$\qquad\qquad (0.056)\qquad\quad (0.419)\qquad\qquad (0.275)\qquad\qquad (0.145)$$

$$t = (0.019)\qquad\quad (-2.740)\qquad\quad (1.545)\qquad\qquad (-1.851)$$

$$(6-24)$$

上述误差修正模型估计结果表示：（1）当年基础教育经费与非农就业没有短期弹性；（2）上一年基础教育经费增长 1%，非农就业减少 0.115%，基础教育经费产生短期非农就业抑制效应；（3）上一年非农就业与当年非农就业没有短期弹性；（4）误差修正项对基础教育经费与非农就业偏离长期均衡没有短期修正。

（二）非农就业的中等职业教育经费短期弹性

运用 ADF 方法对中等职业教育经费支出与非农就业的长期均衡模型的残差 $VECM$ 进行平稳性检验，残差平稳。

构建误差修正模型如下：

$$\Delta\ln STEMP_t = c + c_1\Delta\ln VEDU_t + c_2\Delta\ln VEDU_{t-1} + c_3\Delta\ln STEMP_{t-1} + c_4 VECM_{t-1} + \varepsilon_t$$

$$(6-25)$$

模型可决系数 $R^2 = 0.614$，表明模型拟合效果一般；$DW = 1.945$，表明模型自相关性不显著；当年的中等职业教育经费差分估计系数 t 值 -0.145，该系数估计值不显著；上一年中等职业教育经费差分估计系数 t 值 -2.490，其概率 0.055，表明在 10% 显著水平下该系数估计值显著；上一年非农就业差分估计系数 t 值 0.695,该系数估计值不显著;误差修正项估计系数 t 值-0.357,该项估计值也不显著。

上述误差修正模型估计结果如下:

$$\Delta \ln STEMP_t = 0.033 - 0.009\Delta \ln VEDU_t - 0.090\Delta \ln VEDU_{t-1} + 0.289\Delta \ln STEMP_{t-1} - 0.075VECM_{t-1}$$

$$(0.064) \qquad (0.036) \qquad\qquad (0.417) \qquad\qquad (0.211)$$

$$t = (-0.145) \qquad (-2.490) \qquad\qquad (0.695) \qquad\qquad (-0.357)$$

$$(6-26)$$

上述误差修正模型估计结果表示:(1)当年中等职业教育经费与非农就业没有短期弹性;(2)在 10% 显著水平下,上一年的中等职业教育经费水平增长 1%,当年非农就业减少 0.09%,产生短期非农就业抑制效应;(3)上一年的非农就业与当年非农就业没有短期弹性;(4)残差对中等职业教育经费与非农就业偏离长期均衡没有短期修正。

(三)非农就业的高等教育经费短期弹性

运用 ADF 方法检验高等教育经费支出与非农就业长期均衡模型的残差 HECM 的平稳性,残差平稳。

构建误差修正模型:

$$\Delta \ln STEMP_t = c + c_1\Delta \ln HEDU_t + c_2\Delta \ln HEDU_{t-1} + c_3\Delta \ln STEMP_{t-1} + c_4 HECM_{t-1} + \varepsilon_t$$

$$(6-27)$$

模型可决系数 R^2 = 0.533,表明模型拟合效果非常一般;DW = 1.892,表示模型没有自相关性;当年高校教育经费差分估计系数 t 值 1.931,上一年高等教育经费差分估计系数 t 值-1.911,上一年非农就业差分估计系数 t 值 1.741,误差修正项估计系数 t 值-1.976,上述系数估计值均不显著。

上述误差修正模型估计结果如下:

$$\Delta \ln STEMP_t = 0.014 + 0.119\Delta \ln HEDU_t - 0.144\Delta \ln HEDU_{t-1} + 0.649\Delta \ln STEMP_{t-1} - 0.815 HECM_{t-1}$$

$$(0.062) \qquad (0.075) \qquad\qquad (0.372) \qquad\qquad (0.412)$$

$$t = (1.931) \qquad (-1.911) \qquad\qquad (1.741) \qquad\qquad (-1.976)$$

$$(6-28)$$

上述误差修正模型估计结果表明:(1)高等教育经费与非农就业没有短期弹性;(2)上一年非农就业与当年非农就业没有短期弹性;(3)残差对高校教育经费与非农就业偏离长期均衡没有短期修正力。

第三节 非农就业的各级各类生均教育经费支出弹性

一、长期弹性

(一)非农就业的小学生均教育经费支出与长期弹性

建立小学生均教育经费支出与非农就业的长期均衡模型:

$$\ln STEMP = c_0 + c_1 \ln APED + \varepsilon_t \tag{6-29}$$

通过最小二乘回归方法,获得模型可决系数 $R^2 = 0.967$,表明模型拟合效果很好。小学生均教育经费支出估计系数 t 值 17.210,概率值 0.000,表明系数估计值显著。

估计模型可以写作:

$$\ln STEMP = 8.831 + 0.244 \ln APED \tag{6-30}$$
$$(0.014)$$
$$t = (17.210)$$

上述模型估计结果表明,小学生均教育经费支出增加 1%,非农就业增加 0.244%。

(二)非农就业的农村小学生均教育经费支出长期弹性

建立农村小学生均教育经费支出与非农就业的长期均衡模型:

$$\ln STEMP = c_0 + c_1 \ln ASP + \varepsilon_t \tag{6-31}$$

通过最小二乘法回归方法,获得模型可决系数 $R^2 = 0.974$,表明模型拟合效果很好。农村小学生均教育经费支出估计系数 t 值 19.590,概率值

0.000,表明系数估计值显著。

估计模型可以写作：

$$\ln STEMP = 9.020 + 0.223 \ln ASP \tag{6-32}$$

$$(0.011)$$

$$t = (19.590)$$

上述模型估计结果表明，农村小学生均教育经费支出增加1%，非农就业增加0.223%，略低于全国小学生均教育经费支出与非农就业0.244%的长期弹性。

（三）非农就业的中学生均支出长期弹性

建立中学生均教育经费支出与非农就业的长期均衡模型：

$$\ln STEMP = c_0 + c_1 \ln AMED + \varepsilon_t \tag{6-33}$$

通过最小二乘回归方法，获得模型可决系数 $R^2 = 0.955$，表明模型拟合效果很好。中学生均教育经费支出估计系数 t 值 14.647，概率值 0.000，表明系数估计值显著。

估计模型可以写作：

$$\ln STEMP = 8.831 + 0.288 \ln AMED \tag{6-34}$$

$$(0.019)$$

$$t = (14.647)$$

上述模型估计结果表明，中学生均教育经费支出增加1%，非农就业增加0.288%，高于非农就业的小学生均教育经费支出长期弹性0.244%。

（四）非农就业的初中生均教育经费支出长期弹性

建立初中生均教育经费支出与和非农就业的长期均衡模型：

$$\ln STEMP = c_0 + c_1 \ln AJED + \varepsilon_t \tag{6-35}$$

通过最小二乘回归方法，获得模型可决系数 $R^2 = 0.954$，表明模型拟合效果很好。初中生均教育经费支出估计系数 t 值 14.404，表明系数估计值显著。

估计模型可以写作：

$$\ln STEMP = 8.873 + 0.231\ln AJED \qquad\qquad (6-36)$$
$$(0.016)$$
$$t = (14.404)$$

上述模型估计结果表明,初中生均教育经费支出增加1%,非农就业增加0.231%,低于非农就业的中学生均教育经费支出长期弹性0.288%。

（五）非农就业的农村初中生均教育经费支出长期弹性

建立农村初中生均教育经费支出与非农就业的长期均衡模型：

$$\ln STEMP = c_0 + c_1\ln ASJ + \varepsilon_t \qquad\qquad (6-37)$$

通过最小二乘回归方法,获得模型可决系数 $R^2 = 0.967$,表明模型拟合效果很好。农村初中生均教育经费支出估计系数 t 值 17.290,概率值 0.000,该系数估计值显著。

估计模型可以写作：

$$\ln STEMP = 9.020 + 0.199\ln ASJ \qquad\qquad (6-38)$$
$$(0.011)$$
$$t = (17.290)$$

上述模型估计结果表明,农村初中生均教育经费支出增加1%,非农就业增加0.199%,低于非农就业的全国初中生均教育经费支出长期弹性0.231%。

（六）非农就业的中等职业教育生均教育经费支出长期弹性

建立中等职业教育生均教育经费支出与非农就业的长期均衡模型：

$$\ln STEMP = c_0 + c_1\ln AVED + \varepsilon_t \qquad\qquad (6-19)$$

通过最小二乘回归方法,获得模型可决系数 $R^2 = 0.967$,表明模型拟合效果很好。中等职业教育生均教育经费支出估计系数 t 值 12.322,表明系数估计值显著。

估计模型可以写作：

$$\ln STEMP = 5.495 + 0.616\ln AVED \qquad (6-40)$$

$$(0.050)$$

$$t = (12.322)$$

上述模型估计结果表明,中等职业教育生均教育经费支出增加1%,非农就业增加0.616%,远高于非农就业的普通中学生均教育经费支出长期弹性0.288%。

(七)非农就业的高校生均教育经费支出长期弹性

对高等教育生均教育经费支出与非农就业建立长期均衡模型:

$$\ln STEMP = c_0 + c_1\ln AHED + \varepsilon_t \qquad (6-41)$$

通过最小二乘法回归,获得模型可决系数 $R^2 = 0.017$,表明模型拟合效果非常不好。普通高等教育生均教育经费支出估计系数 t 值-0.412,其概率0.689,该系数估计值不显著。2002—2013年,我国高等教育生均教育经费支出与非农就业没有长期均衡关系,两者之间没有长期弹性。高校生均教育经费支出既不促进非农就业增长也不抑制非农就业增长。

二、短期弹性

(一)非农就业的小学生均支出短期弹性

对小学生均教育经费支出与非农就业长期均衡模型的残差 *APECM* 进行单位根检验,残差一阶差分平稳。

构建误差修正模型:

$$\Delta\ln STEMP_t = c + c_1\Delta\ln APED_t + c_2\Delta\ln APED_{t-1} + c_3\Delta\ln STEMP_{t-1} + c_4 APECM_{t-1} + \varepsilon_t$$

$$(6-42)$$

模型可决系数 $R^2 = 0.622$,表明模型拟合效果一般;DW 值1.981,表明模型自相关性不显著;当年小学生均教育经费支出差分估计系数 t 值

-1.472,该系数估计值不显著;上一年小学生均教育经费支出差分估计系数 t 值-2.333,概率 0.066,该系数在 10% 显著水平下估计值显著;上一年非农就业差分估计系数 t 值 0.651,该系数估计值不显著;误差修正项估计系数 t 值-0.358,该系数估计值也不显著。

误差修正模型估计结果如下:

$$\Delta\ln STEMP_t = 0.052 - 0.080\Delta\ln APED_t - 0.114\Delta\ln APED_{t-1} + 0.236\Delta\ln STEMP_{t-1} - 0.077 APECM_{t-1}$$

$$(0.054) \qquad (0.049) \qquad (0.363) \qquad (0.216)$$

$$t = (-1.472) \qquad (-2.333) \qquad (0.651) \qquad (-0.358)$$

$$(6-43)$$

上述误差修正模型估计结果表示:(1)当年小学生均教育经费支出与当年非农就业没有短期弹性;(2)10% 显著水平下,上一年小学生均教育经费支出增长 1%,当年非农就业减少 0.114%,产生短期非农就业抑制效应;(3)上一年非农就业与当年非农就业没有短期弹性;(4)残差对小学生均教育经费支出与非农就业偏离长期均衡没有短期修正力。

(二)非农就业的农村小学生均教育经费支出短期弹性

对农村小学生均教育经费支出与非农就业长期均衡模型的残差 $ASPECM$ 进行单位根检验,残差一阶差分平稳。

构建误差修正模型:

$$\Delta\ln STEMP_t = c + c_1\Delta\ln ASP_t + c_2\Delta\ln ASP_{t-1} + c_3\Delta\ln STEMP_{t-1} + c_4 ASPECM_{t-1} + \varepsilon_t$$

$$(6-44)$$

模型可决系数 $R^2 = 0.689$,表明模型拟合效果一般;DW 值为 2.092,表明模型自相关性不显著;当年农村小学生均教育经费支出差分估计系数 t 值 0.424,该系数估计值不显著;上一年的农村小学生均教育经费支出差分估计系数 t 值-2.602,该系数估计值显著;上一年非农就业差分估计系数 t 值 1.901,该系数估计值不显著;上一年误差修正项估计系数 t 值-1.665,该系数估计值不显著。

上述误差修正模型估计结果如下:

$$\Delta \ln STEMP_t = 0.025 + 0.023\Delta \ln ASP_t - 0.092\Delta \ln ASP_{t-1} + 0.586\Delta \ln STEMP_{t-1} - 0.329 ASPECM_{t-1}$$

$$(0.056) \qquad (0.035) \qquad\quad (0.308) \qquad\qquad (0.198)$$

$$t = (0.424) \qquad (-2.602) \qquad (1.901) \qquad\quad (-1.665)$$

$$(6-45)$$

上述误差修正模型估计结果说明:(1)当年农村小学生均教育经费支出与当年非农就业没有短期弹性;(2)上一年农村小学生均教育经费支出增长 1%,当年非农就业将减少 0.092%,产生短期非农就业抑制效应;(3)上一年非农就业与当年非农就业没有显著短期弹性;(4)残差对农村小学生均教育经费支出与非农就业偏离长期均衡没有短期修正。

(三)非农就业的中学生均教育经费支出短期弹性

对中学生均教育经费支出与非农就业长期均衡模型的残差 $AMECM$ 进行单位根检验。根据残差数据特征,选取无趋势项的回归模型,残差一阶差分平稳。

构建误差修正模型:

$$\Delta \ln STEMP_t = c + c_1\Delta \ln AMED_t + c_2\Delta \ln AMED_{t-1} + c_3\Delta \ln STEMP_{t-1} + c_4 AMECM_{t-1} + \varepsilon_t$$

$$(6-46)$$

模型可决系数 $R^2 = 0.694$,表明模型拟合效果一般;DW 值 2.496,表明模型不存在自相关性;当年中学生均教育经费支出差分估计系数 t 值-0.029,该系数估计值不显著;上一年中学生均支出差分估计系数 t 值-2.430,概率 0.059,该系数 10% 显著水平下估计值显著;上一年非农就业差分估计系数 t 值 1.334,该系数估计值不显著;上一年误差修正项估计系数 t 值-1.448,该系数估计值不显著。

上述误差修正模型估计结果如下:

$$\Delta \ln STEMP_t = 0.032 - 0.002\Delta \ln AMED_t - 0.092\Delta \ln AMED_{t-1} + 0.411\Delta \ln STEMP_{t-1} - 0.228 AMECM_{t-1}$$

$$(0.054) \qquad (0.038) \qquad\quad (0.308) \qquad\qquad (0.157)$$

$$t = (-0.029) \qquad (-2.430) \qquad (1.334) \qquad\quad (-1.448)$$

$$(6-47)$$

上述误差修正模型估计结果表明:(1)当年中学生均教育经费支出与当年非农就业没有短期弹性;(2)10%显著水平下,上一年中学生均教育经费支出增长1%,当年非农就业减少0.092%,产生短期非农就业抑制效应;(3)残差对中学生均教育经费支出与非农就业偏离长期均衡没有短期修整。

(四)非农就业的初中生均支出短期弹性

对初中生均教育经费支出与非农就业长期均衡模型的残差 $AJECM$ 进行单位根检验,ADF 检验残差的二阶差分平稳。

构建误差修正模型:

$$\Delta \ln STEMP_t = c + c_1 \Delta \ln AJED_t + c_2 \ln AJED_{t-1} + c_3 \Delta \ln STEMP_{t-1} + c_4 AJECM_{t-1} + \varepsilon_t$$

$$(6-48)$$

模型可决系数 $R^2 = 0.705$,表明模型拟合效果一般;DW 值为 2.473,表明模型自相关性不显著;当年初中生均教育经费支出差分估计系数 t 值 -0.820,该系数估计值不显著;上一年初中生均支出差分估计系数 t 值 -2.446,概率 0.058,表明 10%显著水平下该系数估计值显著;上一年非农就业差分估计系数 t 值 0.898,该系数估计值不显著;上一年误差修正项估计系数 t 值 -0.642,该系数估计值也不显著。

上述误差修正模型估计结果如下:

$$\Delta \ln STEMP_t = 0.041 - 0.041\Delta\ln AJED_t - 0.075\Delta\ln AJED_{t-1} + 0.285\Delta\ln STEMP_{t-1} - 0.111 AJECM_{t-1}$$

$$(0.048) \qquad (0.031) \qquad\qquad (0.318) \qquad\qquad (0.172)$$

$$t = (-0.820) \quad (-2.446) \qquad\quad (0.898) \qquad\qquad (-0.642)$$

$$(6-49)$$

上述误差修正模型估计结果表明:(1)当年初中生均教育经费支出与当年非农就业没有的短期弹性;(2)10%显著水平下,上一年初中生均教育经费支出每增长1%,当年非农就业将减少0.075%,产生短期抑制效应;(3)残差对初中生均教育经费支出与非农就业偏离长期均衡关系没有短期修正。

（五）非农就业的农村初中生均支出短期弹性

对农村初中生均教育经费支出与非农就业长期均衡模型的残差 $ASJECM$ 进行单位根检验，残差的一阶差分平稳。

构建误差修正模型：

$$\Delta \ln STEMP_t = c + c_1 \Delta \ln ASJ_t + c_2 \Delta \ln ASJ_{t-1} + c_3 \Delta \ln STEMP_{t-1} + c_4 ASJECM_{t-1} + \varepsilon_t$$

$$(6-50)$$

模型可决系数 $R^2 = 0.590$，表明模型拟合效果非常一般；DW = 2.21，表示模型自相关性不显著；当年农村初中生均教育经费支出差分估计系数 t 值 0.169，该系数估计值不显著；上一年农村初中生均教育经费支出差分估计系数 t 值 -2.175，概率 0.082，表明 10% 显著水平下该系数估计值显著；上一年非农就业差分估计系数 t 值 1.348，该系数估计值不显著；上一年误差修正项估计系数 t 值 -0.989，该系数估计值也不显著。

上述误差修正模型估计结果如下：

$$\Delta \ln STEMP_t = 0.026 + 0.010 \Delta \ln ASJ_t - 0.066 \Delta \ln ASJ_{t-1} + 0.536 \Delta \ln STEMP_{t-1} - 0.261 \Delta ASJECM_{t-1}$$

$$(0.056) \qquad (0.030) \qquad\qquad (0.397) \qquad\qquad (0.263)$$

$$t = (0.169) \qquad (-2.175) \qquad\quad (1.348) \qquad\qquad (-0.989)$$

$$(6-51)$$

上述误差修正模型估计结果表明：（1）当年农村初中生均教育经费支出与当年非农就业没有短期弹性；（2）10% 显著水平下，上一年农村初中生均教育经费支出增长 1%，当年非农就业将减少 0.066%，产生短期非农就业抑制效应；（3）上一年非农就业对当年非农就业没有短期弹性；（4）残差对农村初中生均教育经费支出与非农就业偏离长期均衡没有短期修正。

（六）非农就业的中等职业教育生均教育经费支出短期弹性

对中等职业教育生均教育经费支出与非农就业长期均衡模型的残差 $AVECM$ 进行单位根检验，残差一阶差分平稳。

构建误差修正模型：

$$\Delta \ln STEMP_t = c + c_1 \Delta \ln AVED_t + c_2 \ln AVED_{t-1} + c_3 \Delta \ln STEMP_{t-1} + c_4 AVECM_{t-1} + \varepsilon_t$$

$$(6-52)$$

模型可决系数 $R^2 = 0.666$，表明模型拟合效果一般；$DW = 2.26$，表示模型自相关性不显著；上一年中等职业教育生均教育经费支出差分估计系数 t 值 0.938，该系数估计值不显著；上一年中等职业教育生均教育经费支出差分估计系数 t 值 -2.475，概率 0.056，表明 10% 显著水平下该系数估计值显著；上一年非农就业差分估计系数 t 值 1.774，该系数估计值不显著；上一年误差修正项估计系数 t 值 -2.194，该系数估计值不显著。

上述误差修正模型估计结果如下：

$$\Delta \ln STEMP_t = 0.022 + 0.054\Delta \ln AVED_t - 0.117\Delta \ln AVED_{t-1} + 0.489\Delta \ln STEMP_{t-1} - 0.316 AVECM_{t-1}$$

$$(0.058) \qquad (0.047) \qquad\quad (0.275) \qquad\qquad (0.127)$$

$$t = (0.938) \qquad (-2.475) \qquad\quad (1.774) \qquad\qquad (-2.194)$$

$$(6-53)$$

上述误差修正模型估计结果表示：(1) 当年中等职业教育生均教育经费支出与当年非农就业没有短期弹性；(2) 10% 显著水平下，上一年中等职业教育生均教育经费支出增长 1%，当年非农就业减少 0.117%，产生短期非农就业抑制效应；(3) 上一年非农就业对当年非农就业没有短期弹性；(4) 残差对中等职业教育经费支出与非农就业偏离长期均衡没有短期修正。

（七）非农就业的高校生均教育经费支出短期弹性

对高校生均教育经费支出与非农就业长期均衡模型的残差 $AHECM$ 进行单位根检验，残差一阶差分平稳。

构建误差修正模型：

$$\Delta \ln STEMP_t = c + c_1 \Delta \ln AHED_t + c_2 \Delta \ln AHED_{t-1} + c_3 \Delta \ln STEMP_{t-1} + c_4 AHECM_{t-1} + \varepsilon_t$$

$$(6-54)$$

模型可决系数 $R^2 = 0.651$，表明模型拟合效果一般；$DW = 1.94$，表明模型自相关性不显著；当年高等学校生均教育经费支出差分估计系数 t 值

-1.035,上一年高等学校生均教育经费支出差分估计系数 t 值-1.352,上一年非农就业差分估计系数 t 值-0.547,上一年误差修正项估计系数 t 值-0.863,上述估计值均不显著。

上述误差修正模型估计结果如下:

$$\Delta \ln STEMP_t = 0.038 - 0.044 \Delta \ln AHED_t - 0.061 \Delta \ln AHED_{t-1} - 0.159 \Delta \ln STEMP_{t-1} - 0.327 AHECM_{t-1}$$

$$(0.043) \qquad (0.045) \qquad (0.291) \qquad (0.038)$$

$$t = (-1.035) \qquad (-1.352) \qquad (-0.547) \qquad (-0.863)$$

$$(6-55)$$

上述误差修正模型估计结果表示:(1)当年及上一年高校生均教育经费支出与非农就业没有短期弹性;(2)上一年非农就业对当年非农就业没有短期弹性;(3)残差对高校生均教育经费支出与非农就业偏离长期均衡没有短期修正力。

第四节　非农就业的教育经费分项支出弹性

一、长期弹性

(一)非农就业的事业性经费长期弹性

建立事业性经费与非农就业的长期均衡模型:

$$\ln STEMP = c_0 + c_1 \ln SED + \varepsilon_t \qquad (6-56)$$

通过最小二乘回归方法,获得模型可决系数 $R^2 = 0.971$,表明模型拟合效果很好。事业性经费估计系数 t 值 18.332,概率 0.000,系数估计显著。估计模型可以写作:

$$\ln STEMP = 8.28 + 0.269 \ln SED \qquad (6-57)$$

$$(0.014)$$

$$t = (18.332)$$

上述模型估计结果表明,事业性经费增加 1%,非农就业增加 0.269%。

（二）非农就业的基本建设经费长期弹性

建立基本建设经费与非农就业的长期均衡模型：

$$\ln STEMP = c_0 + c_1 \ln BED + \varepsilon_t \qquad (6-58)$$

通过最小二乘回归方法，获得模型可决系数 $R^2 = 0.636$，模型拟合效果一般。基本建设经费估计系数 t 值 -4.177，概率 0.002，表明系数估计显著。

估计模型可以写作：

$$\ln STEMP = 13.357 - 0.443 \ln BED \qquad (6-59)$$

$$(0.106)$$

$$t = (-4.177)$$

上述模型估计结果表明，基本建设经费增加 1%，非农就业减少 0.443%，非农就业的基本建设经费长期弹性为负值。

（三）非农就业的工资福利经费长期弹性

建立工资福利经费与非农就业的长期均衡模型：

$$\ln STEMP = c_0 + c_1 \ln WAGE + \varepsilon_t \qquad (6-60)$$

通过最小二乘回归方法，获得模型可决系数 $R^2 = 0.915$，模型拟合效果非常好。工资福利经费估计系数 t 值 10.394，概率 0.000，表明系数估计显著。

估计模型可以写作：

$$\ln STEMP = 7.011 + 0.450 \ln WAGE \qquad (6-61)$$

$$(0.043)$$

$$t = (10.394)$$

上述模型估计结果表明，工资福利经费增加 1%，非农就业增长 0.450%，高于非农就业的事业性经费长期弹性 0.269%。

（四）非农就业的助学金长期弹性

建立助学金与非农就业的长期均衡模型：

$$\ln STEMP = c_0 + c_1 \ln SUBS + \varepsilon_t \tag{6-62}$$

通过最小二乘回归方法，获得模型可决系数 $R^2 = 0.921$，表明模型拟合效果很好。助学金估计系数 t 值 10.813，概率 0.000，表明系数估计显著。

估计模型可以写作：

$$\ln STEMP = 9.927 + 0.142\ln SUBS \tag{6-63}$$
$$(0.013)$$
$$t = (10.813)$$

上述模型估计结果表明，助学金增加 1%，非农就业增加 0.142%，低于非农就业的事业性经费长期弹性 0.269%。

二、短期弹性

（一）非农就业的事业性经费短期弹性

检验 $\ln SED$ 与 $\ln STEMP$ 长期均衡模型残差 $SECM$ 的平稳性，ADF 检验表示残差没有一个单位根，是平稳的。

构建事业性经费与非农就业的误差修正模型：

$$\Delta \ln STEMP_t = c + c_1 \Delta \ln SED_t + c_2 \Delta \ln SED_{t-1} + c_3 \Delta \ln STEMP_{t-1} + c_4 SECM_{t-1} + \varepsilon_t \tag{6-64}$$

模型可决系数 $R^2 = 0.542$，表明模型整体拟合不十分理想；当年事业性经费差分估计系数 t 值 -2.201，概率 0.079，表明 10% 显著水平下该系数估计值显著；上一年事业性经费差分估计系数 t 值 0.011，上一年非农就业差分估计系数 t 值 1.247，误差修正项估计 t 值 -0.754，表明上述三项系数估计值不显著。

上述模型估计结果如下：

$$\Delta \ln STEMP_t = 0.028 + 0.0007\Delta \ln SED_t - 0.088\Delta \ln SED_{t-1} - 0.522\Delta \ln STEMP_{t-1} - 0.223SECM_{t-1}$$
$$(0.040) \qquad (0.065) \qquad (0.419) \qquad (0.300)$$
$$t = (-2.201) \qquad (0.011) \qquad (1.247) \qquad (-0.754)$$
$$\tag{6-65}$$

上述模型估计结果表明：（1）10% 显著水平下，事业性教育经费增长 1%，当年非农就业增长 0.0007%；（2）上一年事业性经费与当年非农就业不存在短期弹性；（3）残差对事业性经费与非农就业偏离长期均衡没有短期修正。

（二）非农就业的基本建设经费短期弹性

对 $\ln BED$ 与 $\ln STEMP$ 长期均衡模型的残差 $BECM$ 进行 ADF 单位根检验，残差平稳。

构建基本基本建设经费与非农就业的误差修正模型：

$$\Delta\ln STEMP_t = c + c_1\Delta\ln BED_t + c_2\Delta\ln BED_{t-1} + c_3\Delta\ln STEMP_{t-1} + c_4 BECM_{t-1} + \varepsilon_t$$

$$(6\text{-}66)$$

模型可决系数 $R^2 = 0.086$，表明模型整体拟合度不佳；当年基本建设经费投入差分估计系数 t 值 -0.340，上一年基本建设经费差分估计系数 t 值 0.332，上一年非农就业差分估计系数 t 值 0.341，误差修正项估计系数 t 值 -0.223，表示上述系数估计值均不显著。

上述模型估计结果如下：

$$\Delta\ln STEMP_t = 0.029 - 0.012\Delta\ln BED_t + 0.010\Delta\ln BED_{t-1} + 0.167\Delta\ln STEMP_{t-1} - 0.022 BECM_{t-1}$$

$$\qquad\qquad (0.034)\qquad\quad (0.030)\qquad\qquad (0.490)\qquad\qquad (0.097)$$

$$\qquad t = (-0.340)\quad\ (0.332)\qquad\qquad (0.341)\qquad\qquad (-0.223)$$

$$(6\text{-}67)$$

上述模型估计结果表示，基本建设经费与非农就业数没有显著短期弹性。也就是说，基本建设经费增加，既不增加也不减少当年及下一年非农就业。

（三）非农就业的工资福利经费短期弹性

运用 ADF 方法检验 $\ln WAGE$ 与 $\ln STEMP$ 长期均衡模型残差 $WECM$ 的平稳性，残差平稳。

构建工资福利经费与非农就业的误差修正模型：

$$\Delta \ln STEMP_t = c + c_1 \Delta \ln WAGE_t + c_2 \Delta \ln WAGE_{t-1} + c_3 \Delta \ln STEMP_{t-1} + c_4 WECM_{t-1} + \varepsilon_t$$

$$(6-68)$$

模型可决系数 $R^2 = 0.588$，表明模型整体拟合不十分理想；$DW = 2.46$，表明模型无自相关性；当年工资福利经费差分估计系数 t 值 1.383，上一年工资福利经费差分估计系数 t 值 −0.469，上一年非农就业差分估计系数 t 值 1.849，表示上述系数估计值均不显著；误差修正项估计系数 t 值 −2.372，概率 0.064，该项估计值在 10% 水平下是显著的。

上述模型估计结果如下：

$$\Delta \ln STEMP_t = 0.007 + 0.093 \Delta \ln WAGE_t + 0.20 \Delta \ln WAGE_{t-1} + 0.742 \Delta \ln STEMP_{t-1} - 0.371 WECM_{t-1}$$

$$(0.067) \qquad (0.042) \qquad\qquad (0.401) \qquad\qquad (0.156)$$

$$t = (1.383) \qquad (-0.469) \qquad\quad (1.849) \qquad\qquad (-2.372)$$

$$(6-69)$$

上述模型估计结果表示：(1) 当年及上一年工资福利经费和非农就业没有短期弹性；(2) 上一年非农就业与当年就业人数之间缺乏短期弹性；(3) 10% 显著水平下，误差修正项以 −0.371 速度对工资福利经费与非农就业偏离长期均衡进行短期修正。

(四)非农就业的助学金短期弹性

运用 ADF 方法对 $\ln SUBS$ 与 $\ln STEMP$ 长期均衡模型的残差 $SUBECM$ 进行平稳性检验，残差平稳。

构建助学金与非农就业的误差修正模型：

$$\Delta \ln STEMP_t = c + c_1 \Delta \ln SUBS_t + c_2 \Delta \ln SUBS_{t-1} + c_3 \Delta \ln STEMP_{t-1} + c_4 SUBECM_{t-1} + \varepsilon_t$$

$$(6-70)$$

模型可决系数 $R^2 = 0.203$，表明模型整体拟合十分不理想；$DW = 1.65$，表明模型无自相关；当年助学金差分估计系数 t 值 −0.390，上一年助学金差分估计系数 t 值 −0.607，上一年非农就业差分估计系数 t 值 0.567，误差修正项估计系数 t 值 −0.022，上述系数估计值不显著。

上述模型估计如下：

$$\Delta \ln STEMP_t = 0.028 - 0.009\Delta \ln SUBS_t - 0.011\Delta \ln SUBS_{t-1} + 0.283\Delta \ln STEMP_{t-1} - 0.005 SUBECM_{t-1}$$

$$(0.022) \qquad (0.019) \qquad (0.500) \qquad (0.217)$$

$$t = (-0.390) \qquad (-0.607) \qquad (0.567) \qquad (-0.022)$$

$$(6-71)$$

上述模型估计表明:(1)当年及上一年助学金与非农就业没有短期弹性;(2)上一年非农就业与当年非农就业人数没有短期弹性;(3)残差项对助学金与非农就业偏离长期均衡没有短期修正。

第五节 非农就业的各级各类教育经费分项支出弹性

一、长期弹性

(一)非农就业的小学事业性经费长期弹性

建立小学事业性经费与非农就业对数的长期均衡模型:

$$\ln STEMP = c_0 + c_1 \ln PSED + \varepsilon_t \qquad (6-72)$$

通过最小二乘回归方法,获得可决系数 $R^2 = 0.959$,表明模型拟合效果很好。小学事业性经费估计系数 t 值 15.271,概率值 0.000,表明系数估计显著。

估计模型可以写作:

$$\ln STEMP = 8.541 + 0.282\ln PSED \qquad (6-73)$$

$$(0.018)$$

$$t = (15.271)$$

上述模型估计结果表明,小学事业性经费增加 1%,非农就业增加 0.282%。

(二)非农就业的小学工资福利经费长期弹性

建立小学工资福利经费与非农就业的长期均衡模型:

$$\ln STEMP = c_0 + c_1 \ln PWAGE + \varepsilon_t \tag{6-74}$$

通过最小二乘回归方法,获得模型可决系数 $R^2 = 0.946$,表明模型拟合效果很好。小学工资福利经费估计系数 t 值 13.281,概率值 0.000,表明系数估计显著。

估计模型可以写作:

$$\ln STEMP = 6.661 + 0.566 \ln PWAGE \tag{6-75}$$

$$(0.043)$$

$$t = (13.281)$$

上述模型估计结果表明,小学工资福利经费增加 1%,非农就业增加 0.566%,显著高于非农就业的小学事业性经费长期弹性 0.282%。

(三)非农就业的中学事业性经费长期弹性

建立中学事业性经费支出与非农就业的长期均衡模型:

$$\ln STEMP = c_0 + c_1 \ln MSED + \varepsilon_t \tag{6-76}$$

模型可决系数 $R^2 = 0.979$,接近 1,表明模型拟合效果很好。中学事业性经费支出估计系数 t 值 21.833,概率值 0.000,表明系数估计显著。

估计模型可以写作:

$$\ln STEMP = 8.426 + 0.293 \ln MSED \tag{6-77}$$

$$(0.013)$$

$$t = (21.833)$$

上述模型估计结果表明,中学事业性经费增加 1%,非农就业增加 0.293%,高于非农就业的小学事业性经费长期弹性 0.282%。

(四)非农就业的中学工资福利经费长期弹性

建立中学工资福利经费与非农就业的长期均衡模型:

$$\ln STEMP = c_0 + c_1 \ln MWAGE + \varepsilon_t \tag{6-78}$$

通过最小二乘回归方法,获得模型可决系数 $R^2 = 0.987$,表明模型拟合效果很好。中学工资福利经费支出估计系数 t 值 28.027,概率 0.000,表明系数估计显著。

估计模型可以写作:

$$\ln STEMP = 7.293 + 0.478 \ln MWAGE \tag{6-79}$$

$$(0.017)$$

$$t = (28.027)$$

上述模型估计结果表明,中学工资福利经费增加 1%,非农就业增加 0.478%,低于非农就业的小学工资福利经费长期弹性 0.566%。

(五)非农就业的中等职业教育事业性经费长期弹性

建立中等职业教育事业性经费与非农就业的长期均衡模型:

$$\ln STEMP = c_0 + c_1 \ln VSED + \varepsilon_t \tag{6-80}$$

模型可决系数 $R^2 = 0.915$,表明模型拟合效果很好。中等职业教育事业性经费估计系数 t 值 10.372,概率值 0.000,表明系数估计显著。

估计模型可以写作:

$$\ln STEMP = 8.890 + 0.284 \ln VSED \tag{6-81}$$

$$(0.027)$$

$$t = (10.372)$$

上述模型估计结果表明,中等职业教育事业性经费增加 1%,非农就业将增加 0.284%,低于非农就业的普通中学事业性经费长期弹性 0.293%。

(六)非农就业的中等职业教育工资福利经费长期弹性

建立中等职业教育工资福利经费与非农就业的长期均衡模型:

$$\ln STEMP = c_0 + c_1 \ln VWAGE + \varepsilon_t \tag{6-82}$$

通过最小二乘回归方法,获得模型可决系数 $R^2 = 0.888$,表明模型拟合度好。中等职业教育工资福利经费估计系数 t 值 8.885,概率值 0.000,表明系数估计显著。

估计模型可以写作:

$$\ln STEMP = 6.312 + 0.806\ln VWAGE \qquad (6-83)$$

$$(0.091)$$

$$t = (8.885)$$

上述模型估计结果表明,中等职业教育工资福利经费增加 1%,非农就业增加 0.806%,高于非农就业的普通中学工资福利经费长期弹性 0.478%。

(七)非农就业的高校事业性经费长期弹性

建立高校事业性经费与非农就业的长期均衡模型:

$$\ln STEMP = c_0 + c_1\ln HSED + \varepsilon_t \qquad (6-84)$$

模型可决系数 $R^2 = 0.971$,表明模型拟合效果很好。高校事业性经费估计系数 t 值 19.565,概率值 0.000,表明系数估计显著。

估计模型可以写作:

$$\ln STEMP = 8.546 + 0.279\ln HSED \qquad (6-85)$$

$$(0.014)$$

$$t = (19.565)$$

上述模型估计结果表明,高校事业性经费增加 1%,非农就业增加 0.279%,分别低于非农就业的小学事业性经费长期弹性 0.282% 和非农就业的中学事业性经费长期弹性 0.293%。

(八)非农就业的高校基本建设经费长期弹性

建立高校基本建设经费与非农就业的长期均衡模型:

$$\ln STEMP = c_0 + c_1\ln HBED + \varepsilon_t \qquad (6-86)$$

模型可决系数 $R^2 = 0.838$,表明模型拟合效果较好。高校基本建设经费估计系数 t 值 -7.180,概率值 0.000,表明系数估计显著。

估计模型可以写作:

$$\ln STEMP = 12.134 - 0.273\ln HBED \qquad (6-87)$$

$$(0.038)$$

$$t = (-7.180)$$

上述模型估计结果表明,高校基本建设经费增加 1%,非农就业减少 0.273%,产生非农就业抑制效应。

(九)非农就业的高校工资福利经费长期弹性

建立高校工资福利经费与非农就业的长期均衡模型:

$$\ln STEMP = c_0 + c_1 \ln HWAGE + \varepsilon_t \tag{6-88}$$

模型可决系数 $R^2 = 0.897$,表明模型拟合效果很好。高校工资福利经费估计系数 t 值 9.352,概率值 0.000,表明系数估计显著。

估计模型可以写作:

$$\ln STEMP = 6.951 + 0.571 \ln HWAGE \tag{6-89}$$

$$(0.061)$$

$$t = (9.352)$$

上述模型估计结果表明,高校工资福利经费增加 1%,非农就业增加 0.571%,低于非农就业的中等职业教育工资福利经费长期弹性 0.806%。

(十)非农就业的高校助学金长期弹性

建立高校助学金与非农就业的长期均衡模型:

$$\ln STEMP = c_0 + c_1 \ln HSUB + \varepsilon_t \tag{6-90}$$

模型可决系数 $R^2 = 0.927$,表明模型拟合效果很好。高校助学金估计系数 t 值 11.278,概率值 0.000,表明系数估计显著。

估计模型可以写作:

$$\ln STEMP = 9.654 + 0.217 \ln HSUB \tag{6-91}$$

$$(0.019)$$

$$t = (11.278)$$

上述模型估计结果表明,高校助学金增加 1%,非农就业增加 0.217%,低于非农就业的高校事业性经费长期弹性 0.279%。

二、短期弹性

(一)非农就业的小学事业性经费短期弹性

运用 ADF 方法对 $\ln PSED$ 与 $\ln STEMP$ 长期均衡模型的残差 $PSECM$ 进行单位根检验,残差没有一个单位根,残差平稳。

构建小学事业性经费与非农就业的误差修正模型:

$$\Delta \ln STEMP_t = c + c_1 \Delta \ln PSED_t + c_2 \Delta \ln PSED_{t-1} + c_3 \Delta \ln STEMP_{t-1}$$
$$+ c_4 PSECM_{t-1} + \varepsilon_t \qquad (6-92)$$

模型可决系数 $R^2 = 0.718$,表明模型整体拟合度较好;$DW = 2.00$,表明模型没有自相关性;当年小学事业性经费差分估计系数 t 值 0.294,概率 0.780,该系数估计值不显著;上一年小学事业性经费差分估计系数 t 值 -3.178,概率 0.025,该系数估计值显著;上一年非农就业差分估计系数 t 值 1.477,概率 0.200,该系数估计值不显著;误差修正项估计系数 t 值 -1.016,概率 0.356,该系数估计值不显著。

上述模型估计结果如下:

$$\Delta \ln STEMP_t = 0.027 + 0.016\Delta \ln PSED_t - 0.099\Delta \ln PSED_{t-1} + 0.504\Delta \ln STEMP_{t-1} - 0.203\, PSECM_{t-1}$$

$$\qquad (0.055) \qquad (0.031) \qquad (0.341) \qquad (0.200)$$

$$t = (0.294) \qquad (-3.178) \qquad (1.477) \qquad (-1.016)$$

$$(6-93)$$

上述模型估计结果表示:(1)当年小学事业性经费与当年非农就业没有短期弹性;(2)上一年小学事业性经费增长 1%,当年非农就业减少 0.099%,产生非农就业短期抑制效应;(3)残差对小学事业性经费与非农就业偏离长期均衡没有短期修正。

(二)非农就业的小学工资福利经费短期弹性

检验 $\ln PWAGE$ 与 $\ln STEMP$ 长期均衡模型残差 $PWECM$ 是否平稳。运用 ADF 方法对残差进行检验,根据残差数据特征,选取无截距项、无趋势项的回归模型,结果表明残差原序列的 ADF 的 t 值-2.093,概率值 0.040,因此拒绝原假设,即认为残差没有一个单位根,残差平稳。

构建小学工资福利经费与非农就业的误差修正模型:

$$\Delta \ln STEMP_t = c + c_1 \Delta \ln PWAGE_t + c_2 \Delta \ln PWAGE_{t-1} + c_3 \Delta \ln STEMP_{t-1}$$
$$+ c_4 PWECM_{t-1} + \varepsilon_t \qquad (6-94)$$

模型可决系数 $R^2 = 0.596$,表明模型整体拟合度一般;当年小学工资福利差分估计系数 t 值 1.092,上一年小学工资福利经费差分估计系数 t 值-1.156,上一年非农就业差分估计系数 t 值 0.804,表示上述系数估计值不显著;误差修正项估计系数 t 值-2.572,概率 0.05,该项系数估计值显著。

上述模型估计结果如下:

$$\Delta \ln STEMP_t = 0.027 + 0.065 \Delta \ln PWAGE_t - 0.071 \Delta \ln PWAGE_{t-1} + 0.249 \Delta \ln STEMP_{t-1} + 0.306 PWECM_{t-1}$$

$$(0.060) \qquad (0.062) \qquad (0.310) \qquad (0.119)$$

$$t = (1.092) \qquad (-1.156) \qquad (0.804) \qquad (-2.572)$$

$$(6-95)$$

上述模型估计结果表示:(1)当年以及上一年小学工资福利经费与非农就业没有显著短期弹性;(2)上一年非农就业对当年非农就业没有显著短期弹性;(3)为了保持小学工资福利经费与非农就业的长期均衡关系,误差修正项以-0.306 速度对两者非均衡状态进行调整,将其拉回长期均衡。

(三)非农就业的中学事业性经费短期弹性

运用 ADF 方法检验 $\ln MSED$ 与 $\ln STEMP$ 长期均衡模型残差 $MSECM$ 的平稳性,发现残差没有一个单位根,残差平稳。

构建中学事业性经费与非农就业的误差修正模型:

$$\Delta \ln STEMP_t = c + c_1 \Delta \ln MSED_t + c_2 \Delta \ln MSED_{t-1} + c_3 \Delta \ln STEMP_{t-1}$$
$$+ c_4 MSECM_{t-1} + \varepsilon_t \qquad (6-96)$$

模型可决系数 $R^2 = 0.542$,表明模型整体拟合非常一般;DW 值为 1.94,表明模型没有自相关性;当年中学事业性经费差分估计系数 t 值

0.824，上一年非农就业差分估计系数 t 值 1.747，误差修正项估计系数 t 值-1.348，表示上述系数估计值不显著；上一年中学事业性经费差分估计系数 t 值-2.203，概率 0.079，表示 10% 显著水平下该系数估计值显著。

误差修正模型估计如下：

$$\Delta \ln STEMP_t = 0.015 + 0.056\Delta \ln MSED_t - 0.103\Delta \ln MSED_{t-1} + 0.748\Delta \ln STEMP_{t-1} - 0.452MSECM_{t-1}$$

$$(0.068) \qquad (0.047) \qquad (0.427) \qquad (0.335)$$

$$t = (0.824) \qquad (-2.203) \qquad (1.747) \qquad (-1.348)$$

$$(6-97)$$

上述模型估计结果表示：(1)当年中学事业性经费与当年非农就业没有的短期弹性；(2)10% 显著水平下，上一年中学事业性经费增长 1%，当年非农就业将减少 0.103%，表示中学事业性经费对非农就业产生短期就业抑制效应；(3)上一年非农就业与当年非农就业没有短期弹性；(4)残差对中学事业性经费与非农就业偏离长期均衡没有短期调整。

(四)非农就业的中学工资福利经费短期弹性

对 $\ln MWAGE$ 与 $\ln STEMP$ 长期均衡模型残差 $MWECM$ 进行 ADF 单位根检验，发现残差没有一个单位根，残差平稳。

构建中学工资福利经费与非农就业的误差修正模型：

$$\Delta \ln STEMP_t = c + c_1\Delta \ln MWAGE_t + c_2\Delta \ln MWAGE_{t-1} + c_3\Delta \ln STEMP_{t-1}$$
$$+ c_4 MWECM_{t-1} + \varepsilon_t \qquad (6-98)$$

模型可决系数 $R^2 = 0.666$，表明模型整体拟合一般；DW 等于 1.87，表明模型无自相关性；当年中学工资福利支出差分估计系数 t 值 2.435，概率 0.059，表明 10% 显著水平下该系数估计值显著；上一年中学工资福利经费差分估计系数 t 值-1.712，上一年非农就业差分估计系数 t 值 1.840，表明两项系数估计值不显著；误差修正项估计系数 t 值-2.687，概率 0.043，该项系数估计值显著。

上述模型估计结果如下：

$$\Delta \ln STEMP_t = 0.015 + 0.163\Delta \ln MWAGE_t - 0.138\Delta \ln MWAGE_{t-1} + 0.511\Delta \ln STEMP_{t-1} - 0.690MWECM_{t-1}$$

$$(0.067) \qquad (0.081) \qquad (0.278) \qquad (0.258)$$

$$t = (2.435) \qquad (-1.712) \qquad (1.840) \qquad (-2.687)$$

$$(6-99)$$

上述模型估计结果表示:(1)10%显著水平下,当年中学工资福利经费增长 1%,当年非农就业增长 0.163%,产生短期非农就业促进效应;(2)上一年中学工资福利经费与当年非农就业人数没有短期弹性;(3)上一年非农就业与当年非农就业没有短期弹性;(4)误差修正项以 -0.690 速度对中学工资福利经费与非农就业偏离长期均衡状态进行调整。

(五)非农就业的中等职业教育事业性经费短期弹性

检验 $\ln VSED$ 与 $\ln STEMP$ 长期均衡模型残差 $VSECM$ 的平稳性。运用 ADF 方法对残差的原序列进行检验,结果表明残差 ADF 的 t 值 -3.579,概率 0.002,因此拒绝原假设,认为残差没有一个单位根,残差平稳。

构建中等职业教育事业性经费与非农就业的误差修正模型:

$$\Delta \ln STEMP_t = c + c_1\Delta \ln VSED_t + c_2\Delta \ln VSED_{t-1} + c_3\Delta \ln STEMP_{t-1}$$

$$+ c_4 VSECM_{t-1} + \varepsilon_t \qquad (6-100)$$

模型可决系数 $R^2 = 0.578$,表明模型整体拟合一般;DW = 1.89,表明模型自相关性不显著;当年中等职业教育事业性经费差分估计系数 t 值 0.387,上一年非农就业差分估计系数 t 值 0.961,误差修正项估计系数 t 值 -0.694,表示上述系数估计值不显著;上一年中等职业教育事业性经费差分估计系数 t 值 -2.317,概率 0.068,表明 10% 显著水平下该系数估计值显著。

上述模型估计结果如下:

$$\Delta \ln STEMP_t = 0.026 + 0.018\Delta \ln VSED_t - 0.066\Delta \ln VSED_{t-1} + 0.411\Delta \ln STEMP_{t-1} - 0.135 VSECM_{t-1}$$

$$(0.045) \qquad (0.028) \qquad (0.427) \qquad (0.195)$$

$$t = (0.387) \qquad (-2.317) \qquad (0.961) \qquad (-0.694)$$

$$(6-101)$$

上述模型估计结果表示：(1)当年中等职业教育事业性经费与当年非农就业没有显著短期弹性；(2)10%显著水平下，上一年中等职业教育事业性经费增长1%，当年非农就业将减少0.066%，产生短期非农就业抑制效应；(3)上一年非农就业与当年非农就业没有短期弹性；(4)残差对中等职业教育事业性经费与非农就业偏离长期均衡没有短期修正。

（六）非农就业的中等职业教育工资福利经费短期弹性

运用 ADF 方法检验 $\ln VWAGE$ 与 $\ln STEMP$ 长期均衡模型的残差 $VWECM$ 平稳性，结果表明残差原序列的 ADF 统计量 t 值 -2.771，概率值 0.0104，因此拒绝原假设，即认为残差平稳。

构建中等职业教育工资福利经费与非农就业的误差修正模型：

$$\Delta \ln STEMP_t = c + c_1 \Delta \ln VWAGE_t + c_2 \Delta \ln VWAGE_{t-1} + c_3 \Delta \ln STEMP_{t-1}$$
$$+ c_4 VWECM_{t-1} + \varepsilon_t \tag{6-102}$$

模型可决系数 $R^2 = 0.745$，表明模型整体拟合较好；$DW = 2.61$，表明模型无自相关性；当年中等职业教育工资福利经费差分估计系数 t 值 0.665，上一年非农就业差分估计系数 t 值 1.638，表明上述系数估计值不显著；上一年中等职业教育工资福利差分估计系数 t 值 -2.604，概率值 0.045，表示系数估计值显著；误差修正项估计系数 t 值 -2.547，概率值 0.051，表示在10%显著水平下该项系数估计值显著。

上述模型估计结果如下：

$$\Delta \ln STEMP_t = 0.024 + 0.046 \Delta \ln VWAGE_t - 0.125 \Delta \ln VWAGE_{t-1} + 0.438 \Delta \ln STEMP_{t-1} - 0.227 VWECM_{t-1}$$
$$(0.069) \qquad (0.048) \qquad\qquad (0.268) \qquad\qquad (0.089)$$
$$t = (0.665) \qquad\quad (-2.604) \qquad\qquad (1.638) \qquad\qquad (-2.547)$$
$$\tag{6-103}$$

上述模型估计结果表明：(1)当年中等职业教育工资福利经费与当年非农就业没有短期弹性；(2)上一年中等职业教育工资福利经费增长1%，当年非农就业人数减少0.125%，产生短期非农就业抑制效应；(3)10%显著水平下，为了保持中等职业教育工资福利经费与非农就业的长期均衡关系,误差修正项以 -0.227 速度对两者非均衡状态进行调整,将其拉回长期均衡。

(七)非农就业的高校事业性经费短期弹性

运用 ADF 方法检验 $\ln HSED$ 与 $\ln STEMP$ 长期均衡模型的残差 $HSECM$ 进行单位根检验,发现残差平稳。

构建高校事业性经费与非农就业的误差修正模型:

$$\Delta \ln STEMP_t = c + c_1 \Delta \ln HSED_t + c_2 \Delta \ln HSED_{t-1} + c_3 \Delta \ln STEMP_{t-1}$$
$$+ c_4 HSECM_{t-1} + \varepsilon_t \qquad (6-104)$$

模型可决系数 $R^2 = 0.343$,表明模型整体拟合不理想;$DW = 1.89$,表示模型无自相关性;当年高校事业性经费差分估计系数 t 值 0.583,上一年高校事业性经费差分估计系数 t 值 -1.484,上一年非农就业差分估计系数 t 值 1.151,误差修正项估计系数 t 值 -0.864,表示上述系数估计值不显著。

上述模型估计结果如下:

$$\Delta \ln STEMP_t = 0.020 + 0.036\Delta \ln HSED_t + 0.082\Delta \ln HSED_{t-1} + 0.590\Delta \ln STEMP_{t-1} - 0.341 HSECM_{t-1}$$

$$\qquad\quad (0.062) \qquad\qquad (0.055) \qquad\qquad (0.512) \qquad\qquad (0.394)$$

$$\qquad t = (0.583) \qquad\quad (-1.484) \qquad\qquad (1.151) \qquad\qquad (-0.864)$$

$$(6-105)$$

上述模型估计结果表示:(1)当年及上一年高校事业性经费与非农就业没有显著短期弹性;(2)上一年非农就业与当年非农就业没有显著短期弹性;(3)误差修正项对高校事业性经费与非农就业偏离长期均衡没有短期修正。

(八)非农就业的高校基本建设经费短期弹性

运用 ADF 方法对 $\ln HBED$ 与 $\ln STEMP$ 长期均衡模型的残差 $HBECM$ 进行单位根检验。根据残差数据特征,选取有无截距项、无趋势项的回归模型。对残差的原序列进行检验,结果表明残差原序列 ADF 统计量 t 值 -3.776,小于 1% 水平阈值 -2.792,因此拒绝原假设,即认为残差没有一个单位根,残差平稳。

构建高校基本建设经费与非农就业的误差修正模型:

$$\Delta \ln STEMP_t = c + c_1\Delta\ln HBED_t + c_2\Delta\ln HBED_{t-1} + c_3\Delta\ln STEMP_{t-1}$$
$$+ c_4 HBECM_{t-1} + \varepsilon_t \tag{6-106}$$

模型可决系数 $R^2 = 0.582$,表明模型拟合度一般;DW = 2.39,表明模型无自相关性;当年高校基本建设经费差分估计系数 t 值 -1.702,概率值 0.150,该系数估计值不显著;上一年高校基本建设经费差分估计系数 t 值 2.033,概率 0.098,表明 10% 显著水平下该系数估计值显著;上一年非农就业差分估计系数 t 值 2.144,概率为 0.085,表明 10% 显著水平下该系数估计值显著;误差修正项估计系数 t 值 -2.128,概率 0.087,在 10% 显著水平该项系数估计值显著。

上述模型估计结果如下:

$$\Delta\ln STEMP_t = 0.006 - 0.071\Delta\ln HBED_t + 0.035\Delta\ln HBED_{t-1} + 0.891\Delta\ln STEMP_{t-1} - 0.477 HSECM_{t-1}$$

$$(0.042) \quad\quad (0.034) \quad\quad (0.415) \quad\quad (0.224)$$
$$t = (-1.702) \quad\quad (2.033) \quad\quad (2.144) \quad\quad (-2.128)$$
$$\tag{6-107}$$

上述模型估计结果表示:(1)当年高校基本建设教育经费与当年非农就业没有短期弹性;(2)10% 显著水平下,上一年高校基本建设经费增长 1%,当年非农就业增长 0.035%,产生短期非农就业促进效应;(3)10% 显著水平下,上一年非农就业增长 1%,当年非农就业增长 0.891%;(4)在 10% 显著水平下,误差修正项以 -0.477% 速度对高校基本建设经费与非农就业偏离长期均衡状态进行调整。

(九)非农就业的高校工资福利经费短期弹性

检验 $\ln HWAGE$ 与 $\ln STEMP$ 长期均衡模型残差 $HWECM$ 的平稳性。运用 ADF 方法对残差进行检验,一阶差分 ADF 检验 t 值 -3.289,概率值 0.004,一阶差分平稳。

构建高校工资福利与非农就业的误差修正模型:

$$\Delta\ln STEMP_t = c + c_1\Delta\ln HWAGE_t + c_2\Delta\ln HWAGE_{t-1} + c_3\Delta\ln STEMP_{t-1}$$
$$+ c_4 HWECM_{t-1} + \varepsilon_t \qquad (6-108)$$

可决系数 $R^2 = 0.819$，表明模型整体拟合良好；DW = 1.79，表明模型无自相关性；当年高校工资福利经费差分估计系数 t 值 2.294，概率值 0.070，表明 10% 显著水平下该系数估计值显著；上一年高校工资福利经费差分估计系数 t 值 -1.460，上一年非农就业差分估计系数 t 值 -1.382，表明两项系数估计值不显著；误差修正项系数 t 值 -3.975，概率值 0.011，该项系数估计值显著。

上述模型估计结果如下：

$$\Delta\ln STEMP_t = 0.045 + 0.059\Delta\ln SED_t - 0.050\Delta\ln SED_{t-1} - 0.332\Delta\ln STEMP_{t-1} - 0.303\,HWECM_{t-1}$$
$$(0.026) \qquad\qquad (0.034) \qquad\qquad (0.240) \qquad\qquad (0.076)$$
$$t = (2.294) \qquad\qquad (-1.460) \qquad\qquad (-1.382) \qquad\qquad (-3.975)$$
$$(6-109)$$

上述模型估计结果表示：(1)10% 显著水平下，当年高校工资福利支出增加 1%，当年非农就业增长 0.059%，产生短期非农就业促进效应；(2)上一年高校工资福利经费与非农就业没有短期弹性；(3)误差修正项以 -0.303 速度对高校工资福利经费与非农就业偏离长期均衡进行调整。

(十)非农就业的高校助学金短期弹性

对 $\ln HSUB$ 与 $\ln STEMP$ 长期均衡模型的残差 $HSUECM$ 进行单位根检验。运用 ADF 方法对残差进行检验，ADF 统计量 t 值 -2.901，概率值 0.009，残差平稳。

构建高校助学金支出与非农就业的误差修正模型：

$$\Delta\ln STEMP_t = c + c_1\Delta\ln HSUB_t + c_2\Delta\ln HSUB_{t-1} + c_3\Delta\ln STEMP_{t-1}$$
$$+ c_4 HSUECM_{t-1} + \varepsilon_t \qquad (6-110)$$

模型可决系数 $R^2 = 0.272$，表明模型整体拟合并不理想；DW = 1.61，表明模型无自相关性。当年高校助学金差分估计系数 t 值 -0.173，上一年高校助学金差分估计系数 t 值 -0.935，上一年非农就业差分估计系数 t 值 0.746，误差修正项估计系数 t 值 -0.535，表示上述系数估计值均不显著。

$$\Delta \ln STEMP_t = 0.027 - 0.006\Delta \ln HSUB_t - 0.026\Delta \ln HSUB_{t-1} + 0.343\Delta \ln STEMP_{t-1} - 0.109 HSUECM_{t-1}$$

$$(0.034) \qquad (0.028) \qquad (0.459) \qquad (0.204)$$

$$t = (-0.173) \qquad (-0.935) \qquad (0.746) \qquad (-0.535)$$

$$(6-111)$$

上述模型估计结果表示,高校助学金与非农就业没有显著的短期弹性。

本章小结

表6-1　教育经费与全国就业、非农就业的长期弹性和短期弹性

教育经费类别	教育经费指标	教育经费与全国就业的弹性关系		教育经费与非农就业的弹性关系	
		长期弹性	短期弹性	长期弹性	短期弹性
教育经费总量	教育总经费	0.041**	无	0.315**	-0.124(-1)*
不同来源教育经费	财政性教育经费	0.032**	无	0.243**	-0.010(-1)**
	学杂费	0.058**	无	0.441**	无
	高校学杂费	0.044**	无	0.342**	无
各级各类教育经费总支出	基础教育经费	0.043**	-0.009(-1)*	0.328**	-0.115(-1)**
	中等职业教育经费	0.044**	无	0.340**	-0.090(-1)*
	高等教育经费	0.046**	无	0.353**	无
各级各类生均教育经费支出	小学生均教育经费支出	0.032**	-0.011(-1)**	0.244**	-0.114(-1)*
	农村小学生均教育经费支出	0.028**	-0.009(-1)**	0.223**	-0.092(-1)**
	中学生均教育经费支出	0.037**	-0.008(-1)*	0.288**	-0.092(-1)*
	初中生均教育经费支出	0.030**	-0.008(-1)*	0.231**	-0.075(-1)*
	农村初中生均教育经费支出	0.026**	-0.006(-1)*	0.199**	-0.066(-1)*
	中等职业教育生均教育经费支出	0.080**	无	0.616**	-0.117(-1)*
	高校生均教育经费支出	-0.028**	无	无	无

续表

教育经费类别	教育经费指标	教育经费与全国就业的弹性关系		教育经费与非农就业的弹性关系	
		长期弹性	短期弹性	长期弹性	短期弹性
教育经费分项支出	事业性经费	0.035 **	−0.007(−1) *	0.269 **	0.0007 *
	基本建设经费	−0.056 **	无	−0.443 **	无
	工资福利经费	0.058 **	0.013 ** ;0.007(−1) *	0.450 **	无
	助学金	0.018 **	无	0.142 **	无
各级各类教育经费分项支出	小学事业性经费	0.036 **	−0.008(−1) *	0.282 **	−0.099(−1) **
	小学工资福利经费	0.074 **	无	0.566 **	无
	中学事业性经费	0.038 **	−0.008(−1) *	0.293 **	−0.103(−1) *
	中学工资福利经费	0.062 **	无	0.478 **	0.163 *
	中等职业教育事业性经费	0.037 **	−0.006(−1) **	0.284 **	−0.066(−1) *
	中等职业教育工资福利经费	0.104 **	无	0.806 **	−0.125(−1) **
	高校事业性经费	0.036 **	无	0.279 **	无
	高校基本建设经费	−0.035 **	−0.0006 **	−0.273 **	0.035(−1) *
	高校工资福利经费	0.075 **	无	0.571 **	−0.059 *
	高校助学金经费	0.028 **	无	0.217 **	无

注：* 表示10%显著水平，** 表示5%显著水平，(−1)表示上一年教育经费支出。

一、长期弹性小结

1. 教育经费对非农就业长期促进效应明显

教育总经费与非农就业的长期弹性显著高于教育总经费与全国就业的长期弹性，是教育总经费与全国就业长期弹性的7—8倍。教育总经费增长1%，非农就业增长0.315%，而教育总经费与全国就业弹性仅0.041%，说明运用非农就业表示就业水平后,评价总体结果显示教育总经费对推动就业结构升级作用显著。

教育经费不同来源与非农就业的长期弹性,显著高于教育经费不同来源与全国就业的长期弹性。财政性教育经费、学杂费、高校学杂费增长1%,非农就业分别增长0.243%、0.441%、0.342%,分别高于各自与全国就业的长期弹性0.032%、0.058%、0.044%。

教育经费在不同层次的支出与非农就业的长期弹性,显著高于与全国就业的长期弹性,并且随着教育层次上升而愈加明显。基础教育经费增长1%,全国就业增长0.041%,而非农就业增长0.328%;中等职业教育经费增长1%,全国就业增长0.044%,而非农就业增长0.340%;高等教育投资增长1%,全国就业增长0.046%,而非农就业增长0.353%。

2. 基础教育及中等职业教育生均教育经费支出与非农就业的长期弹性为正值,而高等教育生均教育经费支出与非农就业没有显著长期弹性

基础教育及中等职业教育生均教育经费支出与非农就业的长期弹性,明显高于与全国就业的长期弹性,前者是后者的7—8倍。小学生均教育经费支出增长1%,全国就业增长0.032%,而非农就业增长0.244%,其中,农村小学生均教育经费支出增长1%,全国就业增长0.028%,而非农就业增长0.223%。中学生均教育经费支出增长1%,全国就业增长0.037%,而非农就业增长0.288%;其中,农村初中生均教育经费支出增长1%,全国就业增长0.026%,而非农就业增长0.199%。高校生均教育经费支出与全国就业的长期弹性为负值-0.028,而与非农就业没有显著弹性。

3. 教育经费不同支出分项与非农就业的长期弹性存在显著差异

事业性经费支出与非农就业的长期弹性显著,其中工资福利经费与非农就业的长期弹性更明显,而基本建设经费与非农就业的长期为负。

事业性经费增长1%,非农就业增长0.269%。值得注意的是,高校事业性经费与非农就业的长期弹性略低于基础教育经费的长期就业弹性:小学事业性经费、中学事业性经费、高校事业性经费增长1%,非农就业分别

增长 0.282%、0.293%、0.279%。2002—2013 年,相对各级各类教师增减比例,小学事业性经费实际增长率最高,其次是中学,高校事业性经费实际增长率最低,因此高校事业性经费的非农就业促进效应小于小学事业性经费。

事业性经费支出中,工资福利经费与非农就业的长期弹性最显著。工资福利经费增长 1%,非农就业增长 0.450%。同样值得注意的是,高校工资福利经费与非农就业的长期弹性仅与小学阶段大致相当,低于中等职业教育阶段。小学、中等职业教育、高校工资福利经费增长 1%,非农就业分别增长 0.566%、0.806%、0.571%。我国高校工资福利经费在事业性经费中的占比低于基础教育阶段,约为 OECD 国家平均水平的 40%,相对较低水平的高校工资福利经费抑制了高校工资福利经费的非农就业促进效应。

基本建设经费对非农就业产生抑制效应。基本建设经费增长 1%,非农就业减少 0.443%。基本建设经费产生类似固定资产投资的就业拉动效应,教育领域是就业乘数效应较低的行业,如果教育领域基本建设经费支出比例过多,可能产生资本挤占效应,进而抑制就业增长。

二、短期弹性的小结

1. 教育总经费及财政性教育经费对非农就业呈现显著短期负向弹性

上一章实证结果发现,教育总经费与全国就业的短期弹性不显著。本章研究发现,教育总经费增长 1%,下一年非农就业减少 0.124%,也就是说,教育总经费对非农就业产生短期抑制效应。为什么教育总经费与全国就业没有显著的短期负向弹性? 这与我国就业统计时将农业劳动力人口全部认定为就业人口有关系,实际上我国农业隐性失业现象比较严重,以现行统计方法获得的全国就业数夸大了就业量,抵消了教育总经费对全国就业的短期抑制影响。

不同来源教育经费中,财政性教育经费与非农就业的短期弹性为负值,财政性教育经费增长 1%,非农就业减少 0.010%。财政性教育经费主要支出部分是基础教育,我国基础教育质量获得显著提高,吸引更多学生为获取未来更高收益继续接受基础教育。

2. 各级各类教育经费总支出与非农就业的短期弹性差异明显

基础教育和中等职业教育经费与非农就业的短期弹性为负值,而高等教育经费与非农就业的短期弹性不显著。基础教育和中等职业教育经费增长 1%,下一年非农就业分别下降 0.115% 和 0.090%。基础教育和中等职业教育经费增长,教育质量提高吸引更多学生进入学校而不是劳动力市场,因此短期内有效减少了劳动力供给。形成对比的是,高等教育经费与非农就业没有显著的短期弹性,意味短时期内高等教育没有对适龄劳动力释放出刺激人力资本投资延迟进入劳动力市场的信号。

3. 基础教育及中等职业教育生均教育经费支出与非农就业的短期弹性为负,而高校生均教育经费支出与非农就业没有短期弹性

小学、中学、中等职业教育生均教育经费支出增长 1%,下一年非农就业分别减少 0.114%、0.092%、0.117%,而高校生均教育经费支出与非农就业没有短期弹性。2002—2013 年,基础教育及中等职业教育生均教育经费支出增长幅度显著,而高校生均教育经费支出下降。基础教育及中等职业教育质量提高吸引学生留在学校接受教育,高校生均教育经费支出下降,学生质量下降,不足以吸引学生推迟就业。

全国小学生均教育经费支出及农村小学生均教育经费支出增长 1%,下一年非农就业分别下降 0.114% 和 0.092%;全国初中生均教育经费支出及农村初中生均教育经费支出增长 1%,下一年非农就业分别下降 0.755% 和 0.066%。城乡生均教育经费支出水平的差异,是形成与非农就业短期弹性差异的原因。农村生均教育经费支出水平低于全国平均,其短期就业抑制效应也低于全国平均水平。

4. 教育经费不同支出项目与非农就业短期弹性存在差异

事业性经费增长 1%,非农就业当年增长 0.0007%。

基本建设经费与非农就业没有显著短期弹性,但高等教育基本建设经

费与非农就业的短期弹性为正值,高等教育基本建设经费增长 1%,下一年非农就业增长 0.035%,表明伴随高校扩招,短期内高校基本建设投资增长,产生类似固定资产投资的就业乘数效应。

5.基础教育及中等职业教育事业性经费对非农就业产生短期抑制效应,而高等教育事业性经费与非农就业没有短期弹性

高校事业性经费增长显著低于基础教育阶段,小学、中学、中等职业教育事业性经费增长 1%,下一年非农就业分别降低 0.099%、0.103%、0.066%。中等教育阶段,普通中学事业性经费增长率高于中等职业教育事业性经费增长率,前者对非农就业的短期就业抑制效应比后者对非农就业的短期抑制效应更显著,中等职业学校在短时期内发挥劳动力蓄水池功能的效用反而低于普通中学。

6.高校事业性经费的不同支出用途与非农就业的短期弹性存在差异

高校工资福利经费增长 1%,非农就业减少 0.059%,而高校助学金与非农就业没有显著的短期弹性,表明高校事业性经费用于教师工资福利支出的短期就业抑制效应比高校助学金更有显著。值得一提的是,高校工资福利经费与非农就业的短期弹性为-0.059%,中等职业教育工资福利经费与非农就业的短期弹性为-0.125%,高校工资福利经费的短期就业抑制效应小于中等职业教育,这与我国高校教师增长率低于高校在校生增长率,对学生吸引力降低有关系。

第七章　第二产业就业的
教育投资弹性

从三次产业演进规律看,从第一产业向第二产业发展,从第二产业向第三产业发展,最终形成合理的产业结构,无不依赖劳动者接受教育后劳动素质的提高。或者说,劳动者受教育的程度是产业结构实现优化的重要条件和基础。2002—2013 年,我国就业人员占比逐年增长,从 2002 年的 21.4%增长到 2013 年的 30.1%。本章考察我国教育经费与第二产业就业的长期弹性和短期弹性,评价教育投资对第二产业就业的影响效应。

第一节　第二产业就业的教育经费收入弹性

一、长期弹性

(一)第二产业就业的教育总经费长期弹性

对第二产业就业自然对数 $\ln SEMP$ 平稳性进行检验。运用 ADF 方法进行检验,结果表明 $\ln SEMP$ 的 t 值-0.170,表明 $\ln SEMP$ 是不平稳的;对 $\ln SEMP$ 的一阶差分进行 ADF 检验,ADF 的 t 值-0.833,$\ln SEMP$ 的一阶差分至少有一个单位根;对 $\ln SEMP$ 二阶差分进行 ADF 检验,ADF 的 t 值-2.842,$\ln SEMP$ 二阶差分平稳。

建立教育总经费和第二产业就业的长期均衡模型:

$$\ln SEMP = c_0 + c_1 \ln EDU + \varepsilon_t \tag{7-1}$$

通过最小二乘回归方法,获得调整后的可决系数 $R^2 = 0.960$,表明模型拟合效果很好。教育总经费估计系数 t 值 15.545,概率值 0.000,该系数估计值显著。

估计模型可以写作:

$$\ln SEMP = 6.489 + 0.373 \ln EDU \tag{7-2}$$

$$(0.024)$$

$$t = (15.545)$$

上述模型估计结果表明,教育总经费增加 1%,第二产业就业增加 0.373%,高于非农就业的教育总经费长期弹性 0.315%。

(二)第二产业就业的财政性教育经费长期弹性

建立财政性教育经费与第二产业就业的长期均衡模型:

$$\ln SEMP = c_0 + c_1 \ln FEDU + \varepsilon_t \tag{7-3}$$

通过最小二乘回归方法,获得模型可决系数 $R^2 = 0.950$,表明模型拟合效果很好。财政性教育经费估计系数 t 值 13.762,概率值 0.000,该系数估计值显著。

估计模型可以写作:

$$\ln SEMP = 7.360 + 0.289 \ln FEDU \tag{7-4}$$

$$(0.021)$$

$$t = (13.762)$$

上述模型估计结果表明,财政性教育经费增加 1%,第二产业就业增加 0.289%,低于第二产业就业的教育总经费长期弹性 0.373%。

(三)第二产业就业的学杂费长期弹性

建立学杂费与第二产业就业的长期均衡模型:

$$\ln SEMP = c_0 + c_1 \ln FEE + \varepsilon_t \tag{7-5}$$

通过最小二乘回归方法,获得模型可决系数 $R^2 = 0.954$,表明模型拟合效果很好。

估计模型可以写作:

$$\ln SEMP = 6.065 + 0.526\ln FEE \tag{7-6}$$

$$（0.038）$$

$$t = （13.853）$$

上述模型估计结果表明,学杂费增加 1%,第二产业就业增加 0.526%,明显高于第二产业就业的财政性教育经费长期弹性 0.289%。

(四)第二产业就业的高校学杂费长期弹性

建立高校学杂费与第二产业就业的长期均衡模型:

$$\ln SEMP = c_0 + c_1\ln HF + \varepsilon_t \tag{7-7}$$

通过最小二乘回归方法,获得模型可决系数 $R^2 = 0.934$,表明模型拟合效果很好。

估计模型可以写作:

$$\ln SEMP = 7.126 + 0.413\ln HF \tag{7-8}$$

$$（0.035）$$

$$t = （11.912）$$

上述模型估计结果表明,高校学杂费增加 1%,第二产业就业增加 0.413%,低于第二产业就业的学杂费长期弹性 0.526%。

二、短期弹性

(一)第二产业就业的教育总经费短期弹性

运用 ADF 方法检验 $\ln EDU$ 与 $\ln SEMP$ 长期均衡模型残差 $SECM$ 的平稳性,原序列 t 值-1.509,大于 5%阈值,残差非平稳;对残差一阶差分进行 ADF 检验,t 值-2.829,小于 5%阈值,残差的一阶差分平稳。

构建教育总经费与第二产业就业的误差修正模型:

$$\Delta \ln SEMP_t = c + c_1 \Delta \ln EDU_t + c_2 \Delta \ln EDU_{t-1} + c_3 \Delta \ln SEMP_{t-1} + c_4 S ECM_{t-1} + \varepsilon_t$$

$$(7-9)$$

模型可决系数 $R^2 = 0.560$,表明模型拟合效果不太好;DW = 1.924,表明模型没有自相关性;模型 F 值 1.593,模型整体系数估计不显著;当年教育总经费差分估计系数 t 值 1.304,上一年教育总经费差分估计系数 t 值-0.188,上一年第二产业就业差分估计系数 t 值 1.038,误差修正项估计系数 t 值-0.190,上述系数估计值均不显著。

上述误差修正模型估计结果表明:(1)教育总经费与第二产业就业没有短期弹性;(2)残差对教育总经费与第二产业就业偏离长期均衡没有短期修正。

(二)第二产业就业的财政性教育经费短期弹性

运用 ADF 方法,检验 $\ln FEDU$ 与 $\ln SEMP$ 长期均衡模型的残差 $SFECM$ 是否平稳,结果表明残差原序列 ADF 的 t 值-1.577,大于 5%水平阈值,残差非平稳;对残差一阶差分进行 ADF 检验,t 值-2.432,小于 5%阈值,残差一阶差分平稳。

构建财政性教育经费与第二产业就业的误差修正模型:

$$\Delta \ln SEMP_t = c + c_1 \Delta \ln FEDU_t + c_2 \Delta \ln FEDU_{t-1} + c_3 \Delta \ln SEMP_{t-1} + c_4 SF ECM_{t-1} + \varepsilon_t$$

$$(7-10)$$

模型可决系数 $R^2 = 0.329$,表明模型拟合效果不佳;DW = 1.78,表明模型无自相关性;当年财政性教育经费差分估计系数 t 值-0.360,上一年财政性教育经费差分估计系数 t 值-0.781,上一年第二产业就业差分估计系数 t 值 1.173,误差修正项估计系数 t 值-0.221,上述系数估计值均不显著。

上述误差修正模型估计结果表明:(1)财政性教育经费与第二产业就业没有短期弹性;(2)残差对财政性教育经费与第二产业就业偏离长期均衡不存在短期修正。

(三)第二产业就业的学杂费短期弹性

检验 $\ln FEE$ 与 $\ln SEMP$ 长期均衡模型残差 $SFEECM$ 的平稳性,ADF 检

验的 t 值-3.543,小于 5%阈值,残差平稳。

构建学杂费与第二产业就业的误差修正模型:

$$\Delta\ln SEMP_t = c + c_1\Delta\ln FEE_t + c_2\Delta\ln FEE_{t-1} + c_3\Delta\ln SEMP_{t-1} + c_4 SFEECM_{t-1} + \varepsilon_t$$

$$(7-11)$$

模型可决系数 $R^2 = 0.158$,表明模型拟合效果不佳;DW=2.00,表明模型无自相关性;当年学杂费差分估计系数 t 值 2.481,概率值 0.056,表明10%显著水平下估计系数是显著的;上一年学杂费差分估计系数 t 值-2.593,概率值 0.049,该系数估计值显著;上一年第二产业就业差分估计系数 t 值 2.812,概率值 0.037,估计系数显著;误差修正项估计系数 t 值-3.384,概率值 0.020,系数估计值显著。

上述误差修正模型估计结果如下:

$$\Delta\ln SEMP_t = 0.006 + 0.174\Delta\ln FEE_t - 0.197\Delta\ln FEE_{t-1} + 0.820\Delta\ln SEMP_{t-1} - 0.810 SFEECM_{t-1}$$

$$(0.070) \qquad (0.076) \qquad (0.291) \qquad (0.239)$$

$$t = (2.481) \qquad (-2.593) \qquad (2.812) \qquad (-3.384)$$

$$(7-12)$$

上述误差修正模型估计结果表明:(1)10%显著性下,学杂费增长 1%,当年第二产业就业增长 0.174%;(2)上一年学杂费增长 1%,当年第二产业就业减少 0.197%;(3)上一年第二产业就业增长 1%,当年第二产业就业增加 0.820%;(4)误差修正项以-0.810 的速度对学杂费与第二产业就业偏离长期均衡进行短期修正。

(四)第二产业就业的高校学杂费短期弹性

运用 ADF 方法检验 $\ln HF$ 与 $\ln SEMP$ 长期均衡模型残差 $SHFECM$ 的平稳性,t 值-2.070,小于 5%阈值,残差平稳。

构建高校学杂费与第二产业就业的误差修正模型:

$$\Delta\ln SEMP_t = c + c_1\Delta\ln HF_t + c_2\Delta\ln HF_{t-1} + c_3\Delta\ln SEMP_{t-1} + c_4 SHFECM_{t-1} + \varepsilon_t$$

$$(7-13)$$

模型可决系数 $R^2 = 0.650$,表明模型拟合效果一般;DW=1.657,表明模型无自相关性；当年高校学杂费差分估计系数 t 值 2.104，概率值 0.089，表明 10% 显著水平下该系数估计值显著；上一年高校学杂费差分估计系数 t 值 -1.632，概率值 0.163，该系数估计值不显著；上一年第二产业就业差分估计系数 t 值 1.075，概率值 0.331，该系数估计值不显著；误差修正项估计系数 t 值 -2.366，概率值 0.064，表明 10% 显著水平下该系数估计值显著。

上述误差修正模型估计结果如下：

$$\Delta \ln SEMP_t = 0.020 + 0.144\Delta \ln HF_t - 0.134\Delta \ln HF_{t-1} + 0.365\Delta \ln TEMP_{t-1} - 0.561 SHF\ ECM_{t-1}$$

$$(0.066) \qquad (0.078) \qquad (0.531) \qquad (0.237)$$

$$t = (2.104) \qquad (-1.632) \qquad (1.075) \qquad (-2.366)$$

$$(7-14)$$

上述误差修正模型估计结果说明：（1）10% 显著水平下，高校学杂费增长 1%，当年第二产业就业增长 0.144%，对第二产业就业增长有显著促进作用；（2）上一年高校学杂费与当年第二产业就业没有显著短期弹性；（3）上一年第二产业就业与当年第二产业就业没有短期弹性；（4）10% 显著水平下，误差修正项以 -0.561 速度对高校学杂费与第二产业就业偏离长期均衡进行修正。

第二节　第二产业就业的各级各类教育经费总支出弹性

一、长期弹性

（一）第二产业就业的基础教育经费长期弹性

建立基础教育经费与第二产业就业的长期均衡模型：

$$\ln SEMP = c_0 + c_1 \ln JEDU + \varepsilon_t \tag{7-15}$$

通过最小二乘法，获得调整后的可决系数 $R^2 = 0.956$，表明模型拟合效果很好；模型 F 统计值 240.770，概率值 0.000，表明模型整体估计效果理想;基础教育经费估计系数 t 值 12. 280,概率值 0. 000,该系数估计值显著。

估计模型可以写作:

$$\ln SEMP = 6. 605 + 0. 386\ln JEDU \qquad (7-16)$$

$$(0. 031)$$

$$t = (12. 280)$$

上述模型估计结果表明,基础教育经费增加 1%,第二产业就业增加 0. 386%。

(二)第二产业就业的中等职业教育经费长期弹性

建立中等职业教育经费与第二产业就业的长期均衡模型:

$$\ln SEMP = c_0 + c_1 \ln VEDU + \varepsilon_t \qquad (7-17)$$

通过最小二乘回归方法,获得可决系数 $R^2 = 0. 928$,表明模型拟合效果很好。中等职业教育经费估计系数 t 值 11. 359,概率值 0. 000,该系数估计值显著。

估计模型可以写作:

$$\ln SEMP = 7. 279 + 0. 404\ln VEDU \qquad (7-18)$$

$$(0. 036)$$

$$t = (11. 359)$$

上述模型估计结果表明,中等职业教育经费增加 1%,第二产业就业增加 0. 404%,高于第二产业就业的基础教育经费长期弹性 0. 386%。

(三)第二产业就业的高等教育经费长期弹性

建立高校教育经费与第二产业就业的长期均衡模型:

$$\ln SEMP = c_0 + c_1 \ln HEDU + \varepsilon_t \qquad (7-19)$$

通过最小二乘法,获得调整后的可决系数 $R^2 = 0. 976$,表明模型拟合效果很好。高等教育经费投入估计系数 t 值 20. 159,概率值 0. 000,该系数估计值显著。

估计模型可以写作:

$$\ln SEMP = 6.579 + 0.419\ln HEDU \qquad\qquad (7\text{-}20)$$

$$(0.021)$$

$$t = (20.159)$$

上述模型估计结果表明,高等教育经费增加1%,第二产业就业增加0.419%,分别高于第二产业就业的基础教育教育经费长期弹性0.386%和第二产业就业的中等职业教育经费长期弹性0.404%。

二、短期弹性

(一)第二产业就业的基础教育经费短期弹性

运用 ADF 方法检验 $\ln JEDU$ 与 $\ln SEMP$ 长期均衡模型残差 $SJECM$ 的平稳性,ADF 的 t 值-1.502,大于5%阈值,残差非平稳;运用 ADF 方法对残差一阶差分进行平稳性检验,t 值-2.569,小于5%阈值,残差一阶差分平稳。

构建基础教育经费与第二产业就业的误差修正模型:

$$\Delta\ln SEMP_t = c + c_1\Delta\ln JEDU_t + c_2\Delta\ln JEDU_{t-1} + c_3\Delta\ln SEMP_{t-1} + c_4 SJEMC_{t-1} + \varepsilon_t$$

$$(7\text{-}21)$$

模型可决系数 $R^2 = 0.362$,表明模型拟合效果不佳;模型 F 值0.710,表明模型估计系数整体不显著;当年基础教育经费差分估计系数 t 值-0.416,上一年基础教育经费差分估计系数 t 值-0.756,上一年第二产业就业差分估计系数 t 值1.221,误差修正项估计系数 t 值-0.594,上述系数估计值均不显著。

上述误差修正模型估计结果表明:(1)基础教育经费与第二产业就业没有显著短期弹性;(2)误差项对基础教育经费与第二产业就业偏离长期均衡没有短期修正。

(二)第二产业就业的中等职业教育经费短期弹性

运用 ADF 方法检验 $\ln VEDU$ 与 $\ln SEMP$ 长期均衡模型残差 $SVECM$ 的

平稳性,ADF 的 t 值 -2.049,小于 5% 阈值,残差平稳。

构建中等职业教育经费与第二产业就业的误差修正模型:

$$\Delta \ln SEMP_t = c + c_1 \Delta \ln VEDU_t + c_2 \Delta \ln VEDU_{t-1} + c_3 \Delta \ln SEMP_{t-1} + c_4 SVECM_{t-1} + \varepsilon_t$$

$$(7-22)$$

模型可决系数 R^2 = 0.347,表明模型拟合效果不好;DW 值 1.613,表明模型无自相关性;模型 F 值 0.665,表明模型估计系数整体不显著;当年中等职业教育经费差分估计系数 t 值 -0.261,上一年中等职业教育经费差分估计系数 t 值 -0.721,上一年第二产业就业差分估计系数 t 值 1.137,误差修正项估计系数 t 值 -0.386,上述估计系数均不显著。

上述误差修正模型估计结果表明:(1)中等职业教育经费与第二产业就业没有短期弹性;(2)残差对中等职业教育经费与第二产业就业偏离长期均衡没有短期修正。

(三)第二产业就业的高等教育经费短期弹性

运用 ADF 方法检验 $\ln HEDU$ 与 $\ln SEMP$ 长期均衡模型残差 $SHECM$ 的平稳性,残差 ADF 的 t 值 -2.815,概率值 0.009,残差平稳。

构建高校教育经费支出与第二产业就业的误差修正模型:

$$\Delta \ln SEMP_t = c + c_1 \Delta \ln HEDU_t + c_2 \Delta \ln HEDU_{t-1} + c_3 \Delta \ln SEMP_{t-1} + c_4 SHECM_{t-1} + \varepsilon_t$$

$$(7-23)$$

模型可决系数 R^2 = 0.501,表明模型拟合效果不太佳;DW 值 1.938,表明模型无自相关性;当年高等教育经费差分估计系数 t 值 1.312,上一年高等教育经费差分估计系数 t 值 0.142,上一年第二产业就业差分估计系数 t 值 1.404,误差修正项估计系数 t 值 -1.627,上述系数估计值均不显著。

上述误差修正模型估计结果表明:(1)高等教育经费与第二产业就业没有短期弹性;(2)残差对高等教育经费与第二产业就业偏离长期均衡时不存在短期修正。

第三节 第二产业就业的各级各类生均
教育经费支出弹性

一、长期弹性

(一)第二产业就业的小学生均教育经费支出长期弹性

建立小学生均教育经费支出与第二产业就业的长期均衡模型:

$$\ln SEMP = c_0 + c_1 \ln APED + \varepsilon_t \tag{7-24}$$

通过运用最小二乘法,获得调整后的可决系数 $R^2 = 0.945$,表明模型拟合效果很好。小学生均教育经费支出估计系数 t 值 13.069,该系数估计值显著。

估计模型可以写作:

$$\ln SEMP = 7.676 + 0.288 \ln APED \tag{7-25}$$
$$(0.022)$$
$$t = (13.069)$$

上述模型估计结果表明,小学生均教育经费支出增加 1%,第二产业就业增加 0.288%。

(二)第二产业就业的农村小学生生均支出长期弹性

建立农村小学生均支出与第二产业就业的长期均衡模型:

$$\ln SEMP = c_0 + c_1 \ln ASP + \varepsilon_t \tag{7-26}$$

通过运用最小二乘法,获得调整后的可决系数 $R^2 = 0.965$,表明模型拟合效果很好。农村小学生均教育经费支出估计系数 t 值 14.054,该系数估计值显著。

估计模型可以写作:

$$\ln SEMP = 7.899 + 0.263\ln ASP \qquad (7-27)$$

$$(0.019)$$

$$t = (14.054)$$

上述模型估计结果表明,农村小学生均支出增加1%,第二产业就业增加0.263%,小于第二产业就业的全国小学生均教育经费支出长期弹性0.288%。

(三)第二产业就业的中学生均教育经费支出长期弹性

建立中学生均支出与第二产业就业的长期均衡模型:

$$\ln SEMP = c_0 + c_1\ln AMED + \varepsilon_t \qquad (7-28)$$

通过运用最小二乘法,获得调整后的可决系数 $R^2 = 0.923$,表明模型拟合效果很好。中学生均教育经费支出估计系数 t 值10.986,该系数估计值显著。

估计模型可以写作:

$$\ln SEMP = 7.169 + 0.337\ln AMED \qquad (7-29)$$

$$(0.031)$$

$$t = (10.986)$$

上述模型估计结果表明,中学生均支出增加1%,第二产业就业增加0.337%,高于第二产业就业的小学生均教育经费支出长期弹性0.288%。

(四)第二产业就业的初中生均教育经费支出长期弹性

建立初中生均教育经费支出与第二产业就业的长期均衡模型:

$$\ln SEMP = c_0 + c_1\ln AJED + \varepsilon_t \qquad (7-30)$$

通过运用最小二乘法,获得模型调整后的可决系数 $R^2 = 0.932$,表明模型拟合效果很好。初中生均教育经费支出估计系数 t 值11.753,该系数估计值显著。

估计模型可以写作:

$$\ln SEMP = 7.724 + 0.272\ln AJED \qquad (7-31)$$

$$(0.023)$$

$$t = (11.753)$$

上述模型估计结果表明,初中生均支出增加1%,第二产业就业增加0.272%,低于第二产业就业的中学生均教育经费支出第二产业长期弹性0.337%。

(五)第二产业就业的农村初中生均教育经费支出长期弹性

建立农村初中生均支出与第二产业就业的长期均衡模型:

$$\ln SEMP = c_0 + c_1\ln ASJ + \varepsilon_t \qquad (7-32)$$

通过运用最小二乘法,获得模型调整后的可决系数 $R^2 = 0.965$,表明模型拟合效果很好。农村初中生均教育经费支出估计系数 t 值 13.429,该系数估计值显著。

估计模型可以写作:

$$\ln SEMP = 8.058 + 0.236\ln ASJ \qquad (7-33)$$

$$(0.018)$$

$$t = (13.429)$$

上述模型估计结果表明,农村初中生均支出增加1%,第二产业就业增加0.236%,低于第二产业就业的全国初中生均教育经费支出长期弹性0.272%。

(六)第二产业就业的中等职业教育生均教育经费支出长期弹性

建立中等职业教育生均支出与第二产业就业的长期均衡模型:

$$\ln SEMP = c_0 + c_1\ln AVED + \varepsilon_t \qquad (7-34)$$

通过运用最小二乘法,获得模型可决系数 $R^2 = 0.906$,表明模型拟合效果很好。中等职业教育生均教育经费支出估计系数 t 值 9.808,该系数估计值显著。

估计模型可以写作:

$$\ln SEMP = 3.775 + 0.723\ln AVED \tag{7-35}$$

$$(0.074)$$

$$t = (9.808)$$

上述模型估计结果表明,中等职业教育生均教育经费支出增加 1%,第二产业就业增加 0.723%,显著高于第二产业就业的普通中学生均教育经费支出长期弹性 0.337%。

（七）第二产业就业的高校生均支出长期弹性

建立高校生均教育经费支出与第二产业就业的长期均衡模型:

$$\ln SEMP = c_0 + c_1\ln AHED + \varepsilon_t \tag{7-36}$$

通过运用最小二乘法,获得模型可决系数 $R^2 = 0.032$,表明模型拟合效果不佳。高校生均教育经费支出估计系数 t 值 -0.571,该系数估计值不显著,表明高校生均教育经费支出与第二产业就业没有长期弹性。

二、短期弹性

（一）第二产业就业的小学生均支出短期弹性

运用 ADF 方法检验 $\ln APED$ 与 $\ln SEMP$ 长期均衡模型残差 $SAPECM$ 的平稳性,ADF 的 t 值 -1.954,残差非平稳;对残差一阶差分进行平稳性检验,ADF 的 t 值 -2.383,残差的一阶差分平稳。

构建小学生均支出与第二产业就业的误差修正模型:

$$\Delta\ln SEMP_t = c + c_1\Delta\ln APED_t + c_2\Delta\ln APED_{t-1} + c_3\Delta\ln SEMP_{t-1} + c_4 SAPECM_{t-1} + \varepsilon_t \tag{7-37}$$

模型可决系数 $R^2 = 0.625$,表明模型拟合效果一般;DW = 1.77,表明模型没有自相关性;模型 F 值 0.957,表示模型估计系数整体不显著;当年小学生均教育经费支出差分估计系数 t 值 -0.179,上一年小学生均教育经费支出差分估计系数 t 值 -1.299,上一年第二产业就业差分估计系数 t 值 1.090,误差修正项估计系数 t 值 -0.425,上述系数估计系数均不显著。

上述误差修正模型估计结果:(1)小学生均支出与第二产业就业没有的短期弹性;(2)残差对两者偏离长期均衡时,不存在短期修正。

(二)第二产业就业的农村小学生生均支出短期弹性

对 $\ln ASP$ 与 $\ln SEMP$ 长期均衡模型的残差 $SASPECM$ 进行单位根检验。根据残差数据特征,选取无趋势项的回归模型。运用 ADF 方法检验,结果表明残差原 ADF 的 t 值 -1.414,大于 5% 阈值,残差非平稳;对残差的一阶差分进行平稳性检验,ADF 检验的 t 值 -2.132,小于 5% 阈值,残差的一阶差分平稳。

构建农村小学生均支出与第二产业就业的误差修正模型:

$$\Delta\ln SEMP_t = c + c_1\Delta\ln ASP_t + c_2\Delta\ln ASP_{t-1} + c_3\Delta\ln SEMP_{t-1} + c_4 SASPECM_{t-1} + \varepsilon_t$$

$$(7-38)$$

模型可决系数 $R^2 = 0.424$,表明模型拟合效果不太好;模型 F 值 0.919,说明模型整体估计系数不显著;DW 值 1.612,表明模型无自相关性;当年农村小学生均教育经费支出差分估计系数 t 值 -0.593,上一年农村小学生均教育经费支出差分估计系数 t 值 -0.943,上一年第二产业就业差分估计系数 t 值 1.442,误差修正项估计系数 t 值 -0.540,上述估计系数均不显著。

上述误差修正模型估计结果表明:(1)农村小学生均支出与第二产业就业不存在短期弹性;(2)农村小学生均教育经费支出与第二产业就业偏离长期均衡时,残差项不存在短期修正。

(三)第二产就业的中学生均支出短期弹性

运用 ADF 方法对 $\ln AMED$ 与 $\ln SEMP$ 长期均衡模型的残差 $SAMECM$ 进行单位根检验,ADF 的 t 值 -1.602,大于 5% 阈值,残差是非平稳的;对残差的一阶差分进行平稳性检验,ADF 的 t 值 -2.572,小于 5% 阈值,残差一阶差分平稳。

构建中学生均支出与第二产业就业的误差修正模型:

$$\Delta \ln SEMP_t = c + c_1 \Delta \ln AMED_t + c_2 \Delta \ln AMED_{t-1} + c_3 \Delta \ln SEMP_{t-1}$$
$$+ c_4 SAMECM_{t-1} + \varepsilon_t \tag{7-39}$$

模型估计可决系数 $R^2 = 0.639$，表明模型拟合效果一般；F 值 2.209，概率值 0.204，表示模型整体估计不显著；DW = 1.78，表明模型无自相关性；当年中学生均教育经费支出差分估计系数 t 值 -1.749，上一年中学生均教育经费支出差分估计系数 t 值 -1.028，上一年第二产业就业差分估计系数 t 值 1.551，误差修正项估计系数 t 值 -0.235，上述系数估计不显著。

上述误差修正模型估计结果表明：(1)中学生均教育经费支出与第二产业就业不存在短期弹性；(2)中学生均教育经费支出与第二产业就业偏离长期均衡时，残差没有短期修正。

（四）第二产业就业的初中生均支出短期弹性

运用 ADF 方法对 $\ln AJED$ 与 $\ln SEMP$ 长期均衡模型的残差 $SAJECM$ 进行平稳性检验，残差非平稳；对残差的一阶差分进行检验，ADF 检验的 t 值 -2.368，一阶差分平稳。

构建初中生均支出与第二产业就业的误差修正模型：

$$\Delta \ln SEMP_t = c + c_1 \Delta \ln AJED_t + c_2 \Delta \ln AJED_{t-1} + c_3 \Delta \ln SEMP_{t-1}$$
$$+ c_4 SAJECM_{t-1} + \varepsilon_t \tag{7-40}$$

模型估计可决系数 $R^2 = 0.463$，表明模型拟合效果不太好；模型 F 值 1.078，表示模型整体估计不佳；DW = 2.02，表明模型无自相关性；当年初中生均支出差分估计系数 t 值 -0.692，上一年初中生均支出差分估计系数 t 值 -1.316，上一年第二产业就业差分估计系数 t 值 0.885，误差修正项估计系数 t 值 0.098，表明上述估计系数不显著。

上述误差修正模型估计结果说明：(1)初中生均教育经费支出与第二产业就业不存在短期弹性；(2)两者偏离长期均衡时，残差项没有短期修正。

（五）第二产业就业的农村初中生均支出短期弹性

运用 ADF 方法对 $\ln ASJ$ 与 $\ln SEMP$ 长期均衡模型的残差 $SASJECM$ 进

行单位根检验,残差是非平稳的;对残差的一阶差分进行平稳性检验,ADF
检验的 t 值-2.336,小于 5% 阈值,残差一阶差分平稳。

构建农村初中生均教育经费支出与第二产业就业的误差修正模型:

$$\Delta \ln SEMP_t = c + c_1 \Delta \ln ASJ_t + c_2 \Delta \ln ASJ_{t-1} + c_3 \Delta \ln SEMP_{t-1}$$
$$+ c_4 SASJECM_{t-1} + \varepsilon_t \qquad (7-41)$$

模型估计可决系数 $R^2 = 0.492$,表明模型拟合效果不太好;F 值 1.210,
模型整体估计不显著;当年农村初中生均教育经费支出差分估计系数 t
值-0.936,上一年农村初中生均教育经费支出差分估计系数 t 值-0.811,上
一年的第二产业就业差分估计系数 t 值 1.601,误差修正项的估计系数 t
值-0.374,表明上述估计系数均不显著。

上述误差修正模型估计结果说明:(1)农村初中生均教育经费支出与
第二产业就业不存在短期弹性;(2)农村初中生均教育经费支出与第二产
业就业偏离长期均衡时,残差没有短期修正。

(六)第二产业就业的中等职业教育生均支出短期弹性

运用 ADF 方法检验 $\ln AVED$ 与 $\ln SEMP$ 长期均衡模型的残差 $SAVECM$
平稳性,残差原序列的 ADF 的 t 值-2.395,小于 5% 阈值,残差平稳。

构建中等职业教育经费与第二产业就业的误差修正模型:

$$\Delta \ln SEMP_t = c + c_1 \Delta \ln AVED_t + c_2 \Delta \ln AVED_{t-1} + c_3 \Delta \ln SEMP_{t-1}$$
$$+ c_4 SAVECM_{t-1} + \varepsilon_t \qquad (7-42)$$

模型可决系数 $R^2 = 0.463$,表明模型拟合效果不佳;F 值 1.075,表明模
型整体系数估计不显著;当年中等职业教育生均教育经费支出差分估计系
数 t 值-0.410,上一年中等职业教育生均教育经费支出差分估计系数 t
值-0.470,上一年第二产业就业差分估计系数 t 值 1.704,误差修正项估计
系数 t 值-1.127,表明上述估计系数均不显著。

上述误差修正模型估计结果说明:(1)中等职业教育生均教育经费支
出与第二产业就业不存在短期弹性;(2)中等职业教育生均教育经费支出
与第二产业就业偏离长期均衡时,残差没有短期修正。

（七）第二产业就业的高校生均支出短期弹性

运用 ADF 方法检验 $\ln AHED$ 与 $\ln SEMP$ 长期均衡模型的残差 $SAHECM$ 平稳性,残差原序列 t 值 -1.662,大于 5% 阈值,残差至少有一个单位根;对残差进行一阶差分的平稳性检验,ADF 检验的 t 值 -2.983,小于 5% 阈值,残差一阶差分平稳。

构建高校生均教育经费支出与第二产业就业的误差修正模型:

$$\Delta \ln SEMP_t = c + c_1 \Delta \ln AHED_t + c_2 \Delta \ln AHED_{t-1} + c_3 \Delta \ln SEMP_{t-1}$$
$$+ c_4 SAHECM_{t-1} + \varepsilon_t \qquad (7\text{-}43)$$

模型可决系数 $R^2 = 0.703$,表明模型拟合效果一般;F 值 2.962,表明模型整体估计系数不显著;DW = 1.85,表明模型无自相关性;当年高校生均教育经费支出差分估计系数 t 值 -0.892,上一年高校生均教育经费支出差分估计系数 t 值 0.352,上一年第二产业就业差分估计系数 t 值 0.963,误差修正项估计系数 t 值 -1.770,表明上述估计系数均不显著。

上述误差修正模型估计结果说明:(1)高校生均教育经费支出与第二产业就业不存在短期弹性;(2)高校生均教育经费支出与第二产业就业偏离长期均衡时,残差没有短期修正。

第四节　第二产业就业的教育经费分项支出弹性

一、长期弹性

（一）第二产业就业的事业性经费长期弹性

建立事业性经费与第二产业就业的长期均衡模型:

$$\ln SEMP = c_0 + c_1 \ln SED + \varepsilon_t \qquad (7\text{-}44)$$

通过运用最小二乘法,获得模型可决系数 $R^2 = 0.960$,表明模型拟合效果很好。事业性经费估计系数 t 值 15.483,概率值 0.000,表明系数估计值显著。

估计模型可以写作：

$$\ln SEMP = 7.014 + 0.320\ln SED \qquad\qquad (7-45)$$

$$(0.021)$$

$$t = (15.483)$$

上述模型估计结果表明,事业性经费支出增加 1%,第二产业就业增加 0.320%。

(二)第二产业就业的基本建设经费长期弹性

建立基本建设经费与第二产业就业的长期均衡模型:

$$\ln SEMP = c_0 + c_1\ln BED + \varepsilon_t \qquad\qquad (7-46)$$

通过运用最小二乘法,获得模型可决系数 $R^2 = 0.700$,表明模型拟合效果一般。基本建设经费估计系数 t 值 -4.817,概率值 0.0007,系数估计值显著。

估计模型可以写作:

$$\ln SEMP = 13.210 - 0.555\ln BED \qquad\qquad (7-47)$$

$$(0.115)$$

$$t = (-4.817)$$

上述模型估计结果表明,基本建设经费支出增加 1%,第二产业就业减少 0.555%,与第二产业就业的事业性经费长期弹性正值相反,对第二产业就业起到抑制作用。

(三)第二产业就业的工资福利经费长期弹性

建立工资福利经费与第二产业就业的长期均衡模型:

$$\ln SEMP = c_0 + c_1\ln WAGE + \varepsilon_t \qquad\qquad (7-48)$$

通过运用最小二乘法,获得模型可决系数 $R^2 = 0.885$,表明模型拟合效果好。工资福利经费估计系数 t 值 8.780,概率值 0.000,表明系数估计值显著。

估计模型可以写作：

$$\ln SEMP = 5.549 + 0.529\ln WAGE \qquad (7-49)$$

$$(0.060)$$

$$t = (8.780)$$

上述模型估计结果表明，工资福利经费增加 1%，第二产业就业增长 0.529%，显著高于第二产业就业的事业性经费长期弹性 0.320%。

（四）第二产业就业的助学金与长期弹性

建立助学金与第二产业就业的长期均衡模型：

$$\ln SEMP = c_0 + c_1\ln SUBS + \varepsilon_t \qquad (7-50)$$

通过运用最小二乘法，获得模型可决系数 $R^2 = 0.935$，表明模型拟合效果好。助学金估计系数 t 值 12.040，概率值 0.000，表明系数估计值显著。

估计模型可以写作：

$$\ln SEMP = 8.951 + 0.171\ln SUBS \qquad (7-51)$$

$$(0.014)$$

$$t = (12.040)$$

上述模型估计结果表明，助学金增加 1%，第二产业就业增加 0.171%，低于第二产业就业的事业性经费长期弹性 0.320%。

二、短期弹性

（一）第二产业就业的事业性经费短期弹性

运用 ADF 方法检验 $\ln SED$ 与 $\ln SEMP$ 长期均衡模型残差 $SSECM$ 的平稳性，结果表明残差原 ADF 的 t 值 -1.708，大于 5% 阈值，残差非平稳；对残差的一阶差分进行 ADF 检验，t 值 -2.679，小于 5% 阈值，残差一阶差分平稳。

构建事业性经费与第二产业就业的误差修正模型：

$$\Delta\ln SEMP_t = c + c_1\Delta\ln SED_t + c_2\Delta\ln SED_{t-1} + c_3\Delta\ln SEMP_{t-1}$$
$$+ c_4 SSECM_{t-1} + \varepsilon_t \qquad (7-52)$$

模型估计可决系数 $R^2 = 0.390$,表明模型整体拟合并不十分理想;F 值0.801,表明模型整体系数估计不显著;DW = 1.623,表明模型无自相关性;当年事业性教育经费差分估计系数 t 值 -0.016,上一年事业性教育经费差分估计系数 t 值 -1.156,上一年第二产业就业差分估计系数 t 值 1.448,误差修正项估计系数 t 值 -0.576,上述估计系数均不显著。

上述误差修正模型估计结果表明:(1)事业性经费与第二产业就业不存在短期弹性;(2)残差对事业性经费与第二产业就业偏离长期均衡时,没有短期修正。

(二)第二产业就业的基本建设经费短期弹性

运用 ADF 方法检验 $\ln BED$ 与 $\ln SEMP$ 长期均衡模型残差 $SBECM$ 的平稳性,结果表明残差 ADF 的 t 值 -2.405,小于 5% 阈值,残差平稳。

构建基本建设经费与第二产业就业的误差修正模型:

$$\Delta\ln SEMP_t = c + c_1\Delta\ln BED_t + c_2\Delta\ln BED_{t-1} + c_3\Delta\ln SEMP_{t-1}$$
$$+ c_4 SBECM_{t-1} + \varepsilon_t \tag{7-53}$$

模型可决系数 $R^2 = 0.432$,表明模型整体拟合度不太好;DW = 1.679,表明模型无自相关性;F 值 0.951,表明模型整体估计系数不显著;当年基本建设教育经费差分估计系数 t 值 -1.501,上一年基本建设教育经费差分估计 t 值 0.066,上一年第二产业就业差分估计系数 t 值 -0.164,误差修正项估计系数 t 值 -1.271,上述系数估计值均不显著。

上述误差修正模型估计结果表明:(1)基本建设经费与第二产业就业不存在短期弹性;(2)残差对基本建设经费与第二产业就业偏离长期均衡时,没有短期修正。

(三)第二产业就业的工资福利经费短期弹性

运用 ADF 方法检验 $\ln WAGE$ 与 $\ln SEMP$ 长期均衡模型的残差 $SWAGECM$ 平稳性,结果表明残差 ADF 的 t 值 -2.770,小于 1% 阈值,残差平稳。

构建工资福利经费与第二产业就业的误差修正模型：

$$\Delta \ln SEMP_t = c + c_1 \Delta \ln WAGE_t + c_2 \Delta \ln WAGE_{t-1} + c_3 \Delta \ln SEMP_{t-1}$$
$$+ c_4 SWAGECM_{t-1} + \varepsilon_t \qquad (7-54)$$

模型可决系数 $R^2 = 0.439$，表明模型整体拟合不太佳；F 值 0.979，表明模型整体估计系数不显著；当年工资福利经费差分估计系数 t 值 0.834，上一年工资福利教育经费差分估计系数 t 值 0.508，上一年第二产业就业差分估计 t 值 1.806，误差修正项估计系数 t 值 -1.499，表明上述估计系数均不显著。

上述误差修正模型估计结果表明：(1)工资福利经费与第二产业就业不存在短期弹性；(2)残差对工资福利经费与第二产业就业偏离长期均衡没有短期修正。

(四)第二产业就业的助学金短期弹性

运用 ADF 方法检验 $\ln SUBS$ 与 $\ln SEMP$ 长期均衡模型的残差 $SSUBECM$ 是否有单位根，残差 ADF 的 t 值 -3.384，小于 5% 阈值，残差平稳。

构建助学金与第二产业就业的误差修正模型：

$$\Delta \ln SEMP_t = c + c_1 \Delta \ln SUBS_t + c_2 \Delta \ln SUBS_{t-1} + c_3 \Delta \ln SEMP_{t-1}$$
$$+ c_4 SSUBECM_{t-1} + \varepsilon_t \qquad (7-55)$$

模型可决系数 $R^2 = 0.527$，表明模型整体拟合不太好；DW = 2.34，模型无自相关性；当年助学金支出差分估计系数 t 值 0.349，上一年助学金支出差分估计 t 值 -1.769，上一年第二产业就业差分估计 t 值 2.141，误差修正项估计 t 值 -1.726，上述估计值均不显著。

误差修正模型估计结果表明：(1)助学金与第二产业就业不存在短期弹性；(2)残差对两者偏离长期均衡时，没有短期修正。

第五节　第二产业就业的各级各类教育经费分项支出弹性

一、长期弹性

(一)第二产业就业的小学事业性经费长期弹性

建立小学事业性经费与第二产业就业的长期均衡模型：

$$\ln SEMP = c_0 + c_1 \ln PSED + \varepsilon_t \tag{7-56}$$

通过运用最小二乘法,获得模型可决系数 $R^2 = 0.949$,表明模型拟合效果很好。小学事业性经费估计系数 t 值 13.652,概率值 0.000,表明系数估计值显著。

估计模型可以写作：

$$\ln SEMP = 7.329 + 0.333 \ln PSED \tag{7-57}$$
$$(0.018)$$
$$t = (13.652)$$

上述模型估计结果表明,小学事业性经费增加 1%,第二产业就业增加 0.333%。

(二)第二产业就业的小学工资福利经费长期弹性

建立小学工资福利经费与第二产业就业的长期均衡模型：

$$\ln SEMP = c_0 + c_1 \ln PWAGE + \varepsilon_t \tag{7-58}$$

通过运用最小二乘法,获得模型可决系数 $R^2 = 0.901$,表明模型拟合效果很好。小学工资福利经费估计系数 t 值 9.520,概率值 0.000,表明系数估计值显著。

估计模型可以写作：

$$\ln SEMP = 5.175 + 0.660\ln PWAGE \qquad (7\text{-}59)$$

$$(0.069)$$

$$t = (9.520)$$

上述模型估计结果表明,小学工资福利经费增加 1%,第二产业就业增加 0.660%,高于第二产业就业的小学事业性经费长期弹性 0.333%。

(三)第二产业就业的中学事业性经费长期弹性

建立中学事业性经费与第二产业就业的长期均衡模型:

$$\ln SEMP = c_0 + c_1\ln MSED + \varepsilon_t \qquad (7\text{-}60)$$

通过运用最小二乘法,获得模型可决系数 $R^2 = 0.968$,表明模型拟合效果很好。中学事业性经费估计系数 t 值 17.402,概率值 0.000,表明系数估计值显著。

估计模型可以写作:

$$\ln SEMP = 7.182 + 0.348\ln MSED \qquad (7\text{-}61)$$

$$(0.020)$$

$$t = (17.402)$$

上述模型估计结果表明,中学事业性经费增加 1%,第二产业就业将增加 0.348%,略高于第二产业就业的小学事业性经费长期弹性 0.333%。

(四)第二产业就业的中学工资福利经费长期弹性

建立中学工资福利经费与第二产业就业的长期均衡模型:

$$\ln SEMP = c_0 + c_1\ln MWAGE + \varepsilon_t \qquad (7\text{-}62)$$

通过运用最小二乘法,获得模型可决系数 $R^2 = 0.964$,表明模型拟合效果很好。中学工资福利经费估计系数 t 值 16.268,系数估计值显著。

估计模型可以写作:

$$\ln SEMP = 5.862 + 0.564\ln MWAGE \qquad (7\text{-}63)$$

$$(0.035)$$

$$t = (16.268)$$

上述模型估计结果表明,中学工资福利经费增加1%,第二产业就业增加0.564%,低于第二产业就业的小学工资福利经费长期弹性0.660%。

(五)第二产业就业的中等职业教育事业性经费长期弹性

建立中等职业教育事业性经费与第二产业就业的长期均衡模型:

$$\ln SEMP = c_0 + c_1 \ln VSED + \varepsilon_t \tag{7-64}$$

通过运用最小二乘法,获得模型可决系数$R^2 = 0.917$,表明模型拟合效果很好。中等职业教育事业性经费估计系数t值10.484,系数估计值显著。

估计模型可以写作:

$$\ln SEMP = 7.730 + 0.340 \ln VSED \tag{7-65}$$

$$(0.032)$$

$$t = (10.484)$$

上述模型估计结果表明,中等职业教育事业性经费增加1%,第二产业就业增加0.340%,略低于第二产业就业的中学事业性经费长期弹性0.348%。

(六)第二产业就业的中等职业教育工资福利经费长期弹性

建立中等职业教育工资福利经费与和第二产业就业的长期均衡模型:

$$\ln SEMP = c_0 + c_1 \ln VWAGE + \varepsilon_t \tag{7-66}$$

通过运用最小二乘法,获得模型可决系数$R^2 = 0.841$,表明模型拟合效果好。中等职业教育工资福利经费估计系数t值7.263,系数估计值显著。

估计模型可以写作:

$$\ln SEMP = 4.781 + 0.937 \ln VWAGE \tag{7-67}$$

$$(0.129)$$

$$t = (7.263)$$

上述模型估计结果表明,中等职业教育工资福利经费增加1%,第二产业就业增加0.937%,显著高于中学工资福利经费长期弹性0.564%。

（七）第二产业就业的高校事业性经费长期弹性

建立高校事业性经费与第二产业就业的长期均衡模型：

$$\ln SEMP = c_0 + c_1 \ln HSED + \varepsilon_t \tag{7-68}$$

通过运用最小二乘法，获得模型可决系数 $R^2 = 0.943$，表明模型拟合效果很好。高校事业性经费估计系数 t 值 19.828，系数估计值显著。

估计模型可以写作：

$$\ln SEMP = 7.309 + 0.334 \ln HSED \tag{7-69}$$

$$(0.017)$$

$$t = (19.828)$$

上述模型估计结果表明，高校事业性经费增加 1%，第二产业就业增加 0.334%，分别低于第二产业就业的中学事业性教育经费长期弹性 0.348% 和第二产业就业的中等职业教育事业性经费长期弹性 0.340%。

（八）第二产业就业的高校基本建设经费长期弹性

建立高校基本建设经费与第二产业就业数的长期均衡模型：

$$\ln SEMP = c_0 + c_1 \ln HBED + \varepsilon_t \tag{7-70}$$

通过运用最小二乘法，获得模型可决系数 $R^2 = 0.829$，表明模型拟合效果好。高校基本建设经费估计系数 t 值-6.971，系数估计值显著。

估计模型可以写作：

$$\ln SEMP = 11.586 - 0.324 \ln HBED \tag{7-71}$$

$$(0.046)$$

$$t = (-6.971)$$

上述模型估计结果表明，高校基本建设经费增加 1%，第二产业就业减少 0.324%，高校基本建设经费对第二产业就业产生抑制效应。

（九）第二产业就业的高校工资福利经费长期弹性

建立高校工资福利经费与第二产业就业的长期均衡模型：

$$\ln SEMP = c_0 + c_1 \ln HWAGE + \varepsilon_t \tag{7-72}$$

通过运用最小二乘法,获得模型可决系数 $R^2 = 0.816$,表明模型拟合效果好。高校工资福利经费估计系数 t 值 7.051,概率值 0.000,表明系数估计值显著。

估计模型可以写作:

$$\ln SEMP = 5.570 + 0.657 \ln HWAGE \tag{7-73}$$

$$(0.093)$$

$$t = (7.051)$$

上述模型估计结果表明,高校工资福利经费增加 1%,第二产业就业增加 0.657%,低于第二产业就业的中等职业教育工资福利经费长期弹性 0.937%。

(十)第二产业就业的高校助学金长期弹性

建立高校助学金与第二产业就业的长期均衡模型:

$$\ln SEMP = c_0 + c_1 \ln HSUB + \varepsilon_t \tag{7-74}$$

通过运用最小二乘法,获得模型可决系数 $R^2 = 0.926$,表明模型拟合效果很好。高校助学金估计系数 t 值 11.152,系数估计值显著。

估计模型可以写作:

$$\ln SEMP = 8.634 + 0.259 \ln HSUB \tag{7-75}$$

$$(0.023)$$

$$t = (11.152)$$

上述模型估计结果表明,高校助学金增加 1%,第二产业就业增加 0.259%,低于第二产业就业的高校事业性经费长期弹性 0.334%。

二、短期弹性

(一)第二产业就业的小学事业性经费短期弹性

运用 ADF 方法对小学事业性经费与第二产业就业长期均衡模型的残差 $SPSECM$ 进行单位根检验,残差 ADF 的 t 值 -2.464,小于5% 阈值,残差平稳。

构建小学事业性经费与第二产业就业的误差修正模型：

$$\Delta \ln SEMP_t = c + c_1 \Delta \ln PSED_t + c_2 \Delta \ln PSED_{t-1} + c_3 \Delta \ln SEMP_{t-1}$$
$$+ c_4 \, SPSECM_{t-1} + \varepsilon_t \qquad\qquad (7-76)$$

模型可决系数 $R^2 = 0.535$，表明模型整体拟合不太好；DW = 1.76，表明模型无自相关性；当年小学事业性经费差分估计系数 t 值 -0.160，上一年小学事业性经费差分估计系数 t 值 -1.778，上一年第二产业就业差分估计系数 t 值 -0.795，误差修正项估计系数 t 值 -1.184，上述系数估计值均不显著。

上述误差修正模型估计结果说明：（1）小学事业性经费与第二产业就业不存在短期弹性；（2）残差对小学事业性经费与第二产业就业偏离长期均衡，没有短期修正。

（二）第二产业就业的小学工资福利经费短期弹性

对小学工资福利经费与第二产业就业长期均衡模型的残差 SPWECM 进行单位根检验，ADF 的 t 值 -1.880，大于 5% 阈值，残差非平稳；对残差一阶差分进行单位根检验，t 值 -3.214，小于 5% 阈值，残差一阶差分平稳。

构建小学工资福利经费与第二产业就业的误差修正模型：

$$\Delta \ln SEMP_t = c + c_1 \Delta \ln PWAGE_t + c_2 \Delta \ln PWAGE_{t-1} + c_3 \Delta \ln SEMP_{t-1}$$
$$+ c_4 SPWECM_{t-1} + \varepsilon_t \qquad\qquad (7-77)$$

模型可决系数 $R^2 = 0.658$，表明模型整体拟合一般；当年小学工资福利经费差分估计系数 t 值 -0.136，上一年小学工资福利经费差分估计系数 t 值 0.960，上一年第二产业就业差分估计系数 t 值 1.869，误差修正项估计系数 t 值 -1.469，上述系数估计值均不显著。

上述误差修正模型估计结果表明：（1）小学工资福利经费与第二产业就业不存在短期弹性；（2）残差对小学工资福利经费与第二产业就业偏离长期均衡没有短期修正。

（三）第二产业就业的中学事业性经费短期弹性

对中学事业性经费与第二产业就业长期均衡模型的残差 $SMSECM$ 进行单位根检验。运用 ADF 方法，ADF 的 t 值 -2.082，小于 5% 阈值，残差平稳。

构建中学事业性经费与第二产业就业的误差修正模型：

$$\Delta \ln SEMP_t = c + c_1 \Delta \ln MSED_t + c_2 \Delta \ln MSED_{t-1} + c_3 \Delta \ln SEMP_{t-1}$$
$$+ c_4 SMSECM_{t-1} + \varepsilon_t \tag{7-78}$$

模型估计可决系数 $R^2 = 0.417$，表明模型整体拟合不太佳；F 值 0.895，模型整体估计系数不显著；DW = 1.789，表明模型无自相关性；当年中学事业性经费差分估计系数 t 值 0.293，上一年中学事业性经费差分估计系数 t 值 -0.773，上一年第二产业就业差分估计系数 t 值 1.813，误差修正项估计系数 t 值 -1.325，上述系数估计值均不显著。

上述误差修正模型估计结果说明：（1）中学事业性经费与第二产业就业没有短期弹性；（2）残差对中学事业性经费与第二产业就业偏离长期均衡没有短期修正。

（四）第二产业就业的中学工资福利经费短期弹性

运用 ADF 方法对中学工资福利经费与第二产业就业长期均衡模型的残差 $SMWECM$ 进行单位根检验，结果表明残差原 ADF 的 t 值 -2.348，小于 5% 阈值，残差平稳。

构建中学工资福利经费与第二产业就业的误差修正模型：

$$\Delta \ln SEMP_t = c + c_1 \Delta \ln MWAGE_t + c_2 \Delta \ln MWAGE_{t-1} + c_3 \Delta \ln SEMP_{t-1}$$
$$+ c_4 SMWECM_{t-1} + \varepsilon_t \tag{7-79}$$

模型可决系数 $R^2 = 0.590$，表明模型整体拟合一般；DW 值 1.614，表明模型无自相关性；当年中学工资福利经费差分估计系数 t 值 0.267，上一年中学工资福利经费差分估计系数 t 值 0.221，上一年第二产业就业差分估计系数 t 值 1.816，误差修正项估计系数 t 值 -1.754，上述系数估计值均不显著。

上述误差修正模型估计结果说明:(1)中学工资福利经费与第二产业就业没有短期弹性;(2)残差对中学工资福利经费与第二产业就业偏离长期均衡没有短期修正。

(五)第二产业就业的中等职业教育事业性经费短期弹性

运用 ADF 方法对中等职业教育事业性经费与第二产业就业长期均衡模型的残差 $SVSECM$ 进行单位根检验,结果表明残差原序列的 ADF 的 t 值-3.111,小于5%阈值,残差平稳。

构建中等职业教育事业性经费与第二产业就业的误差修正模型:

$$\Delta \ln SEMP_t = c + c_1 \Delta \ln VSED_t + c_2 \Delta \ln VSED_{t-1} + c_3 \Delta \ln SEMP_{t-1}$$
$$+ c_4 SVSECM_{t-1} + \varepsilon_t \tag{7-80}$$

模型可决系数 $R^2 = 0.458$,表明模型整体拟合不太理想;DW 值 1.927,表明模型无自相关性;当年中等职业教育事业性经费差分估计系数 t 值 0.415,上一年中等职业教育事业性经费差分估计系数 t 值-1.673,上一年第二产业就业差分估计系数 t 值 1.438,误差修正项估计系数 t 值-0.810,上述所有系数估计值均不显著。

上述误差修正模型估计结果表明:(1)中等职业教育事业性经费与第二产业就业没有短期弹性;(2)残差对中等职业教育事业性经费与第二产业就业偏离长期均衡没有短期修正。

(六)第二产业就业的中等职业教育工资福利经费短期弹性

运用 ADF 方法对中等职业教育工资福利经费与第二产业就业长期均衡模型的残差 $SVWECM$ 进行单位根检验,结果表明残差 ADF 的 t 值-3.240,小于5%阈值,残差没有一个单位根,残差平稳。

构建中等职业教育工资福利经费与第二产业就业的误差修正模型:

$$\Delta \ln SEMP_t = c + c_1 \Delta \ln VWAGE_t + c_2 \Delta \ln VWAGE_{t-1} + c_3 \Delta \ln SEMP_{t-1}$$
$$+ c_4 SVWECM_{t-1} + \varepsilon_t \tag{7-81}$$

模型可决系数$R^2=0.596$，表明模型整体拟合一般；DW=1.78，表明模型无自相关性；当年中等职业教育工资福利经费差分估计系数t值-1.435，上一年中等职业教育工资福利差分估计系数t值-0.569，上一年第二产业就业差分估计系数t值0.141，误差修正项估计系数t值-1.820，上述系数估计值均不显著。

上述误差修正模型估计结果说明：（1）中等职业教育工资福利经费与第二产业就业数不存在短期弹性；（2）残差对中等职业教育工资福利经费与第二产业就业偏离长期均衡没有短期修正。

（七）第二产业就业的高校事业性经费短期弹性

运用 ADF 方法检验 ln$HSED$ 与 ln$SEMP$ 长期均衡模型的残差 $SHSECM$ 是否有单位根，结果表明残差 ADF 的 t 值-2.453，小于5%水平阈值，残差平稳。

构建高校事业性经费与第二产业就业的误差修正模型：

$$\Delta \ln SEMP_t = c + c_1 \Delta \ln HSED_t + c_2 \Delta \ln HSED_{t-1} + c_3 \Delta \ln SEMP_{t-1}$$
$$+ c_4 SHSECM_{t-1} + \varepsilon_t \tag{7-82}$$

模型估计可决系数 $R^2=0.522$，表明模型整体拟合并不十分理想；DW=2.13，表明模型无自相关性；当年高校事业性经费差分估计系数t值1.486，上一年高校事业性经费差分估计系数t值-1.176，上一年第二产业就业差分估计系数t值1.816，误差修正项估计系数t值-1.867，上述所有系数估计值均不显著。

上述误差修正模型估计结果说明：（1）高校事业性经费与第二产业就业不存在短期弹性；（2）残差对高校事业性经费与第二产业就业偏离长期均衡没有短期修正。

（八）第二产业就业的高校基本建设经费短期弹性

运用 ADF 方法对 ln$HBED$ 与 ln$SEMP$ 长期均衡模型的残差 $SHBECM$ 进行单位根检验，残差 ADF 的 t 值-3.254，小于1%水平阈值，残差平稳。

构建高校基本建设经费与第二产业就业的误差修正模型：

$$\Delta \ln SEMP_t = c + c_1 \Delta \ln HBED_t + c_2 \Delta \ln HBED_{t-1} + c_3 \Delta \ln SEMP_{t-1}$$
$$+ c_4 SHBECM_{t-1} + \varepsilon_t \tag{7-83}$$

模型估计可决系数 $R^2 = 0.511$，表明模型整体拟合不太佳；DW = 1.98，表明模型无自相关性；当年高校基本建设经费差分估计系数 t 值 -1.551，上一年高校基本建设经费差分估计系数 t 值 1.037，上一年第二产业就业差分估计系数 t 值 2.196，误差修正项估计系数 t 值 -1.932，上述所有系数估计值不显著。

上述误差修正模型估计结果说明：(1)高校基本建设经费与第二产业就业不存在短期弹性；(2)残差对高校基本建设经费与第二产业就业偏离长期均衡没有短期修正。

(九)第二产业就业的高校工资福利短期弹性

运用 ADF 方法对高校福利经费与第二产业就业长期均衡模型的残差 $SHWECM$ 进行检验，结果表明残差 ADF 的 t 值 -1.650，大于 5% 阈值，残差非平稳；对残差一阶差分进行 ADF 检验，t 值 -2.995，小于 5% 阈值，残差一阶差分平稳。

构建高等教育工资福利经费与第二产业就业的误差修正模型：

$$\Delta \ln SEMP_t = c + c_1 \Delta \ln HWAGE_t + c_2 \Delta \ln HWAGE_{t-1} + c_3 \Delta \ln SEMP_{t-1}$$
$$+ c_4 SHWECM_{t-1} + \varepsilon_t \tag{7-84}$$

模型可决系数 $R^2 = 0.675$，表明模型整体拟合一般；DW 值 1.712，表明模型无自相关性；当年高校工资福利经费差分估计系数 t 值 -1.310，上一年高校工资福利差分估计系数 t 值 -0.637，上一年第二产业就业差分估计系数 t 值 1.221，误差修正项估计系数 t 值 -0.805，上述所有系数估计值不显著。

上述误差修正模型估计结果说明：(1)高校工资福利经费与第二产业就业没有短期弹性；(2)残差对高校工资福利经费与第二产业就业偏离长期均衡没有短期修正。

（十）第二产业就业的高校助学金短期弹性

运用 ADF 方法对高校助学金与第二产业就业长期均衡模型的残差 $SHSECM$ 进行单位根检验，残差 ADF 的 t 值 -2.954，小于 5% 阈值，残差平稳。

构建高校助学金与第二产业就业的误差修正模型：

$$\Delta\ln SEMP_t = c + c_1\Delta\ln HSUB_t + c_2\Delta\ln HSUB_{t-1} + c_3\Delta\ln SEMP_{t-1}$$
$$+ c_4\, SHSECM_{t-1} + \varepsilon_t \qquad\qquad (7-85)$$

模型可决系数 $R^2 = 0.482$，表明模型整体拟合并不理想；$DW = 2.06$，表明模型无自相关性；当年高校助学金差分估计系数 t 值 0.154，上一年高校助学金差分估计系数 t 值 -0.848，上一年第二产业就业差分估计系数 t 值 2.009，误差修正项估计系数 t 值 -1.478，上述所有系数估计值均不显著。

上述误差修正模型估计表明：（1）高校助学金与第二产业就业不存在短期弹性；（2）残差对高校助学金与第二产业就业偏离长期均衡没有短期修正。

本章小结

表 7-1　教育经费与非农就业、第二产业就业的长期弹性和短期弹性

教育经费类别	教育经费指标	长期弹性		短期弹性	
		与非农就业弹性	与第二产业就业弹性	与非农就业弹性	与第二产业就业弹性
教育经费总量	教育总经费	0.315**	0.373**	−0.124(−1)*	无
不同来源教育经费	财政性教育经费	0.243**	0.289**	−0.010(−1)**	无
	学杂费	0.441**	0.526**	无	0.174* 0.197(−1)**
	高校学杂费	0.342**	0.413**	无	0.144*

续表

教育经费类别	教育经费指标	长期弹性		短期弹性	
		与非农就业弹性	与第二产业就业弹性	与非农就业弹性	与第二产业就业弹性
各级各类教育经费总支出	基础教育经费	0.328**	0.386**	-0.115(-1)**	无
	中等职业教育经费	0.340**	0.404**	-0.090(-1)*	无
	高等教育经费	0.353**	0.419**	无	无
各级各类生均教育经费支出	小学生均教育经费支出	0.244**	0.288**	-0.114(-1)*	无
	农村小学生均教育经费支出	0.223**	0.263**	-0.092(-1)**	无
	中学生均教育经费支出	0.288**	0.337**	-0.092(-1)*	无
	初中生均教育经费支出	0.231**	0.272**	0.075(-1)*	无
	农村初中生均教育经费支出	0.199**	0.236**	-0.066(-1)*	无
	中等职业教育生均教育经费支出	0.616**	0.723**	-0.117(-1)*	无
	高校生均教育经费支出	无	无	无	无
教育经费分项支出	事业性经费	0.269**	0.320**	-0.088*	无
	基本建设经费	-0.443**	-0.555**	无	无
	工资福利经费	0.450**	0.529**	无	无
	助学金	0.142**	0.171**	无	无
各级各类教育经费分项支出	小学事业性经费	0.282**	0.333**	-0.099(-1)	无
	小学工资福利经费	0.566**	0.660**	无	无
	中学事业性经费	0.293**	0.348**	-0.103(-1)*	无
	中学工资福利经费	0.478**	0.564**	0.163*	无
	中职事业性经费	0.284**	0.340**	-0.066(-1)*	无
	中等职业教育工资福利经费	0.806**	0.937**	-0.125(-1)**	无
	高校事业性经费	0.279**	0.334**	无	无
	高校基本建设经费	-0.273**	-0.324**	0.035(-1)*	无
	高校工资福利经费	0.571**	0.657**	0.059*	无
	高校助学金	0.217**	0.259**	无	无

注：* 表示 10% 显著水平，** 表示 5% 显著水平，(-1)表示上一年教育经费支出。

一、长期弹性的小结

教育总经费与第二产业就业的长期弹性高于与非农就业的长期弹性。教育总经费增长 1%,非农就业增长 0.315%,第二产业就业增长 0.373%。

从教育经费不同来源看,与第二产业就业的长期弹性均显著高于与非农就业的长期弹性。财政性教育经费、学杂费、高校学杂费增长 1%,第二产业就业分别增长 0.289%、0.526%、0.413%,而非农就业分别增长 0.243%、0.441%、0.342%。

从各级各类教育经费支出看,与第二产业就业的长期弹性高于与非农就业的长期弹性。基础教育、中等职业教育、高等教育经费增长 1%,第二产业就业分别增长 0.386%、0.404%、0.419%,非农就业分别增长 0.328%、0.340%、0.353%。随着教育层次的提高,各级各类教育经费与第二产业就业及非农就业的长期弹性均逐步提高。

从生均教育经费支出看,基础教育阶段及中等职业教育生均教育经费支出与第二产业就业的长期弹性,高于与非农就业的长期弹性,但高校生均教育经费支出与第二产业就业不存在长期弹性。小学、中学、中等职业教育生均教育经费支出增长 1%,第二产业就业分别增长 0.288%、0.337%、0.723%,非农就业分别增长 0.244%、0.287%、0.616%。

农村生均教育经费支出方面,农村生均教育经费支出与第二产业就业和非农就业的长期弹性均低于全国平均水平。农村小学生均教育经费支出增长 1%,第二产业就业增长 0.263%,非农就业增长 0.244%;农村初中生均教育经费支出增长 1%,第二产业就业增长 0.236%,非农就业增长 0.199%。

在教育经费支出结构方面,事业性经费与第二产业就业的长期弹性高于与非农就业的长期弹性,基本建设经费对第二产业就业的抑制效应高于对非农就业的抑制效应。事业性经费增长 1%,第二产业就业增长 0.320%,非农就业增长 0.269%。其中,工资福利经费、助学金增长 1%,第二产业就业分别增长 0.529% 和 0.171%,非农就业分别增长 0.450% 和 0.142%。基本建设经费增长 1%,第二产业就业减少 0.555%,非农就业减少 0.443%,基本建设经费对第二产业就业的抑制效应更加明显。

各级各类事业性经费支出与第二产业就业的长期弹性高于与非农就业的长期弹性。小学、中学、中等职业教育、高校事业性经费增长 1%,第二产业就业分别增长 0.333%、0.348%、0.340%、0.334%,而非农就业分别增长 0.282%、0.293%、0.284%、0.279%。其中,各级各类工资福利经费与第二产业就业的长期弹性均高于与非农就业的长期弹性。小学、中学、中等职业教育、高校工资福利经费增长 1%,第二产业就业分别增长 0.660%、0.564%、0.937%、0.657%,而非农就业分别增长 0.566%、0.478%、0.806%、0.571%。

二、短期弹性的小结

教育总经费与第二产业就业的短期弹性不显著。教育经费在各级各类教育中的支出、生均支出、结构性支出与第二产业就业的短期弹性均不显著。

但不同来源教育经费对第二产业就业的短期弹性与对全国就业的短期弹性差异明显。财政性教育经费增长 1%,非农就业减少 0.010%,而与第二产业就业没有显著短期弹性;学杂费增长 1%,与非农就业没有显著短期弹性,而第二产业就业当年增长 0.174%,下一年第二产业就业增长 0.197%;其中,高校学杂费增长 1%,当年第二产业就业增长 0.144%,说明学杂费及高校学杂费收入短期内促进了第二产业就业增长。

第八章 第三产业就业的
教育投资弹性

    教育投资水平和结构与就业结构的变化有着密切的联系。农业社会中,教育处于低水平初始阶段,多数劳动力集中在传统农业中。在工业化初期阶段,完成中等教育的人数增长速度,中等教育为工业化的开展输送了大量劳动力,从而使得第二产业产值得以迅速增加;进入工业化中期阶段,教育层次进一步得到提高,完成中学教育的人数比重继续增大,高等教育人数比例也开始增长,中等教育为第二、三产业提供了合格的劳动力,促进就业结构从第一产业向第二、三产业转移。进入到工业化后期,教育结构的提升为经济发展培养了更多知识型劳动力,促进社会技术进步,技术进步进而提高了社会劳动生产率,使得农业和工业部门的相对收益下降,从而导致劳动力流向第三产业。2002—2013 年,我国第三产业就业人员占比逐年增长,从 28.6% 增长 38.5%,第三产业就业的占比最高。本章评价教育经费与三产就业的长期弹性和短期弹性,比较教育经费与第二产业就业及第三产业就业的弹性。

第一节 第三产业就业的教育经费收入弹性

一、长期弹性

(一)第三产业就业的教育总经费长期弹性

运用 ADF 方法对第三产业就业的自然对数 $\ln TEMP$ 进行平稳性检验,

结果表明 ADF 的 t 值 0.087,概率值 0.948,表明 $\ln TEMP$ 至少有一个单位根;对 $\ln TEMP$ 的一阶差分进行 ADF 检验,结果表明 $\ln TEMP$ 的 ADF 的 t 值-3.068,概率值 0.042,表明 $\ln TEMP$ 一阶差分平稳。

建立教育总经费与第三产业就业的长期均衡模型:

$$\ln TEMP = c_0 + c_1 \ln EDU + \varepsilon_t \qquad (8-1)$$

通过最小二乘回归方法,获得模型调整后的可决系数 $R^2 = 0.961$,表明模型拟合效果很好。F 值 270.178,表明模型整体估计效果理想。教育经费投入估计系数 t 值 16.437,该系数估计值显著。

估计模型可以写作:

$$\ln TEMP = 7.665 + 0.270 \ln EDU \qquad (8-2)$$
$$(0.016)$$
$$t = (16.437)$$

上述模型估计结果表明,教育总经费增加 1%,第三产业就业增加0.270%,低于第二产业就业教育总经费长期弹性 0.373%。

(二)第三产业就业的财政性教育经费长期弹性

建立财政性教育经费与第三产业就业的长期均衡模型:

$$\ln TEMP = c_0 + c_1 \ln FEDU + \varepsilon_t \qquad (8-3)$$

通过最小二乘回归方法,获得模型调整后的可决系数 $R^2 = 0.948$,表明模型拟合效果很好。F 值 201.658,表明模型整体估计效果理想。财政性教育经费估计系数 t 值 14.201,该系数估计值显著。

估计模型可以写作:

$$\ln TEMP = 8.295 + 0.209 \ln FEDU \qquad (8-4)$$
$$(0.015)$$
$$t = (14.201)$$

上述模型估计结果表明,财政性教育经费增加 1%,第三产业就业增加0.209%,低于第二产业就业的财政性教育经费长期弹性 0.289%。

（三）第三产业就业的学杂费长期弹性

建立学杂费与第三产业就业的长期均衡模型：

$$\ln TEMP = c_0 + c_1 \ln FEE + \varepsilon_t \tag{8-5}$$

通过最小二乘回归方法，获得模型可决系数 $R^2 = 0.961$，表明模型拟合效果很好。学杂费估计系数 t 值 11.022，该系数估计值显著。

估计模型可以写作：

$$\ln TEMP = 7.402 + 0.374 \ln FEE \tag{8-6}$$

$$(0.034)$$

$$t = (11.022)$$

上述模型估计结果表明，学杂费投入增加 1%，第三产业就业增加 0.374%，明显高于第三产业就业的财政性教育经费长期弹性 0.209%。

（四）第三产业就业的高校学杂费长期弹性

建立高校学杂费与第三产业就业的长期均衡模型：

$$\ln TEMP = c_0 + c_1 \ln HF + \varepsilon_t \tag{8-7}$$

通过最小二乘回归方法，获得模型可决系数 $R^2 = 0.911$，表明模型拟合效果很好。高校学杂费估计系数 t 值 7.774，该系数估计值显著。

估计模型可以写作：

$$\ln TEMP = 8.212 + 0.286 \ln HF \tag{8-8}$$

$$(0.037)$$

$$t = (7.774)$$

上述模型估计结果表明，高校学杂费增加 1%，第三产业就业增加 0.286%，高于第三产业就业的财政性教育经费长期弹性 0.209%，但低于第三产业就业的学杂费长期弹性 0.374%。

二、短期弹性

(一)第三产业就业的教育总经费短期弹性

运用 ADF 检验 $\ln EDU$ 与 $\ln TEMP$ 长期均衡模型的残差 $TECM$ 平稳性，残差 ADF 的 t 值-2.460，小于5%临界值，因此残差平稳。

构建教育总经费与第三产业就业的误差修正模型：

$$\Delta\ln TEMP_t = c + c_1\Delta\ln EDU_t + c_2\Delta\ln EDU_{t-1} + c_3\Delta\ln TEMP_{t-1} + c_4 TECM_{t-1} + \varepsilon_t$$

$$(8-9)$$

模型可决系数 $R^2 = 0.535$，表明模型拟合效果一般；F 值1.442，概率值0.344，表明模型整体估计系数不显著；DW = 1.915，表明模型没有自相关性；当年教育总经费差分估计系数 t 值-0.429，上一年教育总经费差分估计系数 t 值-1.450，上一年第三产业就业差分估计系数 t 值-0.473，误差修正项估计系数 t 值-1.442，模型所有估计系数均不显著。

上述误差修正模型估计结果表明：(1)教育总经费与第三产业就业不存在短期弹性；(2)残差对教育总经费与第三产业就业偏离长期均衡没有短期修正。

(二)第三产业就业的财政性教育经费短期弹性

运用 ADF 方法检验 $\ln FEDU$ 与 $\ln TEMP$ 长期均衡模型的残差 $TFECM$ 是否平稳，残差 ADF 的 t 值-2.486，概率值0.018，残差平稳。

构建财政性教育经费与第三产业就业的误差修正模型：

$$\Delta\ln TEMP_t = c + c_1\Delta\ln FEDU_t + c_2\Delta\ln FEDU_{t-1} + c_3\Delta\ln TEMP_{t-1} + c_4 TFECM_{t-1} + \varepsilon_t$$

$$(8-10)$$

模型可决系数 $R^2 = 0.622$，表明模型拟合效果一般；DW = 2.12，表明模型无自相关性；当年财政性教育经费差分估计系数 t 值-0.971，上一年财政性教育经费差分估计系数 t 值-1.659，上一年第三产业就业差分估计系数 t 值-1.244，误差修正项估计系数 t 值-0.783，模型所有估计系数均不显著。

上述误差修正模型估计结果说明:(1)财政性教育经费与第三产业就业不存在短期弹性;(2)残差对财政性教育经费与第三产业就业偏离长期均衡时没有短期修正。

(三)第三产业就业的学杂费短期弹性

运用 ADF 方法检验 $\ln FEE$ 与 $\ln TEMP$ 长期均衡模型的残差 $TFEECM$ 是否平稳,残差 ADF 的 t 值 -2.186,概率值 0.022,残差平稳。

构建学杂费与第三产业就业的误差修正模型:

$$\Delta \ln TEMP_t = c + c_1 \Delta \ln FEE_t + c_2 \Delta \ln FEE_{t-1} + c_3 \Delta \ln TEMP_{t-1} + c_4 TFEECM_{t-1} + \varepsilon_t$$

$$(8-11)$$

模型可决系数 $R^2 = 0.158$,表明模型拟合效果非常不佳;DW 值 1.616,表明模型无自相关性;当年学杂费差分估计系数 t 值 -0.248,上一年学杂费差分估计系数 t 值 0.102,上一年第三产业就业差分估计系数 t 值 -0.821,误差修正项估计系数 t 值 0.003,模型估计系数均不显著。

上述误差修正模型估计结果说明:(1)学杂费与第三产业就业不存在短期弹性;(2)残差对学杂费与第三产业就业偏离长期均衡没有短期修正。

(四)第三产业就业的高校学杂费短期弹性

运用 ADF 方法检验 $\ln HF$ 与 $\ln TEMP$ 长期均衡模型的残差 $THFECM$ 平稳性,残差平稳。

构建高校学杂费与第三产业就业的误差修正模型:

$$\Delta \ln TEMP_t = c + c_1 \Delta \ln HF_t + c_2 \Delta \ln HF_{t-1} + c_3 \Delta \ln TEMP_{t-1} + c_4 THFECM_{t-1} + \varepsilon_t$$

$$(8-12)$$

模型可决系数 $R^2 = 0.427$,表明模型拟合效果不太好;DW $= 2.04$,表明模型无自相关性;当年高校学杂费差分估计系数 t 值 -0.961,上一年高校学杂费差分估计系数 t 值 1.288,上一年第三产业就业差分估计系数 t 值 -1.391,误差修正项估计 t 值 1.558,误差修正模型估计系数均不显著。

上述误差修正模型估计结果说明:(1)高校学杂费与第三产业就业不

存在短期弹性;(2)残差对高校学杂费与第三产业就业偏离长期均衡没有短期修正。

第二节　第三产业就业的各级各类
教育经费总支出弹性

一、长期弹性

(一)第三产业就业的基础教育经费长期弹性

建立基础教育经费与第三产业就业的长期均衡模型:

$$\ln TEMP = c_0 + c_1 \ln JEDU + \varepsilon_t \tag{8-13}$$

通过最小二乘回归方法,获得调整后的可决系数 $R^2 = 0.956$,表明模型拟合效果很好。F 值 240.770,表明模型整体估计效果理想。基础教育经费估计系数 t 值 15.517,该系数估计值显著。

估计模型可以写作:

$$\ln TEMP = 7.726 + 0.282 \ln JEDU \tag{8-14}$$
$$(0.018)$$
$$t = (15.517)$$

上述模型估计结果表明,基础教育经费增加 1%,第三产业就业增加 0.282%,低于第二产业就业的基础教育经费长期弹性 0.386%。

(二)第三产业就业的中等职业教育经费长期弹性

建立中等职业教育经费与第三产业就业的长期均衡模型:

$$\ln TEMP = c_0 + c_1 \ln VEDU + \varepsilon_t \tag{8-15}$$

通过最小二乘回归方法,获得可决系数 $R^2 = 0.916$,表明模型拟合效果很好。中等职业教育经费估计系数 t 值 10.450,系数估计值显著。

估计模型可以写作:

$$\ln TEMP = 8.252 + 0.290\ln VEDU \qquad (8-16)$$

$$(0.028)$$

$$t = (10.450)$$

上述模型估计结果表明,中等职业教育经增加 1%,第三产业就业增加 0.290%,略高于第三产业就业的基础教育经费长期弹性 0.282%。

(三)第三产业就业的高等教育经费长期弹性

建立高校教育经费与第三产业就业的长期均衡模型:

$$\ln TEMP = c_0 + c_1\ln HEDU + \varepsilon_t \qquad (8-17)$$

模型调整后的可决系数 $R^2 = 0.956$,表明模型拟合效果很好。F 值 242.714,表明模型整体估计效果理想。高等教育经费估计系数 t 值 15.579,系数估计值显著。

估计模型可以写作:

$$\ln TEMP = 7.754 + 0.300\ln HEDU \qquad (8-18)$$

$$(0.018)$$

$$t = (15.579)$$

上述模型估计结果表明,高等教育经费增加 1%,第三产业就业增加 0.300%,高于第三产业就业的中等职业教育经费长期弹性 0.290%。伴随教育层次提升,教育经费与第三产业就业的弹性逐层次增大。

二、短期弹性

(一)第三产业就业的基础教育经费短期弹性

运用 ADF 方法检验 $\ln JEDU$ 与 $\ln TEMP$ 长期均衡模型的残差 $TJECM$ 平稳性,结果表明残差 ADF 的 t 值-2.534,概率值 0.017,残差平稳。

构建基础教育经费与第三产业就业的误差修正模型:

$$\Delta\ln TEMP_t = c + c_1\Delta\ln JEDU_t + c_2\Delta\ln JEDU_{t-1} + c_3\Delta\ln TEMP_{t-1} + c_4 TJECM_{t-1} + \varepsilon_t$$

$$(8-19)$$

模型可决系数 $R^2 = 0.614$，表明模型拟合效果一般；DW = 1.85，表明模型自相关性不显著；当年基础教育经费差分估计系数 t 值 -0.122，上一年基础教育经费差分估计系数 t 值 -1.647，上一年第三产业就业人员差分估计系数 t 值 -0.639，上述估计系数均不显著；误差修正项估计系数 t 值 -2.215，概率 0.078，表示 10% 显著性下该系数估计值显著。

上述误差修正模型估计结果如下：

$$\Delta \ln TEMP_t = 0.057 - 0.013 \Delta \ln JEDU_t - 0.152 \Delta \ln JEDU_{t-1} - 0.323 \Delta \ln TEMP_{t-1} - 0.682 TJECM_{t-1}$$

$$(0.110) \qquad (0.092) \qquad (0.506) \qquad (0.308)$$

$$t = (-0.122) \qquad (-1.647) \qquad (-0.639) \qquad (-2.215)$$

$$(8-20)$$

上述误差修正模型估计结果表明：(1)当年以及上一年基础教育经费投入、上一年第三产业就业与当年第三产业就业没有短期弹性；(2)10% 显著性水平下，基础教育经费与第三产业就业偏离长期均衡时，误差项以 -0.682 速度进行修正。

（二）第三产业就业的中等职业教育经费短期弹性

运用 ADF 方法检验 $\ln VEDU$ 与 $\ln TEMP$ 长期均衡模型的残差 $TVECM$ 平稳性，结果表明残差 ADF 的 t 值 -2.819，概率值 0.01，残差没有一个单位根，残差平稳。

构建中等职业教育经费与第三产业就业的误差修正模型：

$$\Delta \ln TEMP_t = c + c_1 \Delta \ln VEDU_t + c_2 \Delta \ln VEDU_{t-1} + c_3 \Delta \ln TEMP_{t-1} + c_4 TVECM_{t-1} + \varepsilon_t$$

$$(8-21)$$

模型可决系数 $R^2 = 0.591$，表明模型拟合效果一般；DW = 1.96，表明模型自相关性不显著；当年中等职业教育经费差分估计系数 t 值 0.754，上一年中等职业教育经费差分估计系数 t 值 -1.687，上一年第三产业就业差分估计系数 t 值 -1.437，误差修正项估计系数 t 值 -0.627，上述估计系数均不显著。

上述误差修正模型估计结果表明：(1)中等职业教育经费与第三产业

就业不存在短期弹性;(2)残差对中等职业教育经费与第三产业就业偏离长期均衡没有短期修正。

(三)第三产业就业的高等教育经费短期弹性

运用 ADF 方法检验 $\ln HEDU$ 与 $\ln TEMP$ 长期均衡模型的残差 $THECM$ 的平稳性,结果表明残差 ADF 的 t 值-2.983,概率值 0.007,残差平稳。

构建高等教育经费与第三产业就业的误差修正模型:

$$\Delta \ln TEMP_t = c + c_1 \Delta \ln HEDU_t + c_2 \Delta \ln HEDU_{t-1} + c_3 \Delta \ln TEMP_{t-1} + c_4 THECM_{t-1} + \varepsilon_t$$

$$(8-22)$$

模型的可决系数 $R^2 = 0.315$,表明模型拟合效果不佳;DW 值 1.614,表明模型无自相关性;当年高等教育经费差分估计系数 t 值 0.434,上一年高等教育经费差分估计系数 t 值-1.178,上一年第三产业就业差分估计系数 t 值 0.185,误差修正项估计系数 t 值-0.639,上述估计系数均不显著。

上述误差修正模型估计结果表明:(1)高等教育经费与第三产业就业不存在短期弹性;(2)残差对高等教育经费与第三产业就业偏离长期均衡没有短期修正。

第三节　第三产业就业的各级各类生均教育经费支出弹性

一、长期弹性

(一)第三产业就业的小学生均教育经费支出长期弹性

建立小学生均教育经费支出与第三产业就业的长期均衡模型:

$$\ln TEMP = c_0 + c_1 \ln APED + \varepsilon_t \qquad (8-23)$$

通过运用最小二乘法,获得调整后的可决系数 $R^2 = 0.957$,表明模型拟合效果很好。小学生均教育经费支出估计系数 t 值 15.788,该系数估计值显著。

估计模型可以写作：

$$\ln TEMP = 8.512 + 0.210\ln APED \qquad (8-24)$$

$$(0.013)$$

$$t = (15.788)$$

上述模型估计结果表明，小学生均支出增加1%，第三产业就业增加0.210%，低于第二产业的小学生均教育经费支出长期弹性0.288%。

（二）第三产业就业的农村小学生均教育经费支出长期弹性

建立农村小学生均支出与第三产业就业的长期均衡模型：

$$\ln TEMP = c_0 + c_1\ln ASP + \varepsilon_t \qquad (8-25)$$

通过运用最小二乘法，获得调整后的可决系数 $R^2 = 0.965$，表明模型拟合效果很好。农村小学生均教育经费支出估计系数 t 值 17.611，该系数估计值显著。

估计模型可以写作：

$$\ln TEMP = 8.675 + 0.192\ln ASP \qquad (8-26)$$

$$(0.011)$$

$$t = (17.611)$$

上述模型估计结果表明，农村小学生均支出增加1%，第三产业就业增加0.192%，略低于第三产业就业的全国小学生均教育经费支出长期弹性0.210%。

（三）第三产业就业的中学生均教育经费支出长期弹性

建立中学生均教育经费支出与第三产业就业的长期均衡模型：

$$\ln TEMP = c_0 + c_1\ln AMED + \varepsilon_t \qquad (8-27)$$

通过运用最小二乘法，获得调整后的可决系数 $R^2 = 0.957$，表明模型拟合效果很好。中学生均教育经费支出估计系数 t 值 15.590，该系数估计值显著。

估计模型可以写作：

$$\ln TEMP = 8.121 + 0.248\ln AMED \qquad\qquad (8-28)$$

$$(0.016)$$

$$t = (15.590)$$

上述模型估计结果表明，中学生均教育经费支出增加1%，第三产业就业增加0.248%，高于第三产业就业的小学生均教育经费支出长期弹性0.210%。

（四）第三产业就业的初中生均教育经费支出长期弹性

建立初中生均教育经费支出与第三产业就业的长期均衡模型：

$$\ln TEMP = c_0 + c_1\ln AJED + \varepsilon_t \qquad\qquad (8-29)$$

通过运用最小二乘法，获得调整后的可决系数 $R^2 = 0.942$，表明模型拟合效果很好。初中生均教育经费支出估计系数 t 值 13.408，系数估计值显著。

估计模型可以写作：

$$\ln TEMP = 8.549 + 0.198\ln AJED \qquad\qquad (8-30)$$

$$(0.015)$$

$$t = (13.408)$$

上述模型估计结果表明，初中生均支出增加1%，第三产业就业增加0.198%，低于第三产业就业的中学生均教育经费支出长期弹性0.248%。

（五）第三产业就业的农村初中生均教育经费支出长期弹性

建立农村初中生均支出与第三产业就业的在长期均衡模型：

$$\ln TEMP = c_0 + c_1\ln ASJ + \varepsilon_t \qquad\qquad (8-31)$$

通过运用最小二乘法，获得模型调整后的可决系数 $R^2 = 0.965$，表明模型拟合效果很好。农村初中生均支出估计系数 t 值 15.333，该系数估计值显著。

估计模型可以写作：

$$\ln TEMP = 8.794 + 0.171\ln ASJ \tag{8-32}$$
$$(0.011)$$
$$t = (15.333)$$

上述模型估计结果表明,农村初中生均支出增加 1%,第三产业就业增加 0.171%,低于第三产业就业的全国初中生均教育经费长期弹性 0.198%。

(六)第三产业就业的中等职业教育生均教育经费支出长期弹性

建立中等职业教育生均教育经费支出与第三产业就业的长期均衡模型:

$$\ln TEMP = c_0 + c_1\ln AVEDU + \varepsilon_t \tag{8-33}$$

通过运用最小二乘法,获得可决系数 $R^2 = 0.916$,表明模型拟合效果很好。中等职业教育生均教育经费支出估计系数 t 值 13.003,系数估计值显著。

估计模型可以写作:

$$\ln TEMP = 5.620 + 0.533\ln AVEDU \tag{8-34}$$
$$(0.041)$$
$$t = (13.003)$$

上述模型估计结果表明,中等职业教育生均教育经费支出增加 1%,第三产业就业增加 0.533%,显著高于第三产业就业的普通中学生均教育经费支出长期弹性 0.248%。

(七)第三产业就业的高校生均教育经费支出长期弹性

建立高校生均教育经费与第三产业就业的长期均衡模型:

$$\ln TEMP = c_0 + c_1\ln AHED + \varepsilon_t \tag{8-35}$$

通过运用最小二乘法,获得调整后的可决系数 $R^2 = 0.0057$,表明模型拟合效果极度不佳。高校生均教育经费支出的估计系数 t 值 -0.239,概率值 0.812,该系数估计值不显著,表明高校生均教育经费与第三产业就业没有长期弹性。

二、短期弹性

(一)第三产业就业的小学生均教育经费支出短期弹性

运用 ADF 方法检验 $\ln APED$ 与 $\ln TEMP$ 长期均衡模型残差 $TAPECM$ 平稳性,结果表明残差 ADF 的 t 值-2.640,概率值 0.014,残差平稳。

构建小学生均支出与第三产业就业的误差修正模型:

$$\Delta \ln TEMP_t = c + c_1 \Delta \ln APED_t + c_2 \Delta \ln APED_{t-1} + c_3 \Delta \ln TEMP_{t-1} + c_4 TAPECM_{t-1} + \varepsilon_t$$

$$(8-36)$$

模型可决系数 R^2 = 0.625,表明模型拟合效果一般;DW = 1.77,表明模型没有自相关性;当年小学生均教育经费支出差分估计系数 t 值-0.846,上一年小学生均教育经费支出差分估计系数 t 值-1.172,上一年第三产业就业差分估计系数 t 值-0.936,误差修正项估计系数 t 值-1.936,上述系数估计值均不显著。误差修正模型估计结果表示,小学生均教育经费支出与第三产业就业不存在短期弹性。

(二)第三产业就业的农村小学生均教育经费支出短期弹性

运用 ADF 方法对 $\ln ASP$ 与 $\ln TEMP$ 长期均衡模型残差 $TASPECM$ 进行单位根检验,结果表明残差 ADF 的 t 值-2.516,概率 0.017,残差没有一个单位根,残差平稳。

构建农村小学生均教育经费支出与第三产业就业的误差修正模型:

$$\Delta \ln TEMP_t = c + c_1 \Delta \ln ASP_t + c_2 \Delta \ln ASP_{t-1} + c_3 \Delta \ln TEMP_{t-1} + c_4 TASPECM_{t-1} + \varepsilon_t$$

$$(8-37)$$

模型可决系数 R^2 = 0.468,表明模型拟合效果不太好;DW 值 1.624,表明模型无自相关性;当年农村小学生均教育经费支出差分估计系数 t 值 0.115,上一年农村小学生均教育经费支出差分估计系数 t 值-1.213,上一年第三产业就业差分估计系数 t 值-0.296,误差修正项估计系数 t 值-

1.546,上述估计系数均不显著。误差修正模型估计结果表示,农村小学生均教育经费支出与第三产业就业不存在短期弹性。

(三)第三产业就业的中学生均教育经费支出短期弹性

运用 ADF 方法检验 $\ln AMED$ 与 $\ln TEMP$ 长期均衡模型残差 $TAMECM$ 平稳性,结果表明残差 ADF 的 t 值-2.724,概率值 0.012,残差平稳。

构建中学生均支出与第三产业就业的误差修正模型:

$$\Delta\ln TEMP_t = c + c_1\Delta\ln AMED_t + c_2\Delta\ln AMED_{t-1} + c_3\Delta\ln TEMP_{t-1} + c_4 TAMECM_{t-1} + \varepsilon_t$$

$$(8-38)$$

模型可决系数 $R^2 = 0.635$,表明模型拟合效果一般;DW = 1.81,表明模型无自相关性;当年中学生均教育经费支出差分估计系数 t 值 0.807,上一年中学生均教育经费支出差分估计 t 值-1.648,上一年第三产业就业差分估计教育经费 t 值 0.003,上述系数估计值不显著;误差修正项估计系数 t 值-2.174,表明 10%显著水平下系数估计值是显著的。

上述误差修正模型估计结果如下:

$$\Delta\ln TEMP_t = 0.035 + 0.090\Delta\ln AMED_t - 0.122\Delta\ln AMED_{t-1} + 0.002\Delta\ln TEMP_{t-1} - 0.617 TAMECM_{t-1}$$

$$(0.111) \qquad (0.074) \qquad\qquad (0.590) \qquad\qquad (0.284)$$

$$t = (0.807) \qquad (-1.648) \qquad\quad (0.003) \qquad\qquad (-2.174)$$

$$(8-39)$$

上述误差修正模型估计结果说明:(1)中学生均教育经费支出与第三产业就业不存在短期弹性;(2)中学生均教育经费支出与第三产业就业偏离长期均衡时,残差以-0.617 负向速度将两者拉回长期均衡。

(四)第三产业就业的初中生均支出短期弹性

运用 ADF 方法对 $\ln AJED$ 与 $\ln TEMP$ 长期均衡模型的残差 $TAJECM$ 进行单位根检验,残差 ADF 的 t 值-2.698,概率 0.012,残差平稳。

构建初中生均支出与第三产业就业的误差修正模型:

$$\Delta \ln TEMP_t = c + c_1 \Delta \ln AJED_t + c_2 \Delta \ln AJED_{t-1} + c_3 \Delta \ln TEMP_{t-1} + c_4 TAJECM_{t-1} + \varepsilon_t$$

$$(8-40)$$

模型估计可决系数 $R^2 = 0.588$，表明模型拟合效果不太好；$DW = 1.85$，表明模型无自相关性；当年初中生均教育经费差分估计系数 t 值 -0.765，上一年初中生均教育经费支出差分估计系数 t 值 -1.024，上一年第三产业就业差分估计系数 t 值 -1.109，误差修正项估计系数 t 值 -1.462，模型所有估计系数均不显著。误差修正模型估计结果说明，初中生均教育经费支出与第三产业就业不存在短期弹性。

（五）第三产业就业的农村初中生均教育经费支出短期弹性

检验 $\ln ASJ$ 与 $\ln TEMP$ 长期均衡模型的残差 $TASJECM$ 平稳性，残差 ADF 的 t 值 -2.581，概率 0.015，残差平稳。

构建农村初中生均支出与第三产业就业的误差修正模型：

$$\Delta \ln TEMP_t = c + c_1 \Delta \ln ASJ_t + c_2 \Delta \ln ASJ_{t-1} + c_3 \Delta \ln TEMP_{t-1} + c_4 TASJECM_{t-1} + \varepsilon_t$$

$$(8-41)$$

模型估计可决系数 $R^2 = 0.411$，表明模型拟合不太好；$DW = 1.87$，表明模型自相关性不显著；当年农村初中生均支出差分估计系数 t 值 0.259，上一年农村初中生均教育经费支出差分估计系数 t 值 -1.158，上一年第三产业就业差分估计系数 t 值 -0.265，误差修正项估计系数 t 值 -1.207，所有估计系数均不显著。误差修正模型估计结果说明，农村初中生均教育经费支出与第三产业就业没有短期弹性。

（六）第三产业就业的中等职业教育生均教育经费支出短期弹性

检验 $\ln AVED$ 与 $\ln TEMP$ 长期均衡模型的残差 $TAVECM$ 平稳性，结果表明残差的 ADF 的 t 值 -2.819，概率值 0.01，残差没有一个单位根，残差平稳。

构建中等职业教育生均支出与第三产业就业的误差修正模型：

$$\Delta \ln TEMP_t = c + c_1 \Delta \ln AVED_t + c_2 \Delta \ln AVED_{t-1} + c_3 \Delta \ln TEMP_{t-1} + c_4 TAVECM_{t-1} + \varepsilon_t$$

$$(8-42)$$

模型可决系数 $R^2 = 0.591$，表明模型拟合效果一般；DW=1.96，表明模型自相关性不显著；当年中等职业教育生均教育经费支出差分估计系数 t 值 0.754，上一年中等职业教育生均教育经费支出差分估计系数 t 值-1.687，上一年第三产业就业差分估计系数 t 值-1.437，误差修正项估计系数 t 值-0.627，模型所有估计系数均不显著。误差修正模型估计结果表示，中等职业教育生均教育经费支出与第三产业就业不存在短期弹性。

（七）第三产业就业的高校生均教育经费支出短期弹性

检验 $\ln AHED$ 与 $\ln TEMP$ 长期均衡模型的残差 $TAHECM$ 是否平稳。运用 ADF 方法对残差进行检验，结果表明残差 t 值 0.921，残差至少有一个单位根；对残差进行一阶差分的平稳性检验，ADF 检验的 t 值-0.105，对应的 P 值 0.620，残差一阶差分是非平稳的；对残差进行二阶差分的平稳性检验，ADF 检验的 t 值-7.080，小于 1% 水平的阈值，残差二阶差分平稳。

构建高校生均教育经费支出与第三产业就业的误差修正模型：

$$\Delta\ln TEMP_t = c + c_1\Delta\ln AHED_t + c_2\Delta\ln AHED_{t-1} + c_3\Delta\ln TEMP_{t-1}$$
$$+ c_4 TAHECM_{t-1} + \varepsilon_t \tag{8-43}$$

模型可决系数 $R^2 = 0.241$，表明模型拟合效果不好；DW 值 1.657，表明模型无自相关性；当年高校生均教育经费支出差分估计系数 t 值-0.494，上一年高校生均教育经费支出差分估计系数 t 值-0.750，上一年第三产业就业人员差分估计系数 t 值-0.790，误差修正项估计系数 t 值 0.375，模型所有估计系数均不显著。误差修正模型估计结果表示，高校生均教育经费支出与第三产业就业不存在短期弹性。

第四节 第三产业就业的教育经费分项支出弹性

一、长期弹性

(一)第三产业就业的事业性经费长期弹性

建立事业性经费与第三产业就业的长期均衡模型:

$$\ln TEMP = c_0 + c_1 \ln SED + \varepsilon_t \tag{8-44}$$

通过运用最小二乘法,获得模型可决系数 $R^2 = 0.952$,表明模型拟合效果很好。事业性教育经费估计系数 t 值 14.168,系数估计值显著。

估计模型可以写作:

$$\ln TEMP = 8.057 + 0.230 \ln SED \tag{8-45}$$

$$(0.016)$$

$$t = (14.168)$$

上述模型估计结果表明,事业性教育经费增加 1%,第三产业就业增加 0.230%。

(二)第三产业就业的基本建设经费长期弹性

建立基本建设经费与第三产业就业的长期均衡模型:

$$\ln TEMP = c_0 + c_1 \ln BED + \varepsilon_t \tag{8-46}$$

通过运用最小二乘法,获得模型可决系数 $R^2 = 0.552$,模型拟合效果不十分理想。基本建设经费估计系数 t 值-3.512,概率 0.0056,系数估计值显著。

估计模型可以写作:

$$\ln TEMP = 12.252 - 0.356 \ln BED \tag{8-47}$$

$$(0.101)$$

$$t = (-3.512)$$

上述模型估计结果表明,基本建设经费增加 1%,第三产业就业减少 0.356%。

(三)第三产业就业的工资福利经费长期弹性

建立工资福利经费与第三产业就业的长期均衡模型:

$$\ln TEMP = c_0 + c_1 \ln WAGE + \varepsilon_t \tag{8-48}$$

通过运用最小二乘法,获得模型可决系数 $R^2 = 0.919$,模型拟合效果非常好。工资福利经费估计系数 t 值 10.669,系数估计值显著。

估计模型可以写作:

$$\ln TEMP = 6.932 + 0.389 \ln WAGE \tag{8-49}$$
$$(0.036)$$
$$t = (10.669)$$

上述模型估计结果表明,工资福利经费增加 1%,第三产业就业增长 0.389%,显著高于第三产业就业的事业性经费长期弹性 0.230%。

(四)第三产业就业的助学金长期弹性

建立助学金与第三产业就业的长期均衡模型:

$$\ln TEMP = c_0 + c_1 \ln SUBS + \varepsilon_t \tag{8-50}$$

通过运用最小二乘法,获得模型可决系数 $R^2 = 0.877$,表明模型拟合效果好。助学金估计系数 t 值 8.444,系数估计值显著。

估计模型可以写作:

$$\ln TEMP = 9.468 + 0.120 \ln SUBS \tag{8-51}$$
$$(0.014)$$
$$t = (8.444)$$

上述模型估计结果表明,助学金增加 1%,第三产业就业增长 0.120%,低于第三产业就业的事业性经费长期弹性 0.230%。

二、短期弹性

（一）第三产业就业的事业性经费短期弹性

运用 ADF 方法检验 $\ln SED$ 与 $\ln TEMP$ 长期均衡模型残差 $TSEDECM$ 的平稳性，结果表明残差 ADF 的 t 值-2.387，小于 5% 水平阈值，残差平稳。

构建事业性教育经费与第三产业就业的误差修正模型：

$$\Delta \ln TEMP_t = c + c_1\Delta \ln SED_t + c_2\Delta \ln SED_{t-1} + c_3\Delta \ln TEMP_{t-1} + c_4 TSEDECM_{t-1} + \varepsilon_t$$

$$(8-52)$$

模型估计可决系数 $R^2 = 0.491$，表明模型整体拟合并不十分理想；$DW = 1.78$，表明模型无自相关性；当年事业性教育经费差分估计系数 t 值-0.668，上一年事业性教育经费差分估计系数 t 值-1.475，上一年第三产业就业差分估计系数 t 值-1.052，误差修正项估计系数 t 值-0.630，所有系数估计值均不显著。误差修正模型估计结果表示，事业性经费与第三产业就业不存在短期弹性。

（二）第三产业就业的基本建设经费短期弹性

运用 ADF 方法检验 $\ln BED$ 与 $\ln TEMP$ 长期均衡模型的残差 $TBEDECM$ 平稳性，结果表明残差 ADF 的 t 值-1.738，大于 5% 水平阈值，残差至少有一个单位根；对残差进行一阶差分的 ADF 检验，结果表明 t 值-2.546，小于 5% 水平阈值，残差一阶差分平稳。

构建基本建设经费与第三产业就业的误差修正模型：

$$\Delta \ln TEMP_t = c + c_1\Delta \ln BED_t + c_2\Delta \ln BED_{t-1} + c_3\Delta \ln TEMP_{t-1} + c_4 TBEDECM_{t-1} + \varepsilon_t$$

$$(8-53)$$

模型可决系数 $R^2 = 0.423$，表明模型整体拟合度不太好；$DW = 1.765$，表明模型无自相关性；当年基本建设经费差分估计系数 t 值 0.788，上一年基本建设经费差分估计系数 t 值 0.595，上一年第三产业就业差分估计系数 t 值-1.306，误差修正项估计系数 t 值 0.902，所有系数估计值均不显著。误差修正模型估计结果表明,基本建设经费与第三产业就业不存在短期弹性。

(三)第三产业就业的工资福利经费短期弹性

运用 ADF 方法检验 $\ln WAGE$ 与 $\ln TEMP$ 长期均衡模型的残差 $TWAGECM$ 平稳性,结果表明残差 ADF 的 t 值 -3.523,小于 1% 水平阈值 -2.792,残差平稳。

构建工资福利经费与第三产业就业的误差修正模型:

$$\Delta \ln TEMP_t = c + c_1 \Delta \ln WAGE_t + c_2 \Delta \ln WAGE_{t-1} + c_3 \Delta \ln TEMP_{t-1} + c_4 TWAGECM_{t-1} + \varepsilon_t$$

$$(8-54)$$

模型可决系数 $R^2 = 0.576$,表明模型整体拟合一般;DW = 2.22,表明模型无自相关性;当年工资福利经费差分估计系数 t 值 -0.050,上一年工资福利经费差分估计系数 t 值 -1.734,上一年第三产业就业差分估计系数 t 值 -0.689,误差修正项估计系数 t 值 -1.830,模型所有系数估计值均不显著。误差修正模型估计结果表示,工资福利经费与第三产业就业不存在短期弹性。

(四)第三产业就业的助学金短期弹性

运用 ADF 方法检验 $\ln SUBS$ 与 $\ln TEMP$ 长期均衡模型的残差 $TSUBECM$ 是否有单位根。残差 ADF 的 t 值 -1.609,小于 5% 水平阈值,非平稳;对残差一阶差分进行平稳性检验,ADF 的 t 值 -2.286,小于 5% 水平阈值,残差一阶差分平稳。

构建助学金与第三产业就业的误差修正模型:

$$\Delta \ln TEMP_t = c + c_1 \Delta \ln SUBS_t + c_2 \Delta \ln SUBS_{t-1} + c_3 \Delta \ln TEMP_{t-1} + c_4 TSUBECM_{t-1} + \varepsilon_t$$

$$(8-55)$$

模型可决系数 $R^2 = 0.309$,表明模型整体拟合不好;DW = 1.678,表明模型无自相关性;当年助学金差分估计系数 t 值 -0.954,上一年助学金差分估计系数 t 值 -0.607,上一年第三产业就业差分估计系数 t 值 -1.301,误差修正项估计系数 t 值 0.276,上述系数估计值均不显著。误差修正模型估计结果说明,助学金与第三产业就业不存在短期弹性。

第五节 第三产业就业的各级各类教育经费分项支出弹性

一、长期弹性

（一）第三产业就业的小学事业性经费长期弹性

建立小学事业性经费与第三产业就业的长期均衡模型：

$$\ln TEMP = c_0 + c_1 \ln PSED + \varepsilon_t \tag{8-56}$$

运用最小二乘法，获得模型可决系数 $R^2 = 0.949$，表明模型拟合效果很好。小学事业性经费估计系数 t 值 13.652，系数估计值显著。

估计模型可以写作：

$$\ln TEMP = 8.267 + 0.242 \ln PSED \tag{8-57}$$

$$(0.018)$$

$$t = (13.652)$$

上述模型估计结果表明，小学事业性经费增加 1%，第三产业就业增加 0.242%。

（二）第三产业就业的小学工资福利经费长期弹性

建立小学工资福利经费与第三产业就业的长期均衡模型：

$$\ln TEMP = c_0 + c_1 \ln PWAGE + \varepsilon_t \tag{8-58}$$

运用最小二乘法，获得模型可决系数 $R^2 = 0.967$，表明模型拟合效果很好。小学工资福利经费估计系数 t 值 17.168，表明系数估计值显著。

估计模型可以写作：

$$\ln TEMP = 6.599 + 0.493 \ln PWAGE \tag{8-59}$$

$$(0.029)$$

$$t = (17.168)$$

上述模型估计结果表明,小学工资福利经费增加 1%,第三产业就业增加 0.493%,显著高于第三产业就业的小学事业性经费长期弹性 0.242%。

(三)第三产业就业的中学事业性经费长期弹性

建立中学事业性经费与第三产业就业的长期均衡模型:

$$\ln TEMP = c_0 + c_1 \ln MSED + \varepsilon_t \qquad (8-60)$$

运用最小二乘法,获得模型可决系数 $R^2 = 0.961$,表明模型拟合效果很好。中学事业性教育经费估计系数 t 值 15.712,系数估计值显著。

估计模型可以写作:

$$\ln TEMP = 8.177 + 0.250 \ln MSED \qquad (8-61)$$
$$(0.016)$$
$$t = (15.712)$$

上述模型估计结果表明,中学事业性经费增加 1%,第三产业就业增长 0.250%,略高于第三产业就业的小学事业性经费长期弹性 0.242%。

(四)第三产业就业的中学工资福利经费长期弹性

建立中学工资福利经费与第三产业就业的长期均衡模型:

$$\ln TEMP = c_0 + c_1 \ln MWAGE + \varepsilon_t \qquad (8-62)$$

运用最小二乘法,获得模型可决系数 $R^2 = 0.982$,表明模型拟合效果很好。中学工资福利经费估计系数 t 值 23.843,系数估计值显著。

估计模型可以写作:

$$\ln TEMP = 7.189 + 0.411 \ln MWAGE \qquad (8-63)$$
$$(0.017)$$
$$t = (23.843)$$

上述模型估计结果表明,中学工资福利经费增加 1%,第三产业就业增加 0.411%,低于第三产业就业的小学工资福利与经费长期弹性 0.493%。

(五)第三产业就业的中等职业教育事业性经费长期弹性

建立中等职业教育事业性经费与第三产业就业的长期均衡模型:

$$\ln TEMP = c_0 + c_1 \ln VSED + \varepsilon_t \qquad (8-64)$$

运用最小二乘法,获得模型可决系数 $R^2 = 0.884$,表明模型拟合效果很好。中等职业教育事业性经费估计系数 t 值 8.733,系数估计值显著。

估计模型可以写作:

$$\ln TEMP = 8.593 + 0.241 \ln VSED \qquad (8-65)$$
$$(0.028)$$
$$t = (8.733)$$

上述模型估计结果表明,中等职业教育事业性经费增加 1%,第三产业就业增长 0.241%,略低于第三产业就业的普通中学事业性教育经费长期弹性 0.250%。

(六)第三产业就业的中等职业教育工资福利经费长期弹性

建立中等职业教育工资福利经费与第三产业就业的长期均衡模型:

$$\ln TEMP = c_0 + c_1 \ln VWAGE + \varepsilon_t \qquad (8-66)$$

运用最小二乘法,获得模型可决系数 $R^2 = 0.912$,表明模型拟合效果很好。中等职业教育工资福利经费估计系数 t 值 10.157,系数估计值显著。

估计模型可以写作:

$$\ln TEMP = 6.286 + 0.704 \ln VWAGE \qquad (8-67)$$
$$(0.007)$$
$$t = (10.157)$$

上述模型估计结果表明,中等职业教育工资福利经费增加 1%,第三产业就业增长 0.704%,显著高于第三产业就业的普通中学工资福利经费长期弹性 0.411%。

(七)第三产业就业的高校事业性经费长期弹性

建立高校事业性经费与第三产业就业的长期均衡模型:

$$\ln TEMP = c_0 + c_1 \ln HSED + \varepsilon_t \qquad (8-68)$$

运用最小二乘法,获得模型可决系数 $R^2 = 0.943$,表明模型拟合效果很好。高校事业性经费估计系数 t 值 12.871,系数估计值显著。

估计模型可以写作:

$$\ln TEMP = 8.292 + 0.237\ln HSED \qquad\qquad (8-69)$$

$$(0.018)$$

$$t = (12.871)$$

上述模型估计结果表明,高等教育事业性经费增加 1%,第三产业就业增长 0.237%,低于第三产业就业的基础教育事业性经费长期弹性及第三产业就业的中等职业教育事业性经费长期弹性。

(八)第三产业就业的高校基本建设经费长期弹性

建立高校基本建设经费与第三产业就业的长期均衡模型:

$$\ln TEMP = c_0 + c_1\ln HBED + \varepsilon_t \qquad\qquad (8-70)$$

运用最小二乘法,获得模型可决系数 $R^2 = 0.820$,表明模型拟合效果好。高校基本建设经费估计系数 t 值-6.758,系数估计值显著。

估计模型可以写作:

$$\ln TEMP = 11.340 - 0.233\ln HBED \qquad\qquad (8-71)$$

$$(0.034)$$

$$t = (-6.758)$$

上述模型估计结果表明,高校基本建设经费增加 1%,第三产业就业减少 0.233%。

(九)第三产业就业的高校工资福利经费长期弹性

建立高校工资福利经费与第三产业就业的长期均衡模型:

$$\ln TEMP = c_0 + c_1\ln HWAGE + \varepsilon_t \qquad\qquad (8-72)$$

运用最小二乘法,获得模型可决系数 $R^2 = 0.942$,表明模型拟合效果很好。高校工资福利经费估计系数 t 值 12.784,系数估计值显著。

估计模型可以写作:

$$\ln TEMP = 6.808 + 0.504\ln HWAGE \qquad (8-73)$$

$$(0.039)$$

$$t = (12.784)$$

上述模型估计结果表明,高校工资福利经费增加 1%,第三产业就业增长 0.504%,低于第三产业就业的中等职业教育工资福利经费长期弹性 0.704%。

(十)第三产业就业的高校助学金长期弹性

建立高校助学金与第三产业就业的长期均衡模型:

$$\ln TEMP = c_0 + c_1\ln HSUB + \varepsilon_t \qquad (8-74)$$

运用最小二乘法,获得模型可决系数 $R^2 = 0.923$,表明模型拟合效果很好。高校助学金估计系数 t 值 9.453,系数估计值显著。

估计模型可以写作:

$$\ln TEMP = 9.230 + 0.184\ln HSUB \qquad (8-75)$$

$$(0.020)$$

$$t = (9.453)$$

上述模型估计结果表明,高校助学金投入增加 1%,第三产业就业增加 0.184%。

二、短期弹性

(一)第三产业就业的小学事业性经费短期弹性

运用 ADF 方法,对小学事业性经费与第三产业就业长期均衡模型的残差 $TPSECM$ 进行单位根检验。残差 ADF 的 t 值-2.464,小于 5% 的阈值,残差没有一个单位根,残差平稳。

构建小学事业性经费与第三产业就业的误差修正模型:

$$\Delta\ln TEMP_t = c + c_1\Delta\ln PSED_t + c_2\Delta\ln PSED_{t-1} + c_3\Delta\ln TEMP_{t-1} + c_4 TPSECM_{t-1} + \varepsilon_t$$

$$(8-76)$$

模型可决系数 $R^2 = 0.535$,表明模型整体拟合不太好;DW = 1.76,表明模型无自相关性;当年小学事业性经费差分估计系数 t 值-0.160,上一年小学事业性经费差分估计系数 t 值-1.778,上一年第三产业就业差分估计系数 t 值-0.795,误差修正项估计系数 t 值-1.184,模型所有系数估计值均不显著。误差修正模型估计结果表示,小学事业性经费与第三产业就业没有短期弹性。

(二)第三产业就业的小学工资福利经费短期弹性

运用 ADF 方法对小学工资福利经费与第三产业就业长期均衡模型的残差 TPWECM 进行单位根检验,选取无截距项、无趋势项的回归模型,残差 ADF 的 t 值-2.252,小于5%的阈值,残差平稳。

构建小学工资福利经费与第三产业就业的误差修正模型:

$$\Delta \ln TEMP_t = c + c_1 \Delta \ln PWAGE_t + c_2 \Delta \ln PWAGE_{t-1} + c_3 \Delta \ln TEMP_{t-1}$$
$$+ c_4 TPWECM_{t-1} + \varepsilon_t \tag{8-77}$$

表明模型可决系数 $R^2 = 0.567$,表明模型整体拟合一般;DW = 1.732,表明模型无自相关性;当年小学工资福利经费差分估计系数 t 值 1.502,上一年小学工资福利经费差分估计系数 t 值-0.056,上一年第三产业就业差分估计系数 t 值-1.142,误差修正项估计系数 t 值-1.762,模型所有系数估计值不显著。误差修正模型估计结果表示,小学工资福利经费与第三产业就业没有短期弹性。

(三)第三产业就业的中学事业性经费短期弹性

运用 ADF 方法对中学事业性经费与第三产业就业长期均衡模型的残差 TMSECM 进行单位根检验。ADF 的 t 值-2.066,小于5%的阈值,残差平稳。

构建中学事业性经费与第三产业就业的误差修正模型:

$$\Delta \ln TEMP_t = c + c_1 \Delta \ln MSED_t + c_2 \Delta \ln MSED_{t-1} + c_3 \Delta \ln TEMP_{t-1}$$
$$+ c_4 TMSECM_{t-1} + \varepsilon_t \tag{8-78}$$

表明模型可决系数 $R^2 = 0.368$,表明模型整体拟合不佳;DW = 1.781,表明模型无自相关性;当年中学事业性经费差分估计系数 t 值 -0.004,上一年中学事业性经费差分估计系数 t 值 -1.346,上一年第三产业就业差分估计系数 t 值 -0.460,误差修正项估计系数 t 值 -0.692,模型所有系数估计值均不显著。误差修正模型估计结果表示,中学事业性经费与第三产业就业没有短期弹性。

(四)第三产业就业的中学工资福利经费短期弹性

运用 ADF 方法对中学工资福利经费与第三产业就业长期均衡模型残差 TMWECM 进行单位根检验,结果表明残差 ADF 的 t 值 -1.978,小于 5% 的阈值,残差平稳。

构建中学工资福利经费与第三产业就业的误差修正模型:

$$\Delta \ln TEMP_t = c + c_1 \Delta \ln MWAGE_t + c_2 \Delta \ln MWAGE_{t-1} + c_3 \Delta \ln TEMP_{t-1}$$
$$+ c_4 TMWECM_{t-1} + \varepsilon_t \tag{8-79}$$

模型可决系数 $R^2 = 0.480$,表明模型整体拟合一般;DW = 1.890,表明模型无自相关性;当年中学工资福利经费差分估计系数 t 值 1.705,上一年中学工资福利经费差分估计系数 t 值 -0.897,上一年第三产业就业差分估计系数 t 值 0.461,误差修正项估计系数 t 值 -1.042,模型所有系数估计值不显著。误差修正模型估计结果表示,中学工资福利教育经费与第三产业就业没有短期弹性。

(五)第三产业就业的中等职业教育事业性经费短期弹性

运用 ADF 方法对中等职业教育事业性经费与第三产业就业长期均衡模型的残差 TVSECM 进行单位根检验,结果表明残差 ADF 的 t 值 -2.857,小于 5% 的阈值,残差平稳。

构建中等职业教育事业性经费与第三产业就业的误差修正模型:

$$\Delta \ln TEMP_t = c + c_1 \Delta \ln VSED_t + c_2 \Delta \ln VSED_{t-1} + c_3 \Delta \ln TEMP_{t-1}$$
$$+ c_4 TVSECM_{t-1} + \varepsilon_t \tag{8-80}$$

模型可决系数 $R^2 = 0.540$,表明模型整体拟合一般;DW = 1.987,表明模型无自相关性;当年中等职业教育事业性经费差分估计系数 t 值-0.896,上一年中等职业教育事业性经费差分估计系数 t 值-1.276,上一年第三产业就业差分估计系数 t 值-1.694,误差修正项估计系数 t 值-0.244,模型所有估计系数均不显著。误差修正模型估计结果表示,中等职业教育事业性经费与第三产业就业没有短期弹性。

(六)第三产业就业的中等职业教育工资福利经费短期弹性

运用 ADF 方法对中等职业教育工资福利经费与第三产业就业长期均衡模型的残差 TVWECM 进行单位根检验,ADF 检验的 t 值-3.240,小于5%阈值,残差没有一个单位根,残差平稳。

构建中等职业教育工资福利经费与第三产业就业的误差修正模型:

$$\Delta \ln TEMP_t = c + c_1 \Delta \ln VWAGE_t + c_2 \Delta \ln VWAGE_{t-1} + c_3 \Delta \ln TEMP_{t-1}$$
$$+ c_4 TVWECM_{t-1} + \varepsilon_t \tag{8-81}$$

模型可决系数 $R^2 = 0.596$,表明模型整体拟合一般;DW = 1.78,表明模型无自相关性;当年中等职业教育工资福利经费差分估计系数 t 值 1.608,上一年中等职业教育工资福利经费的差分估计系数 t 值-0.569,上一年第三产业就业差分估计系数 t 值 0.141,误差修正项估计系数 t 值-1.820,表明模型所有估计系数均不显著。误差修正模型估计结果表示,中等职业教育工资福利经费与第三产业就业没有短期弹性。

(七)第三产业就业的高校事业性经费短期弹性

运用 ADF 方法检验 lnHSED 与 lnTEMP 长期均衡模型的残差 THSECM 是否有单位根。残差 ADF 的 t 值-1.863,大于5%水平阈值,至少有一个单位根;对残差一阶差分进行平稳性检验,ADF 检验的 t 值-2.175,小于5%水平阈值,残差一阶差分平稳。

构建高等教育事业性经费与第三产业就业的误差修正模型:

$$\Delta \ln TEMP_t = c + c_1 \Delta \ln HSED_t + c_2 \Delta \ln HSED_{t-1} + c_3 \Delta \ln TEMP_{t-1}$$
$$+ c_4 THSECM_{t-1} + \varepsilon_t \tag{8-82}$$

模型可决系数 $R^2 = 0.444$，表明模型整体拟合并不十分理想；DW = 2.002，表明模型无自相关性；当年高等教育事业性经费差分估计系数 t 值-0.101，上一年高等教育事业性经费差分估计系数 t 值-1.345，上一年第三产业就业差分估计系数 t 值-1.052，误差修正项估计系数 t 值-0.918，模型所有系数估计值均不显著。误差修正模型估计结果表示，高校事业性教育经费与第三产业就业没有短期弹性。

（八）第三产业就业的高校基本建设教育经费短期弹性

运用 ADF 方法对 $\ln HBED$ 与 $\ln TEMP$ 均衡模型的残差 THBECM 进行单位根检验，结果表明残差 ADF 的 t 值-3.691，小于1%水平阈值，残差平稳。

构建高等教育基本建设经费与第三产业就业的误差修正模型：
$$\Delta \ln TEMP_t = c + c_1 \Delta \ln HBED_t + c_2 \Delta \ln HBED_{t-1} + c_3 \Delta \ln TEMP_{t-1}$$
$$+ c_4 THBECM_{t-1} + \varepsilon_t \tag{8-83}$$

模型可决系数 $R^2 = 0.383$，表明模型整体拟合度不太好；DW = 1.907，表明模型无自相关性；当年高等教育基本建设经费差分估计系数 t 值-0.419，上一年高等教育基本建设经费差分估计系数 t 值1.417，上一年第三产业就业差分估计系数 t 值-0.856，误差修正项估计系数 t 值-0.556，模型所有系数估计值均不显著。误差修正模型估计结果表示，高校基本建设教育经费与第三产业就业没有短期弹性。

（九）第三产业就业的高校工资福利经费短期弹性

运用 ADF 方法对高校工资福利经费与第三产业就业长期均衡模型的残差 THWECM 进行检验，结果表明残差 ADF 的 t 值-2.233，概率值0.0305，表明残差没有一个单位根，残差平稳。

构建高等教育工资福利经费与第三产业就业的误差修正模型：

$$\Delta \ln TEMP_t = c + c_1 \Delta \ln HWAGE_t + c_2 \Delta \ln HWAGE_{t-1} + c_3 \Delta \ln TEMP_{t-1}$$
$$+ c_4 THWECM_{t-1} + \varepsilon_t \qquad (8-84)$$

模型可决系数 $R^2 = 0.748$，表明模型整体拟合较好；$DW = 2.27$，表明模型无自相关性；当年高校工资福利经费差分估计系数 t 值 2.918，概率值 0.033，该系数估计值显著；上一年高校工资福利差分估计系数 t 值 0.833，概率值 0.443，该系数估计值不显著；上一年第三产业就业差分估计系数 t 值 -2.247，概率值 0.075，表明 10% 显著水平下该系数估计值显著，5% 水平下该系数估计值不显著；误差修正项估计系数 t 值 -1.661，概率值 0.158，该系数估计值不显著。

误差修正模型估计结果如下：

$$\Delta \ln TEMP_t = 0.047 + 0.171 \Delta \ln HWAGE_t - 0.070 \Delta \ln HWAGE_{t-1} - 1.094 \Delta \ln TEMP_{t-1} - 0.338 HWECM_{t-1}$$
$$(0.059) \qquad (0.844) \qquad (0.487) \qquad (0.203)$$
$$t = (2.918) \qquad (0.833) \qquad (-2.247) \qquad (-1.661)$$
$$(8-85)$$

上述误差修正模型估计结果表示：(1) 当年高校工资福利经费增加 1%，当年第三产业就业增长 0.171%；(2) 上一年高校工资福利经费与第三产业就业没有显著短期弹性；(3) 10% 显著水平下，上一年第三产业就业增加 1%，当年第三产业就业人员数减少 1.094%；(4) 残差对高校工资福利经费与第三产业就业偏离长期均衡没有修正。

（十）第三产业就业的高校助学金短期弹性

运用 ADF 方法对高校助学金与第三产业就业长期均衡模型的残差 $THSECM$ 进行单位根检验。残差 ADF 的 t 值 -1.748，大于 5% 的阈值，至少有一个单位根。对残差一阶差分进行 ADF 平稳性检验，t 值 -2.248，小于 5% 阈值，一阶差分平稳。

构建高校助学金与第三产业就业的误差修正模型：

$$\Delta \ln TEMP_t = c + c_1 \Delta \ln HSUB_t + c_2 \Delta \ln HSUB_{t-1} + c_3 \Delta \ln TEMP_{t-1}$$
$$+ c_4 THSECM_{t-1} + \varepsilon_t \qquad (8-86)$$

模型可决系数 $R^2 = 0.321$,表明模型整体拟合不理想;DW = 1.908,表明模型无自相关性;当年高校助学金差分估计系数 t 值-0.557,上一年高校助学金差分估计系数 t 值-0.659,上一年第三产业就业差分估计系数 t 值-1.154,误差修正项估计系数 t 值-0.492,模型系数估计值均不显著。误差修正模型估计结果说明,高校助学金与第三产业就业没有短期弹性。

本章小结

表 8-1　教育经费与第二产业、第三产业就业的长期弹性和短期弹性

教育经费类别	教育经费指标	长期弹性		短期弹性	
		与第二产业就业弹性	与第三产业就业弹性	与第二产业就业弹性	与第三产业就业弹性
经费总量	教育总经费	0.373**	0.270**	无	无
不同来源教育经费	财政性教育经费	0.289**	0.209**	无	无
	学杂费	0.526**	0.374**	0.174*,0.197(-1)**	无
	高校学杂费	0.413**	0.287**	0.144*	无
各级各类教育经费总支出	基础教育经费	0.386**	0.282**	无	无
	中等职业教育经费	0.404**	0.290**	无	无
	高等教育经费	0.419**	0.300**	无	无
各级各类生均教育经费支出	小学生均教育经费支出	0.288**	0.210**	无	无
	农村小学生均教育经费支出	0.263**	0.192**	无	无
	中学生均教育经费支出	0.337**	0.248**	无	无
	初中生均教育经费支出	0.272**	0.198**	无	无
	农村初中生均教育经费支出	0.236**	0.171**	无	无
	中等职业教育生均教育经费支出	0.723**	0.533**	无	-0.205(-1)*
	高校生均教育经费支出	无	无	无	无

教育经费类别	教育经费指标	长期弹性		短期弹性	
		与第二产业就业弹性	与第三产业就业弹性	与第二产业就业弹性	与第三产业就业弹性
教育经费分项支出	事业性经费	0.320**	0.230**	无	无
	基本建设经费	−0.555**	−0.356**	无	无
	工资福利经费	0.529**	0.389**	无	无
	助学金	0.171**	0.120**	无	无
各级各类教育机构经费分项支出	小学事业性经费	0.333**	0.242**	无	无
	小学工资福利经费	0.660**	0.493**	无	无
	中学事业性经费	0.348**	0.250**	无	无
	中学工资福利经费	0.564**	0.411**	无	无
	中等职业教育事业性经费	0.340**	0.241**	无	无
	中等职业教育工资福利经费	0.937**	0.704**	无	无
	高校事业性经费	0.334**	0.237**	无	无
	高校基本建设经费	−0.324**	−0.233**	无	无
	高校工资福利经费	0.657**	0.504**	无	0.171**
	高校助学金	0.259**	0.184**	无	无

一、长期弹性的小结

教育总经费与第二产业就业的长期弹性,高于与第三产业的就业长期弹性。教育总经费增长1%,第二产业就业增长0.373%,第三产业就业增长0.270%。

从不同来源教育经费看,与第三产业就业的长期弹性低于与第二产业就业的长期弹性。学杂费以及高校学杂费对第二产业就业及第三产业就业的长期弹性,高于财政性教育经费的就业弹性。学杂费增长1%,第二产业就业增长0.526%,第三产业就业增长0.374%;其中,高校学杂费增长1%,

第二产业就业增长 0.413%,第三产业就业增长 0.287%;财政性教育经费增长 1%,第二产业就业增长 0.289%,第三产业就业增长 0.209%。

从各级各类教育经费支出看,对第二产业就业的促进效应高于对第三产业就业的促进效应。教育层次越高,教育经费支出与第二产业就业及第三产业就业的长期弹性越大。基础教育、中等职业教育、高等教育经费增长 1%,第二产业就业分别增长 0.386%、0.404%、0.419%,第三产业就业分别增长 0.282%、0.290%、0.300%。

从各级各类经费生均教育经费支出看,基础教育及中等职业教育生均支出与第二产业就业的长期弹性均高于与第三产业就业的长期弹性,而高校生均教育经费支出与第三产业就业不存在长期弹性。小学生均支出增长 1%,第二产业就业增长 0.288%,第三产业就业增长 0.210%;中学生均教育经费支出增长 1%,第二产业就业增长 0.337%,第三产业就业增长 0.248%;中等职业教育生均教育经费支出增长 1%,第二产业就业增长 0.723%,第三产业就业增长 0.533%。

在城乡基础教育生均支出方面,农村基础教育生均教育经费支出与第二产业及第三产业就业的长期弹性均低于全国平均水平。农村小学生均教育经费支出增长 1%,第三产业就业增长 0.192%,第二产业就业增长 0.263%,分别低于全国小学生均教育经费支出与第三产业就业、第二产业就业 0.210%和 0.288%的长期弹性。农村初中生均教育经费支出增长 1%,第三产业就业增长 0.171%,第二产业就业增长 0.236%,分别低于全国初中生均支出与第三产业、第二产业就业 0.198%和 0.272%的长期弹性。

从教育经费支出结构看,事业性经费与第二产业就业的长期弹性高于与第三产业就业的长期弹性,而基本建设经费对第二产业就业的抑制效应高于对第三产业就业的抑制效应。事业性经费增长 1%,第二产业就业增长 0.320%,第三产业就业增长 0.230%;基本建设经费增长 1%,第二产业就业减少 0.555%,第三产业就业减少 0.356%。事业性经费支出类别中,工资福利经费与第二产业就业及第三产业就业的长期弹性最高,助学金与第二产业就业及第三产业就业的长期弹性最低。工资福利经费增长 1%,

第二产业就业增长 0.529%,第三产业就业增长 0.389%;助学金支出增长1%,第二产业就业增长 0.171%,第三产业就业增长 0.120%。

各级各类教育事业性经费与第二产业就业的长期弹性均高于与第三产业就业的长期弹性。值得注意的是,高校事业性经费与第三产业就业的长期弹性低于小学、中学、中等职业教育事业性经费与第三产业就业的长期弹性。小学事业性经费增长 1%,第二产业就业增长 0.333%,第三产业就业增长 0.242%;中学事业性经费增长 1%,第二产业就业增长 0.348%,第三产业就业增长 0.250%;中等职业事业性经费增长 1%,第二产业就业增长0.340%,第三产业就业增长 0.241%;高校事业性经费增长 1%,第二产业就业增长 0.334%,第三产业就业增长 0.237%。事业性经费支出类别中,各级各类教育工资福利经费与第二产业就业的长期弹性显著高于与第三产业就业的长期弹性。小学工资福利经费增长 1%,第二产业就业增长0.660%,第三产业就业增长 0.493%;中学工资福利经费增长 1%,第二产业就业增长 0.564%,第三产业就业增长 0.411%;中等职业教育工资福利经费增长 1%,第二产业就业增长 0.937%,第三产业就业增长 0.704%;高校工资福利经费增长 1%,第二产业就业增长 0.657%,第三产业就业增长0.504%。需要指出的是,高校工资福利经费与第三产业就业的长期弹性小于中等职业教育工资福利经费与第三产业就业的长期弹性。

二、短期弹性的小结

教育总经费与第三产业就业没有显著短期弹性,但中等职业教育生均教育经费支出及高校工资福利经费与第三产业就业存在短期弹性。

中等职业教育生均教育经费支出与第三产业就业的短期弹性为负值。10%显著水平下,中等职业教育生均教育经费支出增长 1%,下一年第三产业就业减少 0.205%。这表明,中等职业教育生均教育经费支出增长,带来未来收入增长预期,更多个人选择进入中等职业教育接受教育,以期未来在第三产业就业增加收入,从而减少了短时期内进入第三产业的劳动力数量。

　　高校工资福利经费与第三产业就业的短期弹性正值,高校工资福利经费增长 1%,第三产业就业增长 0.171%。高校扩招增加工资福利支出的同时,高校在校生数量增长,短期内拉动与教育相关的第三产业需求,如交通运输、餐饮、教育服务等相关行业消费需求增长。

第九章　教育投资影响全国就业的
滞后性动态效应

　　第五章至第八章评价了教育经费与就业的短期弹性和长期弹性,这是从静态分析角度评价教育投资对就业的影响。人力资本投资与物质资本投资对就业影响机制最主要的差异在于,教育投资形成的人力资本对就业的影响重点不在于短期的、静态的关系,更是一种长期的、动态的、不断变化的关系,教育投资产生人力资本提高了劳动生产率,对经济社会产生累加的、滞后多年的影响。基于这样的考虑,接下来的几章讨论教育经费投入影响就业的滞后性动态效应。建立包含物质资本投资的向量自回归模型,在分析教育投资对就业的滞后性动态影响的同时,对比分析物质资本投资与教育投资对就业的滞后性动态影响特征。

第一节　教育经费收入影响全国就业的
滞后性动态效应

一、教育总经费影响全国就业的动态效应

　　以柯布-道格拉斯生产函数 $Q = AK^{\alpha}L^{\beta}$ 为基础,Q 表示产出,K 和 L 分别表示资本和劳动投入,α 和 β 则表示资本与劳动的产出弹性。将柯布-道格拉斯生产函数 $Q = AK^{\alpha}L^{\beta}$ 取对数,则获得下式:

$$\ln Q = c + \alpha \ln K + \beta \ln L \tag{9-1}$$

将资本 K 拆分为物质资本和人力资本,物质资本投入用固定资产投资表示,人力资本投入用教育投资代表,产出用国内生产总值衡量,劳动 L 使用就业指标表示。可以得到:

$$\ln GDP_t = c + c_1\ln GI_t + c_2\ln EDU_t + c_3\ln EMP_t + \varepsilon \qquad (9-2)$$

2002—2013 年样本期数较少,限制构建 VAR 模型时将国内生产总值、固定资产投资、教育投资、就业四个因素放入模型。本章重点比较物质资本投入与人力资本投入影响就业的长期动态关系,因此构建自回归模型时舍弃国内生产总值因素,构建固定资产投资、教育投资、就业三个方程的动态模型。

内生变量的定义如下:

$\ln EMP_t$:全国就业总量 EMP 的自然对数;

$\ln GI_t$:全国固定资产投资 GI 的自然对数;

$\ln EDU_t$:教育总经费 EDU 的自然对数。

教育总经费、全国固定资产投资、全国就业 VAR 模型的估计结果如下:

$$
\begin{bmatrix} \ln EMP \\ \ln GI \\ \ln EDU \end{bmatrix}_t =
\begin{bmatrix} 4.984 \\ -161.677 \\ 11.160 \end{bmatrix} +
\begin{bmatrix} 0.503 & -0.005 & 0.004 \\ 9.636 & 0.656 & 0.324 \\ 1.827 & -0.194 & 0.468 \end{bmatrix}
\begin{bmatrix} \ln EMP \\ \ln GI \\ \ln EDU \end{bmatrix}_{t-1}
$$

$$
+ \begin{bmatrix} 0.042 & 0.009 & 0.004 \\ 5.157 & -0.435 & 0.188 \\ -2.682 & 0.786 & -0.373 \end{bmatrix}
\begin{bmatrix} \ln EMP \\ \ln GI \\ \ln EDU \end{bmatrix}_{t-2} \qquad (9-3)
$$

VAR 模型调整的可决系数 0.999,表明模型整体拟合良好;F 统计量 3634.046,表明模型估计系数整体显著;AIC 准则和 SC 准则值最小,表明滞后 2 期是 VAR 模型合适的滞后项数;VAR 模型所有根模的倒数都小于 1,即位于单位圆内,表明 VAR 模型稳定。

运用脉冲响应函数分析方差新息冲击下,通过动态结构传导影响全国就业动态变化特征:(1)教育总经费冲击下,滞后 10 年的全国就业响应值均为正值,但响应峰值接近零值,非常微弱;(2)固定资产冲击下,仅有 1 年的全国就业响应值为负,总体上就业促进效应显著,高于教育总经费冲击下的全国就业促进效应,全国就业响应值峰值 0.00087761。

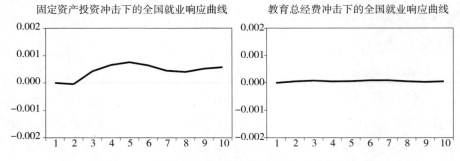

固定资产投资冲击下的全国就业响应曲线   教育总经费冲击下的全国就业响应曲线

图9-1 教育总经费对全国就业的脉冲响应曲线

运用方差分解方法分析教育总经费冲击对全国就业动态变化的贡献度。全国就业变化预测方差主要由固定资产投资扰动引起,贡献度38%;教育总经费扰动贡献度在滞后10年中均不超过3%,表示教育总经费冲击对全国就业滞后性动态变化的影响力非常小。

二、财政性教育经费影响全国就业的动态效应

财政性教育投资、全国固定资产投资、全国就业 VAR 模型的估计结果如下:

$$
\begin{bmatrix} \ln EMP \\ \ln GI \\ \ln FED \end{bmatrix}_t = \begin{bmatrix} 4.303 \\ -200.946 \\ -18.194 \end{bmatrix} + \begin{bmatrix} 0.577 & -0.005 & 0.002 \\ 10.325 & 0.510 & 0.333 \\ -14.519 & -0.584 & 0.701 \end{bmatrix} \begin{bmatrix} \ln EMP \\ \ln GI \\ \ln FED \end{bmatrix}_{t-1}
$$

$$
+ \begin{bmatrix} 0.032 & 0.009 & 0.002 \\ 8.190 & -0.460 & 0.138 \\ 16.229 & 0.942 & -0.253 \end{bmatrix} \begin{bmatrix} \ln EMP \\ \ln GI \\ \ln FED \end{bmatrix}_{t-2} \tag{9-4}
$$

AIC 准则和 SC 准则值最小,表明滞后 2 期是 VAR 模型合适的滞后项数。VAR 模型所有根模的倒数都小于1,即位于单位圆内,表明 VAR 模型是稳定的。

运用脉冲响应函数分析一个标准新息冲击下,全国就业滞后性动态变化特点:(1)财政性教育经费投入冲击下,滞后 10 年的全国就业响应值均呈现正值,说明财政性教育经费对滞后 10 年的全国就业产生就业促进效

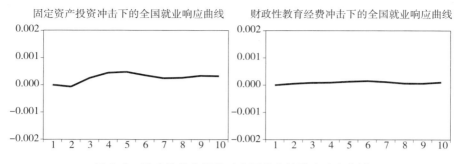

图 9-2　财政性教育经费对全国就业的脉冲响应曲线

应;(2)财政性教育经费投入冲击下,全国就业响应值峰值 0.000153 非常
微小,但略高于教育总经费冲击下的全国就业响应值峰值 9.34E-05;(3)
固定资产冲击下,有滞后 1 年的全国就业响应值为负(财政性教育经费冲
击下,滞后 10 年的全国就业响应值没有负值),全国就业响应值峰值
0.00053371,总体上对全国就业的促进效应显著,高于财政性教育经费冲击
下的促进效应。

　　运用方差分解方法分析财政性教育经费冲击对全国就业动态变化的贡
献度。财政性教育投资贡献度在滞后 10 年中均不超过 7%,自滞后第 5 年
全国就业预测方差 50% 以上由固定资产投资扰动引起,表示财政性教育经
费对全国就业滞后性动态变化的影响力非常小。

三、学杂费影响全国就业的动态效应

　　学杂费、全国固定资产投资、全国就业的 VAR 模型的估计结果如下:

$$
\begin{bmatrix} \ln EMP \\ \ln GI \\ \ln FEE \end{bmatrix}_t = \begin{bmatrix} 4.962 \\ -207.728 \\ -203.896 \end{bmatrix} + \begin{bmatrix} 0.704 & -0.002 & -0.0005 \\ 25.000 & 1.748 & 0.319 \\ 30.346 & 2.150 & -1.265 \end{bmatrix} \begin{bmatrix} \ln EMP \\ \ln GI \\ \ln FEE \end{bmatrix}_{t-1}
$$

$$
+ \begin{bmatrix} -0.156 & 0.011 & 0.002 \\ -5.841 & -0.731 & -0.737 \\ -11.107 & -0.821 & -1.547 \end{bmatrix} \begin{bmatrix} \ln EMP \\ \ln GI \\ \ln FEE \end{bmatrix}_{t-2} \tag{9-5}
$$

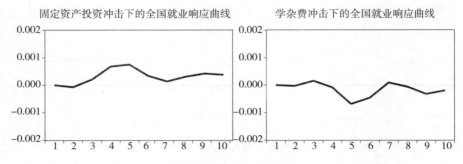

图 9-3 学杂费对全国就业的脉冲响应曲线

通过脉冲响应函数分析一个标准新息冲击下,全国就业动态变化特点:(1)学杂费冲击下,有 7 年的全国就业响应值为负,整体上对全国就业产生滞后性就业抑制效应;(2)学杂费冲击下,全国就业响应值呈现阶段性波动:全国就业响应值在滞后第 3 年形成第一个峰值 0.000156,随后向下,滞后第 5 年到达波谷值 -0.000685,随后调头向上,滞后第 7 年到达第二个波峰 9.01E-05,滞后第 8 年至第 10 年全国就业响应值均为负值;(3)固定资产冲击下,仅有滞后 1 年的全国就业响应值呈现负值,全国就业响应值峰值 0.00087164,总体上对全国就业的促进效应为正值,高于学杂费冲击下的滞后性就业效应。

运用方差分解方法分析学杂费冲击对全国就业动态变化的贡献度。就业总量的预测方差变动主要来自本身扰动;滞后第 4 年后,固定资产投资扰动所引起的部分占 20% 左右;学杂费扰动贡献度 10%,对全国就业动态变化的影响力较小。

四、高校学杂费影响全国就业的动态效应

高校学杂费、全国固定资产投资、全国就业 VAR 模型估计结果如下:

$$
\begin{bmatrix} \ln EMP \\ \ln GI \\ \ln HF \end{bmatrix}_t = \begin{bmatrix} 3.356 \\ -109.898 \\ -87.436 \end{bmatrix} + \begin{bmatrix} 0.401 & 0.009 & -0.005 \\ 9.503 & 1.216 & 0.212 \\ -2.634 & -1.918 & 0.874 \end{bmatrix} \begin{bmatrix} \ln EMP \\ \ln GI \\ \ln HF \end{bmatrix}_{t-1}
$$

$$
+ \begin{bmatrix} 0.293 & 0.001 & -0.004 \\ 19.510 & 0.311 & -0.528 \\ 10.938 & 1.310 & 0.376 \end{bmatrix} \begin{bmatrix} \ln EMP \\ \ln GI \\ \ln HF \end{bmatrix}_{t-2} \tag{9-6}
$$

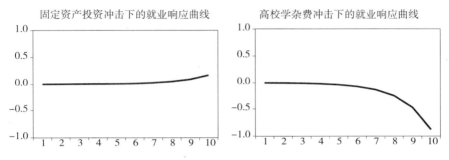

固定资产投资冲击下的就业响应曲线　　　　高校学杂费冲击下的就业响应曲线

图 9-4　高校学杂费对全国就业的脉冲响应曲线

运用脉冲响应函数分析全国就业对来自一个标准新息冲击的动态变化特点:(1)高校学杂费冲击下,从滞后第 2 年至滞后第 10 年,全国就业响应值均为负值,说明高校学杂费对全国就业产生滞后性就业抑制效应非常显著;(2)高校学杂费冲击下,全国就业响应曲线向下弯曲,就业抑制效应不断显著加深,滞后第 2 年时,全国就业响应值为 -0.000171,滞后第 10 年的全国就业响应值下降为 -0.00637;(3)固定资产投资冲击下,全国就业响应值均为正值,全国就业响应值峰值 0.2361115。

运用方差分解方法分析高校学杂费对全国就业动态变化的贡献度特点。高校学杂费冲击下,滞后第 2 年时贡献度已经达到 35%,此后三年有所下降,滞后第 6 年的贡献度上升为 31%,此后逐年增长,滞后第 10 年的贡献度为 39%,表示高校学杂费冲击成为预测全国就业动态变化的重要解释力量,固定资产投资冲击的贡献度不足 20%。

第二节　各级各类教育经费支出影响全国就业的滞后性动态效应

一、基础教育经费影响全国就业的动态效应

基础教育经费、全国固定资产投资、全国就业 VAR 模型的估计结果如下：

$$\begin{bmatrix} \ln EMP \\ \ln GI \\ \ln JEDU \end{bmatrix}_t = \begin{bmatrix} 4.348 \\ -171.703 \\ 9.798 \end{bmatrix} + \begin{bmatrix} 0.499 & -0.005 & 0.003 \\ 7.900 & 0.633 & 0.328 \\ 6.785 & -0.189 & 0.503 \end{bmatrix} \begin{bmatrix} \ln EMP \\ \ln GI \\ \ln JEDU \end{bmatrix}_{t-1}$$

$$+ \begin{bmatrix} 0.104 & 0.008 & 0.004 \\ 7.849 & -0.329 & 0.027 \\ -7.586 & 0.674 & -0.241 \end{bmatrix} \begin{bmatrix} \ln EMP \\ \ln GI \\ \ln JEDU \end{bmatrix}_{t-2} \tag{9-7}$$

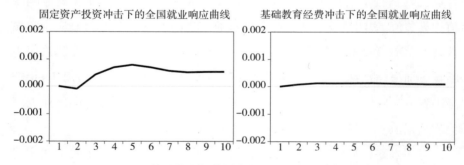

图 9-5　基础教育经费对全国就业的脉冲响应曲线

运用脉冲响应函数分析新息冲击下,全国就业动态变化特征:(1)基础教育经费冲击下,滞后 10 年的全国就业响应值均为正值,总体上呈现正向滞后性全国就业促进效应,但对全国就业促进效应微小,全国就业响应值峰值仅 0.000132,非常微小;(2)固定资产投资冲击下,仅有 1 年的全国就业响应值为微小负值 $-9.66E-05$,全国就业响应值峰值 0.00091331,总体上滞

后性全国就业促进效应显著,总体上高于基础教育经费冲击下的滞后性全国促进就业效应。

运用方差分解方法分析基础教育经费冲击对全国就业动态变化的贡献度。固定资产投资冲击是解释全国就业变化最重要的因素,贡献度超过80%,基础教育经费冲击贡献度不超过5%,对全国就业动态性变化的影响力很小。

二、中等职业教育经费影响全国就业的动态效应

中等职业教育经费、全国固定资产投资与全国就业 VAR 模型的估计结果如下:

$$
\begin{bmatrix} \ln EMP \\ \ln GI \\ \ln VEDU \end{bmatrix}_t = \begin{bmatrix} 2.844 \\ -295.888 \\ -56.890 \end{bmatrix} + \begin{bmatrix} 0.622 & -0.008 & 0.0009 \\ 16.447 & 0.197 & 0.430 \\ -20.497 & -0.589 & 0.674 \end{bmatrix} \begin{bmatrix} \ln EMP \\ \ln GI \\ \ln VEDU \end{bmatrix}_{t-1}
$$

$$
+ \begin{bmatrix} 0.120 & 0.009 & 0.005 \\ 10.758 & -0.358 & 0.182 \\ 25.779 & 0.738 & -0.273 \end{bmatrix} \begin{bmatrix} \ln EMP \\ \ln GI \\ \ln VEDU \end{bmatrix}_{t-2} \tag{9-8}
$$

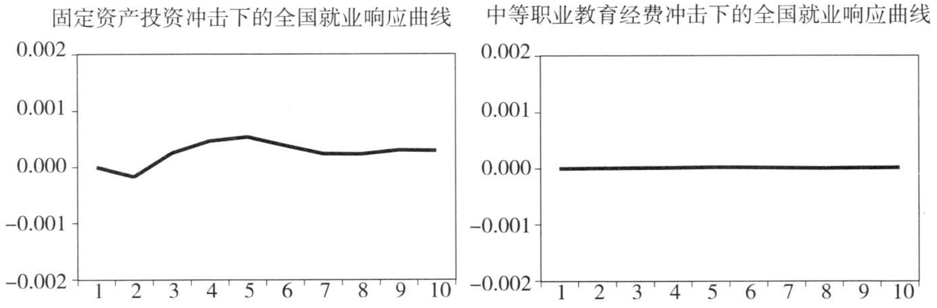

固定资产投资冲击下的全国就业响应曲线　　中等职业教育经费冲击下的全国就业响应曲线

图 9-6　中等职业教育经费对全国就业的脉冲响应曲线

运用脉冲响应函数分析方差新息冲击下全国就业响应值的动态变化特征:(1)中等职业教育经费冲击下,滞后 10 年的全国就业响应值为正值,整体上呈现就业促进效应,但全国就业响应值微小,全国就业响应值峰值

9.50E-06,甚至小于基础教育经费冲击下的全国就业促进效应；（2）固定资产投资冲击下，仅有 1 年的全国就业响应值为负值，总体上滞后性全国就业促进效应显著，高于中等职业教育经费冲击下的就业促进效应，全国就业响应值峰值 0.00061531。

运用方差分解方法分析中等职业教育经费冲击对全国就业动态变化的贡献度。固定资产投资冲击对全国就业滞后性变化的贡献度达 77%，中等职业教育经费扰动的贡献度滞后 10 年中均不超过 1%，说明中等职业教育经费对全国就业动态变化的影响力微弱。

三、高等教育经费影响全国就业的动态效应

高等教育经费、全国固定资产投资、全国就业 VAR 模型的估计结果如下：

$$
\begin{bmatrix} \ln EMP \\ \ln GI \\ \ln HEDU \end{bmatrix}_t = \begin{bmatrix} 6.525 \\ -119.572 \\ -244.437 \end{bmatrix} + \begin{bmatrix} 0.509 & -0.004 & 0.004 \\ 15.622 & 0.833 & 0.154 \\ 21.174 & 0.327 & -0.585 \end{bmatrix} \begin{bmatrix} \ln EMP \\ \ln GI \\ \ln HEDU \end{bmatrix}_{t-1}
$$

$$
+ \begin{bmatrix} -0.104 & 0.011 & 0.006 \\ -4.669 & -0.368 & 0.207 \\ 1.465 & 0.547 & -0.927 \end{bmatrix} \begin{bmatrix} \ln EMP \\ \ln GI \\ \ln HEDU \end{bmatrix}_{t-2} \tag{9-9}
$$

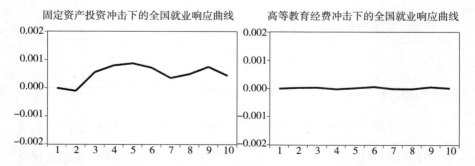

图 9-7　高等教育经费对全国就业的脉冲响应曲线

运用脉冲响应函数分析一个标准新息冲击下全国就业的动态响应变化特点:(1)高等教育经费冲击下,有 3 年的全国就业响应值为微小负值,总体上呈现微小的滞后性就业促进效应;(2)高等教育经费冲击下,就业促进效应非常微小,甚至小于基础教育经费冲击下的效应,高等教育经费冲击下的全国就业响应值峰值仅 6.19E-05,小于基础性教育经费冲击下全国就业响应值峰值 0.000132;(3)固定资产投资冲击下,仅有滞后 1 年的全国就业响应值为负,全国就业响应值峰值 0.0009316,总体上对全国就业的促进效应显著,显著高于高等教育经费冲击下的促进效应。

运用方差分解方法分析高等教育经费冲击对全国就业动态变化的贡献度。固定资产投资冲击是解释全国就业滞后性变化的最主要因素,贡献度从 54%增长到 82%;高等教育经费冲击的贡献度不足 0.5%,甚至低于基础教育经费冲击 5%的贡献度,说明高等教育经费冲击对全国就业动态变化的影响微不足道。

第三节　各级生均教育经费支出影响全国就业的滞后性动态效应

一、小学生均教育经费支出影响全国就业的动态效应

小学生均教育经费支出、全国固定资产投资、全国就业 VAR 模型的估计结果如下:

$$
\begin{bmatrix} \ln EMP \\ \ln GI \\ \ln APED \end{bmatrix}_t = \begin{bmatrix} 4.124 \\ -80.965 \\ 195.248 \end{bmatrix} + \begin{bmatrix} 0.545 & -0.005 & 0.002 \\ 11.178 & 0.374 & 0.634 \\ -42.388 & -0.868 & 1.350 \end{bmatrix} \begin{bmatrix} \ln EMP \\ \ln GI \\ \ln APED \end{bmatrix}_{t-1}
$$

$$
+ \begin{bmatrix} 0.081 & 0.007 & 0.004 \\ 18.799 & 0.011 & -0.208 \\ 24.608 & 1.644 & -0.895 \end{bmatrix} \begin{bmatrix} \ln EMP \\ \ln GI \\ \ln APED \end{bmatrix}_{t-2} \qquad (9-10)
$$

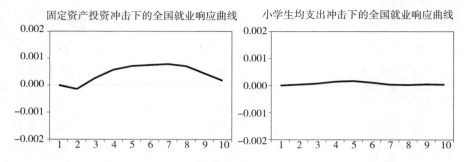

图 9-8 小学生均教育经费支出对全国就业的脉冲响应曲线

运用脉冲响应分析一个方差新息冲击下全国就业动态变化特征:(1)小学生均教育经费支出冲击下,滞后 10 年的全国就业响应值均为正值,但滞后性就业促进效应微小,全国就业响应值峰值仅为 0.000168;(2)固定资产投资冲击下,全国就业响应值仅有 1 年为负值,全国就业响应值峰值0.00085538,总体上呈现滞后性全国就业促进效应,高于小学生均教育经费支出冲击下的就业效应。

运用方差分解方法分析小学生均教育经费支出冲击对全国就业动态变化的贡献度。固定资产投资冲击是全国就业动态变化的最主要因素,固定资产投资冲击下滞后第 3 年对全国就业变化的贡献度即超过 60%,滞后第6 年以后贡献度则超过了 80%;小学生均教育经费支出冲击对全国就业滞后性变化的贡献度非常小,滞后 10 年中贡献度均不超过 5%,多数滞后年份的贡献度为 2%,说明小学生均教育经费支出冲周对全国就业动态变化的影响极其微小。

二、农村小学生均教育经费支出影响全国就业的动态分析

农村小学生均教育经费支出、固定资产投资、全国就业 VAR 模型的估计结果如下:

$$\begin{bmatrix} \ln EMP \\ \ln GI \\ \ln ASP \end{bmatrix}_t = \begin{bmatrix} 3.811 \\ -121.403 \\ -44.828 \end{bmatrix} + \begin{bmatrix} 0.651 & -0.006 & 0.001 \\ -7.813 & 0.183 & 0.609 \\ -23.381 & -1.016 & 0.991 \end{bmatrix} \begin{bmatrix} \ln EMP \\ \ln GI \\ \ln ASP \end{bmatrix}_{t-1}$$

$$+ \begin{bmatrix} 0.003 & 0.006 & 0.005 \\ 19.221 & -0.119 & -0.041 \\ 27.614 & 0.857 & -0.053 \end{bmatrix} \begin{bmatrix} \ln EMP \\ \ln GI \\ \ln ASP \end{bmatrix}_{t-2} \qquad (9-11)$$

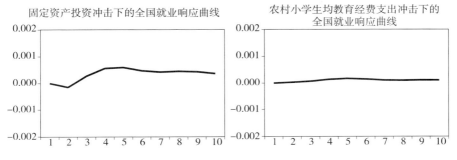

图 9-9　农村小学生均支出对全国就业的脉冲响应曲线

　　运用脉冲响应函数分析方差新息冲击下全国就业动态变化特征:(1)农村小学生均教育经费支出冲击下,滞后 10 年的全国就业响应值均为正值;(2)农村小学生均教育经费支出冲击下的全国就业响应值峰值 0.000174,与全国小学生均教育经费支出冲击下的全国就业响应值峰值 0.000168 大致相当,与全国小学生均教育经费支出冲击下滞后性就业效应大致相当;(3)固定资产投资冲击下,全国就业响应值仅有 1 年为负值,全国就业响应值峰值 0.00057518,总体上对全国就业的促进效应显著,高于农村小学生均教育经费支出冲击的滞后性就业效应。

　　运用方差分解方法分析农村小学生均支出冲击对全国就业动态变化的贡献度。固定资产投资冲击是解释全国就业变化的主要因素,固定资产投资冲击下滞后第 4 年对全国就业变化的贡献度超过 50%,滞后第 7 年以后的贡献度则超过了 70%;农村小学生均教育经费支出冲击对全国就业动态变化的贡献度非常小,滞后 10 年中贡献度均不超过 6%。

三、中学生均教育经费支出影响全国就业的动态效应

中学生均教育经费支出、全国固定资产投资、全国就业 VAR 模型的估计结果如下：

$$
\begin{bmatrix} \ln EMP \\ \ln GI \\ \ln AMED \end{bmatrix}_t = \begin{bmatrix} 3.817 \\ -228.107 \\ -194.817 \end{bmatrix} + \begin{bmatrix} 0.559 & -0.005 & 0.002 \\ 14.141 & 0.673 & 0.216 \\ 27.953 & 0.093 & 0.161 \end{bmatrix} \begin{bmatrix} \ln EMP \\ \ln GI \\ \ln AMED \end{bmatrix}_{t-1}
$$

$$
+ \begin{bmatrix} 0.094 & 0.007 & 0.004 \\ 6.796 & -0.547 & 0.182 \\ -10.210 & -0.202 & 0.457 \end{bmatrix} \begin{bmatrix} \ln EMP \\ \ln GI \\ \ln AMED \end{bmatrix}_{t-2} \qquad (9-12)
$$

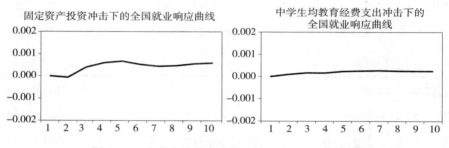

图9-10　中学生均支出对全国就业的脉冲响应曲线

运用脉冲响应函数分析一个新息冲击下,全国就业动态变化特点:(1)中学生均教育经费支出冲击下,滞后10年的全国就业响应值均为正值,产生滞后性就业促进效应;(2)中学生均教育经费支出冲击下,全国就业响应值峰值0.00027,高于小学生均教育经费支出扰动下的就业响应值峰值0.000168,总体上略高于小学生均教育经费支出的滞后性就业促进效用;(3)固定资产投资冲击下,全国就业响应值仅有1年为负,全国就业响应值峰值0.00071361,总体上对全国就业的促进效应显著,高于中学生均教育经费支出冲击的就业效应。

运用方差分解方法分析中学生均教育经费支出冲击对全国就业动态变

化的贡献度。固定资产投资冲击对全国就业滞后性变化的解释度达70%，是最主要的贡献因素；中学生均教育经费支出冲击的贡献度是13%，对全国就业动态变化具有较小的影响力。

四、初中生均教育经费支出影响全国就业的动态效应

初中生均教育经费支出、全国固定资产投资、全国就业 VAR 模型的估计结果如下：

$$
\begin{bmatrix} \ln EMP \\ \ln GI \\ \ln AJED \end{bmatrix}_t = \begin{bmatrix} 3.564 \\ -181.677 \\ 76.951 \end{bmatrix} + \begin{bmatrix} 0.600 & -0.006 & 0.001 \\ 7.507 & 0.450 & 0.379 \\ -10.961 & -0.774 & 1.097 \end{bmatrix} \begin{bmatrix} \ln EMP \\ \ln GI \\ \ln AJED \end{bmatrix}_{t-1}
$$

$$
+ \begin{bmatrix} 0.077 & 0.007 & 0.003 \\ 9.290 & -0.282 & -0.025 \\ 3.909 & 1.361 & -0.636 \end{bmatrix} \begin{bmatrix} \ln EMP \\ \ln GI \\ \ln AJED \end{bmatrix}_{t-2} \qquad (9-13)
$$

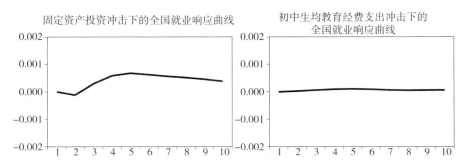

图 9-11 初中生均支出对全国就业的脉冲响应曲线

运用脉冲响应函数分析一个方差新息冲击下全国就业动态变化特征：（1）初中生均教育经费支出冲击下，滞后10年的全国就业响应值均为正值，总体上呈现微小的就业促进效应；（2）初中生均教育经费支出冲击下，全国就业响应值峰值 0.000106，低于中学生均教育经费支出冲击下的全国就业响应值峰值 0.00027；（3）固定资产投资冲击下，仅有 1 年的全国就业响应值为微小负值，全国就业响应值峰值 0.00068922，总体上对全国就业

的促进效应显著,高于初中生均教育经费支出冲击的滞后性就业效应。

运用方差分解方法分析初中生均教育经费支出冲击对全国就业动态变化的贡献度。固定资产投资冲击是全国就业变化最主要的影响因素,滞后第 4 年的贡献度超过 60%,滞后第 6 年以后贡献度则超过了 80%,并且逐年增长,滞后第 10 年贡献度的 87%。初中生均教育经费支出冲击对全国就业动态变化的贡献度微弱,滞后 10 年中均不超过 3%。

五、农村初中生均教育经费支出影响全国就业的动态效应

农村初中生均教育经费支出、全国固定资产投资、全国就业 VAR 模型的估计结果如下:

$$
\begin{bmatrix} \ln EMP \\ \ln GI \\ \ln ASJ \end{bmatrix}_t = \begin{bmatrix} 3.371 \\ -245.992 \\ -295.483 \end{bmatrix} + \begin{bmatrix} 0.707 & -0.006 & 0.001 \\ 15.765 & 0.216 & 0.381 \\ 12.826 & -1.032 & 0.822 \end{bmatrix} \begin{bmatrix} \ln EMP \\ \ln GI \\ \ln ASJ \end{bmatrix}_{t-1}
$$

$$
+ \begin{bmatrix} -0.011 & 0.006 & 0.003 \\ 7.037 & -0.434 & 0.152 \\ 15.275 & 0.329 & 0.122 \end{bmatrix} \begin{bmatrix} \ln EMP \\ \ln GI \\ \ln ASJ \end{bmatrix}_{t-2} \qquad (9\text{-}14)
$$

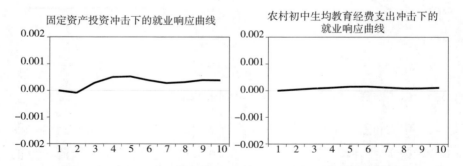

图 9-12　农村初中生均教育经费支出对全国就业的脉冲响应曲线

运用脉冲响应函数分析方差新息冲击下全国就业动态变化特点:(1)农村初中生均教育经费支出冲击下,滞后 10 年的全国就业响应值均为正值;(2)农村初中生均教育经费支出冲击下,全国就业响应值峰值

0.000158,略高于全国初中生均教育经费支出的就业效应;(3)固定资产投资冲击下,全国就业响应值仅有 1 年为微小负值,全国就业响应值峰值 0.00058338,总体上对全国就业的促进效应显著,高于农村初中生均教育经费支出冲击下的滞后性就业效应。

运用方差分解方法分析农村初中生均教育经费支出冲击对全国就业动态变化的贡献度。固定资产投资冲击的贡献度为 78%,是影响全国就业动态变化最主要因素。农村初中生均教育经费支出冲击的贡献度逐年缓慢增长,从滞后第 2 年的 0.5% 逐步增长为滞后第 10 年的 6.3%,整体上贡献度微小。

六、中等职业教育生均教育经费支出影响全国就业的动态效应

中等职业教育生均教育经费支出、全国固定资产投资、全国就业 VAR 模型的估计结果如下:

$$
\begin{bmatrix} \ln EMP \\ \ln GI \\ \ln AVED \end{bmatrix}_t = \begin{bmatrix} 4.426 \\ -177.156 \\ 14.465 \end{bmatrix} + \begin{bmatrix} 0.516 & -0.005 & 0.005 \\ 19.312 & 0.891 & 0.056 \\ 28.018 & 0.414 & -0.321 \end{bmatrix} \begin{bmatrix} \ln EMP \\ \ln GI \\ \ln AVED \end{bmatrix}_{t-1}
$$

$$
+ \begin{bmatrix} 0.076 & 0.010 & 0.004 \\ -3.120 & -0.384 & 0.075 \\ -28.750 & 0.185 & -0.246 \end{bmatrix} \begin{bmatrix} \ln EMP \\ \ln GI \\ \ln AVED \end{bmatrix}_{t-2} \tag{9-15}
$$

运用脉冲响应函数分析一个新息冲击下全国就业动态变化特点:(1)中等职业教育生均教育经费支出冲击下,滞后 10 年的全国就业响应值均为正值,形成微小的滞后性全国就业促进效应;(2)中等职业教育生均教育经费支出冲击下的滞后性就业效应,低于普通中学生均教育经费支出冲击下的就业效应:前者冲击下的就业响应值峰值 0.0001,后者冲击下的就业响应值峰值 0.0002,后者比前者产生更显著的滞后性就业效应,这是由于普通中学较职业教育生均教育经费支出增幅更大;(3)固定资产投资冲击下,

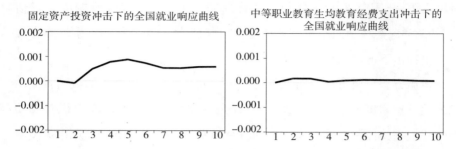

图 9-13 中等职业教育生均教育经费支出对全国就业的脉冲响应曲线

全国就业响应值仅有 1 年为微小负值,全国就业响应值峰值 0.00092418,总体上对全国就业的促进效应显著,高于中等职业教育生均教育经费支出冲击下的滞后性就业效应。

运用方差分解方法分析中等职业教育生均教育经费支出冲击对全国就业变化的贡献度。固定资产投资扰冲击动的贡献度最高达 68%,是解释全国就业变化的主要因素。中等职业教育生均教育经费支出最大贡献度9%,对全国就业动态变化的影响力小。

七、高校生均教育经费支出影响全国就业的动态效应

高校生均教育经费支出、全国固定资产投资、全国就业 VAR 模型的估计结果如下:

$$
\begin{bmatrix} \ln EMP \\ \ln GI \\ \ln AHED \end{bmatrix}_t = \begin{bmatrix} 3.679 \\ -195.540 \\ 173.723 \end{bmatrix} + \begin{bmatrix} 0.450 & -0.003 & 0.003 \\ 16.616 & 0.898 & 0.070 \\ 20.776 & -0.013 & 0.148 \end{bmatrix} \begin{bmatrix} \ln EMP \\ \ln GI \\ \ln AHED \end{bmatrix}_{t-1}
$$

$$
+ \begin{bmatrix} 0.210 & 0.009 & 0.002 \\ 1.212 & -0.397 & 0.055 \\ -36.062 & 0.547 & -0.031 \end{bmatrix} \begin{bmatrix} \ln EMP \\ \ln GI \\ \ln AHED \end{bmatrix}_{t-2} \tag{9-16}
$$

运用脉冲响应函数分析方差新息冲击下全国就业动态变化特征:(1)高校生均教育经费支出冲击下,滞后 10 年的全国就业响应值均为正值;

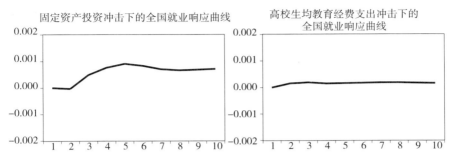

图 9-14　高校生均教育经费支出对全国就业的脉冲响应曲线

(2)高校生均教育经费支出冲击下,全国就业响应值峰值 0.00019,略高于小学生均教育经费支出冲击下的全国就业响应值峰值 0.000168,但低于中学生均教育经费支出冲击下全国就业响应值峰值 0.00027;(3)固定资产投资冲击下,全国就业响应值仅有 1 年为微小负值,全国就业响应值峰值 0.00096551,总体上对全国就业的促进效应显著,高于高校生均教育经费支出冲击的就业效应。

运用方差分解方法分析高校生均教育经费支出冲击对全国就业动态变化的贡献度。固定资产投资冲击对全国就业变化的贡献度达 76%,是最重要的解释因素。高校生均教育经费支出冲击下的贡献度最高达 15%,对全国就业变化仅起到小部分解释作用。

第四节　教育经费支出结构影响全国
就业的滞后性动态效应

一、事业性经费影响全国就业的动态效应

事业性经费、全国固定资产投资、全国就业 VAR 模型的估计结果如下:

$$\begin{bmatrix} \ln EMP \\ \ln GI \\ \ln SED \end{bmatrix}_t = \begin{bmatrix} 3.594 \\ -181.462 \\ -117.588 \end{bmatrix} + \begin{bmatrix} 0.671 & -0.008 & 0.0005 \\ 11.781 & 0.358 & 0.429 \\ -8.015 & -0.679 & 0.451 \end{bmatrix} \begin{bmatrix} \ln EMP \\ \ln GI \\ \ln SED \end{bmatrix}_{t-1}$$

$$+ \begin{bmatrix} 0.002 & 0.009 & 0.005 \\ 4.903 & -0.304 & 0.148 \\ 18.881 & 0.814 & -0.084 \end{bmatrix} \begin{bmatrix} \ln EMP \\ \ln GI \\ \ln SED \end{bmatrix}_{t-2} \qquad (9-17)$$

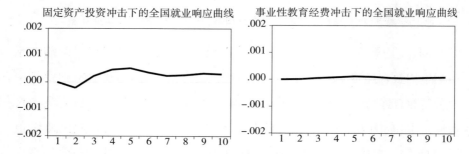

图 9-15　事业性经费对全国就业的脉冲响应曲线

运用脉冲响应函数分析一个标准新息冲击下全国就业动态变化特点：(1)事业性经费冲击下,滞后 10 年的全国就业响应值均为正值,总体上产生滞后性全国就业促进效应；(2)事业性经费冲击下,全国就业响应值峰值 0.000111,高于教育总经费冲击下的全国就业响应值峰值 9.34E-05,比教育总经费冲击下的就业效应更显著；(3)固定资产投资冲击下,仅有 1 年的全国就业响应值为负,波谷值-0.00021,峰值 0.000519,总体上对全国就业的促进效应显著,明显高于事业性经费冲击下的就业效应。

运用方差分解方法分析事业性经费冲击对全国就业变化的贡献度。全国就业变化的预测方差变化主要由固定资产投资冲击引起,贡献度 76%,固定资产投资冲击对全国就业动态变化影响力大。事业性经费冲击的贡献度很小,滞后 10 年中均不超过 4%,对全国就业动态变化的影响非常小。

二、基本建设经费影响全国就业的动态效应

基本建设经费、全国固定资产投资、全国就业 VAR 模型的估计结果如下：

$$
\begin{bmatrix} \ln EMP \\ \ln GI \\ \ln BED \end{bmatrix}_t = \begin{bmatrix} 5.255 \\ -150.603 \\ 698.987 \end{bmatrix} + \begin{bmatrix} 0.759 & 0.001 & -0.0008 \\ 27.635 & 0.773 & -0.045 \\ 175.881 & 2.826 & -0.617 \end{bmatrix} \begin{bmatrix} \ln EMP \\ \ln GI \\ \ln BED \end{bmatrix}_{t-1}
$$

$$
+ \begin{bmatrix} -0.238 & 0.009 & 0.0005 \\ -13.607 & -0.238 & -0.204 \\ -238.956 & -1.193 & -0.193 \end{bmatrix} \begin{bmatrix} \ln EMP \\ \ln GI \\ \ln BED \end{bmatrix}_{t-2} \qquad (9-18)
$$

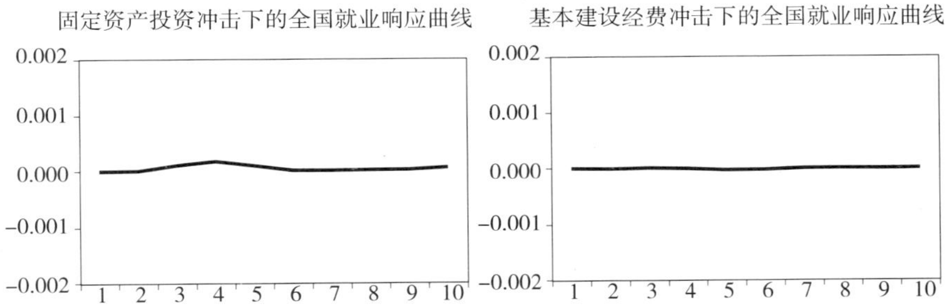

图 9-16　基本建设经费对全国就业的脉冲响应曲线

运用脉冲响应函数分析全国就业在一个标准新息冲击后的动态变化特点：(1)基本建设经费冲击下，有滞后 8 年的全国就业响应值为负值，全国就业响应值波谷值-6.68E-06，总体上产生滞后性全国就业抑制效应；(2)固定资产投资冲击下，滞后 10 年的全国就业响应值均为正值，显著高于基本建设经费冲击下的就业效应，全国就业响应值峰值 0.00021165。

运用方差分解方法分析基本建设经费冲击对全国就业动态变化的贡献度。全国就业变化的预测方差主要是由自身扰动所引起的，基本建设经费冲击以及固定资产投资冲击对全国就业变化的贡献度极度微弱，基本建设经费冲击的贡献度不超过 0.5%，对全国就业动态变化的影响力几

乎可以忽略不计。

三、工资福利经费影响全国就业的动态效应

工资福利经费、全国固定资产投资、全国就业 VAR 模型的估计结果如下：

$$
\begin{bmatrix} \ln EMP \\ \ln GI \\ \ln WAGE \end{bmatrix}_t = \begin{bmatrix} 4.689 \\ -223.329 \\ 117.889 \end{bmatrix} + \begin{bmatrix} 0.445 & -0.003 & 0.003 \\ -18.714 & 0.537 & 0.511 \\ -95.085 & -0.655 & 0.034 \end{bmatrix} \begin{bmatrix} \ln EMP \\ \ln GI \\ \ln WAGE \end{bmatrix}_{t-1}
$$

$$
+ \begin{bmatrix} 0.126 & 0.009 & 0.002 \\ 38.985 & -0.630 & 0.537 \\ 84.584 & 0.842 & 0.784 \end{bmatrix} \begin{bmatrix} \ln EMP \\ \ln GI \\ \ln WAGE \end{bmatrix}_{t-2} \tag{9-19}
$$

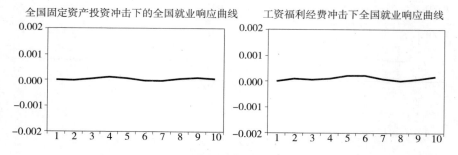

图 9-17　工资福利经费对全国就业的脉冲响应曲线

运用脉冲响应函数分析全国就业受到一个标准新息冲击后的动态变化特点：(1)工资福利经费冲击下,滞后 10 年的全国就业响应值均为正值,产生滞后性全国就业促进效应;(2)工资福利经费冲击下,全国就业响应值峰值 0.00022,高于事业性经费冲击下的全国就业响应值峰值 0.00011,产生的滞后性全国就业促进效应高于事业性经费冲击下的滞后性效应;(3)固定资产投资冲击下,有滞后 3 年的全国就业响应值为负值,全国就业响应值峰值 0.0001385,低于工资福利经费冲击下的滞后性就业促进效应。

运用方差分解方法分析工资福利经费冲击对全国就业变化的贡献度。

工资福利经费冲击的贡献度为 21%，高于固定资产投资冲击不足 5% 的贡献度，表示工资福利经费对全国就业动态变化具有小部分影响力。

四、助学金影响全国就业的动态效应

助学金、全国固定资产投资、全国就业 VAR 模型估计结果如下：

$$
\begin{bmatrix} \ln EMP \\ \ln GI \\ \ln SUBS \end{bmatrix}_t = \begin{bmatrix} 4.295 \\ -439.745 \\ -1827.843 \end{bmatrix} + \begin{bmatrix} 0.713 & -0.004 & 0.0001 \\ 50.031 & -0.808 & 0.220 \\ 63.835 & -8.404 & 1.110 \end{bmatrix} \begin{bmatrix} \ln EMP \\ \ln GI \\ \ln SUBS \end{bmatrix}_{t-1}
$$

$$
+ \begin{bmatrix} -0.103 & 0.011 & 0.0006 \\ -9.272 & 0.072 & 0.189 \\ 104.997 & 2.261 & 0.704 \end{bmatrix} \begin{bmatrix} \ln EMP \\ \ln GI \\ \ln SUBS \end{bmatrix}_{t-2} \tag{9-20}
$$

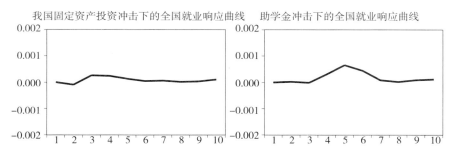

图 9-18　助学金对全国就业的脉冲响应曲线

运用脉冲响应函数分析全国就业受到一个标准新息冲击后的动态变化特点：(1) 助学金冲击下，仅有滞后 1 年的全国就业响应值为负，峰值 0.000653，总体上产生滞后性全国就业促进效应；(2) 固定资产投资冲击下，仅有滞后 1 年的全国就业响应值为负，全国就业响应值峰值 0.0003115，低于助学金冲击产生的滞后效应。

运用方差分解方法分析助学金冲击对全国就业动态变化的贡献度。固定资产投资冲击贡献度在 10% 以下；滞后第 5 年后，助学金冲击的贡献度达 38%，此后年份的贡献度基本平稳，超过了固定资产投资冲击的贡献度，成为解释全国就业动态变化的重要因素。

第五节　各级各类教育经费支出结构影响
全国就业的滞后性动态效应

一、小学经费支出结构影响全国就业的动态效应

（一）小学事业性经费影响全国就业的动态分析

小学事业性经费、全国固定资产投资、全国就业 VAR 模型的估计结果如下：

$$
\begin{bmatrix} \ln EMP \\ \ln GI \\ \ln PSED \end{bmatrix}_t = \begin{bmatrix} 2.927 \\ -214.048 \\ -171.112 \end{bmatrix} + \begin{bmatrix} 0.689 & -0.007 & 0.0002 \\ 6.448 & 0.223 & 0.517 \\ -18.132 & -0.993 & 0.635 \end{bmatrix} \begin{bmatrix} \ln EMP \\ \ln GI \\ \ln PSED \end{bmatrix}_{t-1}
$$

$$
+ \begin{bmatrix} 0.045 & 0.007 & 0.006 \\ 13.291 & -0.269 & 0.092 \\ 33.903 & 0.653 & 0.147 \end{bmatrix} \begin{bmatrix} \ln EMP \\ \ln GI \\ \ln PSED \end{bmatrix}_{t-2} \qquad (9-21)
$$

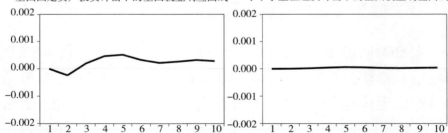

全国固定资产投资冲击下的全国就业响应曲线　　小学事业性经费冲击下的全国就业响应曲线

图 9-19　小学事业性经费对全国就业的脉冲响应曲线

运用脉冲响应函数分析一个标准新息冲击下全国就业动态变化特点：（1）小学事业性经费冲击下,滞后 10 年的全国就业响应值均为正值,全国就业响应值峰值仅 6.07E-05,滞后性全国就业促进效应非常微小;（2）固

定资产投资冲击下,全国就业响应值有滞后 1 年为负,全国就业响应值峰值 0.00059908,滞后性全国就业促进效应显著,高于小学事业性经费冲击的滞后效应。

运用方差分解方法分析小学事业性经费冲击对全国就业动态变化的贡献度。全国就业变化预测方差主要由固定资产投资冲击引起,贡献度 78%。小学事业性经费冲击贡献度不超过 1%,对全国就业动态变化的影响微乎其微。

(二)小学工资福利经费影响全国就业的动态效应

小学工资福利经费、全国固定资产投资、全国就业 VAR 模型的估计结果如下:

$$
\begin{bmatrix} \ln EMP \\ \ln GI \\ \ln PWAGE \end{bmatrix}_t = \begin{bmatrix} 4.754 \\ -117.581 \\ 138.029 \end{bmatrix} + \begin{bmatrix} 0.585 & -0.002 & 0.003 \\ 37.268 & 1.115 & -0.702 \\ 35.640 & 1.369 & -0.467 \end{bmatrix} \begin{bmatrix} \ln EMP \\ \ln GI \\ \ln PWAGE \end{bmatrix}_{t-1}
$$

$$
+ \begin{bmatrix} -0.018 & 0.010 & 0.0005 \\ -26.253 & -0.059 & -0.241 \\ -48.091 & -0.495 & 0.272 \end{bmatrix} \begin{bmatrix} \ln EMP \\ \ln GI \\ \ln PWAGE \end{bmatrix}_{t-2} \quad (9-22)
$$

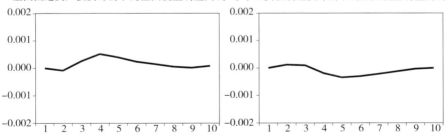

全国固定资产投资冲击下的全国就业响应曲线　小学工资福利经费冲击下的全国就业响应曲线

图 9-20　小学工资福利经费对全国就业的脉冲响应曲线

运用脉冲响应函数分析方差新息冲击下全国就业的动态变化特点:(1)小学工资福利经费冲击下,有滞后 8 年的全国就业响应值为负值,波谷值-0.000349,峰值 0.000117,总体上对全国就业产生滞后性抑制效应;(2)

固定资产投资冲击下,全国就业响应值有滞后 1 年为负值,峰值 0.00058912,总体上滞后性对全国就业的促进效应显著,显著高于小学工资福利经费冲击的滞后效应。

运用方差分解方法分析小学工资福利经费冲击对全国就业动态变化的贡献度。全国就业动态变化主要由自身扰动形成,固定资产投资冲击的贡献度 28%,小学工资福利经费冲击对全国就业动态变化的影响力比较小,贡献度最高仅 14%。

二、中学教育经费支出结构影响全国就业的动态效应

(一)中学事业性经费影响全国就业的动态效应

中学事业性经费、全国固定资产投资、全国就业 VAR 模型的估计结果如下:

$$
\begin{bmatrix} \ln EMP \\ \ln GI \\ \ln MSED \end{bmatrix}_t = \begin{bmatrix} 3.750 \\ -195.030 \\ -188.581 \end{bmatrix} + \begin{bmatrix} 0.733 & -0.009 & 0.001 \\ 16.368 & 0.042 & 0.544 \\ -4.623 & -0.736 & 0.369 \end{bmatrix} \begin{bmatrix} \ln EMP \\ \ln GI \\ \ln MSED \end{bmatrix}_{t-1}
$$

$$
+ \begin{bmatrix} -0.073 & 0.010 & 0.007 \\ 1.608 & -0.240 & 0.385 \\ 21.984 & 0.526 & 0.161 \end{bmatrix} \begin{bmatrix} \ln EMP \\ \ln GI \\ \ln MSED \end{bmatrix}_{t-2} \tag{9-23}
$$

运用脉冲响应函数分析全国就业的动态变化特点:(1)中学事业性经费冲击下,滞后 10 年的全国就业响应值均为正值,对全国就业具有滞后性促进效应;(2)中学事业性经费冲击下,全国就业响应值峰值 8.87E-05,略高于小学事业性教育经费冲击下的全国就业响应峰值 6.07E-05;(3)固定资产投资冲击下,全国就业响应值有滞后 1 年为负,峰值 0.00067232,总体上滞后性就业促进效应显著,高于中学事业性经费冲击的滞后效应。

运用方差分解方法分析中学事业性经费冲击对全国就业动态变化的贡献度。全国就业变化预测方差主要由自身扰动引起,贡献度为 70%。固定

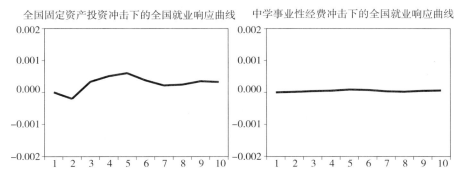

图 9-21　中学事业性经费对全国就业的脉冲响应曲线

资产投资冲击贡献度 30%,中学事业性经费贡献度不超过 1%,对全国就业滞后性动态变化的影响力极其微小。

(二)中学工资福利经费影响全国就业的动态效应

中学工资福利经费、全国固定资产投资、全国就业 VAR 模型的估计结果如下:

$$
\begin{bmatrix} \ln EMP \\ \ln GI \\ \ln MWAGE \end{bmatrix}_t = \begin{bmatrix} 5.098 \\ -263.155 \\ -141.411 \end{bmatrix} + \begin{bmatrix} 0.698 & -0.0001 & 0.001 \\ 31.593 & 1.351 & -1.247 \\ 31.533 & 0.788 & -0.914 \end{bmatrix} \begin{bmatrix} \ln EMP \\ \ln GI \\ \ln MWAGE \end{bmatrix}_{t-1}
$$

$$
+ \begin{bmatrix} -0.182 & 0.008 & 0.005 \\ -7.185 & -0.296 & -0.369 \\ -18.192 & -0.129 & -0.339 \end{bmatrix} \begin{bmatrix} \ln EMP \\ \ln GI \\ \ln MWAGE \end{bmatrix}_{t-2} \tag{9-24}
$$

运用脉冲响应函数分析全国就业的动态变化特点:(1)中学工资福利经费冲击下,有滞后 7 年的全国就业响应值为负值,波谷 -0.000298,峰值 7.05E-05,总体上对全国就业产生微弱的滞后抑制效应;(2)固定资产投资冲击下,全国就业响应值有滞后 1 年为负值,峰值 0.00095441,总体上滞后性就业促进效应显著,高于中学工资福利经费冲击的滞后效应。

运用方差分解方法分析中学工资福利经费对全国就业动态变化的贡献度。全国就业动态变化主要由固定资产投资冲击和自身扰动形成,贡献度

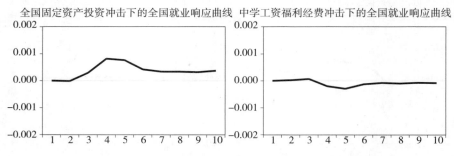

图 9-22　中学工资福利经费对全国就业的脉冲响应曲线

分别为 54% 和 40%。中学工资福利经费冲击贡献度最高仅 6%,对全国就业动态变化的影响微小。

三、中等职业教育经费支出结构影响全国就业的动态效应

(一)中等职业教育事业性经费影响全国就业的动态效应

中等职业教育事业性经费、全国固定资产投资、全国就业 VAR 模型的估计结果如下:

$$
\begin{bmatrix} \ln EMP \\ \ln GI \\ \ln VSED \end{bmatrix}_t = \begin{bmatrix} 1.252 \\ -311.456 \\ -70.543 \end{bmatrix} + \begin{bmatrix} 0.721 & -0.014 & -0.0003 \\ 18.906 & -0.039 & 0.327 \\ -66.488 & -1.463 & 0.789 \end{bmatrix} \begin{bmatrix} \ln EMP \\ \ln GI \\ \ln VSED \end{bmatrix}_{t-1}
$$

$$
+ \begin{bmatrix} 0.168 & 0.010 & 0.006 \\ 9.752 & -0.146 & 0.162 \\ 73.138 & 1.430 & -0.287 \end{bmatrix} \begin{bmatrix} \ln EMP \\ \ln GI \\ \ln VSED \end{bmatrix}_{t-2} \qquad (9-25)
$$

运用脉冲响应函数分析全国就业的动态变化特点:(1)中等职业教育事业性经费冲击下,全国就业响应值有滞后 1 年为负,峰值 8.87E-05,总体上呈现微小的滞后性全国就业促进效应;(2)固定资产投资冲击下,全国就业响应值有滞后 1 年为负,峰值 0.00035332,总体上滞后性就业促进效应显著,高于中等职业教育事业性经费冲击的滞后效应。

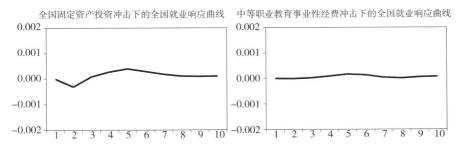

图 9-23 中等职业教育事业性经费对全国就业的脉冲响应曲线

运用方差分解方法分析中等职业教育事业性经费冲击对全国就业动态变化的贡献度。全国就业变化预测方差主要由固定资产投资冲击和自身扰动所引起,贡献度分别为 65% 和 38%。中等职业教育事业性经费冲击的贡献度 7%,对全国就业总量动态变化影响很小。

(二)中等职业教育工资福利经费影响全国就业的动态效应

中等职业教育工资福利经费、全国固定资产投资、全国就业 VAR 模型估计如下:

$$
\begin{bmatrix} \ln EMP \\ \ln GI \\ \ln VWAGE \end{bmatrix}_t = \begin{bmatrix} 3.621 \\ -211.645 \\ -56.610 \end{bmatrix} + \begin{bmatrix} 0.523 & -0.007 & 0.008 \\ 17.939 & 0.805 & 0.169 \\ 18.030 & 0.211 & -0.084 \end{bmatrix} \begin{bmatrix} \ln EMP \\ \ln GI \\ \ln VWAGE \end{bmatrix}_{t-1}
$$

$$
+ \begin{bmatrix} 0.145 & 0.010 & 0.006 \\ 1.381 & -0.432 & 0.202 \\ -12.732 & -0.106 & 0.327 \end{bmatrix} \begin{bmatrix} \ln EMP \\ \ln GI \\ \ln VWAGE \end{bmatrix}_{t-2} \tag{9-26}
$$

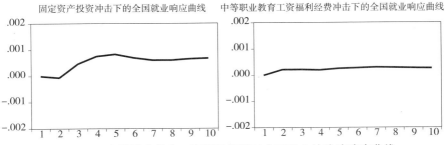

图 9-24 中等职业教育工资福利经费对全国就业的脉冲响应曲线

运用脉冲响应函数分析全国就业的动态变化特点:(1)中等职业教育工资福利经费冲击下,滞后 10 年的全国就业响应值均为正值,峰值0.000306,总体上对全国就业产生滞后性促进效应;(2)中等职业教育工资福利经费冲击对全国就业的滞后性促进效应,高于普通中学工资福利经费冲击的滞后性就业效应;(3)固定资产投资冲击下,有滞后 1 年的全国就业响应值为负值,峰值 0.00097751,总体上滞后性就业促进效应显著,高于中等职业教育工资福利经费的滞后性就业效应。

运用方差分解方法分析中等职业教育工资福利经费冲击对全国就业动态变化的贡献度。全国就业动态变化主要由自身扰动和固定资产投资冲击形成,贡献度分别为 38% 和 48%。中等职业教育工资福利教育经费冲击贡献度最高 14%,高于普通中学工资福利经费冲击 6% 的贡献度,是解释全国就业动态变化的小部分因素。

四、高等教育经费支出结构影响全国就业的动态效应

(一)高校事业性经费影响全国就业的动态效应

高校事业性经费、全国固定资产投资、全国就业 VAR 模型的估计结果如下:

$$\begin{bmatrix} \ln EMP \\ \ln GI \\ \ln HSED \end{bmatrix}_t = \begin{bmatrix} 5.275 \\ -152.253 \\ -50.605 \end{bmatrix} + \begin{bmatrix} 0.647 & -0.011 & 0.002 \\ 10.712 & 0.006 & 0.478 \\ -33.265 & -0.212 & 0.320 \end{bmatrix} \begin{bmatrix} \ln EMP \\ \ln GI \\ \ln HSED \end{bmatrix}_{t-1}$$

$$+ \begin{bmatrix} -0.034 & 0.013 & 0.007 \\ 3.398 & -0.077 & 0.345 \\ 37.967 & 0.816 & -0.462 \end{bmatrix} \begin{bmatrix} \ln EMP \\ \ln GI \\ \ln HSED \end{bmatrix}_{t-2} \qquad (9-27)$$

运用脉冲响应函数分析全国就业的动态变化特点:(1)高校事业性经费冲击下,滞后 10 年的全国就业响应值均为正值,总体上产生滞后性全国就业促进效应;(2)高校事业性经费冲击下,全国就业响应值峰值0.000282,高于小学、中学、中等职业教育事业性经费冲击下的全国就业响

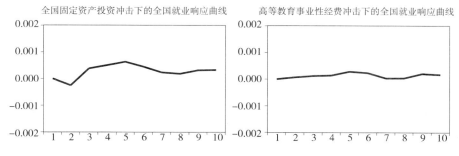

图 9-25　高校事业性经费对全国就业的脉冲响应曲线

应值峰值,高于其他各级各类教育事业性经费冲击下的滞后性就业效应;
(3)固定资产投资冲击下,全国就业响应值有滞后 1 年为负,峰值
0.00064451,总体上滞后性就业促进效应显著,高于高校事业性经费的滞后
性就业效应。

运用方差分解方法分析高校事业性经费冲击对全国就业动态变化的贡
献度。全国就业变化预测方差主要由自身扰动引起,贡献度 70%,固定资
产投资冲击贡献度 17%。高校事业性经费冲击的贡献度 13%,对全国就业
动态变化有小部分影响,高于小学、中学、中等职业教育事业性经费冲击对
全国就业滞后性动态变化的贡献度。

(二)高校基本建设经费影响全国就业的动态效应

高校基本建设经费、全国固定资产投资、全国就业 VAR 模型的估计结
果如下:

$$
\begin{bmatrix} \ln EMP \\ \ln GI \\ \ln HBED \end{bmatrix}_t = \begin{bmatrix} 4.551 \\ -360.686 \\ -15.567 \end{bmatrix} + \begin{bmatrix} 0.679 & -0.001 & -0.0003 \\ 41.479 & 1.019 & -0.227 \\ 78.553 & -0.687 & -0.246 \end{bmatrix} \begin{bmatrix} \ln EMP \\ \ln GI \\ \ln HBED \end{bmatrix}_{t-1}
$$

$$
+ \begin{bmatrix} -0.092 & 0.009 & -0.0007 \\ -7.993 & -1.166 & -0.178 \\ -75.571 & -0.289 & -0.100 \end{bmatrix} \begin{bmatrix} \ln EMP \\ \ln GI \\ \ln HBED \end{bmatrix}_{t-2} \tag{9-28}
$$

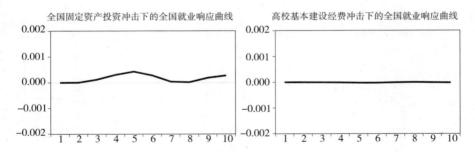

图 9-26　高校基本建设经费对全国就业的脉冲响应曲线

运用脉冲响应函数分析全国就业的动态变化特点:(1)高校基本建设经费冲击下,全国就业响应值有滞后 9 年为负值,全国就业响应值波谷值-8.81E-06,响应曲线反应平滑,产生微弱的滞后性就业抑制效应;(2)固定资产投资冲击下,全国就业响应值在滞后 10 年均呈现正值,峰值0.00044712,显著高于高校基本建设经费冲击下的滞后就业效应。

运用方差分解方法分析高校基本建设经费冲击对全国就业动态变化的贡献度。全国就业变化的预测方差绝大部分由自身扰动引起,贡献度81%;固定资产投资冲击下的贡献度19%;高校基本建设经费冲击的贡献度几乎可以忽略不计,滞后 10 年中均不超过 0.1%,对滞后性全国就业动态变化的影响微乎其微。

(三)高校工资福利经费影响全国就业的动态效应

高校工资福利经费、全国固定资产投资、全国就业 VAR 模型的估计结果如下:

$$
\begin{bmatrix} \ln EMP \\ \ln GI \\ \ln HWAGE \end{bmatrix}_t = \begin{bmatrix} 4.507 \\ -292.941 \\ -72.548 \end{bmatrix} + \begin{bmatrix} 0.569 & -0.005 & 0.003 \\ 34.945 & 0.701 & -0.416 \\ 78.863 & 0.370 & 0.227 \end{bmatrix} \begin{bmatrix} \ln EMP \\ \ln GI \\ \ln HWAGE \end{bmatrix}_{t-1}
$$

$$
+ \begin{bmatrix} 0.021 & 0.014 & -0.003 \\ -7.941 & -0.270 & -0.144 \\ -72.151 & -0.120 & -0.144 \end{bmatrix} \begin{bmatrix} \ln EMP \\ \ln GI \\ \ln HWAGE \end{bmatrix}_{t-2} \tag{9-29}
$$

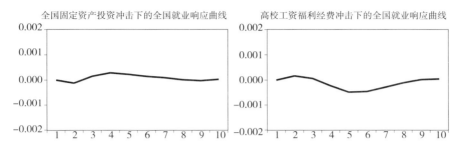

图9-27 高校工资福利经费对全国就业的脉冲响应曲线

运用脉冲响应函数分析方差新息冲击下滞后性全国就业的动态变化特点：（1）高校工资福利经费冲击下，全国就业响应值有滞后5年为负值，总体上滞后性全国就业抑制效应高于促进效应；（2）高校工资福利经费冲击下，全国就业响应值呈现阶段性波动，滞后第2年，形成峰值0.000166，随后逐年下降，滞后第5年时形成波谷值-0.000478；（3）固定资产投资冲击下，全国就业响应值有滞后2年为负值，峰值0.00033127，总体上滞后性全国就业促进效应显著，高于高校工资福利经费冲击下的滞后性就业效应。

运用方差分解方法分析高校工资福利经费冲击对全国就业动态变化的贡献度。固定资产投资冲击的贡献度不到13%，而高等教育工资福利经费冲击的贡献度则达到35%，后者显著高于前者，高等教育工资福利经费冲击对全国就业动态变化具有部分影响力。

（四）高校助学金影响全国就业的动态效应

高校助学金、全国固定资产投资、全国就业 VAR 模型估计结果如下：

$$
\begin{bmatrix} \ln EMP \\ \ln GI \\ \ln HSUB \end{bmatrix}_t = \begin{bmatrix} 1.568 \\ -385.431 \\ 271.861 \end{bmatrix} + \begin{bmatrix} 0.678 & -0.017 & 0.003 \\ 23.617 & -0.390 & 0.344 \\ -16.468 & 0.857 & 0.376 \end{bmatrix} \begin{bmatrix} \ln EMP \\ \ln GI \\ \ln HSUB \end{bmatrix}_{t-1}
$$

$$
+ \begin{bmatrix} 0.186 & 0.011 & 0.004 \\ 12.060 & -0.116 & 0.155 \\ -9.236 & 1.234 & -0.867 \end{bmatrix} \begin{bmatrix} \ln EMP \\ \ln GI \\ \ln HSUB \end{bmatrix}_{t-2} \tag{9-30}
$$

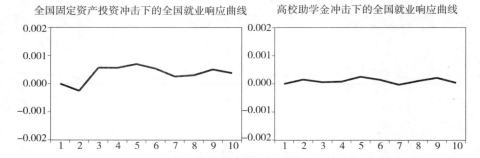

图 9-28 　高校助学金对全国就业的脉冲响应曲线

运用脉冲响应函数分析滞后性全国就业的动态变化特点:(1)高等教育助学金冲击下,全国就业响应值有滞后 1 年为轻微负值,峰值 0.000251,总体上对全国就业产生滞后性促进效应;(2)固定资产投资冲击下,全国就业响应值有滞后 1 年为负值,峰值 0.00077211,总体上滞后性全国就业促进效应显著,并且高于高校助学金冲击下全国就业效应。

运用方差分解方法分析发现,固定资产投资冲击是影响全国就业滞后性动态变化最主要因素,贡献度达 80%,高校助学金冲击的贡献度不超过 8%,对全国就业滞后性动态变化影响力很小。

本章小结

表 9-1 　教育经费影响全国就业的滞后性动态效应

教育经费 类别	教育经费 指标	教育经费冲击下的全国 就业滞后性动态效应	固定资产投资冲击下的 全国就业滞后性动态效应
教育经费总量	教育总经费	全国就业响应值负值年份数:0 年 滞后性就业总效应:促进效应 响应峰值:9.34E-05 贡献度:3%	全国就业响应值负值年份数:1 年 滞后性就业总效应:促进效应 响应峰值:0.00087761 贡献度:38%

续表

教育经费类别	教育经费指标	教育经费冲击下的全国就业滞后性动态效应	固定资产投资冲击下的全国就业滞后性动态效应
教育经费不同来源	财政性教育经费	全国就业响应值负值年份数:0年 滞后性就业总效应:促进效应 响应峰值:0.000153 贡献度:7%	全国就业响应值负值年份数:1年 滞后性就业总效应:促进效应 响应峰值:0.00053371 贡献度:50%
	学杂费	全国就业响应值负值年份数:6年 滞后性就业总效应:抑制效应 响应峰值:0.000156 贡献度:10%	全国就业响应值负值年份数:1年 滞后性就业总效应:促进效应 响应峰值:0.00087164 贡献度:20%
	高校学杂费	全国就业响应值负值年份数:9年 滞后性就业总效应:抑制效应 响应波谷值:−0.00637 贡献度:39%	全国就业响应值负值年份数:0年 滞后性就业总效应:促进效应 响应峰值:0.2361115 贡献度:20%
各级各类教育经费支出	基础教育经费	全国就业响应值负值年份数:0年 滞后性就业总效应:促进效应 响应峰值:0.000132 贡献度:5%	全国就业响应值负值年份数:0年 滞后性就业总效应:促进效应 响应峰值:0.00091331 贡献度:80%
	中等职业教育经费	全国就业响应值负值年份数:0年 滞后性就业总效应:促进效应 响应峰值:9.50E−06 贡献度:1%	全国就业响应值负值年份数:1年 滞后性就业总效应:促进效应 响应峰值:0.00061531 贡献度:77%
	高等教育经费	全国就业响应值负值年份数:3年 滞后性就业总效应:促进效应 响应峰值:6.19E−05 贡献度:0.5%	全国就业响应值负值年份数:1年 滞后性就业总效应:促进效应 响应峰值:0.0009316 贡献度:82%

续表

教育经费 类别	教育经费 指标	教育经费冲击下的全国 就业滞后性动态效应	固定资产投资冲击下的 全国就业滞后性动态效应
各级各类生均支出	小学生均全国支出	全国就业响应值负值年份数:0 年 滞后性就业总效应:促进效应 响应峰值:0.000168 贡献度:5%	全国就业响应值负值年份数:1 年 滞后性就业总效应:促进效应 响应峰值:0.00085538 贡献度:80%
	农村小学生均全国支出	全国就业响应值负值年份数:0 年 滞后性就业总效应:促进效应 响应峰值:0.000174 贡献度:5%	全国就业响应值负值年份数:1 年 滞后性就业总效应:促进效应 响应峰值:0.00057518 贡献度:70%
	中学生均支出	全国就业响应值负值年份数:0 年 滞后性就业总效应:促进效应 响应峰值:0.000270 贡献度:13%	全国就业响应值负值年份数:1 年 滞后性就业总效应:促进效应 响应峰值:0.00071361 贡献度:70%
	初中生均全国支出	全国就业响应值负值年份数:0 年 滞后性就业总效应:促进效应 响应峰值:0.000106 贡献度:3%	全国就业响应值负值年份数:1 年 滞后性就业总效应:促进效应 响应峰值:0.00068922 贡献度:87%
	农村初中生均全国支出	全国就业响应值负值年份数:0 年 滞后性就业总效应:促进效应 响应峰值:0.000158 贡献度:6%	全国就业响应值负值年份数:1 年 滞后性就业总效应:促进效应 响应峰值:0.00058338 贡献度:78%
	中等职业教育生均全国支出	全国就业响应值负值年份数:0 年 滞后性就业总效应:促进效应 响应峰值:0.000119 贡献度:9%	全国就业响应值负值年份数:1 年 滞后性就业总效应:促进效应 响应峰值:0.00092418 贡献度:68%
	高校生均全国支出	全国就业响应值负值年份数:0 年 滞后性就业总效应:促进效应 响应峰值:0.000192 贡献度:15%	全国就业响应值负值年份数:1 年 滞后性就业总效应:促进效应 响应峰值:0.00096551 贡献度:76%

续表

教育经费 类别	教育经费 指标	教育经费冲击下的全国 就业滞后性动态效应	固定资产投资冲击下的 全国就业滞后性动态效应
教育经费支出结构	事业性经费	全国就业响应值负值年份数:0 年 滞后性就业总效应:促进效应 响应峰值:0.000111 贡献度:4%	全国就业响应值负值年份数:3 年 滞后性就业总效应:促进效应 响应峰值:0.000519 贡献度:76%
	基本建设经费	全国就业响应值负值年份数:8 年 滞后性就业总效应:抑制效应 响应峰值:4.63E−06 贡献度:0.5%	全国就业响应值负值年份数:年 滞后性就业总效应:促进效应 响应峰值:0.00021165 贡献度:3%
	工资福利经费	全国就业响应值负值年份数:0 年 滞后性就业总效应:促进效应 响应峰值:0.000221 贡献度:21%	全国就业响应值负值年份数:3 年 滞后性就业总效应:促进效应 响应峰值:0.0001385 贡献度:5%
	助学金	全国就业响值应负值年份数:1 年 滞后性就业总效应:促进效应 响应峰值:0.000653 贡献度:37%	全国就业响应值负值年份数:1 年 滞后性就业总效应:促进效应 响应峰值:0.0003115 贡献度:10%
各级各类教育经费支出结构	小学事业性经费	全国就业响应值负值年份数:0 年 滞后性就业总效应:促进效应 响应峰值:6.07E−05 贡献度:1%	全国就业响应值负值年份数:1 年 滞后性就业总效应:促进效应 响应峰值:0.00059908 贡献度:78%
	小学工资福利经费	全国就业响应值负值年份数:7 年 滞后性就业总效应:抑制效应 响应峰值:9.24E−05 贡献度:14%	全国就业响应值负值年份数:1 年 滞后性就业总效应:促进效应 响应峰值:0.00058912 贡献度:28%
	中学事业性经费	全国就业响应值负值年份数:0 年 滞后性就业总效应:促进效应 响应峰值:8.87E−05 贡献度:2%	全国就业响应值负值年份数:1 年 滞后性就业总效应:促进效应 响应峰值:0.00067232 贡献度:30%

教育经费类别	教育经费指标	教育经费冲击下的全国就业滞后性动态效应	固定资产投资冲击下的全国就业滞后性动态效应
各级各类教育经费支出结构	中学工资福利经费	全国就业响应值负值年份数:7年 滞后性就业总效应:抑制效应 响应峰值:7.05E-05 贡献度:6%	全国就业响应值负值年份数:1年 滞后性就业总效应:促进效应 响应峰值:0.00095441 贡献度:54%
	中等职业教育事业性经费	全国就业响应值负值年份数:1年 滞后性就业总效应:促进效应 响应峰值:0.000162 贡献度:7%	全国就业响应值负值年份数:1年 滞后性就业总效应:促进效应 响应峰值:0.00035332 贡献度:38%
	中等职业教育工资福利经费	全国就业响应值负值年份数:0年 滞后性就业总效应:促进效应 响应峰值:0.000306 贡献度:14%	全国就业响应值负值年份数:1年 滞后性就业总效应:促进效应 响应峰值:0.00097751 贡献度:48%
	高校事业性经费	全国就业响应值负值年份数:0年 滞后性就业总效应:促进效应 响应峰值:0.000282 贡献度:13%	全国就业响应值负值年份数:1年 滞后性就业总效应:促进效应 响应峰值:0.00064451 贡献度:17%
	高校基本建设经费	全国就业响应值负值年份数:9年 滞后性就业总效应:抑制效应 贡献度:0.1%	全国就业响应值负值年份数:0年 滞后性就业总效应:促进效应 响应峰值:0.00044712 贡献度:19%
各级各类教育经费支出结构	高校工资福利经费	全国就业响应值负值年份数:5年 滞后性就业总效应:抑制效应 响应峰值:0.000166 贡献度:35%	全国就业响应值负值年份数:2年 滞后性就业总效应:促进效应 响应峰值:0.00033127 贡献度:13%
	高校助学金	全国就业响应值负值年份数:1年 滞后性就业总效应:促进效应 响应峰值:0.000251 贡献度:8%	全国就业响应值负值年份数:1年 滞后性就业总效应:促进效应 响应峰值:0.00077211 贡献度:80%

运用向量自回归模型,实证研究发现,教育经费投入冲击下的滞后性全国就业效应低于固定资产投资冲击下的滞后性就业效应,教育经费投入冲击对全国就业滞后性动态变化的贡献度低于固定资产投资冲击。但是,教育经费支出中体现教育质量的指标工资福利经费,其冲击下产生的滞后性全国就业促进效应高于固定资产投资冲击。体现在三项指标方面:一是工资福利经费冲击下,滞后 10 年的全国就业响应值均为正值,而固定资产投资下全国就业响应值有滞后 3 年为负值;二是工资福利经费冲击下,全国就业响应值峰值 0.000221 高于固定资产投资冲击的全国就业响应值峰值 0.0001385;三是工资福利经费冲击对全国就业滞后性动态变化的贡献度高达 21%,高于固定资产投资冲击的贡献度 5%。

实证结果具体如下:

1. 教育总经费影响下,滞后 10 年全国就业响应均为正值

教育总经费对全国就业产生滞后性促进效应,全国就业响应值峰值微小,对全国就业滞后性变化的贡献度仅 3%,总体上小于固定资本投资影响下的滞后性就业效应。

2. 财政性教育经费在不同来源教育经费中产生的滞后性就业效应最显著

财政性教育经费影响下,滞后性全国就业响应值均为正值;学杂费影响下,滞后性全国就业抑制效应高于促进效应,其中,高校学杂费影响下,全国就业响应值有滞后 9 年为负值。值得一提的是,财政性教育经费影响下,滞后 10 年的全国就业响应值均为正值,而固定资产投资影响下,有滞后 2 年的全国就业响应值为负值。

3. 基础教育经费支出在各级各类教育经费中产生的滞后性就业效应最显著

基础教育经费影响下的滞后性就业效应最显著,高于中等职业教育经费及高等教育经费影响下的滞后性就业促进效应。基础教育经费的全国就业响应值峰值 0.000132 最高,高等教育经费的全国就业响应值峰值

6.19E-05 最低。滞后 10 年中,基础教育经费和中等职业教育经费影响下的全国就业响应值均为正值,而高等教育经费影响下有滞后 3 年的全国就业响应值为负值。

4. 生均教育经费支出形成滞后性就业促进效应

各级各类生均教育经费支出影响下,滞后 10 年的全国就业响应值均为正值。固定资本投资影响下,尽管物质资本投资产生的滞后就业效应总体上高于基础教育生均教育经费的滞后性就业效应,但有滞后 1 年的全国就业响应值为负值。

各级各类生均教育经费中,普通中学生均教育经费产生的滞后性全国就业促进效应最显著,高于中等职业教育及高校生均教育经费的影响。此外,农村基础教育生均教育经费影响下的滞后性全国就业促进效应,略高于全国平均水平。

5. 教育经费支出结构中,工资福利经费的滞后性就业促进效应最显著,助学金影响下的滞后就业促进效应甚至高于固定资产投资,而基本建设教育经费影响下产生滞后性全国就业抑制效应

事业性经费影响下产生滞后性就业促进效应。其中,工资福利教育经费影响下的滞后性就业促进效应十分显著,助学金影响下的滞后性就业促进效应高于固定资产投资影响下的滞后性就业效应,贡献度也超过固定资产投资。相比之下,基本建设经费影响下,有滞后 7 年的全国就业响应值为负值,总体上产生全国就业抑制效应。其中,高校基本建设经费影响下,在滞后 10 年中均产生全国就业抑制效应。

6. 各级各类教育事业性经费方面,伴随教育层次提高,滞后性全国就业促进效应逐层提升

高校事业性经费影响下的滞后性全国就业促进效应,高于小学、中学、中等职业教育事业性经费。小学、中学、中等职业教育、高校事业性经费影响下的滞后性全国就业响应值峰值分别为 6.07E－05、8.87E－05、0.000162、0.000282,全国就业响应值峰值逐层次提高。在中等教育层次,

中等职业教育事业性经费产生的滞后性全国就业效应略高于普通中学事业性经费。

7. 各级各类教育工资福利经费影响下,全国就业的滞后性效应是复杂的

基础教育阶段工资福利经费影响下,滞后 10 年的全国就业响应值均为负值;高校工资福利经费影响下,滞后性就业促进效应与就业抑制效应交替出现;中等职业教育工资福利经费影响下,滞后 10 年的全国就业响应值均为正值,中等职业教育工资福利经费影响下的滞后性就业促进效应最显著。基础教育阶段的工资福利经费则可能形成挤出效应,而中等职业教育的生产性特征强于基础教育阶段。从理论上看,高校工资福利经费应该产生更积极的滞后性就业效应,但由于高校扩招,高校工资福利经费增长水平低于学生增幅,生师比上升,教育质量相对降低,抑制了人力资本的就业效应释放。实证结果显示高校工资福利经费影响的滞后性就业效应反而低于中等职业教育工资福利经费。

8. 高等教育经费不同用途影响下,滞后性全国就业效应存在差异

高校基本建设经费影响下,有滞后 9 年的全国就业响应值为负值,总体上产生滞后性就业抑制效应。高校事业性经费影响下,滞后 10 年的全国就业响应值均为正值,产生滞后性就业促进效应。

第十章 教育投资影响非农就业的滞后性动态效应

第九章运用向量自回归模型,评价 2002—2013 年我国教育投资影响全国就业的动态特征。研究发现,教育投资对全国就业产生的滞后性就业促进效应非常微弱。本章研究我国教育投资对第二、三产业非农就业的动态影响,判断教育投资对第二、三产业就业的滞后性影响程度。实际上,也是分析教育投资对就业结构向第二、三产业升级变化的滞后性效应。

第一节 教育经费收入影响非农就业的滞后性动态效应

一、教育总经费影响非农就业的动态分析

二、三产业固定资产投资、教育总经费、非农就业的 VAR 模型估计结果如下:

$$
\begin{bmatrix} \ln STEMP \\ \ln STGI \\ \ln EDU \end{bmatrix}_t = \begin{bmatrix} 2.595 \\ -21.334 \\ 5.445 \end{bmatrix} + \begin{bmatrix} 0.895 & -0.003 & -0.005 \\ 1.111 & 0.658 & 0.260 \\ -4.208 & -0.551 & 0.490 \end{bmatrix} \begin{bmatrix} \ln STEMP \\ \ln STGI \\ \ln EDU \end{bmatrix}_{t-1}
$$

$$
+ \begin{bmatrix} -0.200 & 0.003 & 0.083 \\ 1.467 & -0.493 & 0.124 \\ 3.956 & 1.226 & -0.606 \end{bmatrix} \begin{bmatrix} \ln STEMP \\ \ln STGI \\ \ln EDU \end{bmatrix}_{t-2} \qquad (10-1)
$$

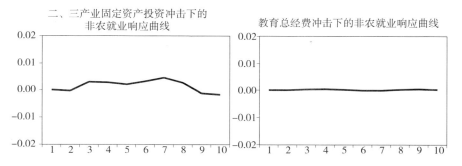

图 10-1　教育总经费对非农就业的脉冲响应曲线

非农就业的动态变化特征:(1)教育总经费总冲击下,非农就业响应曲线平缓,滞后性非农就业抑制效应与促进效应交替呈现,有滞后 3 年的非农就业响应值为负值,总体上滞后性非农就业促进效应略微大于抑制效应;(2)教育总经费冲击下,非农就业响应值峰值 0.000389 很小,略高于全国就业响应值峰值 9.34E-05;(3)第二、三产业固定资产投资冲击下,有滞后 3 年的非农就业响应值为负值,响应峰值 0.004577,总体上滞后性非农就业效应显著,显著高于教育总经费冲击下的滞后性就业效应。

运用方差分解方法分析教育总经费冲击对非农就业动态变化的贡献度。非农就业变化预测方差主要由自身扰动形成,第二、三产业固定资产投资冲击的贡献度 30%,教育总经费冲击的贡献度非常微弱,滞后 10 年中均不超过 0.5%。

二、财政性教育经费影响非农就业的滞后性动态效应

二、三产业固定资产投资、财政性教育经费、非农就业 VAR 模型的估计结果如下：

$$\begin{bmatrix} \ln STEMP \\ \ln STGI \\ \ln FED \end{bmatrix}_t = \begin{bmatrix} 1.489 \\ -25.618 \\ 0.141 \end{bmatrix} + \begin{bmatrix} 1.035 & 0.001 & -0.036 \\ 2.847 & 0.647 & 0.190 \\ -5.292 & -0.759 & 0.588 \end{bmatrix} \begin{bmatrix} \ln STEMP \\ \ln STGI \\ \ln FED \end{bmatrix}_{t-1}$$

$$+ \begin{bmatrix} -0.193 & -0.007 & 0.071 \\ 0.329 & -0.675 & 0.216 \\ 5.391 & 1.381 & -0.493 \end{bmatrix} \begin{bmatrix} \ln STEMP \\ \ln STGI \\ \ln FED \end{bmatrix}_{t-2} \qquad (10\text{-}2)$$

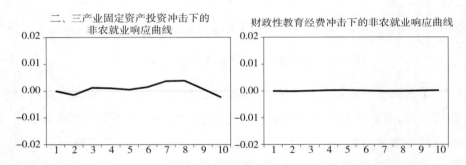

图 10-2　财政性教育经费对非农就业的脉冲响应曲线

非农就业的动态变化特征：（1）财政性教育经费冲击下，有滞后 3 年的非农就业响应值为负值，其他滞后年份非农就业响应值为正值，但对非农就业的促进效应十分微弱，非农就业响应峰值仅 0.000261；（2）二、三产业固定资产投资冲击下，非农就业响应峰值 0.00391，非农就业响应值有 2 年为负值，总体上对非农就业的促进效应显著，明显高于财政性教育经费冲击的就业效应。

运用方差分解方法分析财政性教育经费冲击对非农就业变化的贡献度。非农就业预测方差主要由自身扰动形成，二、三产业固定资产投资冲击的贡献度小，不超过 14%。财政性教育经费冲击的贡献度几乎可以忽略不

计,滞后 10 年中均不超过 0.1%,表明对非农就业动态变化的影响力极度微弱。

三、学杂费影响非农就业的滞后性动态效应

二、三产业固定资产投资、学杂费、非农就业 VAR 模型估计结果如下:

$$
\begin{bmatrix} \ln STEMP \\ \ln STGI \\ \ln FEE \end{bmatrix}_t = \begin{bmatrix} 3.691 \\ -18.534 \\ -12.063 \end{bmatrix} + \begin{bmatrix} 0.301 & -0.119 & 0.035 \\ 0.845 & 1.119 & 0.006 \\ 4.574 & 2.477 & -1.254 \end{bmatrix} \begin{bmatrix} \ln STEMP \\ \ln STGI \\ \ln FEE \end{bmatrix}_{t-1}
$$

$$
+ \begin{bmatrix} 0.273 & 0.126 & 0.080 \\ 1.508 & -0.463 & -0.363 \\ -2.393 & -1.020 & -1.646 \end{bmatrix} \begin{bmatrix} \ln STEMP \\ \ln STGI \\ \ln FEE \end{bmatrix}_{t-2} \qquad (10-3)
$$

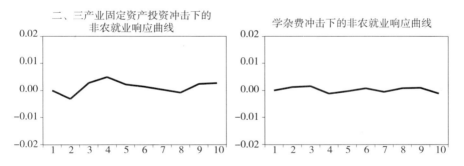

图 10-3　学杂费对非农就业的脉冲响应曲线

非农就业的动态变化特征:(1)学杂费冲击下,滞后性非农就业促进效应与抑制效应交替出现,滞后第 4 年、第 5 年、第 7 年和第 10 年非农就业响应值为负值,其他年份的非农就业响应值为正值,整体上滞后性非农就业促进效应略高于抑制效应;(2)学杂费冲击下,非农就业响应峰值 0.001601,显著高于财政性教育经费冲击下的非农就业响应峰值 0.000261,滞后性非农就业效应大于财政性教育经费冲击的就业效应;(3)二、三产业固定资产冲击下,非农就业响应值仅有 2 年为负值,非农响应峰值 0.004911,对非农就业的促进效应显著,并且高于学杂费冲击下的非农就业促进效应。

　　运用方差分解方法分析学杂费冲击对非农就业动态变化的贡献度。非农就业变化主要由自身扰动形成,二、三产业固定资产投资的贡献度20%,学杂费冲击的贡献度很小,滞后10年中均不超过5%,但是略高于财政性教育经费0.1%的贡献度。

四、高校学杂费影响非农就业的滞后性动态效应

　　二、三产业固定资产投资、高校学杂费、非农就业 VAR 模型估计结果如下:

$$\begin{bmatrix} \ln STEMP \\ \ln STGI \\ \ln HF \end{bmatrix}_t = \begin{bmatrix} -0.648 \\ -22.849 \\ -15.156 \end{bmatrix} + \begin{bmatrix} 1.231 & 0.182 & -0.088 \\ 1.377 & 1.274 & 0.078 \\ -1.741 & -2.200 & 0.717 \end{bmatrix} \begin{bmatrix} \ln STEMP \\ \ln STGI \\ \ln HF \end{bmatrix}_{t-1}$$

$$+ \begin{bmatrix} -0.147 & -0.141 & -0.017 \\ 1.357 & 0.657 & -0.370 \\ 4.055 & 1.298 & 0.498 \end{bmatrix} \begin{bmatrix} \ln STEMP \\ \ln STGI \\ \ln HF \end{bmatrix}_{t-2} \qquad (10\text{-}4)$$

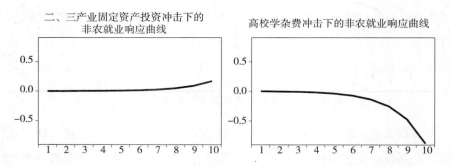

图10-4　高校学杂费对非农就业的脉冲响应曲线

　　非农就业的动态变化特征:(1)高校学杂费冲击下,滞后10年的非农就业响应值均为负值,呈现显著的非农就业抑制效应;(2)高校学杂费冲击下,非农就业抑制效应不断加深,滞后第2年,非农就业响应值为−0.004402,此后逐年向下弯曲,至滞后第10年,非农就业响应值达到波谷值−0.879431;(3)二、三产业固定资产投资冲击下,滞后10年的非农就业响应值均为正

值,峰值高达 0.2551,响应曲线趋势向上。

运用方差分解方法分析高校学杂费冲击对非农就业动态变化的贡献度。二、三产业固定资产投资冲击对非农就业变化的贡献度非常小,滞后 10 年均不超过 7%。高校学杂费冲击对非农就业动态变化的贡献度在滞后第 3 年达到 31%,此后逐年增长,滞后第 10 年的贡献度 59%,表示高校学杂费是预测非农就业动态变化的重要因素。

第二节 各级各类教育经费支出影响非农就业的滞后性动态效应

一、基础教育经费影响非农就业的动态效应

二、三产业固定资产投资、基础教育经费、非农就业的 VAR 模型的估计结果如下:

$$
\begin{bmatrix} \ln STEMP \\ \ln STGI \\ \ln JEDU \end{bmatrix}_t = \begin{bmatrix} 1.141 \\ -22.854 \\ 7.802 \end{bmatrix} + \begin{bmatrix} 1.114 & 0.019 & -0.021 \\ 0.927 & 0.603 & 0.278 \\ -5.237 & -0.722 & 0.609 \end{bmatrix} \begin{bmatrix} \ln STEMP \\ \ln STGI \\ \ln JEDU \end{bmatrix}_{t-1}
$$

$$
+ \begin{bmatrix} -0.254 & -0.052 & 0.111 \\ 1.869 & -0.425 & 0.022 \\ 4.653 & 1.305 & -0.537 \end{bmatrix} \begin{bmatrix} \ln STEMP \\ \ln STGI \\ \ln JEDU \end{bmatrix}_{t-2} \tag{10-5}
$$

运用脉冲响应函数分析一个方差新息冲击下非农就业动态变化特征:(1)基础教育经费冲击下,有滞后 3 年的非农就业响应值为负值,滞后性非农就业抑制效应与促进效应交替,总体上就业促进效应高于就业抑制效应;(2)基础教育经费冲击下,非农就业响应峰值 0.002317,显著高于教育总经费冲击下的非农就业响应峰值 0.000389;(3)二、三产业固定资产投资冲击下,有滞后 2 年的非农就业响应值为负值,峰值 0.006112,对非农就业的促进效应显著,高于基础教育经费冲击下的滞后性非农就业效应。

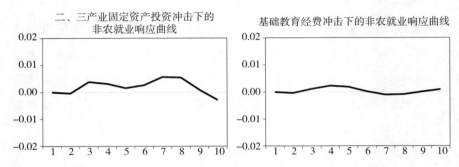

图 10-5　基础教育经费对非农就业的脉冲响应曲线

运用方差分解方法分析基础教育经费冲击对非农就业动态变化的贡献度。非农就业的预测方差主要来自自身扰动,二、三产业固定资产投资冲击的贡献度较小,不超过 28%。基础教育经费冲击对非农就业动态变化的贡献度很小,最大贡献度为 5%,多数滞后年份的贡献度为 3%。

二、中等职业教育经费影响非农就业的动态效应

二、三产业固定资产投资、中等职业教育经费、非农就业 VAR 模型估计结果如下:

$$
\begin{bmatrix} \ln STEMP \\ \ln STGI \\ \ln VEDU \end{bmatrix}_t = \begin{bmatrix} 0.423 \\ -34.673 \\ -3.536 \end{bmatrix} + \begin{bmatrix} 0.942 & 0.009 & -0.065 \\ 4.125 & 0.410 & 0.243 \\ -5.077 & -0.442 & 0.383 \end{bmatrix} \begin{bmatrix} \ln STEMP \\ \ln STGI \\ \ln VEDU \end{bmatrix}_{t-1}
$$

$$
+ \begin{bmatrix} 0.025 & -0.020 & 0.078 \\ 0.129 & -0.661 & 0.320 \\ 5.599 & 0.918 & -0.492 \end{bmatrix} \begin{bmatrix} \ln STEMP \\ \ln STGI \\ \ln VEDU \end{bmatrix}_{t-2} \tag{10-6}
$$

非农就业响应动态变化特征:(1)中等职业教育经费冲击下,有滞后 3 年的非农就业响应为负值,对非农就业的抑制效应与促进效应交替,总体上二者大致相当;(2)中等职业教育经费冲击下,非农就业响应峰值 0.001138,低于基础教育经费冲击下的非农就业响应峰值 0.002317,前者大致是后者的 1/2,表明基础教育经费冲击产生的滞后性非农就业促进效

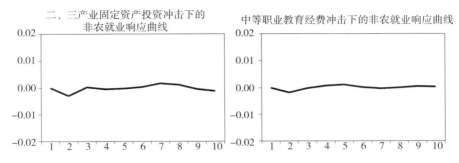

图 10-6　中等职业教育经费对非农就业的脉冲响应曲线

应高于中等职业教育经费冲击;(3)二、三产业固定资产投资冲击下,有滞后 5 年的非农就业响应值为负值,峰值 0.001977,总体上对非农就业的促进效应与抑制效应基本相当,与中等职业教育经费冲击下的滞后性非农就业效应基本相当。

　　运用方差分解方法分析中等职业教育经费冲击对非农就业动态变化的贡献度。非农就业滞后性动态变化主要由自身扰动形成,二、三产业固定资产投资冲击的贡献度不超过 8%,中等职业教育经费冲击最大贡献度 3%,多数滞后年份的贡献度 2%,中等职业教育经费冲击对非农就业动态变化影响很小。

三、高等教育经费影响非农就业的动态效应

　　二、三产业固定资产投资、高等教育支出、非农就业 VAR 模型估计结果如下:

$$
\begin{bmatrix} \ln STEMP \\ \ln STGI \\ \ln HEDU \end{bmatrix}_t =
\begin{bmatrix} 4.625 \\ -17.188 \\ -16.098 \end{bmatrix} +
\begin{bmatrix} 0.561 & -0.022 & 0.007 \\ -0.123 & 0.673 & 0.175 \\ -0.338 & 0.091 & -0.445 \end{bmatrix}
\begin{bmatrix} \ln STEMP \\ \ln STGI \\ \ln HEDU \end{bmatrix}_{t-1}
$$

$$
+ \begin{bmatrix} -0.098 & 0.055 & 0.092 \\ 2.265 & -0.337 & 0.092 \\ 2.695 & 0.743 & -0.904 \end{bmatrix}
\begin{bmatrix} \ln STEMP \\ \ln STGI \\ \ln HEDU \end{bmatrix}_{t-2} \qquad (10-7)
$$

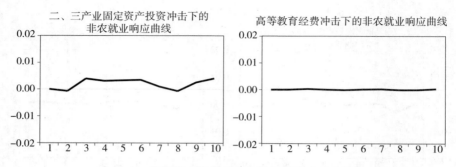

图 10-7　高等教育经费对非农就业的脉冲响应曲线

　　非农就业动态变化特征:(1)高等教育经费冲击下,有滞后 3 年的非农就业响应值为负值,对非农就业的促进效应与抑制效应基本相当;(3)高等教育经费冲击下,非农就业响应峰值 0.000251,显著低于基础教育经费及中等职业教育经费冲击下的非农就业响应峰值 0.002317 和 0.001138,表明高等教育经费冲击产生的滞后性非农就业促进效应低于基础教育经费和中等职业教育经费冲击;(3)二、三产业业固定资产投资冲击下,有滞后 2 年的非农就业响应值为负值,峰值 0.004115,总体上滞后性非农就业促进效应显著,高于高等教育经费冲击产生的滞后性非农就业促进效应。

　　运用方差分解方法分析高等教育经费冲击对非农就业动态变化的贡献度。非农就业变化预测方差主要由自身扰动及二、三产业固定资产投资冲击贡献形成,二、三产业业固定资产投资冲击贡献度从 20% 上升至 47%。高等教育经费冲击的贡献度接近零值,最大贡献度不足 0.2%,低于基础教育经费及中等职业教育经费冲击的贡献度。

第三节　各级各类生均教育经费支出影响
非农就业的滞后性动态效应

一、小学生均教育经费支出影响非农就业的动态效应

二、三产业业固定资产投资、小学生均经费支出、非农就业 VAR 模型估

计结果如下：

$$
\begin{bmatrix} \ln STEMP \\ \ln STGI \\ \ln APED \end{bmatrix}_t = \begin{bmatrix} -0.187 \\ -12.985 \\ 23.187 \end{bmatrix} + \begin{bmatrix} 1.501 & 0.029 & -0.043 \\ 0.752 & 0.439 & 0.474 \\ -10.122 & -1.209 & 1.197 \end{bmatrix} \begin{bmatrix} \ln STEMP \\ \ln STGI \\ \ln APED \end{bmatrix}_{t-1}
$$

$$
+ \begin{bmatrix} -0.45 & -0.124 & 0.147 \\ 2.514 & -0.037 & -0.316 \\ 7.479 & 2.440 & -1.305 \end{bmatrix} \begin{bmatrix} \ln STEMP \\ \ln STGI \\ \ln APED \end{bmatrix}_{t-2} \qquad (10-8)
$$

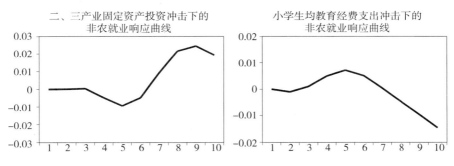

图 10-8 小学生均教育经费支出对非农就业的脉冲响应曲线

非农就业动态变化特征：(1)小学生均教育经费支出冲击下,有滞后4年的非农就业响应值为负值,就业抑制效应与促进效应交替,总体上两者基本相当;(2)小学生均教育经费支出冲击下,非农就业响应值呈现先扬后抑的波浪式反应特征:滞后第2年产生第一个波谷值-0.00099,滞后第5年达到峰值0.007158,随后逐年下降,滞后第10年达到波谷值-0.014600;(3)二、三产业固定资产投资冲击下,非农就业响应值曲线呈现先抑后扬的特征,有滞后3年的非农就业响应值为负值,峰值0.0247,总体上对非农就业的滞后性促进效应十分显著,高于小学生均教育经费支出的影响。

运用方差分解方法分析小学生均教育经费支出冲击对非农就业动态变化的贡献度。非农就业的预测方差主要由自身扰动形成,二、三产业固定资产投资冲击的贡献度从4%增长为30%,小学生均教育经费支出冲击贡献度较小,最大贡献度为12%。

二、农村小学生均教育经费支出影响非农就业的动态分析

二、三产业固定资产投资、农村小学生均教育经费支出、非农就业 VAR
模型估计结果如下:

$$
\begin{bmatrix} \ln STEMP \\ \ln STGI \\ \ln ASP \end{bmatrix}_t = \begin{bmatrix} 0.509 \\ -14.399 \\ -1.478 \end{bmatrix} + \begin{bmatrix} 1.475 & 0.024 & -0.033 \\ -0.544 & 0.324 & 0.460 \\ -7.074 & -1.127 & 0.846 \end{bmatrix} \begin{bmatrix} \ln STEMP \\ \ln STGI \\ \ln ASP \end{bmatrix}_{t-1}
$$

$$
+ \begin{bmatrix} -0.499 & -0.103 & 0.123 \\ 2.533 & -0.093 & -0.174 \\ 7.295 & 1.579 & -0.554 \end{bmatrix} \begin{bmatrix} \ln STEMP \\ \ln STGI \\ \ln ASP \end{bmatrix}_{t-2} \qquad (10-9)
$$

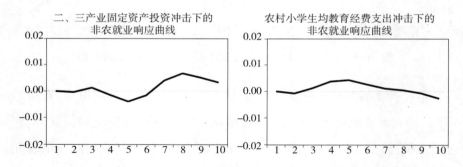

图 10-9　农村小学生均教育经费支出对非农就业的脉冲响应曲线

非农就业动态变化特征:(1)农村小学生均教育经费支出冲击下,有滞后3年的非农就业响应值为负值,对非农就业的抑制效应与促进效应交替,总体上就业促进效应更显著;(2)农村小学生均教育经费支出冲击下,非农就业响应峰值0.004238,低于全国小学生均教育经费支出冲击下的非农就业响应峰值0.007158,产生的滞后性非农就业促进效应小于全国小学生均教育经费支出的影响;(3)二、三产业固定资产投资冲击下,非农就业响应峰值0.006112,有滞后4年的非农就业响应值为负值,比农村小学生均教育经费支出冲击下形成的非农就业响应值负值多1年,但总体上高于农村

小学生均教育经费支出冲击下的就业效应。

运用方差分解方法分析农林小学生均教育经费冲击对非农就业动态变化的贡献度。非农就业变化的预测方差主要由自身扰动形成,二、三产业固定资产投资冲击的贡献度不超过15%,农村小学生均教育经费支出冲击最大贡献度7%,对非农就业动态变化的影响很小。

三、中学生均支出影响非农就业的动态效应

二、三产业固定资产投资、中学生均教育经费支出、非农就业 VAR 模型的估计结果如下:

$$
\begin{bmatrix} \ln STEMP \\ \ln STGI \\ \ln AMED \end{bmatrix}_t = \begin{bmatrix} 1.219 \\ -27.948 \\ -15.969 \end{bmatrix} + \begin{bmatrix} 1.166 & 0.050 & -0.035 \\ 2.225 & 0.719 & 0.164 \\ -1.289 & -0.301 & 0.256 \end{bmatrix} \begin{bmatrix} \ln STEMP \\ \ln STGI \\ \ln AMED \end{bmatrix}_{t-1}
$$

$$
+ \begin{bmatrix} -0.305 & -0.065 & 0.091 \\ 1.188 & -0.701 & 0.187 \\ 3.238 & 0.234 & 0.267 \end{bmatrix} \begin{bmatrix} \ln STEMP \\ \ln STGI \\ \ln AMED \end{bmatrix}_{t-2} \qquad (10-10)
$$

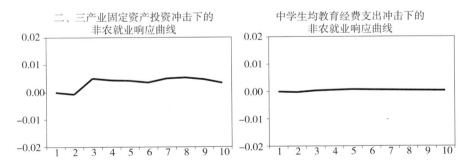

图 10-10　中学生均教育经费支出对非农就业的脉冲响应曲线

运用脉冲响应函数分析方差新息冲击下非农就业动态变化特征:(1)中学生均教育经费支出冲击下,有滞后 1 年的非农就业响应值为负值,总体上呈现滞后性非农就业促进效应;(2)中学生均教育经费支出冲击下,非农就业响应峰值 0.000742,低于小学生均教育经费支出冲击下非农就业响应

峰值 0.007158;(3)二、三产业固定资产投资冲击下,有滞后 1 年的非农就业响应值为负值,峰值 0.00611,非农就业促进效应显著,高于中学生均教育经费支出冲击下的非农就业促进效应。

运用方差分解方法分析中学生均教育经费支出冲击对非农就业动态变化的贡献度。非农就业的预测方差大部分由自身扰动贡献,二、三产业固定资产投资冲击的贡献度不超过 31%,中学生均教育经费支出冲击贡献度极其微弱,最大贡献度不足 0.5%,对非农就业动态变化的影响微乎其微。

四、初中生均支出影响非农就业的动态效应

二、三产业固定资产投资、初中生均教育经费支出、非农就业 VAR 模型估计结果如下:

$$
\begin{bmatrix} \ln STEMP \\ \ln STGI \\ \ln AJED \end{bmatrix}_t = \begin{bmatrix} -0.291 \\ -24.815 \\ 19.170 \end{bmatrix} + \begin{bmatrix} 1.409 & 0.030 & -0.033 \\ 2.224 & 0.580 & 0.243 \\ -8.714 & -1.299 & 1.099 \end{bmatrix} \begin{bmatrix} \ln STEMP \\ \ln STGI \\ \ln AJED \end{bmatrix}_{t-1}
$$

$$
+ \begin{bmatrix} -0.355 & -0.098 & 0.097 \\ 0.917 & -0.553 & 0.073 \\ 6.547 & 2.301 & -0.975 \end{bmatrix} \begin{bmatrix} \ln STEMP \\ \ln STGI \\ \ln AJED \end{bmatrix}_{t-2} \qquad (10\text{-}11)
$$

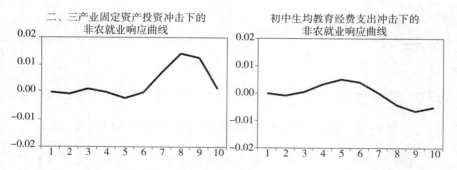

图 10-11　初中生均教育经费支出对非农就业的脉冲响应曲线

非农就业滞后性动态变化特征:(1)初中生均教育经费支出冲击下,有滞后 4 年的非农就业响应值为负值,就业抑制效应与促进效应交替出现,二

者大体相等;(2)初中生均教育经费支出冲击下,非农就业响应值峰值 0.005107,高于中学生均教育经费支出冲击下的非农就业峰值 0.000742,这是由于 2002—2013 年初中生均教育经费支出增幅高于中学生均教育经费支出增幅,产生更积极的滞后性就业效应;(3)二、三产业固定资产投资冲击下,有滞后 2 年非农就业响应值为负值,峰值 0.01332,总体上非农就业促进效应显著,高于初中生均教育经费支出冲击下的滞后性非农就业促进效应。

运用方差分解方法分析初中生均教育经费支出冲击对非农就业动态变化的贡献度。影响非农就业变化预测方差的主要是自身扰动,固定资产投资冲击的贡献度不超过 13%。初中生均教育经费支出冲击对非农就业变化影响很小,初中生均教育经费支出最大贡献度为 7%,低于小学生均教育经费支出冲击最高为 12% 的贡献度,但高于中学生均教育经费支出不足 0.5% 贡献度。

五、农村初中生均教育经费支出影响非农就业的动态效应

二、三产业固定资产投资、农村初中生均教育经费支出、非农就业 VAR 模型估计结果如下:

$$\begin{bmatrix} \ln STEMP \\ \ln STGI \\ \ln ASJ \end{bmatrix}_t = \begin{bmatrix} 0.312 \\ -22.589 \\ -7.875 \end{bmatrix} + \begin{bmatrix} 1.411 & 0.047 & -0.033 \\ 2.191 & 0.355 & 0.319 \\ -6.879 & -1.317 & 0.839 \end{bmatrix} \begin{bmatrix} \ln STEMP \\ \ln STGI \\ \ln ASJ \end{bmatrix}_{t-1}$$

$$+ \begin{bmatrix} -0.420 & -0.097 & 0.082 \\ 0.821 & -0.461 & 0.095 \\ 7.802 & 1.666 & -0.538 \end{bmatrix} \begin{bmatrix} \ln STEMP \\ \ln STGI \\ \ln ASJ \end{bmatrix}_{t-2} \tag{10-12}$$

非农就业动态变化特征:(1)农村初中生均教育经费支出冲击下,有滞后 3 年的非农就业响应值为负值,总体上对非农就业的促进效应高于抑制效应;(2)农村初中生均教育经费支出冲击下,非农就业响应峰值 0.001863,显著低于全国初中生均教育经费支出冲击下的非农就业响

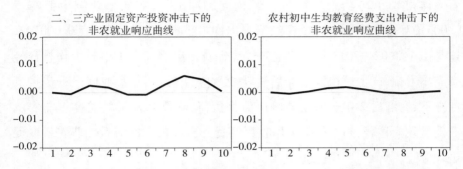

图 10-12　农村初中生均教育经费支出对非农就业的脉冲响应曲线

应峰值 0.005107；(3)二、三产业固定资产投资冲击下,有滞后 3 年呈现非农就业抑制效应,非农就业响应峰值 0.006312,总体上就业促进效应显著,高于农村初中生均教育经费支出冲击下的滞后性非农就业促进效应。

运用方差分解方法分析农村初中生均教育经费支出冲击对非农就业动态变化的贡献度。非农就业变化预测方差的基本由自身扰动形成,二、三产业固定资产投资冲击的贡献度不超过 9%,农村初中生均教育经费支出冲击贡献度不足 1%。

六、中等职业教育生均教育经费支出影响非农就业的动态效应

二、三产业固定资产投资、中等职业教育生均教育经费支出、非农就业 VAR 模型的估计结果如下:

$$
\begin{bmatrix} \ln STEMP \\ \ln STGI \\ \ln AVED \end{bmatrix}_t = \begin{bmatrix} 1.759 \\ -24.732 \\ 11.829 \end{bmatrix} + \begin{bmatrix} 0.842 & 0.002 & 0.009 \\ 0.746 & 0.678 & 0.164 \\ -3.962 & -0.227 & -0.089 \end{bmatrix} \begin{bmatrix} \ln STEMP \\ \ln STGI \\ \ln AVED \end{bmatrix}_{t-1}
$$

$$
+ \begin{bmatrix} -0.088 & 0.003 & 0.090 \\ 2.148 & -0.428 & 0.138 \\ 3.473 & 0.730 & -0.346 \end{bmatrix} \begin{bmatrix} \ln STEMP \\ \ln STGI \\ \ln AVED \end{bmatrix}_{t-2} \tag{10-13}
$$

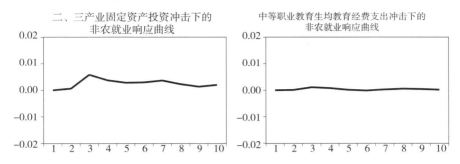

图10-13 中等职业教育生均支出对非农就业的脉冲响应曲线

非农就业动态变化特征:(1)中等职业生均教育经费冲击下,有滞后1年非农就业响应值为负值,总体上滞后性非农就业促进效应略高于抑制效应;(2)中等职业教育生均教育经费支出冲击下,非农就业响应峰值0.001067,略高于普通中学生均教育经费支出冲击下非农就业响应峰值0.000742;(3)二、三产业固定资产投资冲击下,滞后10年的非农就业响应值均为正值,峰值0.006112,就业促进效应显著,高于中等职业教育生均教育经费支出冲击下的非农就业促进效应。

运用方差分解方法分析中等职业教育生均教育经费支出冲击对非农就业动态变化的贡献度。非农就业滞后性动态变化的预测方差主要由自身扰动贡献,第二贡献因素是二、三产业固定资产投资冲击,贡献度为23%。中等职业教育生均教育经费支出冲击最大贡献度仅1%,低于小学生均教育经费支出冲击12%的贡献度,对非农就业动态变化的影响几乎可忽略不计。

七、高校生均教育经费支出影响非农就业的动态效应

二、三产业固定资产投资、高校生均教育经费支出、非农就业VAR模型的估计结果如下:

$$
\begin{bmatrix} \ln STEMP \\ \ln STGI \\ \ln AHED \end{bmatrix}_t = \begin{bmatrix} 1.048 \\ -30.230 \\ 28.873 \end{bmatrix} + \begin{bmatrix} 0.910 & 0.031 & -0.012 \\ 1.545 & 0.827 & 0.097 \\ -5.883 & -0.705 & 0.311 \end{bmatrix} \begin{bmatrix} \ln STEMP \\ \ln STGI \\ \ln AHED \end{bmatrix}_{t-1}
$$

$$
+ \begin{bmatrix} -0.083 & -0.002 & 0.065 \\ 1.892 & -0.571 & 0.128 \\ 3.441 & 1.173 & -0.143 \end{bmatrix} \begin{bmatrix} \ln STEMP \\ \ln STGI \\ \ln AHED \end{bmatrix}_{t-2} \qquad (10\text{-}14)
$$

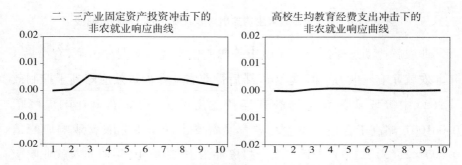

图 10-14　高校生均支出对非农就业的脉冲响应曲线

非农就业动态变化特征:(1)高校生均教育经费支出冲击下,仅有滞后1年的非农就业响应值为负值,总体上滞后性非农就业促进效应高于抑制效应;(2)高校生均教育经费支出冲击下,非农就业响应峰值 0.000918,略低于小学及中等职业教育生均教育经费支出冲击下非农就业响应峰值 0.007158 和 0.001067,这是由于我国高校生均教育经费支出 2002—2013 年实际下降了 7%,高校平均教育质量相对下降,造成现实低于理论预测值;(3)二、三产业固定资产投资冲击下,滞后 10 年的非农就业响应值为正值,峰值 0.006221,对非农就业的促进效应显著,高于高校生均教育经费支出冲击下的非农就业促进效应。

运用方差分解方法分析高校生均教育经费支出冲击对非农就业动态变化的贡献度。非农就业滞后性预测方差变化主要由自身扰动形成,二、三产业固定资产投资是第二贡献因素,贡献度 23%;高校生均教育投资扰动最大贡献度仅 1%,低于小学生均扰动 12% 的贡献度,对非农就业动态变化的贡献极其微弱。

第四节　教育经费支出结构影响非农就业的
滞后性动态效应

一、事业性经费影响非农就业的动态效应

二、三产业固定资产投资、事业性经费、非农就业 VAR 模型估计结果如下:

$$
\begin{bmatrix} \ln STEMP \\ \ln STGI \\ \ln SED \end{bmatrix}_t = \begin{bmatrix} 1.814 \\ -20.251 \\ -16.874 \end{bmatrix} + \begin{bmatrix} 0.869 & -0.026 & -0.031 \\ 2.122 & 0.454 & 0.330 \\ -2.0725 & -0.655 & 0.205 \end{bmatrix} \begin{bmatrix} \ln STEMP \\ \ln STGI \\ \ln SED \end{bmatrix}_{t-1}
$$

$$
+ \begin{bmatrix} -0.063 & 0.028 & 0.062 \\ 0.387 & -0.406 & 0.169 \\ 4.270 & 0.868 & 0.177 \end{bmatrix} \begin{bmatrix} \ln STEMP \\ \ln STGI \\ \ln SED \end{bmatrix}_{t-2} \tag{10-15}
$$

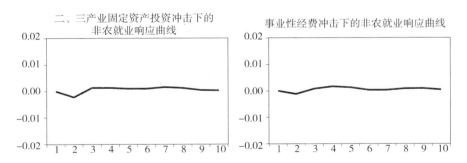

二、三产业固定资产投资冲击下的
非农就业响应曲线

事业性经费冲击下的非农就业响应曲线

图 10-15　事业性经费对非农就业的脉冲响应曲线

非农就业动态变化特征:(1)事业性经费冲击下,有滞后 1 年的非农就业响应值为微小负值-0.001209,整体上非农就业促进效应高于抑制效应;(2)事业性经费冲击下,非农就业响应峰值 0.00166,显著高于教育总经费冲击下的响应峰值 0.000389,并且事业性经费冲击下非农就业响应值为负值的年份仅 1 年,而教育总经费冲击下非农就业响应值负值的年份有 3 年;

（3）二、三产业固定资产投资冲击下，非农就业促进效应显著，与事业性教育经费冲击下的非农就业效应基本相当。在非农就业响应峰值方面，事业性教育经费冲击下为 0.00166，与二、三产业固定资产投资冲击下 0.001593 基本相等。在非农就业响应波谷值方面，二、三产业固定资产投资冲击下 -0.002241，比事业性教育经费冲击下的 -0.001209 更小。也就是说，事业性教育经费冲击产生的非农就业抑制效应比固定资产投资的影响小。

运用方差分解方法分析事业性经费冲击对非农就业动态变化的贡献度。非农就业的预测方差主要由自身扰动贡献，二、三产业固定资产投资冲击的贡献度不超过 9%，事业性教育经费冲击的贡献度不超过 5%。

二、基本建设经费影响非农就业的动态效应

二、三产业固定资产投资、基本建设经费、非农就业 VAR 模型估计结果如下：

$$
\begin{bmatrix} \ln STEMP \\ \ln STGI \\ \ln BED \end{bmatrix}_t = \begin{bmatrix} -0.331 \\ -19.605 \\ 107.216 \end{bmatrix} + \begin{bmatrix} 0.372 & -0.043 & 0.026 \\ 1.068 & 0.475 & 0.099 \\ -8.181 & -0.133 & 0.038 \end{bmatrix} \begin{bmatrix} \ln STEMP \\ \ln STGI \\ \ln BED \end{bmatrix}_{t-1}
$$

$$
+ \begin{bmatrix} 0.636 & 0.039 & 0.031 \\ 1.493 & -0.095 & -0.176 \\ -2.691 & 1.791 & -0.671 \end{bmatrix} \begin{bmatrix} \ln STEMP \\ \ln STGI \\ \ln BED \end{bmatrix}_{t-2} \tag{10-16}
$$

非农就业动态变化特征：（1）基本建设经费冲击下，有滞后 2 年的非农就业响应值为负值，峰值 0.002075，总体上产生滞后性非农就业促进效应；（2）二、三产业固定资产投资冲击下，非农就业响应值均为正值，峰值 0.003919，略高于基本建设经费冲击下的滞后性非农就业效应。

运用方差分解方法分析基本建设经费冲击对非农就业动态变化的贡献度。非农就业的预测方差主要由自身扰动贡献，二、三产业固定资产投资冲击的贡献度不超过 23%，基本建设性教育经费冲击贡献度不超过 7%。

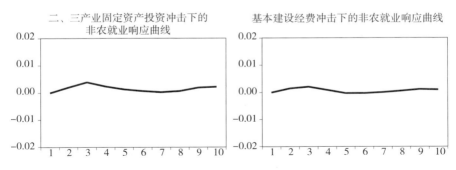

图 10-16　基本建设经费对非农就业的脉冲响应曲线

三、工资福利经费影响非农就业的动态效应

二、三产业固定资产投资、工资福利经费、非农就业 VAR 模型估计结果如下：

$$
\begin{bmatrix} \ln STEMP \\ \ln STGI \\ \ln WAGE \end{bmatrix}_t = \begin{bmatrix} 3.676 \\ -30.494 \\ 7.102 \end{bmatrix} + \begin{bmatrix} 0.536 & -0.005 & -0.003 \\ 2.681 & 0.843 & 0.304 \\ -7.369 & -0.576 & -0.513 \end{bmatrix} \begin{bmatrix} \ln STEMP \\ \ln STGI \\ \ln WAGE \end{bmatrix}_{t-1}
$$

$$
+ \begin{bmatrix} 0.049 & 0.072 & 0.007 \\ 0.756 & -0.850 & 0.349 \\ 7.252 & 1.119 & 0.094 \end{bmatrix} \begin{bmatrix} \ln STEMP \\ \ln STGI \\ \ln WAGE \end{bmatrix}_{t-2} \tag{10-17}
$$

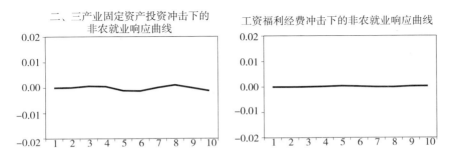

图 10-17　工资福利经费对非农就业的脉冲响应曲线

非农就业动态变化特征：(1)工资福利经费冲击下,有滞后 3 年的非农

就业响应值为微小负值,峰值 0.000426,滞后 10 年响应曲线平稳;(2)二、三产业固定资产投资冲击下,有滞后 5 年的非农就业响应值为负值,峰值 0.001224,非农就业促进效应与抑制效应大致相当。

运用方差分解方法分析工资福利经费冲击对非农就业变化的贡献度。非农就业预测方差基本由自身扰动贡献,固定资产投资以及工资福利教育经费贡献度极其微小,二、三产业固定资产冲击投资的贡献度为 1%,工资福利经费冲击贡献度不超过 0.5%。

四、助学金影响非农就业的动态效应

二、三产业固定资产投资、助学金、非农就业 VAR 模型的估计结果如下:

$$
\begin{bmatrix} \ln STEMP \\ \ln STGI \\ \ln SUBS \end{bmatrix}_t = \begin{bmatrix} 4.062 \\ -17.758 \\ -152.976 \end{bmatrix} + \begin{bmatrix} -0.084 & 0.276 & -0.042 \\ 0.859 & 0.332 & 0.081 \\ 17.928 & -6.681 & 0.952 \end{bmatrix} \begin{bmatrix} \ln STEMP \\ \ln STGI \\ \ln SUBS \end{bmatrix}_{t-1}
$$

$$
+ \begin{bmatrix} 0.513 & -0.062 & -0.028 \\ 1.545 & -0.056 & 0.023 \\ 1.712 & 1.525 & 0.559 \end{bmatrix} \begin{bmatrix} \ln STEMP \\ \ln STGI \\ \ln SUBS \end{bmatrix}_{t-2} \qquad (10-18)
$$

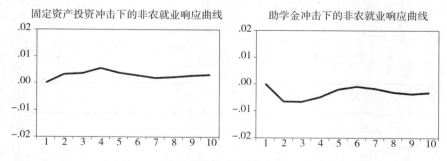

固定资产投资冲击下的非农就业响应曲线   助学金冲击下的非农就业响应曲线

图 10-18　助学金对非农就业的脉冲响应曲线

非农就业动态变化特征:(1)助学金冲击下,滞后 10 年的非农就业响应值均为负值,波谷值 0.008132,滞后性非农就业抑制效应明显;(2)二、三产业固定资产投资冲击下,非农就业响应值均为正值,峰值 0.005901,滞后性非农就业促进效应显著。

运用方差分解方法分析助学金冲击对非农就业动态变化值的贡献度。非农就业的预测方差冲击大部分由自身扰动贡献,二、三产业固定资产投资冲击的贡献度 23%,助学金冲击贡献度最高达 20%,表示助学金冲击对非农就业动态变化具有少部分影响。

第五节 各级各类教育经费支出结构影响非农就业的滞后性动态效应

一、小学教育经费支出结构影响非农就业的动态效应

(一)小学事业性经费影响非农就业的动态效应

二、三产业固定资产投资、小学事业性经费、非农就业的 VAR 模型估计结果如下:

$$
\begin{bmatrix} \ln STEMP \\ \ln STGI \\ \ln PSED \end{bmatrix}_t = \begin{bmatrix} -0.227 \\ -23.263 \\ -21.676 \end{bmatrix} + \begin{bmatrix} 1.26489 & -0.008 & -0.055 \\ 1.225 & 0.421 & 0.366 \\ -3.482 & -0.746 & 0.327 \end{bmatrix} \begin{bmatrix} \ln STEMP \\ \ln STGI \\ \ln PSED \end{bmatrix}_{t-1}
$$

$$
+ \begin{bmatrix} -0.248 & -0.045 & 0.107 \\ 0.758 & -0.437 & 0.114 \\ 5.558 & 0.804 & -0.115 \end{bmatrix} \begin{bmatrix} \ln STEMP \\ \ln STGI \\ \ln PSED \end{bmatrix}_{t-2} \tag{10-19}
$$

非农就业动态变化特征:(1)小学事业性经费冲击下,仅有滞后 1 年的非农就业响应值为负值,非农就业响应曲线"先抑后扬",波谷值 -0.001985,峰值 0.002325,总体上滞后性非农就业促进效应显著;(2)二、三产业固定资产投资冲击下,有滞后 5 年的非农就业响应值为负值,峰值 0.002551,总体上非农就业抑制效应高于促进效应。小学事业性经费冲击下的滞后性非农就业促进效应,高于二、三产业固定资产投资冲击下的

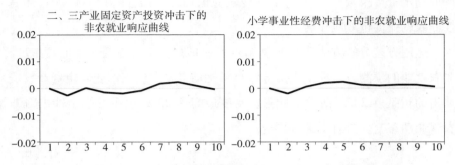

图 10-19　小学事业性经费对非农就业的脉冲响应曲线

效应。

　　运用方差分解方法分析小学事业性经费冲击对非农就业动态变化的贡献度。非农就业预测方差主要由自身扰动贡献,二、三产业固定资产投资冲击贡献度不超过 8%,小学事业性教育经费冲击贡献度不超过 7%。

(二)小学工资福利经费影响非农就业的动态效应

　　二、三产业固定资产投资、小学工资福利经费、非农就业 VAR 模型的估计结果如下:

$$
\begin{bmatrix} \ln STEMP \\ \ln STGI \\ \ln PWAGE \end{bmatrix}_t = \begin{bmatrix} 0.521 \\ -16.943 \\ 16.943 \end{bmatrix} + \begin{bmatrix} 0.749 & 0.097 & 0.065 \\ 0.358 & 1.025 & -0.203 \\ -2.328 & 1.087 & -0.185 \end{bmatrix} \begin{bmatrix} \ln STEMP \\ \ln STGI \\ \ln PWAGE \end{bmatrix}_{t-1}
$$

$$
+ \begin{bmatrix} 0.116 & -0.152 & 0.155 \\ 1.763 & -0.495 & 0.175 \\ 0.533 & -0.432 & 0.450 \end{bmatrix} \begin{bmatrix} \ln STEMP \\ \ln STGI \\ \ln PWAGE \end{bmatrix}_{t-2} \tag{10-20}
$$

　　非农就业动态变化特征:(1)小学工资福利经费冲击下,非农就业响应值均为正值,非农就业响应峰值 0.006435,滞后性非农就业促进效应显著;(2)二、三产业固定资产投资冲击下,非农就业响应峰值为 0.012175,滞后性非农就业促进效应明显,高于小学工资福利经费冲击下的滞后性非农就业效应。

　　运用方差分解方法分析小学工资福利经费冲击对非农就业动态变化的

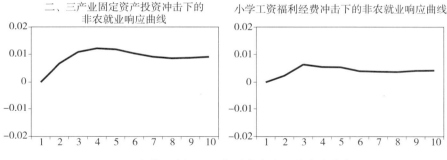

图 10-20 小学工资福利经费对非农就业的脉冲响应曲线

贡献度。二、三产业固定资产投资冲击是主要贡献因素,最大贡献度 77%,小学工资福利教育经费冲击贡献度最高达 18%。小学工资福利经费冲击对非农就业动态变化具有小部分影响。

二、中学教育经费支出结构影响非农就业的动态效应

(一)中学事业性教育经费影响非农就业的动态效应

二、三产业固定资产投资、中学事业性经费、非农就业 VAR 模型估计结果如下:

$$\begin{bmatrix} \ln STEMP \\ \ln STGI \\ \ln MSED \end{bmatrix}_t = \begin{bmatrix} 1.817 \\ -19.379 \\ -23.398 \end{bmatrix} + \begin{bmatrix} 0.919 & -0.023 & -0.040 \\ 1.833 & 0.192 & 0.430 \\ -2.372 & -0.227 & -0.046 \end{bmatrix} \begin{bmatrix} \ln STEMP \\ \ln STGI \\ \ln MSED \end{bmatrix}_{t-1}$$

$$+ \begin{bmatrix} -0.109 & 0.019 & 0.081 \\ 0.521 & -0.276 & 0.323 \\ 5.269 & 0.507 & -0.308 \end{bmatrix} \begin{bmatrix} \ln STEMP \\ \ln STGI \\ \ln MSED \end{bmatrix}_{t-2} \qquad (10-21)$$

非农就业动态变化特征:(1)中学事业性经费冲击下,有滞后 2 年的非农就业响应值为负值,总体上滞后性非农就业促进效应显著;(2)二、三产业固定资产投资冲击下,仅有滞后 1 年的非农就业响应值为负值,峰值 0.001893,总体上对非农就业的促进效应显著;(3)中学事业性经费与二、三产业固定资产投资冲击下非农就业响应峰值大致相当,前者为

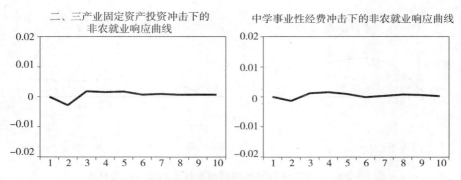

二、三产业固定资产投资冲击下的
非农就业响应曲线

中学事业性经费冲击下的非农就业响应曲线

图 10-21　中学事业性经费对非农就业的脉冲响应曲线

0.001789,后者为 0.001893,但二、三产业固定资产投资冲击下的波谷值-0.00283,深于中学事业性经费冲击下的波谷值-0.001361。

运用方差分解方法分析中学事业性经费冲击对非农就业动态变化的贡献度。非农就业变化主要由自身扰动贡献,二、三产业固定资产投资冲击贡献度不超过 12%,中学事业性教育经费冲击贡献度不超过 5%。

(二)中学工资福利经费影响非农就业的动态效应

二、三产业固定资产投资、中学工资福利经费、非农就业 VAR 模型估计结果如下:

$$
\begin{bmatrix} \ln STEMP \\ \ln STGI \\ \ln MWAGE \end{bmatrix}_t = \begin{bmatrix} 3.860 \\ -19.982 \\ -0.551 \end{bmatrix} + \begin{bmatrix} 0.579 & 0.022 & 0.070 \\ 0.778 & 0.916 & -0.581 \\ 0.412 & 0.567 & -0.725 \end{bmatrix} \begin{bmatrix} \ln STEMP \\ \ln STGI \\ \ln MWAGE \end{bmatrix}_{t-1}
$$

$$
+ \begin{bmatrix} -0.078 & -0.031 & 0.156 \\ 1.991 & -0.086 & -0.474 \\ 0.279 & 0.245 & -0.531 \end{bmatrix} \begin{bmatrix} \ln STEMP \\ \ln STGI \\ \ln MWAGE \end{bmatrix}_{t-2} \tag{10-22}
$$

非农就业动态变化特征:(1)中学工资福利经费冲击下,非农就业响应峰值 0.002066,有滞后 3 年的非农就业响应值为负值,非农就业促进效应与抑制效应交替,总体上非农就业促进效应高于抑制效应;(2)二、三产业固定资产投资冲击下,滞后 10 年的非农就业响应值均为正值,峰值

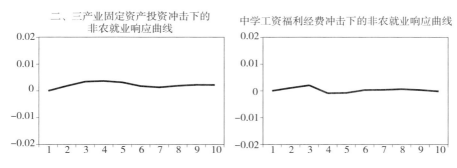

图 10-22　中学工资福利经费对非农就业的脉冲响应曲线

0.004144,高于中学工资福利经费冲击下的非农就业效应。

运用方差分解方法分析中学工资福利经费对非农就业动态变化的贡献度。非农就业自身扰动是主要贡献因素,二、三产业固定资产投资冲击的贡献度不超过 21%,中学工资福利经费冲击贡献度不超过 4%,对非农就业动态变化的影响非常小。

三、中等职业教育经费支出结构影响非农就业的动态效应

(一)中等职业教育事业性经费影响非农就业的动态效应

二、三产业固定资产投资、中等职业教育事业性经费、非农就业 VAR 模型估计结果如下:

$$\begin{bmatrix} \ln STEMP \\ \ln STGI \\ \ln VSED \end{bmatrix}_t = \begin{bmatrix} -0.558 \\ -32.288 \\ -8.364 \end{bmatrix} + \begin{bmatrix} 0.952 & -0.036 & -0.052 \\ 4.214 & 0.081 & 0.239 \\ -7.515 & -0.489 & 0.430 \end{bmatrix} \begin{bmatrix} \ln STEMP \\ \ln STGI \\ \ln VSED \end{bmatrix}_{t-1}$$

$$+ \begin{bmatrix} 0.141 & -0.002 & 0.060 \\ -0.136 & -0.321 & 0.245 \\ 8.476 & 1.022 & -0.630 \end{bmatrix} \begin{bmatrix} \ln STEMP \\ \ln STGI \\ \ln VSED \end{bmatrix}_{t-2} \tag{10-23}$$

非农就业动态变化特征:(1)中等职业教育事业性经费冲击下,非农就业响应峰值 0.000973,有滞后 5 年的非农就业响应值为负值,非农就业抑制效应与促进效应交替,总体上滞后性非农就业抑制效应高于促进效应;

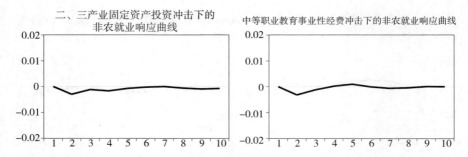

图 10-23　中等职业教育事业性经费对非农就业的脉冲响应曲线

（2）二、三产业固定资产投资冲击下，有滞后 8 年的非农就业响应值为负值，峰值 0.000231，滞后性非农就业抑制效应明显，大于中等职业教育事业性经费冲击下的非农就业抑制效应。

运用方差分解方法分析中等职业教育事业性经费冲击对非农就业动态变化的贡献度。非农就业自身扰动是主要贡献因素，二、三产业固定资产投资冲击与中等职业教育事业性经费冲击贡献度很小，均不超过 10%。

（二）中等职业教育工资福利经费影响非农就业的动态效应

二、三产业固定资产投资、中等职业教育工资福利经费、非农就业 VAR 模型估计结果如下：

$$
\begin{bmatrix} \ln STEMP \\ \ln STGI \\ \ln VWAGE \end{bmatrix}_t = \begin{bmatrix} 1.022 \\ -29.689 \\ -2.260 \end{bmatrix} + \begin{bmatrix} 1.031 & 0.024 & -0.006 \\ 1.593 & 0.658 & 0.283 \\ -2.617 & -0.238 & 0.090 \end{bmatrix} \begin{bmatrix} \ln STEMP \\ \ln STGI \\ \ln VWAGE \end{bmatrix}_{t-1}
$$

$$
+ \begin{bmatrix} -0.176 & -0.028 & 0.118 \\ 1.872 & -0.544 & 0.261 \\ 3.208 & 0.284 & 0.104 \end{bmatrix} \begin{bmatrix} \ln STEMP \\ \ln STGI \\ \ln VWAGE \end{bmatrix}_{t-2} \tag{10-24}
$$

非农就业动态变化特征：（1）中等职业工资福利经费冲击下，非农就业响应峰值 0.0022，有滞后 1 年的非农就业响应值为负值，总体上滞后性非农就业促进效应明显；（2）中等职业教育工资福利经费冲击下的滞后性非农就业促进效应，高于普通中学工资福利经费冲击下的效应；中学工资福利

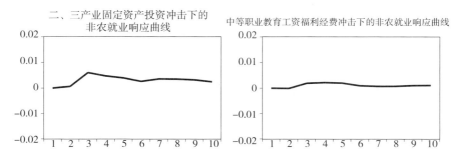

图 10-24　中等职业教育工资福利经费对非农就业的脉冲响应曲线

经费冲击下非农就业响应值负值年份为 3 年,而中等职业教育工资福利经费冲击下仅有 1 年;(3)二、三产业固定资产投资冲击下,非农就业响应峰值 0.0070112,滞后 10 年的非农就业响应值均为正值,非农就业促进效应显著,高于中等职业教育工资福利经费冲击下的就业效应。

运用方差分解方法分析中等职业教育工资福利经费冲击对非农就业动态变化的贡献度。非农就业自身扰动是解释非农就业预测方差的主要因素,二、三产业固定资产投资冲击的贡献度不超过 30%,中等职业教育工资福利经费冲击贡献度不超过 5%,对非农就业的动态变化影响很小。

四、高等教育经费支出结构影响非农就业的动态效应

(一)高校事业性经费影响非农就业的动态效应

二、三产业固定资产投资、高校事业性经费、非农就业 VAR 模型估计如下:

$$
\begin{bmatrix} \ln STEMP \\ \ln STGI \\ \ln HSED \end{bmatrix}_t = \begin{bmatrix} 2.305 \\ -14.953 \\ -24.652 \end{bmatrix} + \begin{bmatrix} 0.754 & -0.062 & -0.028 \\ 1.264 & 0.101 & 0.383 \\ -3.019 & 0.484 & -0.153 \end{bmatrix} \begin{bmatrix} \ln STEMP \\ \ln STGI \\ \ln HSED \end{bmatrix}_{t-1}
$$

$$
+ \begin{bmatrix} 0.007 & 0.059 & 0.070 \\ 0.745 & -0.121 & 0.316 \\ 5.886 & 0.368 & -0.862 \end{bmatrix} \begin{bmatrix} \ln STEMP \\ \ln STGI \\ \ln HSED \end{bmatrix}_{t-2} \qquad (10-25)
$$

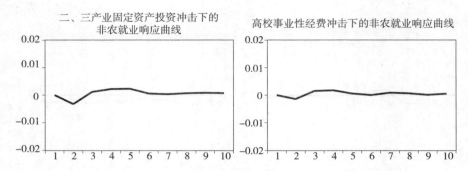

图 10-25　高校事业性经费对非农就业的脉冲响应曲线

非农就业动态变化特征:(1)高校事业性经费一个标准新息冲击下,非农就业响应值"先降后升",非农就业响应峰值 0.00185,2 有滞后 1 年的非农就业响应值为负值,总体上滞后性非农就业促进效应显著;(2)高校事业性经费冲击下非农就业响应峰值 0.001852,低于小学事业性经费冲击下的非农就业响应峰值 0.002325;(3)二、三产业固定资产投资冲击下,有滞后 1 年的非农就业响应值为负值,峰值 0.003114,总体上滞后性非农就业促进效应显著,与高校事业性经费冲击下的效应大致相当。

运用方差分解方法分析高校事业性经费冲击对非农就业动态变化的贡献度。非农就业自身扰动是最主要贡献因素,二、三产业固定资产投资冲击贡献度不超过 19%,高校事业性经费冲击贡献度不超过 7%,对非农就业动态变化的影响作用很小。

(二)高校基本建设经费影响非农就业的动态分析

二、三产业固定资产投资、高校基本建设经费、非农就业 VAR 模型估计如下:

$$
\begin{bmatrix} \ln STEMP \\ \ln STGI \\ \ln HBED \end{bmatrix}_t = \begin{bmatrix} 4.547 \\ -25.969 \\ 26.981 \end{bmatrix} + \begin{bmatrix} -0.453 & -0.097 & 0.042 \\ 4.643 & 1.126 & -0.090 \\ 13.379 & 0.003 & -0.500 \end{bmatrix} \begin{bmatrix} \ln STEMP \\ \ln STGI \\ \ln HBED \end{bmatrix}_{t-1}
$$

$$
+ \begin{bmatrix} 0.857 & 0.233 & 0.026 \\ -1.125 & -1.017 & -0.182 \\ -13.595 & -1.273 & -0.531 \end{bmatrix} \begin{bmatrix} \ln STEMP \\ \ln STGI \\ \ln HBED \end{bmatrix}_{t-2} \qquad (10-26)
$$

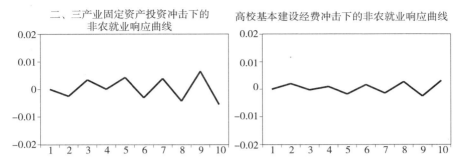

图 10-26　高校基本建设经费对非农就业的脉冲响应曲线

非农就业动态变化特征：（1）高校基本建设经费冲击下，非农就业响应值正值与负值交替，波浪式起伏，有滞后 4 年的非农就业响应值为负值，峰值 0.003137，总体上非农就业促进效应与抑制效应大体相当；（2）二、三产业固定资产投资冲击下，有滞后 5 年的非农就业响应值为负值，峰值 0.005112，非农就业抑制效应与促进效应交替出现，促进效应略高于抑制效应。

运用方差分解方法分析高校基本建设经费冲击对非农就业动态变化的贡献度。非农就业自身扰动是解释非农就业预测方差的最主要因素，二、三产业固定资产投资冲击贡献度不超过 10%，高校基本建设经费冲击贡献度不超过 7%，对非农就业动态变化的影响作用很小。

（三）高校工资福利经费影响非农就业的动态效应

二、三产业固定资产投资、高校工资福利经费、非农就业的 VAR 模型估计如下：

$$
\begin{bmatrix} \ln STEMP \\ \ln STGI \\ \ln HWAGE \end{bmatrix}_t = \begin{bmatrix} 4.680 \\ -22.304 \\ 15.661 \end{bmatrix} + \begin{bmatrix} 0.138 & 0.039 & 0.062 \\ 1.066 & 0.666 & -0.140 \\ -2.091 & -0.290 & 0.442 \end{bmatrix} \begin{bmatrix} \ln STEMP \\ \ln STGI \\ \ln HWAGE \end{bmatrix}_{t-1}
$$

$$
+ \begin{bmatrix} 0.286 & 0.031 & 0.049 \\ 1.814 & -0.246 & -0.115 \\ 0.635 & 0.793 & -0.306 \end{bmatrix} \begin{bmatrix} \ln STEMP \\ \ln STGI \\ \ln HWAGE \end{bmatrix}_{t-2} \tag{10-27}
$$

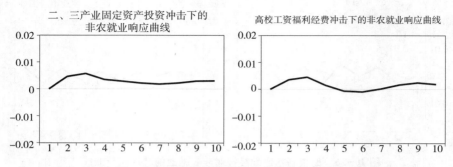

图 10-27　高校工资福利经费对非农就业的脉冲响应曲线

非农就业动态变化特征:(1)高校工资福利经费冲击下,非农就业响应值呈现波浪式起伏形态,有滞后2年的非农就业响应值为负,整体上滞后性非农就业促进效应显著;(2)高校工资福利经费冲击下,非农就业响应峰值0.004501,高于中学和中等职业教育工资福利经费冲击下的非农就业响应峰值0.002066和0.0022,高校工资福利经费冲击下的非农就业滞后性促进效应高于中学和中等职业教育工资福利冲击下的就业效应;(3)二、三产业固定资产投资冲击下,滞后10年的非农就业响应值均为正值,峰值0.006013,非农就业滞后性促进效应显著,略高于高校工资福利经费冲击下的就业效应。

运用方差分解方法分析高校工资主利经费冲击对非农就业动态变化的贡献度。非农就业自身扰动是解释预测方差的大部分影响因素,二、三产业固定资产投资冲击的贡献度不超过34%,高校工资福利教育经费冲击贡献度不超过17%,对非农就业动态变化具有小部分影响。

(四)高等教育助学金支出影响非农就业的动态分析

二、三产业固定资产投资、高校助学金支出、非农就业 VAR 模型估计如下:

$$\begin{bmatrix} \ln STEMP \\ \ln STGI \\ \ln HSUBS \end{bmatrix}_t = \begin{bmatrix} 4.612 \\ -33.709 \\ -33.650 \end{bmatrix} + \begin{bmatrix} 0.218 & 0.117 & -0.042 \\ 2.859 & 0.070 & 0.019 \\ -3.078 & -0.637 & 0.408 \end{bmatrix} \begin{bmatrix} \ln STEMP \\ \ln STGI \\ \ln HSUBS \end{bmatrix}_{t-1}$$

$$+ \begin{bmatrix} 0.513 & 0.032 & -0.007 \\ 1.568 & -0.389 & 0.164 \\ 6.639 & 0.684 & -0.360 \end{bmatrix} \begin{bmatrix} \ln STEMP \\ \ln STGI \\ \ln SHUBS \end{bmatrix}_{t-2} \qquad (10-28)$$

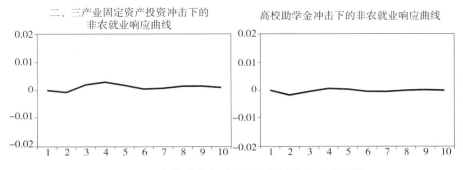

图 10-28 高校助学金对非农就业的脉冲响应曲线

非农就业动态变化特征:(1)高校助学金冲击下,有滞后 6 年的非农就业响应值为负值,总体上呈现轻微的非农就业抑制效应;(2)高校助学金冲击下,非农就业响应峰值 0.000659,显著低于高校事业性经费冲击下非农就业响应峰值 0.001852;(3)二、三产业固定资产投资冲击下,仅有 1 年的非农就业响应值为负值,峰值 0.003113,总体上滞后性非农就业促进效应显著,高于高校助学金冲击下的效应。

运用方差分解方法分析高校助学金冲击对非农就业动态变化的贡献度。非农就业预测方差基本由自身扰动贡献,二、三产业固定资产投资冲击的贡献度不超过 10%,高校助学金冲击贡献度不足 3%,对非农就业滞后性动态变化的影响非常小。

本章小结

表 10-1　教育经费影响全国就业、非农就业的滞后性动态效应

教育经费类别	教育经费指标	教育经费冲击下的全国就业滞后性的效应	教育经费冲击下的非农就业滞后性动态效应	固定资产投资冲击下的非农就业滞后性动态效应
教育经费总量	教育总经费	全国就业响应值负值年份数:0 年 滞后性就业总效应:促进效应 响应峰值:9.34E-05 贡献度:3%	非农就业响应值负值年份数:1 年 滞后性就业总效应:促进效应 响应峰值:0.000389 贡献:0.5%	非农就业响应值负值年份数:3 年 滞后性就业总效应:促进效应 响应峰值:0.004577 贡献度:30%
教育经费不同来源	财政性教育经费	全国就业响应值负值年份数:0 年 滞后性就业总效应:促进效应 响应峰值:0.000153 贡献度:7%	非农就业响应值负值年份数:3 年 滞后性就业总效应:促进效应 响应峰值:0.000261 贡献度:0.1%	非农就业响应值负值年份数:2 年 滞后性就业总效应:促进效应 响应峰值:0.00391 贡献度:14%
	学杂费	全国就业响应值负值年份数:6 年 滞后性就业总效应:抑制效应 响应峰值:0.000156 贡献度:10%	非农就业响应值负值年份数:4 年 滞后性就业总效应:促进效应 响应峰值:0.001601 贡献度:5%	非农就业响应值负值年份数:2 年 滞后性就业总效应:促进效应 响应峰值:0.004911 贡献度:20%
	高校学杂费	全国就业响应值负值年份数:9 年 滞后性就业总效应:抑制效应 响应波谷值:-0.00637 贡献度:39%	非农就业响应值负值年份数:9 年 滞后性就业总效应:抑制效应 贡献度:59%	非农就业响应值负值年份数:0 年 滞后性就业总效应:促进效应 响应峰值:0.2551 贡献度:7%

教育经费类别	教育经费指标	教育经费冲击下的全国就业滞后性的效应	教育经费冲击下的非农就业滞后性动态效应	固定资产投资冲击下的非农就业滞后性动态效应
各级各类教育经费支出	基础教育经费	全国就业响应值负值年份数:0年 滞后性就业总效应:促进效应 响应峰值:0.000132 贡献度:5%	非农就业响应值负值年份数:3年 滞后性就业总效应:促进效应 响应峰值:0.002317 贡献度:3%	非农就业响应值负值年份数:2年 滞后性就业总效应:促进效应 响应峰值:0.006112 贡献度:28%
	中等职业教育经费	全国就业响应值负值年份数:0年 滞后性就业总效应:促进效应 响应峰值:9.50E-06 贡献度:1%	非农就业响应值负值年份数:3年 滞后性就业总效应:促进效应 响应峰值:0.001138 贡献度:2%	非农就业响应值负值年份数:5年 滞后性就业总效应:促进效应与抑制效应基本相当 响应峰值:0.001977 贡献度:8%
	高等教育经费	全国就业响应值负值年份数:3年 滞后性就业总效应:促进效应 响应峰值:6.19E-05 贡献度:0.5%	非农就业响应值负值年份数:3年 滞后性就业总效应:促进效应与抑制效应基本相当 响应峰值:0.000251 贡献度:0.2%	非农就业响应值负值年份数:2年 滞后性就业总效应:促进效应 响应峰值:0.004115 贡献度:47%
各级各类生均教育经费支出	小学生均教育经费支出	全国就业响应值负值年份数:0年 滞后性就业总效应:促进效应 响应峰值:0.000168 贡献度:5%	非农就业响应值负值年份数:4年 滞后性就业总效应:促进效应与抑制效应基本相当 响应峰值:0.007158 贡献度:12%	非农就业响应值负值年份数:3年 滞后性就业总效应:促进效应 响应峰值:0.0247 贡献度:30%
	农村小学生均教育经费支出	全国就业响应值负值年份数:0年 滞后性就业总效应:促进效应 响应峰值:0.000174 贡献度:5%	非农就业响应值负值年份数:3年 滞后性就业总效应: 响应峰值:0.004238 贡献度:7%	非农就业响应值负值年份数:4年 滞后性就业总效应:促进效应 响应峰值:0.006112 贡献度:15%
	中学生均教育经费支出	全国就业响应值负值年份数:0年 滞后性就业总效应:促进效应 响应峰值:0.000270 贡献度:13%	非农就业响应值负值年份数:1年 滞后性就业总效应:促进效应 响应峰值:0.000742 贡献度:0.5%	非农就业响应值负值年份数:1年 滞后性就业总效应:促进效应 响应峰值:0.00611 贡献度:31%

续表

教育经费类别	教育经费指标	教育经费冲击下的全国就业滞后性的效应	教育经费冲击下的非农就业滞后性动态效应	固定资产投资冲击下的非农就业滞后性动态效应
各级各类生均教育经费支出	初中生均教育经费支出	全国就业响应值负值年份数:0年 滞后性就业总效应:促进效应 响应峰值:0.000106 贡献度:3%	非农就业响应值负值年份数:4年 滞后性就业总效应:抑制效应与促进效应基本相当 响应峰值:0.005107 贡献度:7%	非农就业响应值负值年份数:2年 滞后性就业总效应:促进效应 响应峰值:0.01332 贡献度:13%
	农村初中生均教育经费支出	全国就业响应值负值年份数:0年 滞后性就业总效应:促进效应 响应峰值:0.000158 贡献度:6%	非农就业响应值负值年份数:3年 滞后性就业总效应:促进效应 响应峰值:0.001863 贡献度:1%	非农就业响应值负值年份数:3年 滞后性就业总效应:促进效应 响应峰值:0.006312 贡献度:9%
	中等职业教育生均教育经费支出	全国就业响应值负值年份数:0年 滞后性就业总效应:促进效应 响应峰值:0.000119 贡献度:9%	非农就业响应值负值年份数:1年 滞后性就业总效应:促进效应 响应峰值:0.001067 贡献度:1%	非农就业响应值负值年份数:0年 滞后性就业总效应:促进效应 响应峰值:0.006112 贡献度:23%
	高校生均教育经费支出	全国就业响应值负值年份数:0年 滞后性就业总效应:促进效应 响应峰值:0.000192 贡献度:15%	非农就业响应值负值年份数:1年 滞后性就业总效应:促进效应 响应峰值:0.000918 贡献度:1%	非农就业响应值负值年份数:0年 滞后性就业总效应:促进效应 响应峰值:0.006221 贡献度:23%
教育经费支出结构	事业性经费	全国就业响应值负值年份数:0年 滞后性就业总效应:促进效应 响应峰值:0.000111 贡献度:4%	非农就业响应值负值年份数:1年 滞后性就业总效应:促进效应 响应峰值:0.001660 贡献度:5%	非农就业响应值负值年份数:1年 滞后性就业总效应:促进效应 响应峰值:0.001593 贡献度:9%
	基本建设经费	全国就业响应值负值年份数:8年 滞后性就业总效应:抑制效应 响应峰值:4.63E-06 贡献度:0.5%	非农就业响应值负值年份数:2年 滞后性就业总效应:促进效应 响应峰值:0.002075 贡献度:7%	非农就业响应值负值年份数:0年 滞后性就业总效应:促进效应 响应峰值:0.003919 贡献度:23%

教育经费类别	教育经费指标	教育经费冲击下的全国就业滞后性的效应	教育经费冲击下的非农就业滞后性动态效应	固定资产投资冲击下的非农就业滞后性动态效应
教育经费支出结构	工资福利经费	全国就业响应值负值年份数:0年 滞后性就业总效应:促进效应 响应峰值:0.000221 贡献度:21%	非农就业响应值负值年份数:3年 滞后性就业总效应:促进效应与抑制效应基本相当 响应峰值:0.000426 贡献度:0.5%	非农就业响应值负值年份数:5年 滞后性就业总效应:促进效应与抑制效应基本相当 响应峰值:0.001224 贡献度:1%
	助学金	全国就业响应值负值年份数:1年 滞后性就业总效应:促进效应 响应峰值:0.000653 贡献度:37%	非农就业响应值负值年份数:9年 滞后性就业总效应:抑制效应 贡献度:20%	非农就业响应值负值年份数:0年 滞后性就业总效应:促进效应 响应峰值:0.005901 贡献度:23%
各级各类教育经费支出结构	小学事业性经费	全国就业响应值负值年份数:0年 滞后性就业总效应:促进效应 响应峰值:6.07E-05 贡献度:1%	非农就业响应值负值年份数:1年 滞后性就业总效应:促进效应 响应峰值:0.002325 贡献度:5%	非农就业响应值负值年份数:5年 滞后性就业总效应:抑制效应高于促进效应 响应峰值:0.002551 贡献度:8%
	小学工资福利经费	全国就业响应值负值年份数:7年 滞后性就业总效应:抑制效应 响应峰值:9.24E-05 贡献度:14%	非农就业响应值负值年份数:0年 滞后性就业总效应:促进效应 响应峰值:0.006435 贡献度:18%	非农就业响应值负值年份数:1年 滞后性就业总效应:促进效应 响应峰值:0.003114 贡献度:19%
	中学事业性经费	全国就业响应值负值年份数:0年 滞后性就业总效应:促进效应 响应峰值:8.87E-05 贡献度:2%	非农就业响应值负值年份数:2年 滞后性就业总效应:促进效应 响应峰值:0.001589 贡献度:5%	非农就业响应值负值年份数:1年 滞后性就业总效应:促进效应 响应峰值:0.001893 贡献度:12%
	中学工资福利经费	全国就业响应值负值年份数:7年 滞后性就业总效应:抑制效应 响应峰值:7.05E-05 贡献度:6%	非农就业响应值负值年份数:2年 滞后性就业总效应:促进效应 响应峰值:0.002066 贡献度:4%	非农就业响应值负值年份数:0年 滞后性就业总效应:促进效应 响应峰值:0.004144 贡献度:21%

续表

教育经费类别	教育经费指标	教育经费冲击下的全国就业滞后性的效应	教育经费冲击下的非农就业滞后性动态效应	固定资产投资冲击下的非农就业滞后性动态效应
各级各类教育经费支出结构	中等职业教育事业性经费	全国就业响应值负值年份数:1年 滞后性就业总效应:促进效应 响应峰值:0.000162 贡献度:7%	非农就业响应值负值年份数:5年 滞后性就业总效应:抑制效应 响应峰值:0.000973 贡献度:10%	非农就业响应值负值年份数:8年 滞后性就业总效应:抑制效应 响应峰值:0.000231 贡献度:10%
	中等职业教育工资福利经费	全国就业响应值负值年份数:0年 滞后性就业总效应:促进效应 响应峰值:0.000306 贡献度:14%	非农就业响应值负值年份数:1年 滞后性就业总效应:促进效应 响应峰值:0.0022 贡献度:5%	非农就业响应值负值年份数:0年 滞后性就业总效应:促进效应 响应峰值:0.0070112 贡献度:30%
	高校事业性经费	全国就业响应值负值年份数:0年 滞后性就业总效应:促进效应 响应峰值:0.000282 贡献度:13%	非农就业响应值负值年份数:1年 滞后性就业总效应:促进效应 响应峰值:0.001852 贡献度:7%	非农就业响应值负值年份数:1年 滞后性就业总效应:促进效应 响应峰值:0.003114 贡献度:19%
	高校基本建设经费	全国就业响应值负值年份数:9年 滞后性就业总效应:抑制效应 贡献度:0.1%	非农就业响应值负值年份数:4年 滞后性就业总效应:促进效应 响应峰值:0.003137 贡献度:7%	非农就业响应值负值年份数:5年 滞后性就业总效应:促进效应 响应峰值:0.005112 贡献度:10%
	高校工资福利经费	全国就业响应值负值年份数:5年 滞后性就业总效应:抑制效应 响应峰值:0.000166 贡献度:35%	非农就业响应值负值年份数:2年 滞后性就业总效应:促进效应 响应峰值:0.004501 贡献度:17%	非农就业响应值负值年份数:0年 滞后性就业总效应:促进效应 响应峰值:0.006013 贡献度:34%
	高校助学金经费	全国就业响应值负值年份数:1年 滞后性就业总效应:促进效应 响应峰值:0.000251 贡献度:8%	非农就业响应值负值年份数:6年 滞后性就业总效应:抑制效应 响应峰值:0.000659 贡献度:3%	非农就业响应值负值年份数:1年 滞后性就业总效应:促进效应 响应峰值:0.003113 贡献度:10%

一、教育经费影响下非农就业动态变化特征

1. 教育总经费影响下的滞后性二、三非农就业效应显著，高于滞后性全国就业效应

教育总经费冲击下，滞后性非农就业抑制效应与促进效应交替呈现，总体上促进效应高于抑制效应。教育总经费冲击下，在滞后 10 年中，非农就业响应值有 1 年为负值，响应峰值 0.000389，其对非农就业滞后性变化的贡献度不到 1%。教育总经费冲击下，全国就业响应峰值 9.34E-05，非农就业响应峰值 0.000389，后者略高于前者。

2. 财政性教育经费及学杂费产生的滞后性非农就业促进效应显著，但高校学杂费形成滞后性非农就业抑制效应

财政性教育经费冲击下，非农就业响应峰值 0.000261，高于全国就业响应峰值 0.000153。学杂费冲击下，全国就业响应值有滞后 6 年为负值，全国就业响应峰值 0.000156，而非农就业响应峰值 0.001601，非农就业响应值为负的年份数下降为 4 年，总体上对非农就业促进效应显著。但是，高校学杂费冲击下，有滞后 9 年的非农就业响应值为负值，产生显著的滞后性非农就业抑制效应。

3. 基础教育经费冲击下的滞后性非农就业效应最显著

基础教育经费冲击下，非农就业响应峰值 0.002317，高于全国就业响应峰值 0.000132；中等职业教育经费冲击下，非农就业响应峰值 0.001138，高于全国就业响应峰值 9.50E-06；高等教育经费冲击下，非农就业响应峰值 0.000251，高于全国就业响应峰值 6.19E-05。各级各类教育经费冲击下，非农就业响应峰值逐层提高，且均高于全国就业响应峰值。但总体上看，滞后 10 年期内基础教育经费冲击下的非农就业促进效应最大，高等教育经费冲击下的滞后性非农就业效应最弱，中等职业教育经费冲击下的非农就业效应介于两者之间。

4. 各级各类教育生均教育经费支出影响下,滞后性非农就业响应曲线形态存在差异

小学生均教育经费支出冲击下,非农就业响应峰值 0.007158,显著高于全国就业响应峰值 0.000168;其中,农村小学生均教育经费支出冲击下,非农就业响应峰值 0.004238,高于全国就业响应峰值 0.000174。中学生均支出冲击下,非农就业响应峰值 0.000742,高于全国就业响应峰值 0.00027。初中生均教育经费支出冲击下,非农就业响应峰值 0.005107,高于全国就业响应峰值 0.000106;其中,农村初中生均教育经费支出冲击下,非农就业响应峰值 0.001863,高于全国就业响应峰值 0.000158;中等职业教育生均教育经费支出冲击下,非农就业响应峰值 0.001067,高于全国就业响应峰值 0.000119;高校生均教育经费支出冲击下,非农就业响应峰值 0.000918,高于全国就业响应峰值 0.000192。

小学生均教育经费支出冲击下,非农就业响应值呈现"先升后降"特征,中学教育生均教育经费支出冲击的非农就业响应曲线则比较平缓。小学生均教育经费支出冲击下的非农就业响应峰值,高于中等职业教育及高校生均教育经费支出冲击下的非农就业响应峰值,但其冲击形成的非农就业响应值为负值年份数为 4 年,多于中学后教育生均教育经费支出冲击下的非农就业响应值为负值年份数(1 年)。

农村生均教育经费支出冲击下的非农就业响应曲线比全国生均教育经费支出冲击下的非农就业响应曲线平缓,响应峰值低于全国平均。农村生均教育经费支出冲击下,非农就业响应峰值低于全国平均水平,但其响应值为正值的年份数多于全国平均水平。农村小学生均教育经费支出和全国小学生均教育经费支出冲击下,非农就业响应峰值分别为 0.004238 和 0.007158;农村初中生均教育经费支出和全国初中生均教育经费支出冲击下,非农就业响应峰值分别为 0.001863 和 0.005107,非农就业响应值为负值的年份数分别为 3 年和 4 年。

5. 事业性教育经费和基本建设经费影响下产生滞后性非农就业促进效应,非农就业响应峰值均高于全国就业响应峰值

事业性教育经费和基本建设经费冲击下,非农就业响应值为负值的年份数分别为 1 年和 2 年,总体上滞后性非农就业效应显著。事业性教育经费冲击下,非农就业响应峰值 0.00166,高于全国就业响应峰值 0.000111;其中,工资福利经费冲击下,非农就业响应峰值 0.000426,高于全国就业响应峰值 0.000221。基本建设经费冲击下,非农就业响应峰值 0.002075,显著高于全国就业响应峰值 4.63E-06。

6. 各级各类教育事业性经费影响下,小学事业性经费的滞后性非农就业促进效应最大

各级各类教育事业性经费冲击下,滞后性非农就业促进效应最大的是小学事业性经费冲击,其次是高校事业性经费和中学事业性经费事业性经费冲击,而中等职业教育事业性经费冲击下,滞后性就业抑制效应大于就业促进效应。各级各类教育事业性经费冲击对非农就业滞后性动态变化的贡献度非常小,均不超过 10%。

小学事业性经费冲击下,非农就业响应峰值 0.002325,高于全国就业响应峰值 6.07E-05;其中,小学工资福利经费冲击下,非农就业响应峰值 0.006435,高于全国就业响应峰值 9.24E-05。中学事业性经费冲击下,非农就业响应峰值 0.001589,高于全国就业响应峰值 8.87E-05;其中,中学工资福利经费冲击下,非农就业响应峰值 0.002066,高于全国就业响应峰值 7.05E-05。中等职业教育事业性经费冲击下,非农就业响应峰值 0.000973,高于全国就业响应峰值 0.000162;其中,中等职业教育工资福利经费冲击下,非农就业响应峰值 0.0022,高于全国就业响应峰值 0.000306。高校事业性经费冲击下,非农就业响应峰值 0.001852,高于全国就业响应峰值 0.000282;其中,高校工资福利经费冲击下,非农就业响应峰值 0.004501,高于全国就业响应峰值 0.000166。

7. 高校教育经费不同用途影响下,非农就业响应曲线动态变化特征不同

高校工资福利经费冲击下,滞后性非农就业效应显著,峰值 0.004501。但高校助学金冲击下,有滞后 6 年的非农就业响应值为负值,峰值仅 0.000659,总体上非农就业抑制效应显著。

二、教育经费与二、三产业固定资产投资影响下非农就业动态特征比较

总体上看,教育经费影响下的非农就业促进效应低于固定资产投资。教育总经费冲击下,非农就业响应值在滞后 10 年中有 1 年为负值,响应峰值 0.000389,对非农就业滞后性变化的贡献度不到 1%。二、三产业固定资产投资冲击下,非农就业响应峰值 0.004577,显著高于教育总经费冲击下的响应峰值 0.000389,对非农就业滞后性变化的最大贡献度 30%。

部分教育经费支出冲击的滞后性非农就业效应甚至为负值,二、三产业固定资产投资冲击下的非农就业促进效应显著。助学金冲击产生滞后性非农就业抑制效应,在整个 10 年滞后期中非农就业响应值均为负值。高校助学金有滞后 6 年的非农就业响应值为负值。

值得一提的是,部分教育经费支出冲击产生的滞后性非农就业效应高于二、三产业固定资产投资冲击的效应,例如,小学事业性经费支出冲击,产生了高于固定资产投资冲击的滞后性非农就业促进效应。小学事业性经费冲击下,仅有滞后 1 年的非农就业响应值为负值,二、三产业固定资产投资冲击下则有滞后 5 年的非农就业响应值为负值。小学事业性经费冲击下的非农就业响应峰值 0.002325,与二、三产业固定资产投资冲击下的响应峰值 0.002551 相差无几。

第十一章 教育投资影响第二产业就业的滞后性动态效应

在大多数国家中,劳动生产率增长和就业增长是相伴发生的,但也有一些国家的劳动生产率和就业水平呈现相反的变化趋势。学者们从劳动生产率对就业的替代效应与收入效应两个方面进行了研究。劳动生产率对就业的替代效应,指在其他条件不变的情况下,新产品和新技术的引进导致劳动生产率不断提高,使得生产同样产品所需要的劳动力更少,这将会减少企业对劳动力的需求。另一方面,厂商为了追求利润最大化,将通过降低价格来与消费者分享劳动生产率提高带来的消费者剩余。而产品价格的下降会刺激对产品的需求,进而将提高对劳动力的需求,促进了就业,形成收入效应。由于市场结构、需求弹性以及替代效应等经济变量的不同,收入效应可能会抵消替代弹性的作用。因此,劳动生产率提升总体上是促进就业增长还是减少就业,是一种经验数据。有学者对英国、德国、法国等发达国家制造业的技术创新与就业的关系进行实证研究,发现收入效应的影响更大。也有观点认为,制造业生产率增长能解释美国和英国等国家中制造业就业下降的现象,解释了就业结构与生产率之间的相互依赖关系。

2002—2013 年,伴随劳动生产率不断提高,我国就业结构变化显著,第一产业就业占比从 50% 下降为 31.4%,第二产业就业占比从 21.4% 上升至 30.1%,第三产业的就业占比从 28.6% 上升至 38.5%。教育投入增加是推动技术创新和进步的重要源泉。关于提高劳动生产率的就业效应,有的观点认为提高社会劳动生产率水平对就业具有替代效应,也有的观点认为提高劳动生产率对就业具有补偿效应。之所以会出现不同的结论,关键在于分析的时期长短不同。从短期或者静态来看,劳动就业增长与劳动生产率增长二者之间存在互逆的矛盾:技术进步太快使劳动生产率提高太快,会抑制就业水平。如果从动态的角度来看,却是截然不同的结果:在投入既定的条件下,劳动生产率的高低是影响就业和劳动力转移量大小的重要因素。我国大多数实证研究支持劳动生产率对就业具有促进作用,但两者之间的关系也不确定。

本书研究发现,2002—2013 年我国教育经费与第二产业就业的长期弹性高于与第三产业就业的长期弹性。从长期和动态的角度看,教育经费影响下的滞后性第二产业就业效应是否也高于第三产业?本章运用向量自回归模型,通过脉冲响应函数和方差分解方法,分析我国教育总经费、教育经费不同来源及教育经费支出对第二产业就业的滞后性动态影响。

第一节　教育经费收入影响第二产业就业的滞后性动态效应

一、教育总经费影响第二产业就业的动态分析

第二产业就业、第二产业固定资产投资、教育总经费 VAR 模型估计结果如下:

$$
\begin{bmatrix} \ln SEMP \\ \ln SGI \\ \ln EDU \end{bmatrix}_t = \begin{bmatrix} 7.328 \\ -10.880 \\ -5.654 \end{bmatrix} + \begin{bmatrix} -0.065 & -0.099 & 0.008 \\ 1.685 & 0.466 & 0.282 \\ 0.156 & -0.709 & 0.629 \end{bmatrix} \begin{bmatrix} \ln SEMP \\ \ln SGI \\ \ln EDU \end{bmatrix}_{t-1}
$$

$$
+ \begin{bmatrix} 0.209 & 0.319 & -0.133 \\ -0.123 & -0.141 & 0.023 \\ 0.937 & 0.586 & -0.025 \end{bmatrix} \begin{bmatrix} \ln SEMP \\ \ln SGI \\ \ln EDU \end{bmatrix}_{t-2} \quad (11-1)
$$

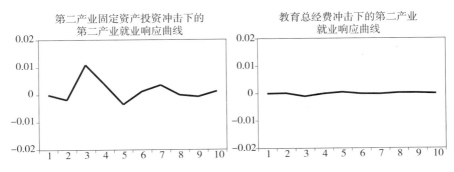

图 11-1 教育总经费对第二产业就业的脉冲响应曲线

运用脉冲响应函数分析第二产业就业的动态变化特点:(1)教育总经费冲击下,第二产业就业响应曲线呈现"先抑后扬"特征,有滞后 5 年的第二产业就业响应值为负值,总体上滞后性就业抑制效应略高;(2)教育总经费冲击下,滞后第 3 年形成波谷值,滞后第 5 年第二产业就业响应峰值 0.000449,非常微小;(3)第二产业固定资产投资冲击下,第二产业就业响应曲线"先扬后抑",有滞后 4 年第二产业就业响应值为负值,第二产业就业响应峰值 0.014544,总体上对第二产业就业产生促进效应,显著高于教育总经费冲击下的滞后性第二产业就业效应。

运用方差分解方法分析教育总经费冲击对第二产业就业动态变化的贡献度。滞后 10 年中,第二产业就业预测方差变化主要由自身扰动和第二产业固定资产投资冲击形成,固定资产投资贡献度 31%,教育总经费冲击的贡献度非常微弱,不超过 0.5%。

二、财政性教育经费影响第二产业就业的动态效应

财政性教育经费、第二产业固定资产投资、第二产业就业 VAR 模型的估计结果如下:

$$\begin{bmatrix} \ln SEMP \\ \ln SGI \\ \ln FED \end{bmatrix}_t = \begin{bmatrix} 7.165 \\ -8.594 \\ -14.404 \end{bmatrix} + \begin{bmatrix} -0.179 & -0.101 & 0.010 \\ 1.985 & 0.531 & 0.299 \\ 1.889 & -0.539 & 0.451 \end{bmatrix} \begin{bmatrix} \ln SEMP \\ \ln SGI \\ \ln FED \end{bmatrix}_{t-1}$$

$$+ \begin{bmatrix} 0.311 & 0.318 & -0.102 \\ -0.658 & -0.193 & 0.003 \\ 0.176 & 0.298 & 0.177 \end{bmatrix} \begin{bmatrix} \ln SEMP \\ \ln SGI \\ \ln FED \end{bmatrix}_{t-2} \qquad （11-2）$$

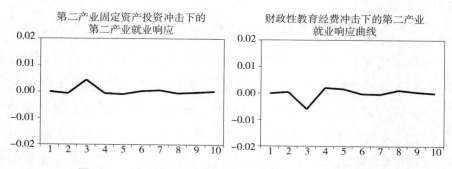

图 11-2　财政性教育经费对第二产业就业的脉冲响应曲线

　　运用脉冲响应函数分析第二产业就业响应值的动态变化特点：（1）财政性教育经费冲击下，有滞后 4 年第二产业就业响应值为负值，总体上对第二产业就业的抑制效应高于促进效应；（2）财政性教育经费冲击下，在滞后第 3 年第二产业就业响应产生明显的波谷，波谷值 -0.005957，第二产业就业响应峰值 0.002084；（3）第二产业固定资产冲击下，在滞后第 3 年产生就业响应峰值 0.004561，总体上滞后性第二产业就业促进效应高于抑制效应，高于财政性教育经费冲击下滞后性第二产业就业效应。

　　运用方差分解方法分析财政性教育经费冲击对滞后性第二产业就业动态变化的贡献度。第二产业就业波动的贡献绝大部分来自第二产业就业自身扰动。第二产业固定资产投资和财政性教育经费冲击贡献度很小，最高贡献度分别为 8% 和 15%，财政性教育经费冲击对第二产业就业动态变化的影响作用很小。

三、学杂费影响第二产业就业的动态效应

学杂费、第二产业固定资产投资、第二产业就业 VAR 模型估计结果如下：

$$\begin{bmatrix} \ln SEMP \\ \ln SGI \\ \ln FEE \end{bmatrix}_t = \begin{bmatrix} 6.673 \\ -11.516 \\ 8.247 \end{bmatrix} + \begin{bmatrix} 0.416 & 0.087 & -0.089 \\ 0.885 & -0.224 & 0.520 \\ -3.535 & -0.817 & -0.134 \end{bmatrix} \begin{bmatrix} \ln SEMP \\ \ln SGI \\ \ln FEE \end{bmatrix}_{t-1}$$

$$+ \begin{bmatrix} -0.229 & 0.129 & -0.034 \\ 0.748 & 0.345 & 0.173 \\ 3.510 & 1.474 & -0.847 \end{bmatrix} \begin{bmatrix} \ln SEMP \\ \ln SGI \\ \ln FEE \end{bmatrix}_{t-2} \qquad (11-3)$$

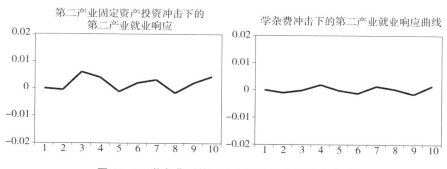

图 11-3　学杂费对第二产业就业的脉冲响应曲线

运用脉冲响应函数分析第二产业就业响应值的动态变化特点：(1)学杂费冲击下,第二产业就业响应值呈现波浪式起伏,滞后性就业抑制效应与促进效应基本相等,有滞后5年的第二产业就业响应值为负值,滞后第2年达到第1个波谷值-0.001013,滞后第4年达到最高峰值0.001864,滞后第6年达到第2个波谷值-0.001261,滞后第7年达到第2个峰值0.001339,滞后第9年再次达到波谷值-0.001563;(2)第二产业固定资产投资冲击下,第二产业就业响应值有3年为负值,峰值0.00651,总体上对第二产业就业促进效应高于抑制效应,显著高于学杂费冲击下的滞后性第二产业就业促进效应。

运用方差分解方法分析学杂费冲击对第二产业就业动态变化的贡献度。第二产业就业波动的贡献绝大部分来自第二产业就业自身扰动,第二产业固定资产投资冲击贡献度16%,学杂费冲击贡献度2%,对第二产业就业动态变化的影响微小。

四、高校学杂费影响第二产业就业的动态效应

高校学杂费、第二产业固定资产投资、第二产业就业 VAR 模型估计结果如下:

$$
\begin{bmatrix} \ln SEMP \\ \ln SGI \\ \ln HF \end{bmatrix}_t = \begin{bmatrix} 5.718 \\ -0.545 \\ -15.886 \end{bmatrix} + \begin{bmatrix} 0.511 & -0.140 & 0.008 \\ -1.013 & 0.334 & 0.349 \\ 1.563 & -2.014 & 0.676 \end{bmatrix} \begin{bmatrix} \ln SEMP \\ \ln SGI \\ \ln HF \end{bmatrix}_{t-1}
$$

$$
+ \begin{bmatrix} -0.211 & 0.192 & 0.098 \\ 1.323 & 0.554 & -0.507 \\ 1.185 & 1.055 & 0.423 \end{bmatrix} \begin{bmatrix} \ln SEMP \\ \ln SGI \\ \ln HF \end{bmatrix}_{t-2} \qquad (11-4)
$$

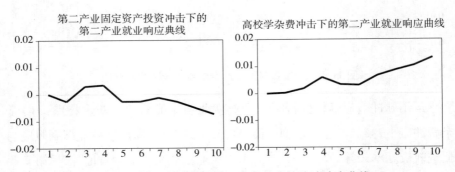

图 11-4 高校学杂费对第二产业就业的脉冲响应曲线

运用脉冲响应函数分析第二产业就业响应值的动态变化特点:(1)高校学杂费冲击下,第二产业就业响应峰值0.01337,滞后10年的第二产业就业响应值均为正值,且逐年增长,滞后性第二产业就业促进效应显著;(2)第二产业固定资产投资冲击下,第二产业就业响应峰值0.00403,低于高校学杂费冲击下的峰值,有滞后7年的第二产业就业响应为负值,整体上

滞后性第二产业就业抑制效应显著,低于高校学杂费冲击下的滞后性第二产业就业促进效应。

运用方差分解方法分析高校学杂费冲击对第二产业就业动态变化的贡献。第二产业就业波动的贡献度基本来自第二产业就业自身扰动,高校学杂费冲击贡献度及第二产业固定资产投资冲击贡献度小。第二产业固定资产投资冲击贡献度从滞后第 2 年的 3% 增长为滞后第 4 年的最高值 9%,此后逐年下降,滞后第 10 年的贡献度仅 2.5%。高校学杂费冲击的贡献度从滞后第 2 年的 0.03% 迅速增长为滞后第 4 年的 13%,此后的贡献度为 8% 左右。

第二节　各级各类教育经费支出影响第二产业就业的滞后性动态效应

一、基础教育经费影响第二产业就业的动态效应

基础教育经费、第二产业固定资产投资、第二产业就业 VAR 模型估计结果如下:

$$
\begin{bmatrix} \ln SEMP \\ \ln SGI \\ \ln JEDU \end{bmatrix}_t = \begin{bmatrix} 7.674 \\ -11.404 \\ -11.782 \end{bmatrix} + \begin{bmatrix} -0.083 & -0.088 & -0.013 \\ 1.760 & 0.390 & 0.343 \\ 0.877 & -0.619 & 0.586 \end{bmatrix} \begin{bmatrix} \ln SEMP \\ \ln SGI \\ \ln JEDU \end{bmatrix}_{t-1}
$$

$$
+ \begin{bmatrix} 0.172 & 0.313 & -0.101 \\ -0.091 & -0.078 & -0.061 \\ 0.931 & 0.298 & 0.122 \end{bmatrix} \begin{bmatrix} \ln SEMP \\ \ln SGI \\ \ln JEDU \end{bmatrix}_{t-2} \tag{11-5}
$$

运用脉冲响应函数分析第二产业就业响应值的动态变化特点:(1)基础教育经费冲击下,第二产业就业响应峰值 0.002134,波谷值 -0.00784,有滞后 6 年为负值,总体上滞后性第二产业就业抑制效应高于就业促进效应;(2)第二产业固定资产投资冲击下,第二产业就业响应峰值 0.00357,有滞

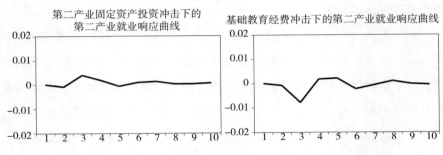

图 11-5　基础教育经费对第二产业就业的脉冲响应曲线

后 2 年为负值,总体上滞后性第二产业就业促进效应显著,高于基础教育经费冲击下的滞后性第二产业就业效应。

运用方差分解方法分析基础教育经费冲击对第二产业就业动态变化的贡献度。滞后 10 年中,第二产业就业波动主要由自身扰动形成,基础教育经费冲击及第二产业固定资产投资冲击形成小部分解释力。第二产业固定资产投资冲击对第二产业就业预测方差变化的贡献度 8%,基础教育经费冲击贡献度为 24%,基础教育经费冲击对第二产业就业动态变化具有少部分影响,其影响大于第二产业固定资产投资。

二、中等职业教育经费影响第二产业就业的动态效应

中等职业教育经费、第二产业固定资产投资与第二产业就业 VAR 模型估计结果如下:

$$
\begin{bmatrix} \ln SEMP \\ \ln SGI \\ \ln VEDU \end{bmatrix}_t = \begin{bmatrix} -0.454 \\ 2.910 \\ 1.617 \end{bmatrix} + \begin{bmatrix} -0.454 & -0.101 & -0.005 \\ 2.910 & 0.514 & 0.369 \\ 1.617 & -0.623 & 0.191 \end{bmatrix} \begin{bmatrix} \ln SEMP \\ \ln SGI \\ \ln VEDU \end{bmatrix}_{t-1}
$$

$$
+ \begin{bmatrix} 0.448 & 0.348 & -0.121 \\ -1.464 & -0.227 & 0.112 \\ 1.403 & 0.263 & 0.077 \end{bmatrix} \begin{bmatrix} \ln SEMP \\ \ln SGI \\ \ln VEDU \end{bmatrix}_{t-2}
\qquad (11\text{-}6)
$$

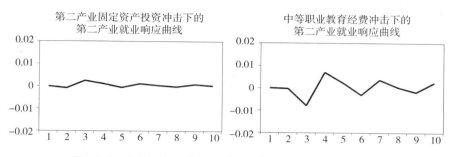

图 11-6　中等职业教育经费对第二产业就业的脉冲响应曲线

运用脉冲响应函数分析第二产业就业响应值动态变化特征:(1)中等职业教育经费冲击下,第二产业就业响应峰值 0.007016,有滞后 4 年为负值,第二产业就业抑制效应与就业促进效应大致相当;(2)第二产业固定资产投资冲击下,滞后 10 年总体上产生第二产业就业促进效应,显著高于中等职业教育经费冲击产生的滞后性第二产业就业效应,但中等职业教育经费冲击下的就业响应峰值 0.007016 高于第二产业固定资产投资冲击下的峰值 0.00248,中等职业教育经费冲击下的第二产业就业响应值动态曲线波动幅度高于第二产业固定资产投资冲击的影响。

运用方差分解方法分析中等职业教育经费冲击对第二产业就业动态变化的贡献度。第二产业固定资产投资冲击对第二产业就业波动的贡献度不足 4%,中等职业教育经费冲击是解释第二产业就业动态变化的重要因素。滞后第 3 年,中等职业教育经费冲击贡献度为 30%,此后逐年增长为 44%,对第二产业就业滞后性动态变化的影响明显高于第二产业固定资产投资冲击。

三、高等教育经费影响第二产业就业的动态效应

高等教育经费、第二产业固定资产投资、第二产业就业 VAR 模型估计结果如下:

$$\begin{bmatrix} \ln SEMP \\ \ln SGI \\ \ln HEDU \end{bmatrix}_t = \begin{bmatrix} 6.620 \\ -10.985 \\ -3.075 \end{bmatrix} + \begin{bmatrix} 0.221 & -0.041 & -0.009 \\ 1.416 & 0.462 & 0.180 \\ -0.545 & -0.427 & 0.043 \end{bmatrix} \begin{bmatrix} \ln SEMP \\ \ln SGI \\ \ln HEDU \end{bmatrix}_{t-1}$$

$$+ \begin{bmatrix} -0.011 & 0.257 & -0.124 \\ 0.180 & -0.155 & 0.170 \\ 1.535 & 0.738 & -0.285 \end{bmatrix} \begin{bmatrix} \ln SEMP \\ \ln SGI \\ \ln HEDU \end{bmatrix}_{t-2} \qquad (11-7)$$

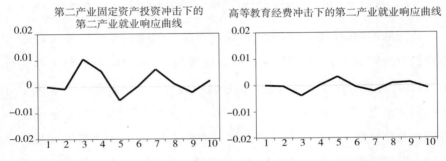

图 11-7　高等教育经费对第二产业就业的脉冲响应曲线

运用脉冲响应函数分析第二产业就业响应值动态变化特征:(1)高等教育经费冲击下,第二产业就业响应峰值 0.003316,有滞后 5 年第二产业就业响应值为负值,第二产业就业抑制效应与促进效应交互出现,二者基本相等;(2)第二产业固定资产投资冲击下,有滞后 3 年第二产业就业响应值为负值,峰值 0.01234,就业促进效应与就业抑制效应交替出现,总体上就业促进效应高于就业抑制效应,高于高等教育经费冲击下的滞后性第二产业就业效应。

运用方差分解方法分析高等教育经费冲击对第二产业就业动态变化的贡献度。第二产业就业自身扰动和固定资产投资冲击是解释第二产业就业动态变化的主要因素,固定资产投资冲击贡献度 50%。高等教育经费冲击的贡献度很小,滞后第 3 年高等教育经费冲击贡献度为 5.5%,此后逐年缓慢增长,滞后第 10 年贡献度为 7.7%。

第三节　各级各类生均教育经费支出影响
第二产业就业的滞后性动态效应

一、小学生均教育经费支出影响第二产业就业的动态效应

小学生均教育经费支出、第二产业业固定资产投资、第二产业就业 VAR 模型估计结果如下:

$$
\begin{bmatrix} \ln SEMP \\ \ln SGI \\ \ln APED \end{bmatrix}_t = \begin{bmatrix} 6.816 \\ -7.012 \\ -12.837 \end{bmatrix} + \begin{bmatrix} -0.038 & -0.051 & -0.051 \\ 1.083 & 0.180 & 0.555 \\ 0.359 & -0.959 & 0.751 \end{bmatrix} \begin{bmatrix} \ln SEMP \\ \ln SGI \\ \ln APED \end{bmatrix}_{t-1}
$$

$$
+ \begin{bmatrix} 0.189 & 0.280 & -0.051 \\ 0.167 & 0.160 & -0.313 \\ 1.567 & 0.602 & -0.027 \end{bmatrix} \begin{bmatrix} \ln SEMP \\ \ln SGI \\ \ln APED \end{bmatrix}_{t-2} \tag{11-8}
$$

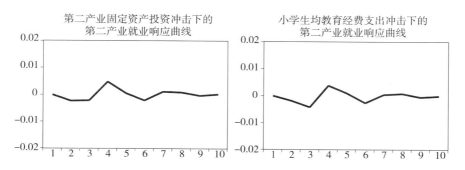

图 11-8　小学生均教育经费支出对第二产业就业的脉冲响应曲线

运用脉冲响应函数分析第二产业就业动态变化特征:(1)小学生均教育经费支出冲击下,第二产业就业响应峰值 0.003792,有滞后 5 年为负值,第二产业就业抑制效应与就业促进效应交替出现,总体上就业抑制效应略高;(2)第二产业固定资产投资冲击下,第二产业就业响应峰值 0.004783,有滞后 4 年为负值,滞后性第二产业就业促进效应与抑制效应基本相当。

小学生均教育经费支出冲击下的第二产业就业响应曲线形态与第二产业固定资产投资冲击下非常相似。

运用方差分解方法分析小学生均教育经费支出冲击对第二产业就业动态变化的贡献度。第二产业就业波动主要由自身扰动形成,小学生均教育经费冲击扰动和第二产业固定资产投资冲击的贡献度较小。第二产业固定资产投资冲击的贡献度13%左右。小学生均教育经费支出贡献度在滞后第3年为10%,随后平稳增长,滞后第4年至滞后第10年的贡献度为14%,对第二产业就业动态变化有小部分影响。

二、农村小学生均教育经费支出影响第二产业就业的动态效应

农村小学生均教育经费支出、第二产业固定资产投资、第二产业就业VAR 模型估计结果如下:

$$
\begin{bmatrix} \ln SEMP \\ \ln SGI \\ \ln ASP \end{bmatrix}_t = \begin{bmatrix} 6.635 \\ -7.874 \\ -18.900 \end{bmatrix} + \begin{bmatrix} -0.077 & -0.038 & -0.060 \\ 1.463 & 0.182 & 0.517 \\ 1.876 & -0.824 & 0.647 \end{bmatrix} \begin{bmatrix} \ln SEMP \\ \ln SGI \\ \ln ASP \end{bmatrix}_{t-1}
$$

$$
+ \begin{bmatrix} 0.236 & 0.284 & -0.054 \\ -0.073 & 0.50 & -0.187 \\ 0.809 & 0.229 & 0.214 \end{bmatrix} \begin{bmatrix} \ln SEMP \\ \ln SGI \\ \ln ASP \end{bmatrix}_{t-2} \tag{11-9}
$$

运用脉冲响应函数分析第二产业就业动态变化特征:(1)农村小学生均教育经费支出冲击下,第二产业就业响应峰值0.003104,有滞后5年为负值,第二产业就业抑制效应与促进效应交替出现,就业抑制效应略高于促进效应;(2)农村小学生均教育经费支出冲击下的第二产业就业响应峰值0.003104,略低于全国小学生均教育经费支出冲击下的第二产业就业响应峰值0.003792;(3)第二产业固定资产投资冲击下,第二产业就业响应峰值0.002564,有滞后4年为负值,滞后性就业促进效应与就业抑制效应大体相等。

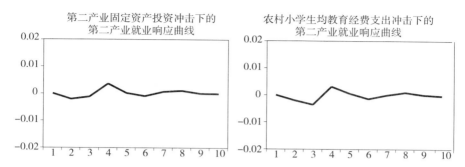

图 11-9 农村小学生均教育经费支出对第二产业就业的脉冲响应曲线

运用方差分解方法分析农村小学生均教育经费支出冲击对第二产业就业动态变化的贡献度。第二产业就业动态波动主要由自身扰动贡献,第二产业固定资产投资冲击和农村小学生均教育经费支出冲击的贡献度较小。第二产业固定资产投资冲击对第二产业就业波动的贡献度为8%。滞后第3年,农村小学生均教育经费支出冲击的贡献度为9%,滞后第4年至滞后第10年的贡献度为12%。

三、中学生均教育经费支出影响第二产业就业的动态效应

中学生均教育经费支出、第二产业固定资产投资、第二产业就业 VAR模型的估计结果如下:

$$\begin{bmatrix} \ln SEMP \\ \ln SGI \\ \ln AMED \end{bmatrix}_t = \begin{bmatrix} 7.435 \\ -12.212 \\ -19.186 \end{bmatrix} + \begin{bmatrix} -0.090 & -0.129 & 0.012 \\ 2.056 & 0.506 & 0.226 \\ 3.002 & 0.153 & 0.278 \end{bmatrix} \begin{bmatrix} \ln SEMP \\ \ln SGI \\ \ln AMED \end{bmatrix}_{t-1}$$

$$+ \begin{bmatrix} 0.195 & 0.333 & -0.097 \\ -0.256 & -0.208 & 0.020 \\ -0.494 & -0.537 & 0.539 \end{bmatrix} \begin{bmatrix} \ln SEMP \\ \ln SGI \\ \ln AMED \end{bmatrix}_{t-2} \qquad (11-11)$$

运用脉冲响应函数分析第二产业就业动态变化特征:(1)中学生均教育经费支出冲击下,有滞后4年第二产业就业响应值为负值,滞后性就业抑制效应与就业促进效应交替出现,整体上就业抑制效应更显著;(2)中学生

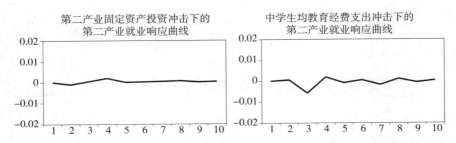

图 11-10　中学生均教育经费支出对第二产业就业的脉冲响应曲线

均教育经费支出冲击下,第二产业就业响应峰值 0.001945,小于小学生均教育经费支出冲击下峰值 0.003792,第二产业就业响应的波谷值-0.005751,波谷较深;(3)第二产业固定资产投资冲击下,第二产业就业响应峰值 0.001932,有滞后 2 年为负值,滞后性第二产业就业促进效应更显著,高于中学生均教育经费支出影响下的就业促进效应。

　　运用方差分解方法分析中学生均教育经费支出对第二产业就业滞后性动态变化的贡献度。第二产业就业波动大部分由自身扰动形成。第二产业固定资产投资冲击的贡献度 3%。中学生均教育经费支出冲击贡献度 16%,对第二产业就业动态变化有小部分影响,高于第二产业固定资产投资冲击。

四、初中生均教育经费支出影响第二产业就业的动态效应

　　初中生均教育经费支出、第二产业固定资产投资、第二产业就业 VAR 模型估计结果如下:

$$
\begin{bmatrix} \ln SEMP \\ \ln SGI \\ \ln AJED \end{bmatrix}_t = \begin{bmatrix} 7.116 \\ -6.798 \\ -17.161 \end{bmatrix} + \begin{bmatrix} -0.190 & -0.092 & -0.029 \\ 1.451 & 0.196 & 0.464 \\ 1.659 & -0.856 & 0.738 \end{bmatrix} \begin{bmatrix} \ln SEMP \\ \ln SGI \\ \ln AJED \end{bmatrix}_{t-1}
$$

$$
+ \begin{bmatrix} 0.311 & 0.317 & -0.062 \\ -0.229 & 0.123 & -0.194 \\ 0.783 & 0.427 & -0.013 \end{bmatrix} \begin{bmatrix} \ln SEMP \\ \ln SGI \\ \ln AJED \end{bmatrix}_{t-2} \quad (11-12)
$$

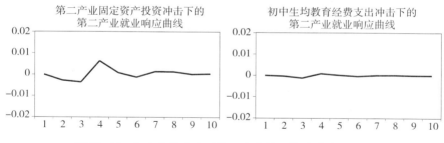

图 11-11　初中生均支出对第二产业就业的脉冲响应曲线

运用脉冲响应函数分析第二产业就业动态变化特征：（1）初中生均教育经费支出冲击下，第二产业就业响应峰值 0.000902，有滞后 5 年第二产业就业响应为负值，滞后性第二产业就业抑制效应与就业促进效应大致相等；（2）与中学生均支出冲击下的第二产业就业响应曲线比较，初中生均教育经费支出冲击下的第二产业就业响应曲线比较平缓，波谷较浅；（3）第二产业固定资产投资冲击下，第二产业就业响应峰值 0.00671，有滞后 3 年负值，第二产业就业促进效应显著，高于初中生均教育经费支出冲击下的滞后性第二产业就业效应。

运用方差分解方法分析初中生均教育经费支出冲击对第二产业就业动态变化的贡献。第二产业就业波动主要由自身冲击形成，第二产业固定资产投资扰动的贡献度较小，初中生均教育经费支出冲击的贡献度极度微弱。第二产业自身扰动的贡献度为 79%，第二产业固定资产投资冲击的贡献度 20%，初中生均教育经费支出冲击的贡献率不超过 1%。

五、农村初中生均教育经费支出影响第二产业就业的动态效应

农村初中生均支出、第二产业固定资产投资、第二产业就业 VAR 模型估计结果如下：

$$
\begin{bmatrix} \ln SEMP \\ \ln SGI \\ \ln ASJ \end{bmatrix}_t = \begin{bmatrix} 6.599 \\ -7.184 \\ -26.281 \end{bmatrix} + \begin{bmatrix} -0.249 & -0.061 & -0.062 \\ 2.092 & 0.089 & 0.526 \\ 4.130 & -0.554 & 0.730 \end{bmatrix} \begin{bmatrix} \ln SEMP \\ \ln SGI \\ \ln ASJ \end{bmatrix}_{t-1}
$$

$$
+ \begin{bmatrix} 0.408 & 0.314 & -0.053 \\ -0.726 & 0.035 & -0.118 \\ -0.549 & -0.204 & 0.157 \end{bmatrix} \begin{bmatrix} \ln SEMP \\ \ln SGI \\ \ln ASJ \end{bmatrix}_{t-2} \qquad (11-13)
$$

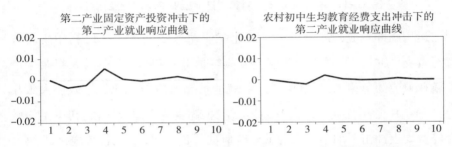

图 11-12　农村初中生均支出对第二产业就业的脉冲响应曲线

运用脉冲响应函数分析第二产业就业动态变化特征:(1)农村初中生均教育经费支出冲击下,有滞后5年第二产业就业响应值为负值,滞后性第二产业就业抑制效应与促进效应交替出现,二者基本相等;(2)农村初中生均教育经费支出冲击下,第二产业就业响应曲线特征与全国农村生均教育经费支出冲击下类似,但农村初中生均教育经费支出冲击下第二产业就业响应峰值0.002018,高于全国初中生均教育经费支出冲击下的第二产业就业峰值0.000902;(3)第二产业固定资产投资冲击下,第二产业就业响应峰值0.00577,有滞后4年为负值,总体上滞后性第二产业就业促进效应显著。

运用方差分解方法分析农村初中生均教育经费支出冲击对第二产业就业动态变化的贡献度。第二产业就业、第二产业固定资产投资、农村初中生均教育经费支出冲击的贡献度分别为76%、20%、4%。第二产业就业动态变化主要由自身扰动形成,第二产业固定资产投资冲击有少部分贡献度,初中生均教育经费支出冲击贡献度微小。

六、中等职业教育生均教育经费支出影响第二产业就业的动态效应

中等职业教育生均教育经费支出、第二产业固定资产投资与第二产业就业 VAR 模型估计如下：

$$
\begin{bmatrix} \ln SEMP \\ \ln SGI \\ \ln AVED \end{bmatrix}_t = \begin{bmatrix} 8.545 \\ -15.550 \\ -10.077 \end{bmatrix} + \begin{bmatrix} -0.028 & -0.089 & -0.021 \\ 2.083 & 0.515 & 0.245 \\ 1.288 & 0.014 & 0.109 \end{bmatrix} \begin{bmatrix} \ln SEMP \\ \ln SGI \\ \ln AVED \end{bmatrix}_{t-1}
$$

$$
+ \begin{bmatrix} 0.077 & 0.308 & -0.144 \\ -0.087 & -0.218 & 0.165 \\ 0.491 & -0.244 & 0.295 \end{bmatrix} \begin{bmatrix} \ln SEMP \\ \ln SGI \\ \ln AVED \end{bmatrix}_{t-2} \tag{11-14}
$$

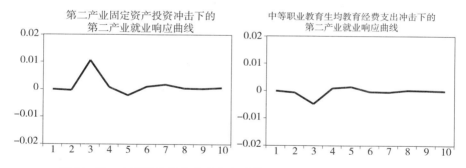

图 11-13　中等职业教育生均支出对第二产业就业的脉冲响应曲线

运用脉冲响应函数分析第二产业就业动态变化特征：（1）中等职业生均教育经费支出冲击下，有滞后 5 年第二产业就业响应值为负，第二产业就业抑制效应与促进效应交替出现，总体上就业抑制效应更大；（2）中等职业教育生均教育经费支出冲击下，第二产业就业响应峰值 0.001446，略小于普通中学生均教育经费支出冲击下的第二产业就业响应峰值 0.001945；（3）第二产业固定资产投资冲击下，第二产业就业响应峰值 0.01155，有滞后 2 年为负值，总体上滞后性第二产业就业促进效应显著，高于中等职业教育生均教育经费支出冲击下的就业效应。

运用方差分解方法分析中等职业教育生均教育经费支出冲击对第二产业就业动态变化的贡献度。第二产业就业波动最主要的因素是第二产业就业自身扰动,第二产业固定资产投资冲击产生部分影响力,而中等职业教育生均教育经费支出冲击的贡献度很小。第二产业就业自身扰动的贡献度超过了50%,第二产业固定资产投资冲击贡献度41%,而中等职业教育生均支出贡献度9%。

七、高校生均教育经费支出影响第二产业就业的动态效应

高校生均教育经费支出、第二产业固定资产投资、第二产业就业 VAR 模型的估计结果如下:

$$
\begin{bmatrix} \ln SEMP \\ \ln SGI \\ \ln AHED \end{bmatrix}_t = \begin{bmatrix} 8.752 \\ -15.483 \\ -5.442 \end{bmatrix} + \begin{bmatrix} 0.017 & -0.121 & 0.023 \\ 1.920 & 0.627 & 0.085 \\ 0.433 & -0.472 & 0.385 \end{bmatrix} \begin{bmatrix} \ln SEMP \\ \ln SGI \\ \ln AHED \end{bmatrix}_{t-1}
$$

$$
+ \begin{bmatrix} 0.014 & 0.288 & -0.116 \\ 0.077 & -0.197 & 0.121 \\ 0.751 & 0.156 & 0.233 \end{bmatrix} \begin{bmatrix} \ln SEMP \\ \ln SGI \\ \ln AHED \end{bmatrix}_{t-2} \qquad (11-15)
$$

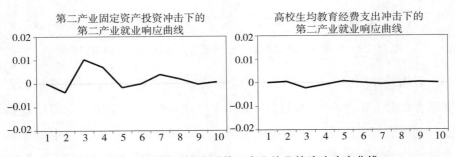

图 11-14 高校生均支出对第二产业就业的脉冲响应曲线

运用脉冲响应函数分析第二产业就业动态变化特征:(1)高校生均教育经费支出冲击下,有滞后6年第二产业就业响应值为负值,第二产业就业抑制效应与促进效应交替出现,总体上第二产业就业抑制效应高于促进效

应;(2)高校生均教育经费支出冲击下,第二产业就业峰值 0.00063 分别低于小学和中学生均教育经费支出冲击下第二产业就业响应峰值 0.003792和 0.001945;(3)第二产业固定资产投资冲击下,第二产业就业响应峰值0.010318,有滞后 3 年为负值,第二产业滞后性就业促进效应显著,高于高校生均教育经费支出冲击下的就业效应。

运用方差分解方法分析高校生均教育经费支出冲击对第二产业就业动态变化的贡献度。第二产业就业波动最主要由第二产业固定资产投资冲击及第二产业就业自身扰动形成,而高等教育生均教育经费支出冲击的贡献度微弱。第二产业就业自身扰动的贡献度 42%,第二产业固定资产投资贡献度 55%,高校生均教育经费支出冲击贡献度仅 2%。

第四节　教育经费支出结构影响第二产业就业的滞后性动态效应

一、事业性经费影响第二产业就业的动态效应

事业性经费、第二产业固定资产投资、第二产业就业 VAR 模型估计结果如下:

$$
\begin{bmatrix} \ln SEMP \\ \ln SGI \\ \ln SED \end{bmatrix}_t = \begin{bmatrix} 1.814 \\ -20.251 \\ 0.815 \end{bmatrix} + \begin{bmatrix} -0.385 & -0.071 & -0.023 \\ 1.920 & 0.404 & 0.318 \\ -2.0725 & -1.157 & 0.365 \end{bmatrix} \begin{bmatrix} \ln SEMP \\ \ln SGI \\ \ln SED \end{bmatrix}_{t-1}
$$

$$
+ \begin{bmatrix} 0.501 & 0.330 & -0.128 \\ -0.763 & -0.089 & 0.091 \\ 1.267 & 0.897 & 0.105 \end{bmatrix} \begin{bmatrix} \ln SEMP \\ \ln SGI \\ \ln SED \end{bmatrix}_{t-2} \qquad (11-16)
$$

运用脉冲响应函数分析第二产业就业动态变化特征:(1)事业性经费冲击下,第二产业就业响应峰值 0.003658,第二产业就业响应曲线"先抑后扬",有滞后 4 年的响应值为负值,第二产业就业抑制效应与促进效应交替出现,二

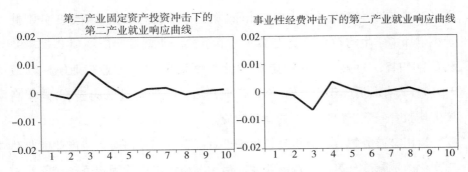

图 11-15　事业性经费对第二产业就业的脉冲响应曲线

者大致相当;(2)第二产业固定资产投资冲击下,第二产业就业响应峰值 0.09776,第二产业就业响应曲线"先扬后抑",有滞后 3 年的响应值为负值,总体上滞后性第二产业就业促进效应,高于事业性经费冲击下的就业效应。

运用方差分解方法分析事业性经费冲击对第二产业就业动态变化的贡献度。第二产业就业动态变化的贡献度 50% 来自第二产业就业自身扰动,第二产业固定资产投资冲击的贡献度为 30%,事业性教育经费冲击的贡献度约 20%,对第二产业就业动态变化具有小部分影响。

二、基本建设经费影响第二产业就业的动态效应

基本建设经费、第二产业固定资产投资、第二产业就业 VAR 模型估计如下:

$$
\begin{bmatrix} \ln SEMP \\ \ln SGI \\ \ln BED \end{bmatrix}_t = \begin{bmatrix} 10.298 \\ -12.416 \\ 8.270 \end{bmatrix} + \begin{bmatrix} 0.164 & 0.158 & -0.077 \\ 1.275 & 0.027 & 0.196 \\ -6.949 & -3.502 & 0.712 \end{bmatrix} \begin{bmatrix} \ln SEMP \\ \ln SGI \\ \ln BED \end{bmatrix}_{t-1}
$$

$$
+ \begin{bmatrix} -0.435 & 0.098 & 0.003 \\ 0.646 & 0.353 & -0.147 \\ 7.478 & 2.721 & -0.443 \end{bmatrix} \begin{bmatrix} \ln SEMP \\ \ln SGI \\ \ln BED \end{bmatrix}_{t-2} \tag{11-17}
$$

运用脉冲响应函数分析第二产业就业滞后性动态变化特征:(1)基本建设经费冲击下,第二产业就业响应峰值 0.001765,波谷值 -0.003321,第二产业就业响应曲线呈现波浪起伏特征,有滞后 6 年的第二产业就业响应

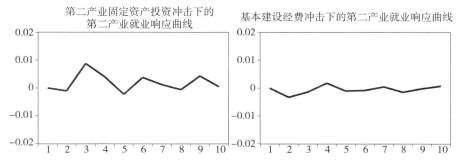

图 11-16　基本建设经费对第二产业就业的脉冲响应曲线

值为负值,总体上第二产业就业抑制效应显著;(2)第二产业固定资产投资冲击下,第二产业就业响应峰值 0.09886,响应曲线波浪起伏,有滞后 3 年的响应值为负值,总体上滞后性第二产业就业促进效应显著,高于基本建设教育经费冲击下的就业效应。

运用方差分解方法分析基本建设经费冲击对第二产业就业动态变化的贡献度。第二产业就业波动的贡献度主要来自第二产业就业自身扰动和第二产业固定资产投资冲击,基本建设经费贡献度小。第二产业就业自身扰动冲击贡献度从 54% 逐年下降到 44%,第二产业固定资产投资冲击贡献度从 38% 上升到 48%,基本建设经费冲击的贡献度为 8%,对第二产业就业动态变化的影响很小。

三、工资福利经费影响第二产业就业的动态效应

工资福利经费、第二产业固定资产投资、第二产业就业 VAR 模型估计结果如下:

$$
\begin{bmatrix} \ln SEMP \\ \ln SGI \\ \ln WAGE \end{bmatrix}_t = \begin{bmatrix} 6.787 \\ -14.360 \\ -2.628 \end{bmatrix} + \begin{bmatrix} 0.096 & -0.094 & -0.060 \\ 3.382 & 1.199 & 0.450 \\ -3.066 & -0.980 & -0.661 \end{bmatrix} \begin{bmatrix} \ln SEMP \\ \ln SGI \\ \ln WAGE \end{bmatrix}_{t-1}
$$

$$
+ \begin{bmatrix} 0.147 & 0.274 & -0.081 \\ -1.748 & -0.837 & 0.155 \\ 4.293 & 1.027 & 0.495 \end{bmatrix} \begin{bmatrix} \ln SEMP \\ \ln SGI \\ \ln WAGE \end{bmatrix}_{t-2} \quad (11-18)
$$

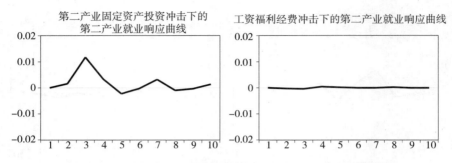

图 11—17　工资福利经费对第二产业就业的脉冲响应曲线

运用脉冲响应函数分析第二产业就业动态变化特征:(1)工资福利经费冲击下,第二产业就业响应峰值接近零值,响应曲线非常平缓,有滞后 6 年的第二产业就业响应值为微弱负值;(2)第二产业固定资产投资冲击下,第二产业就业响应峰值 0.01221,有滞后 4 年的响应值为负值,总体上滞后性第二产业就业促进效应非常显著,显著高于工资福利经费冲击下的就业效应。

运用方差分解方法分析工资福利经费对第二产业就业动态变化的贡献度。第二产业就业波动的贡献度大部分来自第二产业固定资产投资冲击,第二产业就业自身扰动有小部分贡献,工资福利经费贡献度微弱。第二产业固定资产投资冲击贡献度为 63%,第二产业就业自身扰动贡献度为36%,工资福利经费冲击的贡献度仅 1%。

四、助学金影响第二产业就业的动态效应

助学金、第二产业固定资产投资、第二产业就业 VAR 模型的估计结果如下:

$$
\begin{bmatrix} \ln SEMP \\ \ln SGI \\ \ln SUBS \end{bmatrix}_t = \begin{bmatrix} 11.096 \\ -13.171 \\ -37.457 \end{bmatrix} + \begin{bmatrix} -1.020 & -0.211 & 0.026 \\ 3.547 & 0.475 & 0.066 \\ 10.781 & -5.379 & 1.174 \end{bmatrix} \begin{bmatrix} \ln SEMP \\ \ln SGI \\ \ln SUBS \end{bmatrix}_{t-1}
$$

$$
+ \begin{bmatrix} 0.586 & 0.535 & -0.071 \\ -1.375 & -0.339 & 0.117 \\ -4.422 & 2.930 & 0.072 \end{bmatrix} \begin{bmatrix} \ln SEMP \\ \ln SGI \\ \ln SUBS \end{bmatrix}_{t-2} \tag{11-19}
$$

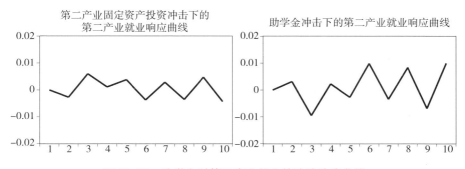

图 11-18　助学金对第二产业就业的脉冲响应曲线

运用脉冲响应函数分析第二产业就业滞后性动态变化特征:(1)助学金冲击下,第二产业就业响应波谷值-0.009501,峰值0.009845,响应曲线波动幅度较大,有滞后4年的响应值为负值,第二产业就业促进效应与抑制效应交替出现,总体上二者大致相等;(2)第二产业固定资产投资冲击下,有滞后4年的第二产业就业响应值为负,第二产业就业促进效应与抑制效应交替出现,就业促进效应显著;(3)助学金冲击对第二产业滞后性就业的影响波动幅度大于第二产业固定资产冲击,表现在第二产业固定资产投资冲击下的第二产业就业响应峰值和波谷值均小于助学金冲击下的响应峰值和波谷值:第二产业固定资产投资冲击下第二产业就业响应峰值0.005967,小于助学金冲击下的第二产业就业响应峰值0.009953,第二产业固定资产投资冲击下第二产业就业响应波谷值-0.004327,小于助学金冲击下的第二产业就业响应波谷值-0.009501。

运用方差分解方法分析助学金冲击对第二产业就业动态变化的贡献度。第二产业固定资产投资冲击的贡献度较小,助学金冲击成为解释第二产业就业波动的主要因素,大于第二产业固定资产冲击的贡献度。助学金冲击的贡献度从滞后第2年的9%逐年增长到滞后第10年的49%,第二产业固定资产投资冲击的贡献度从滞后第2年的7%增长为滞后第10年的15%。

第五节　各级各类教育经费支出结构影响第二产业就业的滞后性动态效应

一、小学教育经费支出结构影响第二产业就业的动态效应

（一）小学事业性经费影响第二产业就业的动态分析

小学事业性经费、第二产业固定资产投资、第二产业就业 VAR 模型估计结果如下：

$$\begin{bmatrix} \ln SEMP \\ \ln SGI \\ \ln PSED \end{bmatrix}_t = \begin{bmatrix} 4.961 \\ -10.872 \\ -19.066 \end{bmatrix} + \begin{bmatrix} -0.156 & 0.214 & -0.167 \\ 2.728 & 0.433 & 0.485 \\ 1.414 & -0.784 & 0.172 \end{bmatrix} \begin{bmatrix} \ln SEMP \\ \ln SGI \\ \ln PSED \end{bmatrix}_{t-1}$$

$$+ \begin{bmatrix} 0.464 & 0.237 & -0.261 \\ -0.983 & -0.565 & 0.398 \\ 1.349 & 0.415 & 0.342 \end{bmatrix} \begin{bmatrix} \ln SEMP \\ \ln SGI \\ \ln PSED \end{bmatrix}_{t-2} \qquad (11-20)$$

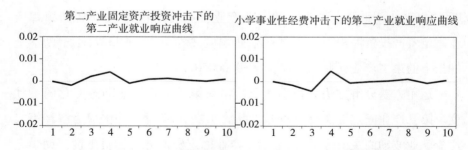

第二产业固定资产投资冲击下的第二产业就业响应曲线　　小学事业性经费冲击下的第二产业就业响应曲线

图 11-19　小学事业性经费对第二产业就业的脉冲响应曲线

运用脉冲响应函数分析第二产业就业动态变化特点：（1）小学事业性的经费冲击下，第二产业就业响应峰值 0.004683，波谷值 -0.004234，有滞后 4 年的响应值为负值，总体上第二产业就业促进效应与就业抑制效应大致相当；（2）第二产业固定资产投资冲击下，第二产业就业响应峰值

0.004331,有滞后 2 年的响应值为负值,总体上第二产业就业促进效应显著,高于小学事业性经费冲击下的滞后性第二产业就业效应。

运用方差分解方法分析小学事业性经费冲击对第二产业就业动态变化的贡献度。第二产业就业动态变化主要由自身扰动形成,第二产业固定资产投资冲击的贡献度为 12%,小学事业性教育经费冲击的贡献度为 20%。

(二)小学工资福利经费影响第二产业就业的动态效应

小学工资福利经费、第二产业固定资产投资、第二产业就业 VAR 模型估计如下:

$$
\begin{bmatrix} \ln SEMP \\ \ln SGI \\ \ln PWAGE \end{bmatrix}_t = \begin{bmatrix} 6.134 \\ -14.275 \\ 0.482 \end{bmatrix} + \begin{bmatrix} 0.545 & -0.148 & 0.080 \\ 1.649 & 0.598 & 0.109 \\ -1.082 & 1.089 & -0.124 \end{bmatrix} \begin{bmatrix} \ln SEMP \\ \ln SGI \\ \ln PWAGE \end{bmatrix}_{t-1}
$$

$$
+ \begin{bmatrix} -0.245 & 0.288 & -0.170 \\ 0.370 & -0.241 & 0.075 \\ -1.057 & -0.845 & 0.725 \end{bmatrix} \begin{bmatrix} \ln SEMP \\ \ln SGI \\ \ln PWAGE \end{bmatrix}_{t-2} \tag{11-21}
$$

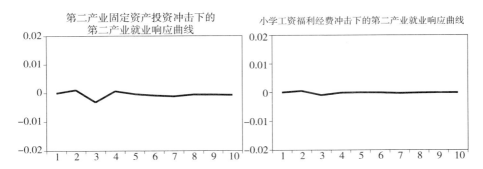

图 11-20　小学工资福利经费对第二产业就业的脉冲响应曲线

运用脉冲函数分析第二产业就业动态变化特点:(1)小学工资福利经费冲击下,第二产业就业响应峰值 0.00049,波谷值 -0.000948,有滞后 8 年的响应值为负值,总体上产生微小的第二产业就业抑制效应;(2)第二产业固定资产投资冲击下,第二产业就业响应峰值 0.00131,有滞后 8 年为负值,总体上滞后性第二产业就业抑制效应显著,并且大于小学工资福利经费冲击下的第二产业就业抑制效应。

运用方差分解方法分析小学工资福利经费冲击对第二产业就业动态变化的贡献度。第二产业就业滞后性动态变化95%由自身扰动产生,第二产业固定资产投资冲击的贡献度为4%,小学工资福利经费冲击的贡献度不到1%。

二、中学教育经费支出结构影响第二产业就业的动态效应

(一)中学事业性经费影响第二产业就业的动态效应

中学事业性经费、第二产业固定资产投资、第二产业就业 VAR 模型估计结果如下:

$$
\begin{bmatrix} \ln SEMP \\ \ln SGI \\ \ln MSED \end{bmatrix}_t = \begin{bmatrix} 6.979 \\ -7.873 \\ -19.953 \end{bmatrix} + \begin{bmatrix} -0.401 & -0.019 & -0.071 \\ 2.363 & 0.295 & 0.450 \\ 2.086 & -0.652 & 0.056 \end{bmatrix} \begin{bmatrix} \ln SEMP \\ \ln SGI \\ \ln MSED \end{bmatrix}_{t-1}
$$

$$
+ \begin{bmatrix} 0.566 & 0.319 & -0.165 \\ -1.169 & -0.139 & 0.223 \\ 0.859 & 0.292 & 0.287 \end{bmatrix} \begin{bmatrix} \ln SEMP \\ \ln SGI \\ \ln MSED \end{bmatrix}_{t-2} \tag{11-22}
$$

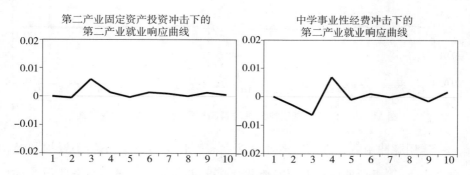

图 11-21　中学事业性经费对第二产业就业的脉冲响应曲线

运用脉冲响应函数分析第二产业就业动态变化特点:(1)中学事业性经费冲击下,有滞后5年的第二产业就业响应值为负值,总体上第二产业促

进效应与就业抑制效应大致相当;(2)中学事业性经费冲击下,第二产业就业响应峰值0.006882,高于小学事业性经费冲击下的响应峰值0.004683;(3)第二产业固定资产投资冲击下,第二产业就业响应峰值0.007006,有滞后2年的响应为负值,总体上滞后性第二产业就业促进效应显著,高于中学事业性经费冲击下的就业效应。

运用方差分解方法分析中学事业性经费冲击对第二产业就业动态变化的贡献度。中学事业性教育经费冲击的贡献度为37%,第二产业固定资产投资贡献度为15%。中学事业性教育经费是解释第二产业就业动态变化的部分因素,大于固定资产投资影响。

(二)中学工资福利教育经费影响第二产业就业的动态效应

中学工资福利经费、第二产业固定资产投资、第二产业就业 VAR 模型估计如下:

$$
\begin{bmatrix} \ln SEMP \\ \ln SGI \\ \ln MWAGE \end{bmatrix}_t = \begin{bmatrix} 3.860 \\ -19.982 \\ -0.551 \end{bmatrix} + \begin{bmatrix} 0.251 & -0.113 & -0.008 \\ 1.519 & 0.443 & 0.264 \\ 0.446 & 0.554 & 0.069 \end{bmatrix} \begin{bmatrix} \ln SEMP \\ \ln SGI \\ \ln MWAGE \end{bmatrix}_{t-1}
$$

$$
+ \begin{bmatrix} -0.035 & 0.315 & -0.167 \\ 0.493 & -0.127 & -0.052 \\ 0.161 & -0.434 & 0.329 \end{bmatrix} \begin{bmatrix} \ln SEMP \\ \ln SGI \\ \ln MWAGE \end{bmatrix}_{t-2} \qquad (11-23)
$$

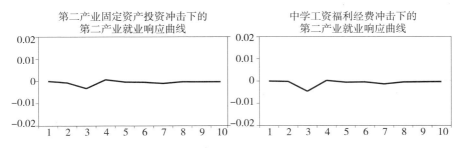

图 11-22　中学工资福利经费对第二产业就业的脉冲响应曲线

运用脉冲响应函数分析第二产业就业动态变化特点:(1)中学工资福利经费冲击下,第二产业就业响应峰值0.000233,有滞后8年的响应值为负值,总体上第二产业就业抑制效应显著;(2)中学工资福利经费冲击下,第二产业就业响应波谷值-0.004621,大于小学工资福利经费冲击下的波谷值-0.00948;(3)第二产业固定资产投资冲击下,第二产业就业响应峰值0.000788,就业抑制效应显著。

运用方差分解方法分析中学工资福利经费冲击对第二产业就业动态变化的贡献度。第二产业就业滞后性动态变化的主要贡献因素是自身扰动,第二产业固定资产投资冲击及中学工资福利经费冲击的贡献度非常小。第二产业固定资产投资冲击的贡献度不超过5%,中学工资福利经费冲击贡献度不超过8%。

三、中等职业教育经费支出结构影响第二产业就业的动态效应

(一)中等职业教育事业性经费影响第二产业就业的动态效应

中等职业教育事业性经费、第二产业固定资产投资、第二产业就业VAR模型估计如下:

$$\begin{bmatrix} \ln SEMP \\ \ln SGI \\ \ln VSED \end{bmatrix}_t = \begin{bmatrix} 8.637 \\ -5.473 \\ -32.730 \end{bmatrix} + \begin{bmatrix} -0.832 & -0.027 & -0.022 \\ 2.992 & 0.371 & 0.361 \\ 0.323 & -1.481 & 0.078 \end{bmatrix} \begin{bmatrix} \ln SEMP \\ \ln SGI \\ \ln VSED \end{bmatrix}_{t-1}$$

$$+ \begin{bmatrix} 0.742 & 0.324 & -0.123 \\ -2.017 & -0.043 & 0.129 \\ 4.336 & 0.903 & -0.143 \end{bmatrix} \begin{bmatrix} \ln SEMP \\ \ln SGI \\ \ln VSED \end{bmatrix}_{t-2} \quad (11-24)$$

运用脉冲响应函数分析第二产业就业动态变化特征:(1)中等职业教育事业性经费冲击下,有滞后5年的第二产业就业响应值为负值,第二产业就业抑制效应与促进效应交替出现,两者大致相当;(2)中等职业教育事业性经费冲击下产生的最大滞后性第二产业就业促进效应,高于普通中学事业性经费冲击,前者形成的第二产业就业抑制效应则低于后者:中等职业事业性经费冲击下,第二产业就业响应峰值0.009738,高于中学事业性经费

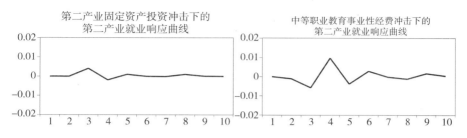

图 11-23　中等职业教育事业性经费对第二产业就业的脉冲响应曲线

冲击下的第二产业就业响应峰值 0.006882,第二产业就业响应波谷值 -0.005775 小于中学事业性经费冲击下第二产业就业响应波谷值 -0.006415;(3)第二产业固定资产投资冲击下,第二产业就业响应峰值 0.003887,有滞后 1 年的响应值为负值,总体上滞后性第二产业就业促进效应显著,高于中等职业教育事业性经费冲击下的就业效应。

　　运用方差分解方法分析中等职业教育事业性经费冲击对第二产业就业动态变化的贡献度。第二产业就业自身扰动的贡献度 33%,第二产业固定资产冲击的贡献度 9%,中等职业教育事业性经费冲击的贡献度 58%。中等职业教育事业性经费冲击对第二产业就业动态变化产生重要的影响,而第二产业固定资产投资冲击的影响作用很小。

(二)中等职业教育工资福利经费影响第二产业就业的动态效应

　　中等职业教育工资福利经费、第二产业固定资产投资、第二产业就业 VAR 模型估计:

$$
\begin{bmatrix} \ln SEMP \\ \ln SGI \\ \ln VWAGE \end{bmatrix}_t = \begin{bmatrix} 8.529 \\ -16.698 \\ -15.139 \end{bmatrix} + \begin{bmatrix} -0.127 & -0.090 & -0.052 \\ 2.642 & 0.513 & 0.497 \\ 2.231 & 0.207 & 0.229 \end{bmatrix} \begin{bmatrix} \ln SEMP \\ \ln SGI \\ \ln VWAGE \end{bmatrix}_{t-1}
$$

$$
+ \begin{bmatrix} 0.154 & 0.309 & -0.159 \\ -0.483 & -0.265 & 0.147 \\ -0.207 & -0.566 & 0.570 \end{bmatrix} \begin{bmatrix} \ln SEMP \\ \ln SGI \\ \ln VWAGE \end{bmatrix}_{t-2} \qquad (11-25)
$$

　　运用脉冲函数分析第二产业就业动态变化特点:(1)中等职业教育工

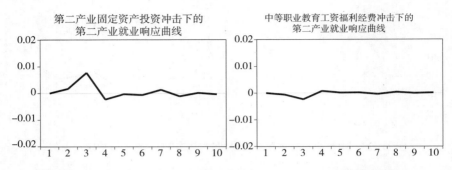

图11-24 中等职业教育工资福利经费对第二产业就业的脉冲响应曲线

资福利经费冲击下,第二产业就业响应峰值0.000768,有滞后4年的响应值为负值,总体上第二产业就业抑制效应略高;(2)中等职业教育工资福利经费冲击产生的最大第二产业就业抑制效应,小于中学工资福利经费冲击下的抑制效应,前者影响下的第二产业就业响应波谷值-0.002308,低于后者冲击下的第二产业就业响应波谷值-0.004621;(3)第二产业固定资产投资冲击下,第二产业就业响应峰值0.008775,有滞后4年的响应值为负值,总体上滞后性第二产业就业促进效应显著,高于中等职业教育事业性经费冲击下的就业效应。

运用方差分解方法分析中等职业教育工资福利经费冲击对第二产业就业动态变化的贡献度。第二产业就业自身扰动是第二产业就业动态变化的主要贡献因素,第二产业固定资产投资冲击的贡献度为12%,中等职业教育工资福利经费冲击贡献度不超过3%。

四、高等教育经费支出结构影响第二产业就业的动态效应

(一)高等教育事业性经费影响第二产业就业的动态分析

高等教育事业性经费、第二产业固定资产投资、第二产业就业VAR模型估计结果如下:

$$
\begin{bmatrix} \ln SEMP \\ \ln SGI \\ \ln HSED \end{bmatrix}_t = \begin{bmatrix} 6.875 \\ -7.199 \\ -16.005 \end{bmatrix} + \begin{bmatrix} -0.393 & 0.046 & -0.067 \\ 2.656 & 0.174 & 0.406 \\ -0.929 & -0.969 & -0.006 \end{bmatrix} \begin{bmatrix} \ln SEMP \\ \ln SGI \\ \ln HSED \end{bmatrix}_{t-1}
$$

$$
+ \begin{bmatrix} 0.542 & 0.281 & -0.175 \\ -1.496 & -0.113 & 0.357 \\ 3.505 & 1.099 & -0.348 \end{bmatrix} \begin{bmatrix} \ln SEMP \\ \ln SGI \\ \ln HSED \end{bmatrix}_{t-2} \tag{11-26}
$$

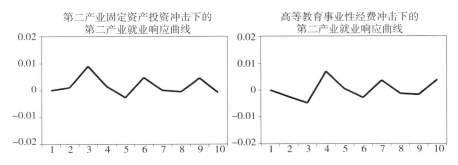

图 11-25　高等教育事业性经费对第二产业就业的脉冲响应曲线

运用脉冲响应函数分析第二产业就业动态变化特征:(1)高校教育事业性经费冲击下,第二产业就业响应曲线呈现波浪起伏特征,有滞后 5 年的第二产业就业响应值为负值,第二产业就业抑制效应与促进效应交替出现,二者基本相等;(2)高等教育事业性经费冲击下最大的滞后性第二产业就业促进效应,小于中等职业教育事业性经费冲击下的第二产业就业促进效应:前者冲击下的第二产业就业响应峰值 0.007046,低于后者冲击下的第二产业就业响应峰值 0.009738;(3)第二产业固定资产投资冲击下,第二产业就业响应峰值 0.009766,有滞后 4 年的响应值为负值,滞后性第二产业就业促进效应显著,高于高等教育事业性经费冲击下的就业效应。

运用方差分解方法分析高等教育事业性经费冲击对第二产业就业动态变化的贡献度。第二产业就业自身扰动的贡献度为 40%,第二产业固定资产投资冲击贡献度为 30%,高校事业性教育经费冲击贡献度占 30%。高校事业性经费冲击对第二产业就业动态变化具有少部分影响,贡献度与第二产业固定资产投资冲击基本相当。

(二)高等教育基本建设经费影响第二产业就业的动态效应

高等教育基本建设经费、第二产业固定资产投资、第二产业就业 VAR模型估计如下：

$$
\begin{bmatrix} \ln SEMP \\ \ln SGI \\ \ln HBED \end{bmatrix}_t = \begin{bmatrix} 4.493 \\ -9.851 \\ 22.927 \end{bmatrix} + \begin{bmatrix} -0.108 & -0.262 & 0.055 \\ 1.073 & 0.423 & 0.098 \\ 0.111 & -1.831 & 0.208 \end{bmatrix} \begin{bmatrix} \ln SEMP \\ \ln SGI \\ \ln HBED \end{bmatrix}_{t-1}
$$

$$
+ \begin{bmatrix} 0.482 & 0.389 & 0.029 \\ 0.467 & 0.091 & -0.093 \\ -1.073 & 1.121 & -0.293 \end{bmatrix} \begin{bmatrix} \ln SEMP \\ \ln SGI \\ \ln HBED \end{bmatrix}_{t-2} \quad (11-27)
$$

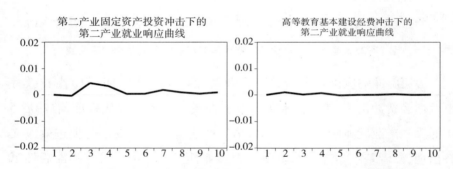

图 11-26　高等教育基本建设经费对第二产业就业的脉冲响应曲线

运用脉冲响应函数分析第二产业就业动态变化特征：(1)高等教育基本建设经费冲击下,第二产业就业响应峰值 0.001004,第二产业就业响应曲线平缓,有滞后 1 年的第二产业就业响应值为负值,总体上滞后性第二产业就业促进效应略高;(2)第二产业固定资产投资冲击下,第二产业就业响应峰值 0.004778,有滞后 1 年的响应值为负值,总体上滞后性第二产业就业促进效应显著,高于高等教育基本建设经费冲击下的就业效应。

运用方差分解方法分析高等教育基本建设经费冲击对第二产业就业动态变化的贡献度。第二产业就业自身扰动贡献度为 88%,是第二产业就业动态变化的主要解释因素;第二产业固定资产投资冲击贡献

度为 11%,影响力很小;高等教育基本建设经费冲击贡献度 1%,影响
微弱。

(三)高等教育工资福利经费影响第二产业就业的动态效应

高等教育工资福利经费、第二产业固定资产投资、第二产业就业 VAR
模型估计如下:

$$
\begin{bmatrix} \ln SEMP \\ \ln SGI \\ \ln HWAGE \end{bmatrix}_t = \begin{bmatrix} 5.420 \\ -11.686 \\ -1.322 \end{bmatrix} + \begin{bmatrix} 0.784 & -0.138 & 0.032 \\ 1.397 & 0.525 & -0.001 \\ 0.122 & 0.539 & 0.576 \end{bmatrix} \begin{bmatrix} \ln SEMP \\ \ln SGI \\ \ln HWAGE \end{bmatrix}_{t-1}
$$

$$
+ \begin{bmatrix} 0.260 & 0.274 & -0.144 \\ -0.061 & -0.837 & -0.073 \\ -0.447 & 1.027 & -0.029 \end{bmatrix} \begin{bmatrix} \ln SEMP \\ \ln SGI \\ \ln HWAGE \end{bmatrix}_{t-2} \qquad (11-28)
$$

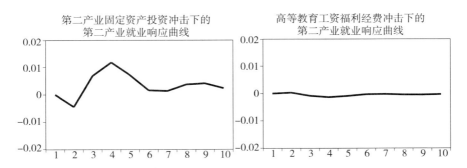

图 11-27　高等教育工资福利经费对第二产业就业的脉冲响应曲线

运用脉冲响应函数分析第二产业就业动态变化特征:(1)高等教育工
资福利经费冲击下,第二产业就业响应峰值为微弱的 0.000282,响应曲线
波动幅度很小,有滞后 8 年的响应值为负值,第二产业就业抑制效应显著;
(2)第二产业固定资产投资冲击下,第二产业就业响应峰值 0.018771,仅有
1 年的响应值为负值,滞后性第二产业就业促进效应显著,高于高校工资福
利经费冲击下的就业效应。

运用方差分解方法分析高等教育工资福利经费冲击对第二产业就业动
态变化的贡献度。第二产业就业自身扰动贡献度为 70%,第二产业固定资

产投资冲击贡献度为 29%,高等教育工资福利教育经费冲击的贡献度为 1%。第二产业就业波动的贡献大部分来自第二产业就业自身扰动,第二产业固定资产投资冲击贡献了小部分因素,高等教育工资福利经费冲击贡献度微乎其微。

(四)高等教育助学金支出影响第二产业就业的动态效应

高等教育助学金、第二产业固定资产投资、第二产业就业 VAR 模型的估计结果如下:

$$
\begin{bmatrix} \ln SEMP \\ \ln SGI \\ \ln HSUB \end{bmatrix}_t = \begin{bmatrix} 9.948 \\ -14.678 \\ -32.306 \end{bmatrix} + \begin{bmatrix} -0.825 & -0.131 & -0.007 \\ 3.972 & 0.338 & 0.212 \\ 3.969 & -2.699 & 0.912 \end{bmatrix} \begin{bmatrix} \ln SEMP \\ \ln SGI \\ \ln HSUB \end{bmatrix}_{t-1}
$$

$$
+ \begin{bmatrix} 0.526 & 0.459 & -0.092 \\ -1.590 & -0.322 & 0.145 \\ 0.773 & 1.492 & -0.175 \end{bmatrix} \begin{bmatrix} \ln SEMP \\ \ln SGI \\ \ln HSUB \end{bmatrix}_{t-2} \tag{11-29}
$$

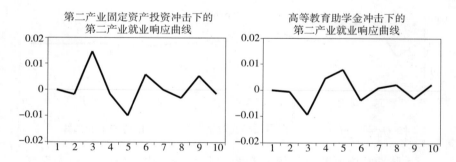

图 11-28　高等教育助学金对第二产业就业的脉冲响应曲线

运用脉冲响应函数分析第二产业就业动态变化特征:(1)高等教育助学金冲击下,有滞后 4 年的第二产业就业响应为负值,第二产业就业抑制效应与促进效应交替出现,二者效应大致相当;(2)相比高校工资福利经费冲击下第二产业就业响应曲线平缓,高校助学金冲击下的第二产业就业响应曲线则呈现波浪起伏的特征,在滞后第 3 年第二产业就业响应值达到波谷值-0.009329,滞后第 5 年达到峰值 0.007880;(3)第二产业固定资产投资冲击下,第二产业就业响应峰值 0.01556,有滞后 6 年的响应值为负值,第二产业就业抑制与促进效应交替出现,二者效应基本相等。

运用方差分解方法分析高等教育助学金冲击对第二产业就业动态变化的贡献度。第二产业固定资产投资冲击是解释第二产业就业动态变化的主要因素,贡献度为 53%;第二产业就业自身扰动贡献度较小,占 20%;高等教育助学金冲击贡献度为 27%,对第二产业就业动态变化具有小部分影响。

本章小结

表 11-1　教育经费及第二产业固定资产投资影响第二产业就业的滞后性效应

	教育经费指标	教育经费冲击下的第二产业就业滞后性动态效应	第二产业固定资产投资冲击下的第二产业就业滞后性动态效应
教育经费总量	教育总经费	就业响应值负值年份数:5 年 滞后性就业效应:微弱抑制效应 响应峰值:0.000449 贡献度:0.5%	就业响应值负值年份数:4 年 滞后性就业效应:促进效应 响应峰值:0.014544 贡献度:21%
教育经费不同来源	财政性教育经费	就业响应值负值年份数:4 年 滞后性就业总效应:抑制效应略高 响应峰值:0.002084 贡献度:5%	就业响应值负值年份数:4 年 滞后性就业总效应:促进效应 响应峰值:0.004561 贡献度:8%
	学杂费	就业响应值负值年份数:5 年 滞后性就业总效应:抑制与促进效应基本相当 响应峰值:0.001864 贡献度:2%	就业响应值负值年份数:3 年 滞后性就业总效应:促进效应 响应峰值:0.00651 贡献度:16%
	高校学杂费	就业响应值负值年份数:0 年 滞后性就业总效应:促进效应 响应峰值:0.013370 贡献度:13%	就业响应值负值年份数:7 年 滞后性就业总效应:抑制效应 响应峰值:0.00403 贡献度:9%

	教育经费指标	教育经费冲击下的第二产业就业滞后性动态效应	第二产业固定资产投资冲击下的第二产业就业滞后性动态效应
各级各类教育经费支出	基础教育经费	就业响应值负值年份数:6年 滞后性就业总效应:抑制效应 响应峰值 0.002134 贡献度:24%	就业响应值负值年份数:2年 滞后性就业总效应:促进效应 响应峰值:0.00357 贡献度:8%
	中等职业教育经费	就业响应值负值年份数:4年 滞后性就业总效应:抑制与促进效应大致相当 响应峰值:0.007016 贡献度:44%	就业响应值负值年份数:3年 滞后性就业总效应:促进效应 响应峰值:0.00248 贡献度:4%
	高等教育经费	就业响应值负值年份数:5年 滞后性就业总效应:抑制与促进效应大致相当 响应峰值:0.003316 贡献度:8%	就业响应值负值年份数:3年 滞后性就业总效应:促进效应 响应峰值:0.01234 贡献度:50%
各级各类生均教育经费支出	小学生均教育经费支出	就业响应值负值年份数:5年 滞后性就业总效应:抑制效应略高 响应峰值:0.003792 贡献度:14%	就业响应值负值年份数:4年 滞后性就业总效应:抑制与促进效应大致相当 响应峰值:0.004783 贡献度:13%
	农村小学生均教育经费支出	就业响应值负值年份数:5年 滞后性就业总效应:抑制效应略高 响应峰值:0.003104 贡献度:12%	就业响应值负值年份数:5年 滞后性就业总效应:抑制与促进效应大致相当 响应峰值:0.002564 贡献度:8%
	中学生均教育经费支出	就业响应值负值年份数:4年 滞后性就业总效应:抑制效应 响应峰值 0.001945 贡献度:16%	就业响应值负值年份数:2年 滞后性就业总效应:促进效应 响应峰值:0.001932 贡献度:3%
	初中生均教育经费支出	就业响应值负值年份数:5年 滞后性就业总效应:抑制与促进效应大致相当 响应峰值:0.000902 贡献度:1%	就业响应教育经费负值年份数:4年 滞后性就业总效应:促进效应 响应峰值:0.00671 贡献度:20%
	农村初中生均教育经费支出	就业响应值负值年份数:5年 滞后性就业总效应:抑制与促进效应大致相当 响应峰值:0.002018 贡献度:4%	就业响应值负值年份数:4年 滞后性就业总效应:促进效应 响应峰值:0.00577 贡献度:20%

	教育经费指标	教育经费冲击下的第二产业就业滞后性动态效应	第二产业固定资产投资冲击下的第二产业就业滞后性动态效应
各级各类生均教育经费支出	中等职业教育生均教育经费支出	就业响应值负值年份数:5年 滞后性就业总效应:抑制效应 响应峰值:0.001446 贡献度:9%	就业响应值负值年份数:2年 滞后性就业总效应:促进效应 响应峰值:0.01155 贡献度:41%
	高校生均教育经费支出	就业响应值负值年份数:6年 滞后性就业总效应:抑制效应 响应峰值:0.00063 贡献度:2%	就业响应值负值年份数:3年 滞后性就业总效应:促进效应 响应峰值:0.010318 贡献:1%
教育经费支出结构	事业性经费	就业响应值负值年份数:4年 滞后性就业总效应:抑制与促进效应大致相当 响应峰值:0.003658 贡献度:20%	就业响应值负值年份数:3年 滞后性就业总效应:促进效应 响应峰值:0.009776 贡献度:30%
	基本建设经费	就业响应值负值年份数:6年 滞后性就业总效应:抑制效应 响应峰值:0.001765 贡献度:7%	就业响应值负值年份数:3年 滞后性就业总效应:促进效应 响应峰值:0.09886 贡献度:48%
	工资福利经费	就业响应值负值年份数:6年 滞后性就业总效应:抑制与促进效应相当微弱 响应峰值:4.41E-05 贡献度:1%	就业响应值负值年份数:4年 滞后性就业总效应:促进效应 响应峰值:0.01221 贡献度:63%
	助学金	就业响应值负值年份数:4年 滞后性就业总效应:抑制与促进效应大致相当 响应峰值:0.009845 贡献度:49%	就业响应值负值年份数:4年 滞后性就业总效应:促进效应 响应峰值:0.005967 贡献度:15%
各级各类教育经费支出结构	小学事业性经费	就业响应值负值年份数:4年 滞后性就业总效应:抑制与促进效应大致相当 响应峰值:0.004683 贡献度:20%	就业响应值负值年份数:2年 滞后性就业总效应:促进效应 响应峰值:0.004331 贡献度:12%
	小学工资福利	就业响应值负值年份数:8年 滞后性就业总效应:抑制效应 响应峰值:0.00049 贡献度:1%	就业响应值负值年份数:8年 滞后性就业总效应:抑制效应 响应峰值:0.00131 贡献度:18%

续表

教育经费指标		教育经费冲击下的第二产业就业滞后性动态效应	第二产业固定资产投资冲击下的第二产业就业滞后性动态效应
各级各类教育经费支出结构	中学事业性经费	就业响应值负值年份数:5年 滞后性就业总效应:抑制与促进效应大致相当 响应峰值:0.006882 贡献度:37%	就业响应值负值年份数:2年 滞后性就业总效应:促进效应 响应峰值:0.007006 贡献度:15%
各级各类教育经费支出结构	中学工资福利经费	就业响应值负值年份数:8年 滞后性就业总效应:抑制效应 响应峰值:0.000233 贡献度:8%	就业响应值负值年份数:5年 滞后性就业总效应:抑制效应 响应峰值:0.000788 贡献度:5%
	中等职业教育事业性经费	就业响应值负值年份数:5年 滞后性就业总效应:抑制与促进效应大致相当 响应峰值:0.009738 贡献度:58%	就业响应值负值年份数:1年 滞后性就业总效应:促进效应 响应峰值:0.003887 贡献度:9%
	中等职业教育工资福利经费	就业响应值负值年份数:4年 滞后性就业总效应:抑制效应略高 响应峰值:0.000768 贡献度:3%	就业响应值负值年份数:4年 滞后性就业总效应:促进效应 响应峰值:0.008775 贡献度:12%
	高校事业性经费	就业响应值负值年份数:5年 滞后性就业总效应:抑制与促进效应大致相当 响应峰值:0.007046 贡献度:30%	就业响应值负值年份数:4年 滞后性就业总效应:促进效应 响应峰值:0.009766 贡献度:30%
	高校基本建设经费	就业响应值负值年份数:1年 滞后性就业总效应:微弱促进效应 响应峰值:0.001004 贡献度:1%	就业响应值负值年份数:1年 滞后性就业总效应:促进效应 响应峰值:0.004778 贡献度:11%
	高校工资福利经费	就业响应值负值年份数:8年 滞后性就业总效应:抑制效应 响应峰值:0.000282 贡献度:1%	就业响应值负值年份数:1年 滞后性就业总效应:促进效应 响应峰值:0.018771 贡献度:29%
	高校助学金	就业响应值负值年份数:4年 滞后性就业总效应:抑制与促进效应大致相当 响应峰值:0.007880 贡献度:27%	就业响应值负值年份数:6年 滞后性就业总效应:抑制与促进效应大致相当 响应峰值:0.01556 贡献度:53%

一、教育经费冲击下第二产业就业动态变化特征

1.教育总经费冲击产生微小的滞后性第二产业就业抑制效应

通过构建第二产业固定资产投资、教育总经费及第二产业就业的向量自回归模型,运用脉冲响应函数及方差分解,发现教育总经费冲击下,第二产业就业响应负值年份数为5年,总体上滞后性第二产业就业抑制效应高于促进效应,对第二产业动态变化的贡献度非常微弱,仅0.5%。

2.教育经费不同来源方面,高校学杂费影响下的滞后性第二产业就业促进效应最显著

高校学杂费影响下的滞后性第二产业就业促进效应高于财政性教育经费及学杂费的影响。财政性教育经费冲击下,第二产业就业响应值为负值的年份数为4年,响应峰值0.002084,总体上产生微弱的就业抑制效应。学杂费冲击下,第二产业就业响应值为负值的年份数为5年,响应峰值0.001864,滞后性第二产业就业促进效应与抑制效应基本相当。高校学杂费冲击下,第二产业就业响应峰值0.01337显著高于财政性教育经费冲击下的响应峰值0.002084,滞后10年的第二产业就业响应值均为正值,第二产业就业促进效应显著,高于财政性教育经费冲击下的就业效应。

3.各级各类教育经费支出影响下的滞后性第二产业就业效应不容乐观

基础教育、中等职业教育、高等教育经费冲击下,第二产业就业响应值为负值的年份数分别为6年、4年、5年,或产生滞后性第二产业就业抑制效应,或滞后性就业抑制效应与促进效应基本相当。

4.各级各类生均教育经费支出中,小学生均教育经费支出影响下的第二产业就业响应峰值最高

小学生均教育经费支出冲击下,滞后性第二产业就业响应峰值

0.003792,高于普通中学和中等职业教育生均教育经费支出冲击下的第二产业就业响应峰值0.001945和0.001446,甚至高于高校生均教育经费支出冲击下第二产业就业响应峰值0.00063。

5.教育经费支出结构方面,基本建设教育经费影响下的滞后性第二产业就业抑制效应显著

事业性经费冲击下产生的滞后性第二产业就业促进效应与抑制效应基本相当,然而基本建设经费冲击下滞后性第二产业就业抑制效应高于促进效应。事业性教育经费和基本建设教育经费冲击下,第二产业就业响应值为负值的年份数分别为4年和6年,峰值分别为0.003658和0.001765。事业性经费支出中的工资福利经费和助学金影响下,滞后性第二产业就业抑制效应与促进效应大致相当。其中,助学金对第二产业就业动态变化的影响度非常高,最高贡献度达49%。

6.各级各类教育事业性经费方面,高校事业性经费影响下的第二产业就业响应峰值低于中等职业教育事业性经费的影响

基础教育及中等职业教育阶段事业性经费冲击下,滞后性第二产业就业抑制效应与促进效应基本相当,第二产业就业响应峰值伴随教育层次的提高而逐层提高。小学、中学和中等职业教育事业性经费影响下,第二产业就业响应峰值分别为0.004683、0.006882和0.009738。需要注意的是,高校事业性经费冲击下的第二产业就业响应峰值0.007880,低于中等职业教育事业性经费的影响。

7.高校基本建设经费冲击下,呈现微弱的滞后性第二产业就业促进效应

高校基本建设经费影响下有滞后9年的第二产业就业响应值为微弱正值,反映了高校扩招掀起的“高校基建热”一定程度推动了第二产业就业增长。高校事业性经费影响下的第二产业就业抑制效应与促进效应基本相当。

二、教育经费与第二产业固定资产影响下第二产业就业动态特征

1. 第二产业固定资产投资影响下的第二产业就业动态效应高于教育总经费的影响

第二产业固定资产投资、教育总经费冲击下,第二产业就业响应值为负值的年份数分别为 4 年和 5 年;第二产业就业响应峰值分别为 0.014544 和 0.000449,前者显著高于后者;对第二产业就业动态变化的贡献度分别为 21% 和 0.5%,表示第二产业固定资产投资对第二产业就业的滞后影响远远高于教育经费投入的影响。

2. 高校学杂费影响下滞后性第二产业就业促进效应高于第二产业固定资产投资的影响

高校学杂费冲击下,第二产业就业响应值均为正值,峰值 0.01337;而第二产业固定资产投资冲击下,有滞后 7 年的第二产业就业响应为负值,峰值 0.00403,低于高校学杂费影响下的响应峰值。

3. 第二产业固定资产投资并未表现出明显高于小学生均教育经费支出的滞后性第二产业就业效应

第二产业固定资产投资冲击下的滞后性第二产业就业响应曲线特征与小学生均教育经费支出冲击下的非常相似。第二产业固定资产投资、小学生均教育经费支出冲击下,第二产业就业响应值为负值的年份分别为 4 年和 5 年,峰值分别为 0.004783 和 0.003792,对第二产业就业动态变化的贡献度分别为 13% 和 14%。上述指标表示第二产业固定资产投资冲击产生的滞后性第二产业就业效应并不比小学生均教育经费支出冲击的影响更显著。

第十二章 教育投资影响第三产业就业的滞后性动态效应

    我国第三产业就业人数上升迅速,1989 年成为我国第二大就业部门。2002—2013 年,我国第三产业就业占比从 28.6% 上升至 38.5%,在产业就业结构中的占比最大。从改革开放初期的"离土不离乡"非农就业模式,到 20 世纪 90 年代至 21 世纪初的"离土又离乡"非农就业模式,再到 2002 年以来城乡统筹改革促进非农就业纵深化发展,可以清晰地看出,制度变迁和人力资本是制约非农就业发展的两大最重要因素。从阶段性来看,20 世纪 90 年代,影响我国非农就业的发展因素中,制度因素较为显著,制度变迁对非农就业的边际贡献率甚至超过了人力资本因素。然而,随着我国市场经济的日臻完善,非农就业发展的外部制度性制约因素逐步削弱。与之相反,人力资本因素的影响效应不断提升,人力资本是决定农民向非农就业转化的根本性力量和因素。

    与第二产业相比,第三产业的就业弹性维持在一个较高的水平上。通常,第三产业是劳动相对密集的产业,其就业弹性较高。第三产业既包括如零售业、餐饮业和生活服务业这样的传统部门,也包括房地产业、金融保险业、咨询业等在内的新兴部门。前一类部门的劳动密集程度高,容纳初等和中等受教育者,后一类部门的资本密集程度高,高等教育规模的扩大与新兴服务行业的相对较快发展有机结合,提高了第三产业就业弹性。本章研究教育经费影响下第三产业的滞后性效应,比较与第二产业就业动态特征的差异性,以及与第三产业固定资产投资影响下的滞后性第三产业就业效应差异。

第一节　教育经费收入影响第三产业就业的滞后性动态效应

一、教育总经费影响第三产业就业的动态效应

第三产业就业、第三产业固定资产投资、教育总经费 VAR 模型估计结果如下：

$$
\begin{bmatrix} \ln TEMP \\ \ln TGI \\ \ln EDU \end{bmatrix}_t = \begin{bmatrix} 6.487 \\ -0.797 \\ 4.692 \end{bmatrix} + \begin{bmatrix} -0.105 & -0.138 & 0.136 \\ -2.443 & 0.985 & 0.752 \\ -2.868 & 0.351 & 0.436 \end{bmatrix} \begin{bmatrix} \ln TEMP \\ \ln TGI \\ \ln EDU \end{bmatrix}_{t-1}
$$

$$
+ \begin{bmatrix} 0.263 & 0.032 & 0.221 \\ 2.484 & -0.543 & -0.025 \\ 2.618 & 0.531 & -0.718 \end{bmatrix} \begin{bmatrix} \ln TEMP \\ \ln TGI \\ \ln EDU \end{bmatrix}_{t-2} \qquad (12-1)
$$

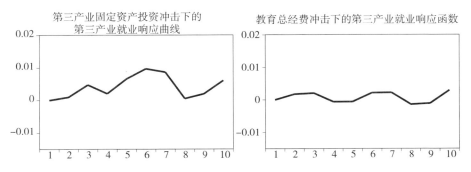

图 12-1　教育总经费对第三产业就业的脉冲响应曲线

运用脉冲响应函数分析第三产业就业动态变化特点：（1）教育总经费冲击下，有滞后 4 年的第三产业就业响应值为负值，总体上对第三产业就业促进效应显著；（2）教育总经费冲击下，第三产业就业响应值呈现波谷与波峰交替出现的波浪式形状，滞后第 3 年第三产业就业响应值达到第 1 个峰值 0.002057，此后下降，滞后第 4 年为第 1 个波谷值 -0.000608，随后上升，

滞后第 7 年达到第 2 个峰值 0.002219,随后再次下降,滞后第 8 年达到第 2 个波谷值-0.001396;(3)第三产业固定资产投资冲击下,滞后性第三产业就业响应值均为正值,峰值 0.010002,对第三产业就业促进效应显著,高于教育总经费冲击下的就业效应。

运用方差分解方法分析教育总经费冲击对第三产业就业动态变化的贡献度。滞后 10 年中,第三产业就业滞后性变化主要由自身扰动形成,第三产业固定资产投资冲击自滞后第 6 年以后的贡献度从 31% 逐步下降为 21%,成为次要解释力,教育总经费冲击的贡献度非常小,滞后 10 年中均不超过 4%。

二、财政性教育经费影响第三产业就业的动态效应

财政性教育经费、第三产业固定资产投资、第三产业就业 VAR 模型的估计结果如下:

$$
\begin{bmatrix} \ln TEMP \\ \ln TGI \\ \ln FED \end{bmatrix}_t = \begin{bmatrix} 1.880 \\ -3.094 \\ 11.198 \end{bmatrix} + \begin{bmatrix} 0.441 & -0.171 & 0.032 \\ -1.723 & 0.846 & 0.612 \\ -5.018 & 0.353 & 0.756 \end{bmatrix} \begin{bmatrix} \ln TEMP \\ \ln TGI \\ \ln FED \end{bmatrix}_{t-1}
$$

$$
+ \begin{bmatrix} 0.365 & -0.005 & 0.205 \\ 2.253 & -0.487 & -0.052 \\ 3.646 & 0.699 & -0.742 \end{bmatrix} \begin{bmatrix} \ln TEMP \\ \ln TGI \\ \ln FED \end{bmatrix}_{t-2} \tag{12-2}
$$

运用脉冲响应函数分析第三产业就业动态变化特点:(1)财政性教育投资冲击下,第三产业就业响应峰值 0.002755,仅有滞后 1 年的第三产业就业响应值为负值,整体上滞后性第三产业就业促进效应显著;(2)第三产业固定资产投资冲击下,有滞后 3 年的第三产业就业响应值为负值,峰值 0.0082213,总体上滞后性第三产业就业积极效应显著,高于财政性教育经费冲击下的就业效应。

运用方差分解方法分析财政性教育经费冲击对第三产业就业动态变化的贡献度。第三产业就业自身扰动贡献度从 100% 逐步下降至滞后第 10 年

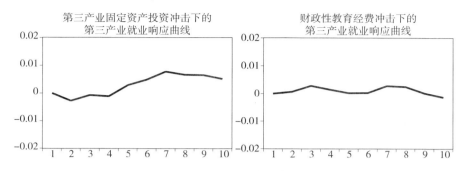

图 12-2　财政性教育经费对第三产业就业的脉冲响应曲线

74%,是主要贡献力量;第三产业固定资产投资冲击的贡献度从 1%增长到
23%,成为解释第三产业就业滞后性动态变化的小部分因素;财政性教育经
费对第三产业就业滞后性动态变化解释力非常微小,滞后 10 年的贡献度均
在 3%以下。

三、学杂费影响第三产业就业的动态效应

学杂费、第三产业固定资产投资、第三产业就业 VAR 模型估计结果
如下:

$$
\begin{bmatrix} \ln TEMP \\ \ln TGI \\ \ln FEE \end{bmatrix}_t = \begin{bmatrix} 8.992 \\ -16.322 \\ -52.501 \end{bmatrix} + \begin{bmatrix} -0.666 & -0.066 & 0.053 \\ 0.110 & 1.508 & 0.077 \\ 6.904 & 2.209 & -0.997 \end{bmatrix} \begin{bmatrix} \ln TEMP \\ \ln TGI \\ \ln FEE \end{bmatrix}_{t-1}
$$

$$
+ \begin{bmatrix} 0.560 & 0.172 & 0.101 \\ 1.967 & 0.698 & 0.428 \\ 0.353 & -1.522 & -1.955 \end{bmatrix} \begin{bmatrix} \ln TEMP \\ \ln TGI \\ \ln FEE \end{bmatrix}_{t-2} \tag{12-3}
$$

运用脉冲响应函数分析第三产业就业动态变化特点:(1)学杂费冲击
下,第三产业就业响应峰值 0.001667,有滞后 3 年第三产业就业响应为值
负值,总体上滞后性第三产业就业促进效应与抑制效应相当;(2)第三产业
固定资产投资冲击下,第三产业就业响应峰值 0.013342,显著高于学杂费
冲击下的峰值,有滞后 3 年的就业响应值为负值,总体上第三产业就业促进

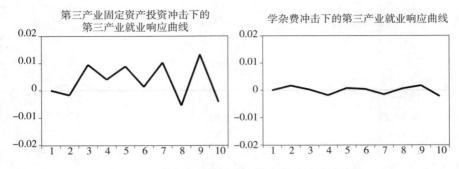

图 12-3　学杂费对第三产业就业的脉冲响应曲线

效应显著,高于学杂费冲击下的就业效应。

运用方差分解分析学杂费冲击对第三产业就业动态变化的贡献度。滞后 10 年中,第三产业就业自身扰动的贡献度在 95% 以上,第三产业固定资产投资冲击的贡献度在 5% 以下,学杂费冲击的贡献度不足 1%。

四、高校学杂费影响第三产业就业的动态效应

高校学杂费、第三产业固定资产投资、第三产业就业 VAR 模型估计结果如下:

$$
\begin{bmatrix} \ln TEMP \\ \ln TGI \\ \ln HF \end{bmatrix}_t = \begin{bmatrix} -7.019 \\ -23.451 \\ -4.666 \end{bmatrix} + \begin{bmatrix} 0.607 & 0.555 & -0.115 \\ -0.058 & 1.954 & 0.159 \\ -1.568 & -0.633 & 0.584 \end{bmatrix} \begin{bmatrix} \ln TEMP \\ \ln TGI \\ \ln HF \end{bmatrix}_{t-1}
$$

$$
+ \begin{bmatrix} 1.226 & -0.476 & -0.230 \\ 2.862 & 1.145 & -0.579 \\ 2.437 & 0.359 & 0.281 \end{bmatrix} \begin{bmatrix} \ln TEMP \\ \ln TGI \\ \ln HF \end{bmatrix}_{t-2} \tag{12-4}
$$

运用脉冲响应函数分析第三产业就业动态变化特点:(1)高校学杂费冲击下,滞后 10 年的第三产业就业响应值均为负值,表示对第三产业就业形成逐步加深的滞后性就业抑制效应;(2)高校学杂费冲击下,滞后第 1 年的第三产业就业响应值为较为微弱的 -0.008531,此后第三产业就业响应值负值逐年扩大,形成向下弯曲的曲线,滞后第 10 年达到波谷

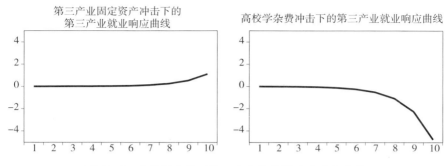

图 12-4　高校学杂费对第三产业就业的脉冲响应曲线

值-4.766734;(3)第三产业固定资产投资冲击下,第三产业就业响应值滞后 10 年均为正值,峰值 1.1345537,滞后性第三产业就业促进效应显著。

运用方差分解分析高校学杂费冲击对第三产业就业动态变化的贡献度。第三产业就业自身扰动的贡献度从滞后第 2 年的 53%逐年下降为滞后第 4 年的 38%,此后的贡献度保持在 39%。第三产业固定资产投资冲击下,滞后第 2 年的贡献度为 14%,此后迅速下降,滞后第 5 年的贡献度为 4%。高校学杂费冲击下,滞后第 2 年的贡献度为 32%,此后逐年增长,滞后第 4 年的贡献度为 55%,此后逐年增长,滞后第 10 年的贡献度为 57%,成为解释第三产业就业动态变化的重要因素。

第二节　各级各类教育经费支出影响第三产业就业的滞后性动态效应

一、基础教育经费影响第三产业就业的动态效应

基础教育经费、第三产业固定资产投资、第三产业就业 VAR 模型估计结果如下:

$$
\begin{bmatrix} \ln TEMP \\ \ln TGI \\ \ln JEDU \end{bmatrix}_t = \begin{bmatrix} 4.166 \\ -3.488 \\ 12.968 \end{bmatrix} + \begin{bmatrix} -0.104 & -0.121 & 0.165 \\ -2.799 & 1.027 & 0.699 \\ -3.686 & 0.238 & 0.503 \end{bmatrix} \begin{bmatrix} \ln TEMP \\ \ln TGI \\ \ln JEDU \end{bmatrix}_{t-1}
$$

$$
+ \begin{bmatrix} 0.550 & -0.029 & 0.205 \\ 3.244 & -0.468 & -0.235 \\ 2.361 & 0.689 & -0.625 \end{bmatrix} \begin{bmatrix} \ln TEMP \\ \ln TGI \\ \ln JEDU \end{bmatrix}_{t-2} \qquad (12\text{-}5)
$$

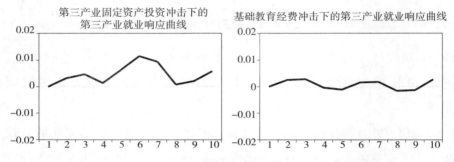

图 12-5　基础教育经费对第三产业就业的脉冲响应曲线

运用脉冲响应函数分析第三产业就业动态变化特点:(1)基础教育经费冲击下,有滞后 4 年第三产业就业响应值为负值,就业促进效应与抑制效应交替,总体上滞后性第三产业就业促进效应高于抑制效应;(2)基础教育经费冲击下,第三产业就业响应曲线呈现波浪式形态,滞后第 2 年形成第 1 个峰值 0.00286,滞后第 5 年达到第 1 个波谷值-0.001121,此后上升,滞后第 7 年达到第 2 个峰值 0.001793,然后再次下降,滞后第 8 年达到波谷值-0.001578;(3)第三产业固定资产投资冲击下,第三产业就业响应值滞后 10 年均为正值,峰值 0.019334,对第三产业就业滞后性促进效应非常显著,高于基础教育经费冲击下的就业效应。

运用方差分解方法分析基础教育经费冲击对第三产业就业动态变化的贡献度。第三产业就业动态变化主要由自身扰动形成,第三产业就业自身扰动贡献度从滞后第 2 年的 92%下降为滞后第 10 年的 54%。第三产业固定资产投资冲击是另外一个重要因素,贡献度从滞后第 2 年的 5%上升为滞后第 10 年的 44%。基础教育经费冲击贡献度微小,在滞后 10 年中均不超过 5%。

二、中等职业教育经费影响第三产业就业的动态效应

中等职业教育经费、第三产业固定资产投资与第三产业就业 VAR 模型估计结果如下：

$$\begin{bmatrix} \ln TEMP \\ \ln TGI \\ \ln VEDU \end{bmatrix}_t = \begin{bmatrix} -2.804 \\ -17.645 \\ 15.231 \end{bmatrix} + \begin{bmatrix} 0.524 & -0.265 & 0.054 \\ -0.501 & 0.499 & 0.610 \\ -5.032 & 0.827 & 0.450 \end{bmatrix} \begin{bmatrix} \ln TEMP \\ \ln TGI \\ \ln VEDU \end{bmatrix}_{t-1}$$

$$+ \begin{bmatrix} 0.852 & -0.007 & 0.263 \\ 2.781 & -0.420 & 0.141 \\ 3.160 & 0.302 & -0.771 \end{bmatrix} \begin{bmatrix} \ln TEMP \\ \ln TGI \\ \ln VEDU \end{bmatrix}_{t-2} \qquad (12\text{-}6)$$

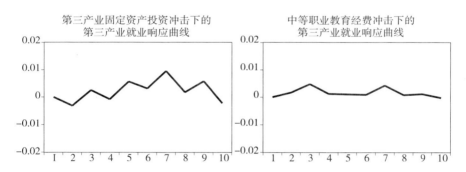

图 12-6　中等职业教育经费对第三产业就业的脉冲响应曲线

运用脉冲响应函数分析第三产业就业动态变化特点：(1)中等职业教育经费扰动下，第三产业就业响应峰值 0.004711，有滞后 1 年第三产业就业响应值为负值，总体上对第三产业就业促进效应显著；(2)第三产业固定资产投资冲击下，第三产业就业响应峰值 0.0100822，总体上滞后性第三产业就业促进效应显著，高于中等职业教育经费冲击下的滞后性就业效应。但固定资产投资冲击下第三产业就业响应值为负值的年份数为 3 年，多于中等职业教育经费支出冲击下第三产业就业响应值负值年份数。

运用方差分解方法分析中等职业教育经费对第三产业就业动态变化的贡献度。第三产业就业自身扰动的贡献度在滞后 10 年中均在 80% 以上。

第三产业固定资产投资冲击对第三产业就业响应的贡献度在滞后7年之前均不到9%,滞后第7年至第10年的贡献度16%左右。中等职业教育经费冲击滞后第3年的贡献度5%,此后在5%上下波动。第三产业就业动态变化的主要解释因素是其自身扰动,第三产业固定资产投资冲击贡献度较小,中等职业教育经费冲击的贡献度非常少。

三、高等教育经费影响第三产业就业的动态效应

高等教育支出、第三产业固定资产投资、第三产业就业 VAR 模型估计结果如下:

$$
\begin{bmatrix} \ln TEMP \\ \ln TGI \\ \ln HEDU \end{bmatrix}_t = \begin{bmatrix} 14.443 \\ 17.438 \\ -33.929 \end{bmatrix} + \begin{bmatrix} -0.589 & -0.150 & 0.101 \\ -3.887 & 0.931 & 0.742 \\ -0.491 & 0.908 & -0.325 \end{bmatrix} \begin{bmatrix} \ln TEMP \\ \ln TGI \\ \ln HEDU \end{bmatrix}_{t-1}
$$

$$
+ \begin{bmatrix} -0.196 & 0.181 & 0.323 \\ 1.696 & -0.345 & 0.454 \\ 5.039 & -0.129 & -1.277 \end{bmatrix} \begin{bmatrix} \ln TEMP \\ \ln TGI \\ \ln HEDU \end{bmatrix}_{t-2} \qquad (12\text{-}7)
$$

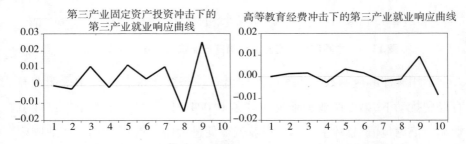

图 12-7　高等教育经费对第三产业就业的脉冲响应曲线

运用脉冲响应函数分析第三产业就业动态变化特征:(1)高等教育经费冲击下,滞后第4年波谷值-0.002698,滞后第9年形成峰值0.00935,有滞后4年第三产业就业响应值为负值,总体上滞后性第三产业就业促进效应高于抑制效应;(2)第三产业固定资产投资冲击下,第三产业就业响应值有滞后4年为负值,峰值0.0253367,总体上滞后性第三产业就业促进效应

显著,高于高校经费冲击下滞后性第三产业就业促进效应。

运用方差分解方法分析高等教育经费冲击对第三产业就业动态变化的贡献度。第三产业就业响应值动态变化最主要的解释因素是其自身扰动,贡献度在80%以上。第三产业固定资产投资冲击贡献度较小,贡献度在12%—17%。高等教育经费冲击的贡献度微弱,不足2%。

第三节　各级各类生均教育经费支出影响第三产业就业的滞后性动态效应

一、小学生均教育经费支出影响第三产业就业的动态效应

小学生均教育经费支出、第三产业业固定资产投资、第三产业就业VAR 模型估计结果如下:

$$
\begin{bmatrix} \ln TEMP \\ \ln TGI \\ \ln APED \end{bmatrix}_t = \begin{bmatrix} 5.183 \\ 2.058 \\ 13.573 \end{bmatrix} + \begin{bmatrix} 0.034 & -0.176 & 0.164 \\ -2.833 & 0.983 & 0.704 \\ -4.146 & 0.238 & 0.826 \end{bmatrix} \begin{bmatrix} \ln TEMP \\ \ln TGI \\ \ln APED \end{bmatrix}_{t-1}
$$

$$
+ \begin{bmatrix} 0.426 & -0.024 & 0.165 \\ 2.765 & -0.309 & -0.402 \\ 2.336 & 0.988 & -0.936 \end{bmatrix} \begin{bmatrix} \ln TEMP \\ \ln TGI \\ \ln APED \end{bmatrix}_{t-2} \tag{12-8}
$$

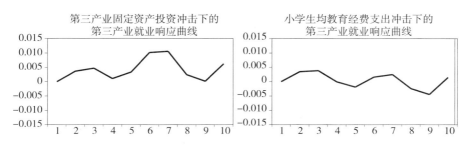

图 12-8　小学生均支出对第三产业就业的脉冲响应曲线

运用脉冲响应函数分析第三产业就业动态变化特征:(1)小学生均教育经费支出冲击下,有滞后4年第三产业就业响应值为负值,总体上滞后性第三产业就业促进效应略高于抑制效应;(2)小学生均教育经费支出冲击下,第三产业就业响应曲线呈现波浪式特征,滞后第3年达到第1个峰值0.003865,滞后第4年达到第1个波谷值-0.001877,此后上升至滞后第7年达到第2个峰值0.002485,滞后第9年再次下降,形成第2个波谷值-0.004456;(3)第三产业固定资产投资冲击下,第三产业就业响应值滞后10年中没有产生负值,峰值0.0112334,对第三产业就业促进效应非常显著,高于小学生均教育经费支出冲击影响下的滞后性第三产业就业效应。

运用方差分解方法分析小学生均教育经费支出冲击对第三产业动态变化的贡献度。第三产业就业波动主要由自身扰动形成,贡献度从100%逐步下降至滞后第10年的59%。第三产业固定资产投资冲击的贡献度从7%增长为33%,是解释第三产业就业动态波动不可忽视的因素。小学生均教育经费支出冲击的贡献度小,从滞后第2年的6%增长为滞后第3年的11%,然后逐年下降,滞后第7年的贡献度为5%,对第三产业就业动态变化的影响作用很小。

二、农村小学生均支出影响第三产业就业的动态效应

农村小学生均支出、第三产业固定资产投资、第三产业就业 VAR 模型估计结果如下:

$$
\begin{bmatrix} \ln TEMP \\ \ln TGI \\ \ln ASP \end{bmatrix}_t = \begin{bmatrix} 6.423 \\ 3.863 \\ 7.161 \end{bmatrix} + \begin{bmatrix} 0.064 & -0.258 & 0.165 \\ -2.787 & 0.677 & 0.730 \\ -4.787 & 0.147 & 0.790 \end{bmatrix} \begin{bmatrix} \ln TEMP \\ \ln TGI \\ \ln ASP \end{bmatrix}_{t-1}
$$

$$
+ \begin{bmatrix} 0.301 & 0.016 & 0.194 \\ 2.648 & -0.325 & -0.101 \\ 3.786 & 0.595 & -0.440 \end{bmatrix} \begin{bmatrix} \ln TEMP \\ \ln TGI \\ \ln ASP \end{bmatrix}_{t-2} \tag{12-9}
$$

运用脉冲响应函数分析第三产业就业动态变化特征:(1)农村小学生

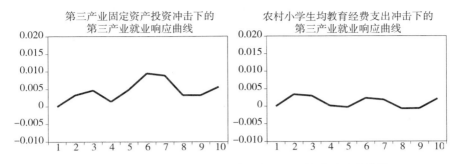

图 12-9　农村小学生均支出对第三产业就业的脉冲响应曲线

均教育经费支出冲击下,有滞后 3 年第三产业就业响应值为负值,总体上第三产业就业促进效应显著高于就业抑制效应,也高于全国小学生均教育经费支出冲击下的就业效应;(2)农村小学生均教育经费支出冲击下,第三产业就业响应曲线呈现波浪起伏特征,滞后第 2 年达到第 1 个峰值 0.003424,然后下降,滞后第 5 年达到第 1 个波谷值-0.000311,此后上升,滞后第 6 年达到第 2 个峰值 0.00231,滞后第 8 年再次下降,形成第 2 个波谷值-0.00075,滞后第 10 年再次出现正值 0.002132;(3)第三产业固定资产投资冲击下,第三产业就业响应值滞后 10 年均为正值,峰值 0.016623,滞后性第三产业就业促进效应非常显著,高于农村小学生均支出冲击下的就业效应。

　　运用方差分解方法分析农村小学生均教育经费支出冲击对第三产业就业动态变化的影响。第三产业就业波动主要由自身扰动形成,贡献度从 100%逐步下降至 60%。第三产业固定资产投资冲击贡献度从 4%增长为 35%,逐步成为解释第三产业就业动态变化的重要因素。农村小学生均教育经费支出冲击的贡献度为 5%,贡献度小,与全国小学生均教育经费支出冲击的贡献度大小相同。

三、中学生均教育经费支出影响第三产业就业的动态效应

　　中学生均教育经费支出、第三产业固定资产投资、第三产业就业 VAR

模型的估计结果如下：

$$
\begin{bmatrix} \ln TEMP \\ \ln TGI \\ \ln AMED \end{bmatrix}_{t} = \begin{bmatrix} 2.368 \\ -6.384 \\ 4.695 \end{bmatrix} + \begin{bmatrix} 0.163 & -0.097 & 0.107 \\ -2.490 & 0.897 & 0.669 \\ -3.943 & 0.231 & 0.458 \end{bmatrix} \begin{bmatrix} \ln TEMP \\ \ln TGI \\ \ln AMED \end{bmatrix}_{t-1}
$$

$$
+ \begin{bmatrix} 0.556 & -0.079 & 0.198 \\ 3.359 & -0.564 & 0.041 \\ 3.406 & 0.306 & 0.067 \end{bmatrix} \begin{bmatrix} \ln TEMP \\ \ln TGI \\ \ln AMED \end{bmatrix}_{t-2} \tag{12-10}
$$

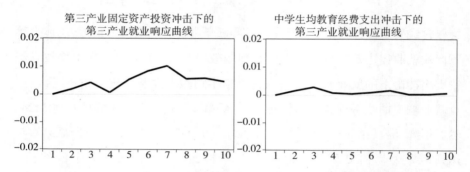

图 12-10　中学生均教育经费支出对第三产业就业的脉冲响应曲线

运用脉冲响应函数分析第三产业就业动态变化特征：（1）中学生均教育经费支出冲击下，第三产业就业响应峰值 0.002873，滞后 10 年第三产业就业响应值均为正值，滞后性第三产业就业促进效应显著；（2）第三产业固定资产投资冲击下，第三产业就业响应峰值 0.0113224，滞后性就业响应值均为正值，总体上高于中学生均教育经费支出冲击下的就业促进效应。

运用方差分解方法分析中学生均教育经费支出冲击对第三产业就业动态变化的贡献度。第三产业滞后性就业动态变化的大部分贡献力量来自其自身扰动，贡献度从 100% 逐步下降至滞后第 10 年的 66%；第三产业固定资产投资冲击的贡献度逐渐增长，从 1% 增长为 32%。中学生均教育经费支出的贡献度滞后 10 年中均很微小，不超过 2%。

四、初中生均支出影响第三产业就业的动态效应

初中生均教育经费支出、第三产业固定资产投资、第三产业就业 VAR 模型估计结果如下：

$$
\begin{bmatrix} \ln TEMP \\ \ln TGI \\ \ln AJED \end{bmatrix}_t = \begin{bmatrix} 2.235 \\ 0.727 \\ 19.700 \end{bmatrix} + \begin{bmatrix} 0.288 & -0.187 & 0.126 \\ -2.306 & 0.871 & 0.602 \\ -4.887 & 0.210 & 0.861 \end{bmatrix} \begin{bmatrix} \ln TEMP \\ \ln TGI \\ \ln AJED \end{bmatrix}_{t-1}
$$

$$
+ \begin{bmatrix} 0.521 & -0.020 & 0.131 \\ 2.414 & -0.250 & -0.290 \\ 2.318 & 1.141 & -0.906 \end{bmatrix} \begin{bmatrix} \ln TEMP \\ \ln TGI \\ \ln AJED \end{bmatrix}_{t-2} \tag{12-11}
$$

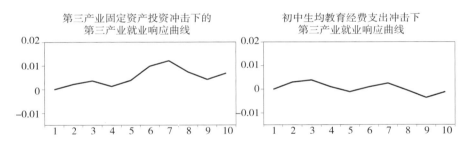

图 12-11　初中生均教育经费支出对第三产业就业的脉冲响应曲线

运用脉冲响应函数分析第三产业就业动态变化特征：(1)初中生均教育经费支出冲击下,第三产业就业响应峰值 0.003865,波谷值-0.00455,有滞后 4 年第三产业就业响应值为负值,总体上第三产业就业促进效应高于抑制效应;(2)第三产业固定资产投资冲击下,第三产业就业响应峰值 0.012543,滞后 10 年响应值均为正值,高于初中生均教育经费支出冲击下的就业效应。

运用方差分解方法分析初中生均教育经费支出冲击对第三产业就业动态变化的贡献度。第三产业就业动态变化的大部分贡献力量来自其自身扰动,贡献度从 100%逐步下降至滞后第 10 年的 60%。第三产业固定资产投

资冲击对第三产业就业动态变化的贡献度从 2% 增长为 35%,成为小部分解释因素。初中生均教育经费支出冲击最高贡献度为 7%,对第三产业就业动态变化作用很小。

五、农村初中生均支出影响第三产业就业的动态效应

农村初中生均教育经费支出、第三产业固定资产投资、第三产业就业 VAR 模型估计如下:

$$
\begin{bmatrix} \ln TEMP \\ \ln TGI \\ \ln ASJ \end{bmatrix}_t = \begin{bmatrix} 4.872 \\ 4.404 \\ 12.476 \end{bmatrix} + \begin{bmatrix} 0.179 & -0.250 & 0.124 \\ -2.580 & 0.453 & 0.666 \\ -6.641 & 0.130 & 0.919 \end{bmatrix} \begin{bmatrix} \ln TEMP \\ \ln TGI \\ \ln ASJ \end{bmatrix}_{t-1}
$$

$$
+ \begin{bmatrix} 0.362 & 0.068 & 0.111 \\ 2.432 & -0.094 & -0.110 \\ 4.907 & 0.879 & -0.651 \end{bmatrix} \begin{bmatrix} \ln TEMP \\ \ln TGI \\ \ln ASJ \end{bmatrix}_{t-2} \qquad (12-12)
$$

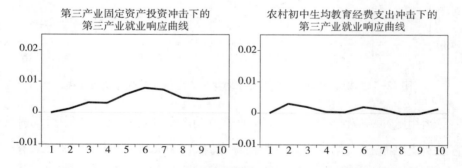

图 12-12　农村初中生均教育经费支出对第三产业就业的脉冲响应曲线

运用脉冲响应函数分析第三产业就业动态变化特征:(1)农村初中生均支出冲击下,第三产业就业响应峰值 0.00305,波谷值 -0.000235,有滞后 2 年第三产业就业响应值为负值,少于全国初中生均教育经费支出冲击下就业响应值为负值的年份数,总体上滞后性第三产业就业促进效应显著; (2)第三产业固定资产投资冲击下,第三产业就业响应峰值 0.00876889,第三产业就业响应值均为正值,高于农村初中生均教育经费支出冲击下的就

业效应。

运用方差分解方法分析农村初中生均教育经费支出冲击对第三产业就业动态变化的贡献度。第三产业就业波动的大部分贡献来自其自身扰动,贡献度从 100% 逐步下降至 69%。第三产业固定资产投资冲击的贡献度逐渐增长,贡献度从 0.4% 增长为 29%。农村初中生均教育经费支出对第三产业就业动态变化的贡献度十分微小,滞后 10 年均在 2% 以下。

六、中等职业教育生均支出影响第三产业就业的动态效应

中等职业教育生均教育经费支出、第三产业固定资产投资与第三产业就业 VAR 模型估计如下:

$$
\begin{bmatrix} \ln TEMP \\ \ln TGI \\ \ln VEDU \end{bmatrix}_t = \begin{bmatrix} 3.600 \\ -6.339 \\ 19.437 \end{bmatrix} + \begin{bmatrix} -0.448 & -0.079 & 0.218 \\ -3.406 & 1.098 & 0.678 \\ -3.586 & 0.279 & -0.018 \end{bmatrix} \begin{bmatrix} \ln TEMP \\ \ln TGI \\ \ln VEDU \end{bmatrix}_{t-1}
$$

$$
+ \begin{bmatrix} 0.770 & 0.035 & 0.233 \\ 3.946 & -0.437 & -0.111 \\ 2.164 & 0.468 & -0.532 \end{bmatrix} \begin{bmatrix} \ln TEMP \\ \ln TGI \\ \ln VEDU \end{bmatrix}_{t-2} \tag{12-13}
$$

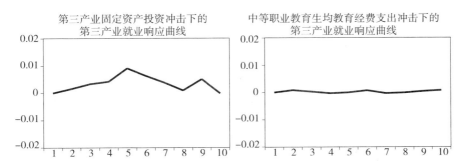

图 12-13　中等职业教育生均教育经费支出对第三产业就业的脉冲响应曲线

运用脉冲响应函数分析第三产业就业动态变化特征:(1)中等职业教育生均教育经费支出冲击下,第三产业就业响应峰值 0.000832,低于中学

生均教育经费支出冲击下第三产业就业响应峰值 0.002873,有滞后 4 年第三产业就业响应值为负值,总体上滞后性第三产业就业促进效应显著,但小于普通中学生均教育经费支出冲击下的就业效应;(2)第三产业固定资产投资冲击下,第三产业就业响应值仅有滞后 1 年为负值,峰值 0.010776,总体上滞后性第三产业就业促进效应显著,高于中等职业教育生均教育经费支出冲击下的就业效应。

运用方差分解方法分析中等职业教育生均教育经费支出冲击对第三产业就业动态变化的贡献度。滞后性第三产业就业响应曲线变化的贡献基本来自其自身扰动,贡献度呈现"U"型,从 100% 逐步下降至滞后第 6 年的 88%,然后逐步增长为滞后第 10 年的 96%。第三产业固定资产投资冲击,贡献度呈现倒"U"型,贡献度从 1% 增长为滞后第 6 年的 12%,然后逐年下降,滞后第 10 年为 4%。中等职业教育生均支出的贡献度几乎可以忽略不计,滞后 10 年均在 1% 以下。

七、高校生均支出影响第三产业就业的动态效应

高校生均教育经费支出、第三产业固定资产投资、第三产业就业 VAR 模型的估计结果如下:

$$
\begin{bmatrix} \ln TEMP \\ \ln TGI \\ \ln AHED \end{bmatrix}_t = \begin{bmatrix} -3.304 \\ -18.259 \\ 40.723 \end{bmatrix} + \begin{bmatrix} -0.114 & 0.103 & 0.132 \\ -2.359 & 1.365 & 0.535 \\ -4.227 & -0.181 & 0.195 \end{bmatrix} \begin{bmatrix} \ln TEMP \\ \ln TGI \\ \ln AHED \end{bmatrix}_{t-1}
$$

$$
+ \begin{bmatrix} 1.232 & -0.126 & 0.123 \\ 4.266 & -0.762 & -0.167 \\ 0.264 & 0.920 & -0.104 \end{bmatrix} \begin{bmatrix} \ln TEMP \\ \ln TGI \\ \ln AHED \end{bmatrix}_{t-2} \tag{12-14}
$$

运用脉冲响应函数分析第三产业就业动态变化特征:(1)高校生均支出冲击下,第三产业就业响应曲线非常平缓,第三产业就业响应峰值 0.000438,显著低于小学和中学生均教育经费支出冲击下第三产业就业响应峰值 0.003865 和 0.002873,也低于中等职业教育生均教育经费支

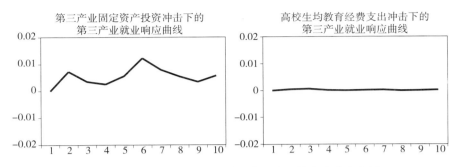

图 12-14　高校生均支出对第三产业就业的脉冲响应曲线

出冲击下第三产业就业响应峰值 0.000832,有滞后 1 年第三产业就业响应值为微弱负值,总体上滞后性第三产业就业促进效应微小;(2)第三产业固定资产投资冲击下,第三产业就业响应峰值 0.0127445,滞后 10 年第三产业就业响应值均为正值,显著高于高校生均支出冲击下的第三产业就业效应。

运用方差分解方法分析高校生均教育经费支出冲击对第三产业就业滞后性动态变化的贡献度。第三产业就业自身扰动的贡献度滞后 10 年中呈现波浪式下降,贡献度从 100% 逐步下降至 59%。第三产业固定资产投资冲击的贡献度波浪式增长,从 16% 增长为 41%。高校教育生均教育经费冲击的贡献度均在 1% 以下。

第四节　教育经费支出结构影响第三产业就业的滞后性动态效应

一、事业性经费影响第三产业就业的动态效应

事业性经费、第三产业固定资产投资、第三产业就业 VAR 模型估计结果如下:

$$
\begin{bmatrix} \ln TEMP \\ \ln TGI \\ \ln SED \end{bmatrix}_t = \begin{bmatrix} 3.466 \\ -7.030 \\ -8.169 \end{bmatrix} + \begin{bmatrix} 0.127 & -0.260 & 0.049 \\ -0.815 & 0.614 & 0.542 \\ -2.133 & 0.447 & 0.323 \end{bmatrix} \begin{bmatrix} \ln TEMP \\ \ln TGI \\ \ln SED \end{bmatrix}_{t-1}
$$

$$
+ \begin{bmatrix} 0.464 & 0.105 & 0.223 \\ 1.727 & -0.385 & 0.172 \\ 3.206 & 0.171 & -0.358 \end{bmatrix} \begin{bmatrix} \ln TEMP \\ \ln TGI \\ \ln SED \end{bmatrix}_{t-2} \qquad (12-15)
$$

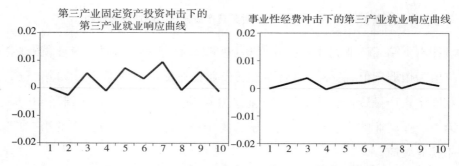

图 12-15　事业性经费对第三产业就业的脉冲响应曲线

运用脉冲响应函数分析第三产业就业动态变化特征:(1)事业性经费冲击下,第三产业就业响应峰值 0.003864,有滞后 1 年第三产业就业响应值为负值,总体上对第三产业就业促进效应显著;(2)第三产业固定资产投资冲击下,第三产业就业抑制效应与促进效应交替出现,第三产业就业响应值为负值的年份数比事业性经费冲击下多 3 年,第三产业就业响应峰值0.010842,波谷值-0.002608,深于事业性经费冲击下的波谷值-0.00026,总体上滞后性第三产业就业促进效应显著,略高于事业性教育经费冲击下的就业效应。

运用方差分解方法分析事业性经费冲击对第三产业就业动态变化的贡献度。第三产业就业自身扰动的贡献度从 100% 下降到 73%,第三产业固定资产投资的贡献度从 2% 增长到 23%,事业性经费的贡献度不超过 5%。第三产业就业响应曲线的贡献度主要由自身扰动形成,第三产业固定资产投资冲击贡献度占少部分,事业性经费贡献度非常小。

二、基本建设经费影响第三产业就业的动态效应

基本建设经费、第三产业固定资产投资、第三产业就业 VAR 模型估计结果如下：

$$
\begin{bmatrix} \ln TEMP \\ \ln TGI \\ \ln BED \end{bmatrix}_t = \begin{bmatrix} 3.424 \\ -12.135 \\ 84.553 \end{bmatrix} + \begin{bmatrix} -0.456 & 0.042 & 0.060 \\ 0.515 & 0.809 & 0.021 \\ 0.420 & -0.311 & 0.004 \end{bmatrix} \begin{bmatrix} \ln TEMP \\ \ln TGI \\ \ln BED \end{bmatrix}_{t-1}
$$

$$
+ \begin{bmatrix} 0.989 & 0.050 & -0.001 \\ 1.271 & 0.216 & -0.243 \\ -9.152 & 1.424 & -0.418 \end{bmatrix} \begin{bmatrix} \ln TEMP \\ \ln TGI \\ \ln BED \end{bmatrix}_{t-2} \tag{12-16}
$$

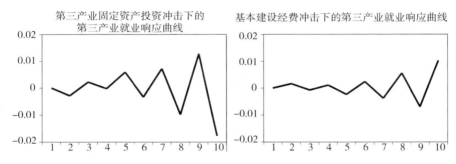

图 12-16　基本建设教育经费对第三产业就业的脉冲响应曲线

运用脉冲响应函数分析第三产业就业动态变化特征：(1)基本建设经费冲击下，有滞后 4 年第三产业就业响应值为负值，第三产业就业促进效应与抑制效应交替产生，总体上二者基本相当；(2)基本建设经费冲击下，第三产业就业响应波峰逐次增高，波谷逐次加深：滞后第 2 年的峰值 0.001605，滞后第 10 年的峰值 0.010304，滞后第 3 年的波谷值 -0.000736，滞后第 9 年的波谷值 -0.006913；(3)第三产业固定资产投资冲击下，第三产业就业响应峰值 0.0142278，有滞后 5 年就业响应值为负值，第三产业就业抑制效应与就业促进效应交替出现，二者基本相当。

运用方差分解方法分析基本建设经费冲击对第三产业就业动态变化的

贡献度。第三产业就业动态变化基本由自身扰动形成,滞后 10 年的贡献度均在 97%以上。第三产业固定资产投资冲击以及事业性经费冲击的贡献度均非常小,分别不超过 2%和 1%。

三、工资福利经费影响第三产业就业的动态效应

工资福利经费、第三产业固定资产投资、第三产业就业 VAR 模型估计结果如下:

$$
\begin{bmatrix} \ln TEMP \\ \ln TGI \\ \ln WAGE \end{bmatrix}_t = \begin{bmatrix} 2.245 \\ -20.757 \\ 17.961 \end{bmatrix} + \begin{bmatrix} 0.179 & -0.021 & 0.094 \\ -0.579 & 1.126 & 0.465 \\ -4.803 & 0.375 & -0.385 \end{bmatrix} \begin{bmatrix} \ln TEMP \\ \ln TGI \\ \ln WAGE \end{bmatrix}_{t-1}
$$

$$
+ \begin{bmatrix} 0.456 & -0.028 & 0.155 \\ 2.778 & -0.952 & 0.471 \\ 3.225 & 0.541 & -0.055 \end{bmatrix} \begin{bmatrix} \ln TEMP \\ \ln TGI \\ \ln WAGE \end{bmatrix}_{t-2} \qquad (12-17)
$$

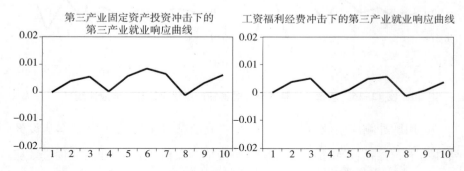

图 12-17 工资福利经费对第三产业就业的脉冲响应曲线

运用脉冲响应函数分析第三产业就业动态变化特征:(1)工资福利经费冲击下,第三产业就业响应峰值 0.00568,有滞后 2 年的第三产业就业响应值为负值,总体上对第三产业就业促进效应显著;(2)第三产业固定资产投资冲击下,第三产业就业响应峰值 0.008522,与工资福利经费冲击下的响应峰值接近,有滞后 2 年第三产业就业响应为负值,总体上滞后性第三产业就业促进效应显著。

运用方差分解方法分析工资福利经费冲击对第三产业就业动态变化的贡献度。第三产业就业动态变化大部分由自身扰动形成,贡献度从100%下降到62%。第三产业固定资产投资冲击贡献少部分影响,贡献度从4%增长为25%。工资福利经费冲击贡献度比较小,从4%增长为13%。

四、助学金影响第三产业就业的动态效应

助学金、第三产业固定资产投资、第三产业就业 VAR 模型的估计结果如下:

$$
\begin{bmatrix} \ln TEMP \\ \ln TGI \\ \ln SUBS \end{bmatrix}_t = \begin{bmatrix} 11.531 \\ -2.963 \\ -79.268 \end{bmatrix} + \begin{bmatrix} -0.849 & 0.880 & -0.077 \\ -1.078 & 0.977 & 0.118 \\ -3.004 & -2.439 & 0.808 \end{bmatrix} \begin{bmatrix} \ln TEMP \\ \ln TGI \\ \ln SUBS \end{bmatrix}_{t-1}
$$

$$
+ \begin{bmatrix} 0.146 & -0.260 & -0.126 \\ 1.552 & -0.155 & -0.069 \\ 13.152 & 0.339 & 0.238 \end{bmatrix} \begin{bmatrix} \ln TEMP \\ \ln TGI \\ \ln SUBS \end{bmatrix}_{t-2} \tag{12-18}
$$

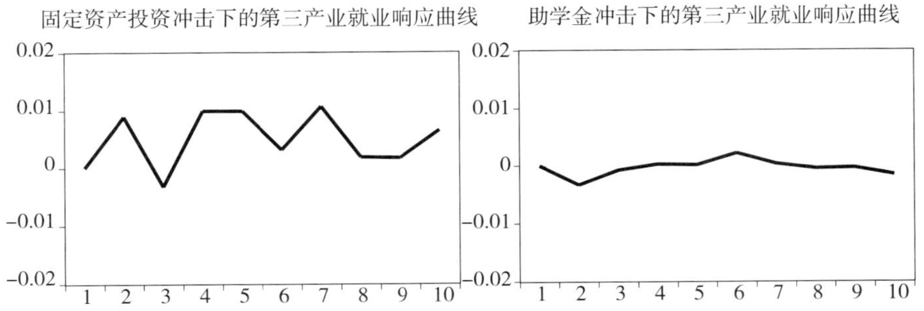

固定资产投资冲击下的第三产业就业响应曲线　　助学金冲击下的第三产业就业响应曲线

图 12-18　助学金对第三产业就业的脉冲响应曲线

运用脉冲响应函数分析第三产业就业动态变化特征:(1)助学金冲击下,第三产业就业响应峰值 0.002141,有滞后 5 年的第三产业就业响应为负值,第三产业就业抑制效应与促进效应交替出现,总体上第三产业就业抑制效应略高;(2)第三产业固定资产投资冲击下,第三产业就业响应峰值 0.011136,有滞后 1 年的响应值为负值,滞后性第三产业就业促进效应非常

显著,高于助学金冲击下的滞后性第三产业就业效应。

运用方差分解方法分析助学金冲击对第三产业就业动态变化的贡献度。第三产业就业动态变化大部分由自身扰动形成,贡献度在滞后 10 年中从 100% 下降到 70%。少部分由第三产业固定资产投资冲击贡献,贡献度从 9% 增长为 29%。助学金冲击的贡献度非常微小,贡献度滞后 10 年均为 1%,对第三产业就业动态变化的影响微乎其微。

第五节　各级各类教育经费支出结构影响第三产业就业的滞后性动态效应

一、小学教育经费支出结构影响第三产业就业的动态效应

(一)小学事业性经费影响第三产业就业的动态分析

小学事业性经费、第三产业固定资产投资、第三产业就业的 VAR 模型估计如下:

$$
\begin{bmatrix} \ln TEMP \\ \ln TGI \\ \ln PSED \end{bmatrix}_t = \begin{bmatrix} 0.006 \\ -10.708 \\ -1.064 \end{bmatrix} + \begin{bmatrix} 0.433 & -0.269 & 0.075 \\ -1.011 & 0.567 & 0.642 \\ -3.663 & 0.317 & 0.465 \end{bmatrix} \begin{bmatrix} \ln TEMP \\ \ln TGI \\ \ln PSED \end{bmatrix}_{t-1}
$$

$$
+ \begin{bmatrix} 0.607 & 0.009 & 0.254 \\ 2.456 & -0.435 & 0.111 \\ 3.789 & 0.222 & -0.235 \end{bmatrix} \begin{bmatrix} \ln TEMP \\ \ln TGI \\ \ln PSED \end{bmatrix}_{t-2} \tag{12-19}
$$

运用脉冲响应函数分析第三产业就业动态变化特点:(1)小学事业性经费冲击下,第三产业就业响应峰值 0.003959,第三产业就业响应值均为正值,滞后性第三产业就业促进效应显著;(2)第三产业固定资产投资冲击下,第三产业就业响应峰值 0.012243,有滞后 2 年的响应值为负值,总体上滞后性第三产业就业促进效应高于小学事业性经费冲击下的就业效应。

运用方差分解方法分析小学事业性经费冲击对第三产业就业动态变化

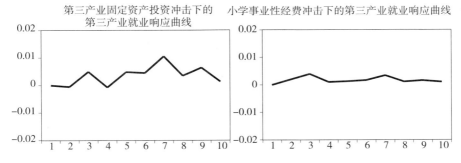

图 12-19　小学事业性经费对第三产业就业的脉冲响应曲线

的贡献度。第三产业就业预测方差变动主要由自身扰动导致,贡献度为
80%。第三产业固定资产投资中击贡献度比较小,为 15%。小学事业性教
育经费冲击贡献度为 5%,对第三产业就业滞后性动态变化的影响非常小。

(二)小学工资福利经费影响第三产业就业的动态效应

小学工资福利经费、第三产业固定资产投资、第三产业就业 VAR 模型
估计如下:

$$
\begin{bmatrix} \ln TEMP \\ \ln TGI \\ \ln PWAGE \end{bmatrix}_t = \begin{bmatrix} 6.779 \\ -9.273 \\ 15.688 \end{bmatrix} + \begin{bmatrix} -0.839 & 0.069 & 0.206 \\ -0.177 & 0.997 & -0.539 \\ -1.171 & 0.364 & -0.145 \end{bmatrix} \begin{bmatrix} \ln TEMP \\ \ln TGI \\ \ln PWAGE \end{bmatrix}_{t-1}
$$

$$
+ \begin{bmatrix} 0.920 & -0.027 & 0.091 \\ 1.788 & 0.101 & -0.571 \\ -0.172 & 0.381 & -0.279 \end{bmatrix} \begin{bmatrix} \ln TEMP \\ \ln TGI \\ \ln PWAGE \end{bmatrix}_{t-2} \qquad (12\text{-}20)
$$

运用脉冲响应函数分析第三产业就业动态变化特点:(1)小学工资福
利经费冲击下,第三产业就业响应峰值 0.033056,波谷值 -0.024648,有滞
后 4 年第三产业就业响应值为负,第三产业就业促进效应与抑制效应交替
出现,总体上二者基本相等;(2)第三产业固定资产投资冲击下,第三产业
就业响应峰值 0.0067443,有滞后 3 年响应值为负,总体上滞后性第三产
业就业促进效应非常显著,高于小学工资福利经费冲击下的就业效应。

运用方差分解方法分析小学工资福利经费性对第三产业就业动态变化

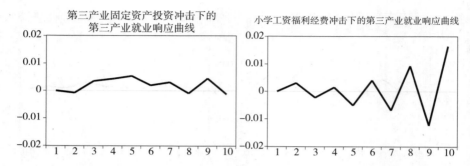

图 12-20 小学工资福利经费对第三产业就业的脉冲响应曲线

的贡献度。第三产业就业动态预测方差变化基本由自身扰动导致,第三产业固定资产投资冲击的贡献度不超过 2%,小学工资福利经费冲击的贡献度为 4%。小学工资福利经费冲击对第三产业就业滞后性动态变化影响非常小。

二、中学教育经费支出结构影响第三产业就业的动态效应

(一)中学事业性经费影响第三产业就业的动态效应

中学事业性经费、第三产业固定资产投资、第三产业就业 VAR 模型估计结果如下:

$$
\begin{bmatrix} \ln TEMP \\ \ln TGI \\ \ln MSED \end{bmatrix}_t = \begin{bmatrix} 5.747 \\ -0.558 \\ -11.022 \end{bmatrix} + \begin{bmatrix} 0.137 & -0.363 & 0.073 \\ -1.359 & 0.252 & 0.666 \\ -3.034 & 0.806 & 0.184 \end{bmatrix} \begin{bmatrix} \ln TEMP \\ \ln TGI \\ \ln MSED \end{bmatrix}_{t-1}
$$

$$
+ \begin{bmatrix} 0.207 & 0.184 & 0.307 \\ 1.557 & -0.118 & 0.398 \\ 4.401 & -0.123 & -0.488 \end{bmatrix} \begin{bmatrix} \ln TEMP \\ \ln TGI \\ \ln MSED \end{bmatrix}_{t-2} \qquad (12\text{-}21)
$$

运用脉冲响应函数分析第三产业就业动态变化特点:(1)中学事业性经费冲击下,第三产业就业响应值有滞后 3 年为负值,峰值 0.004119,总体上滞后性第三产业就业促进效应显著;(2)第三产业固定资产投资冲击下,第三产业就业响应有滞后 5 年为负值,峰值 0.015667,第三产业就业抑制

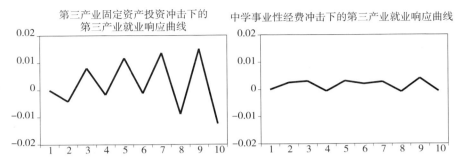

图 12-21　中学事业性经费对第三产业就业的脉冲响应曲线

效应与促进效应交替出现,总体上滞后性第三产业就业促进效应显著。

　　运用方差分解方法分析中学事业性经费对第三产业就业动态变化的贡献度。第三产业就业动态变化主要由自身扰动形成,贡献度为80%。第三产业固定资产投资冲击的贡献度较小,最大贡献度18%。中学事业性经费冲击的贡献度非常小,为2%。

(二)中学工资福利经费影响第三产业就业的动态效应

　　中学工资福利经费、第三产业固定资产投资、第三产业就业 VAR 模型结果如下:

$$
\begin{bmatrix} \ln TEMP \\ \ln TGI \\ \ln MWAGE \end{bmatrix}_t = \begin{bmatrix} 1.825 \\ -34.431 \\ -26.560 \end{bmatrix} + \begin{bmatrix} 0.147 & 0.079 & -0.189 \\ -0.062 & 1.584 & -0.982 \\ 0.273 & 0.642 & -0.839 \end{bmatrix} \begin{bmatrix} \ln TEMP \\ \ln TGI \\ \ln MWAGE \end{bmatrix}_{t-1}
$$

$$
+ \begin{bmatrix} 0.737 & 0.099 & -0.169 \\ 4.922 & -0.387 & -1.366 \\ 3.896 & 0.091 & -1.464 \end{bmatrix} \begin{bmatrix} \ln TEMP \\ \ln TGI \\ \ln MWAGE \end{bmatrix}_{t-2} \quad (12-22)
$$

　　运用脉冲响应函数分析第三产业就业动态变化特点:(1)中学工资福利经费冲击下,第三产业就业动态响应有滞后 9 年为负,峰值为微弱的0.000233,滞后性第三产业就业抑制效应非常显著;(2)第三产业固定资产投资冲击下,第三产业就业响应值滞后 10 年均为正值,峰值 0.010056,滞后性第三产业就业促进效应显著,高于中学工资福利经费冲击下的动态就

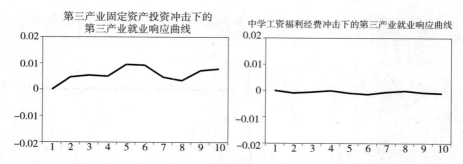

图 12-22　中学工资福利经费对第三产业就业的脉冲响应曲线

业效应。

运用方差分解方法分析中学工资福利经费对第三产业就业动态变化的贡献度。第三产业就业自身扰动是主要影响因素,贡献度 80%。第三产业固定资产投资冲击的贡献较小,贡献度 19%。中学工资福利经费冲击贡献度微弱,不超过 1%。

三、中等职业教育经费支出结构影响第三产业就业的动态效应

(一)中等职业教育事业性经费影响第三产业就业的动态效应

中等职业教育事业性经费、第三产业固定资产投资、第三产业就业 VAR 模型估计如下:

$$\begin{bmatrix} \ln TEMP \\ \ln TGI \\ \ln VSED \end{bmatrix}_t = \begin{bmatrix} -6.546 \\ -24.460 \\ 21.395 \end{bmatrix} + \begin{bmatrix} 0.682 & -0.517 & 0.045 \\ 0.584 & 0.084 & 0.433 \\ -6.339 & 1.728 & 0.436 \end{bmatrix} \begin{bmatrix} \ln TEMP \\ \ln TGI \\ \ln VSED \end{bmatrix}_{t-1}$$

$$+ \begin{bmatrix} 1.212 & 0.121 & 0.261 \\ 2.629 & -0.185 & 0.234 \\ 3.443 & -0.118 & -0.959 \end{bmatrix} \begin{bmatrix} \ln TEMP \\ \ln TGI \\ \ln VSED \end{bmatrix}_{t-2} \qquad (12-23)$$

运用脉冲响应函数分析第三产业就业动态变化特征:(1)中等职业教育事业性经费冲击下,第三产业就业响应值有滞后 1 年为负值,峰值

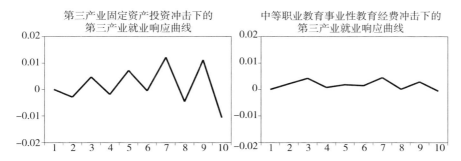

图 12-23　中等职业教育事业性经费对第三产业就业的脉冲响应曲线

0.004483,总体上滞后性第三产业就业促进效应显著;(2)第三产业固定资产投资冲击下,第三产业就业响应值有滞后 5 年为负值,峰值 0.013321,总体上滞后性第三产业就业促进效应显著。

　　运用方差分解方法分析中等职业教育事业性经费冲击对第三产业就业动态变化的贡献度。第三产业自身扰动是影响预测方差变化的主要解释因素,第三产业就业自身扰动贡献度为 85%。第三产业固定资产投资冲击贡献占比很小,贡献度为 12%。中等职业教育事业性经费贡献度最小,贡献度仅 3%。

(二)中等职业教育工资福利经费影响第三产业就业的动态效应

　　中等职业教育工资福利经费、第三产业固定资产投资、第三产业就业 VAR 模型估计:

$$
\begin{bmatrix} \ln TEMP \\ \ln TGI \\ \ln VWAGE \end{bmatrix}_t = \begin{bmatrix} 0.574 \\ -6.660 \\ 15.159 \end{bmatrix} + \begin{bmatrix} -0.238 & -0.092 & 0.294 \\ -4.115 & 0.952 & 1.09 \\ -4.483 & 0.054 & 0.526 \end{bmatrix} \begin{bmatrix} \ln TEMP \\ \ln TGI \\ \ln VWAGE \end{bmatrix}_{t-1}
$$

$$
+ \begin{bmatrix} 0.999 & -0.009 & 0.262 \\ 4.769 & -0.339 & -0.271 \\ 2.934 & 0.376 & -0.264 \end{bmatrix} \begin{bmatrix} \ln TEMP \\ \ln TGI \\ \ln VWAGE \end{bmatrix}_{t-2} \qquad (12-24)
$$

　　运用脉冲响应函数分析第三产业就业动态变化特点:(1)中等职业教育工资福利经费冲击下,第三产业就业响应曲线平缓,有滞后 4 年响应值为

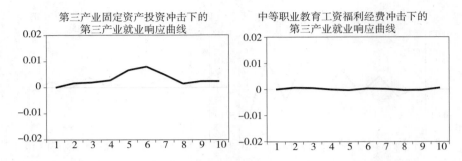

图12-24　中等职业教育工资福利经费对第三产业就业的脉冲响应曲线

负值,峰值0.00065,总体上滞后性第三产业就业呈现微小的促进效应;(2)第三产业固定资产冲击下,第三产业就业响应值滞后10年均为正值,峰值0.0093321,滞后性第三产业就业促进效应显著,高于中等职业教育工资福利经费冲击下的就业效应。

运用方差分解方法分析中等职业教育工资福利经费冲击对第三产业就业动态变化的贡献度。第三产业就业自身扰动是主要影响因素,贡献度85%。第三产业固定资产投资冲击小部分影响因素,贡献度14%。中学工资福利经费冲击的贡献度非常微小,滞后10年中均不足1%。

四、高校经费支出结构影响第三产业就业的动态效应

(一)高校事业性经费影响第三产业就业的动态分析

高等教育事业性经费、第三产业固定资产投资、第三产业就业 VAR 模型估计结果如下:

$$
\begin{bmatrix} \ln TEMP \\ \ln TGI \\ \ln HSED \end{bmatrix}_t = \begin{bmatrix} 8.838 \\ 2.215 \\ -23.608 \end{bmatrix} + \begin{bmatrix} -0.235 & -0.521 & 0.080 \\ -1.596 & 0.182 & 0.551 \\ -2.168 & 2.138 & 0.005 \end{bmatrix} \begin{bmatrix} \ln TEMP \\ \ln TGI \\ \ln HSED \end{bmatrix}_{t-1}
$$

$$
+ \begin{bmatrix} 0.251 & 0.322 & 0.362 \\ 1.530 & -0.003 & 0.442 \\ 4.831 & -0.827 & -1.298 \end{bmatrix} \begin{bmatrix} \ln TEMP \\ \ln TGI \\ \ln HSED \end{bmatrix}_{t-2} \qquad (12-25)
$$

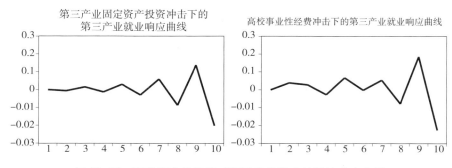

图 12-25　高校事业性经费对第三产业就业的脉冲响应曲线

运用脉冲响应函数分析第三产业就业动态变化特征:(1)高校事业性教育经费冲击下,第三产业就业响应有滞后 4 年为负值,峰值 0.018572,总体上滞后性第三产业就业促进效应显著;(2)第三产业固定资产投资冲击下,第三产业就业响应值有滞后 5 年为负值,峰值 0.16554,第三产业就业抑制效应与促进效应交替,二者基本相等,低于高校事业性经费冲击下的就业效应。

运用方差分解方法分析高校事业性经费冲击对第三产业就业动态变化的贡献度。在第三产业就业动态变化的贡献度方面,第三产业就业自身冲击贡献 75%,第三产业固定资产投资冲击贡献 24%,高校事业性教育经费扰动贡献度不足 1%。高校事业性经费冲击对第三产业就业滞后性动态变化的影响微乎其微,第三产业就业自身扰动是主要解释因素,第三产业固定资产投资产生少部分影响。

(二)高校基本建设经费影响第三产业就业的动态效应

高校基本建设经费、第三产业固定资产投资、第三产业就业 VAR 模型估计如下:

$$
\begin{bmatrix} \ln TEMP \\ \ln TGI \\ \ln HBED \end{bmatrix}_t = \begin{bmatrix} 7.573 \\ -31.014 \\ 35.583 \end{bmatrix} + \begin{bmatrix} -0.824 & 0.084 & 0.068 \\ 1.889 & 1.162 & 0.002 \\ 2.116 & -1.504 & -0.187 \end{bmatrix} \begin{bmatrix} \ln TEMP \\ \ln TGI \\ \ln HBED \end{bmatrix}_{t-1}
$$

$$
+ \begin{bmatrix} 0.799 & 0.141 & 0.007 \\ 2.372 & -1.111 & -0.309 \\ -4.039 & 0.716 & -0.249 \end{bmatrix} \begin{bmatrix} \ln TEMP \\ \ln TGI \\ \ln HBED \end{bmatrix}_{t-2} \qquad (12-26)
$$

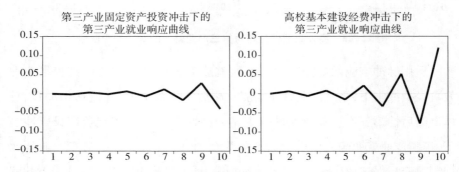

图 12-26　高校基本建设经费对第三产业就业的脉冲响应曲线

运用脉冲响应函数分析第三产业就业动态变化特征:(1)高校基本建设经费冲击下,第三产业就业响应有滞后4年为负值,波谷值-0.078033,峰值0.120228,响应曲线波浪式延伸,滞后性就业促进效应与抑制效应交替出现,二者基本相当;(2)第三产业固定资产投资冲击下,第三产业就业响应有滞后5年为负值,峰值0.03122,滞后性第三产业就业促进效应与抑制效应交替出现,二者效应基本相等。固定资产投资冲击下第三产业就业动态响应曲线特征与高校基本建设经费冲击下的非常类似。

运用方差分解方法分析高校基本建设经费冲击对第三产业就业动态变化的贡献度。第三产业就业滞后性动态变化基本来自第三产业就业自身扰动,贡献度96%。第三产业固定资产投资冲击贡献度不足1%,高等教育基本建设经费冲击贡献度3%,对第三产业就业滞后性动态变化的贡献度都很微小。

（三）高校工资福利经费影响第三产业就业的动态效应

高校工资福利经费、第三产业固定资产投资、第三产业就业 VAR 模型估计如下：

$$
\begin{bmatrix} \ln TEMP \\ \ln TGI \\ \ln HWAGE \end{bmatrix}_t = \begin{bmatrix} 10.787 \\ -29.292 \\ 3.515 \end{bmatrix} + \begin{bmatrix} -1.377 & 0.120 & 0.212 \\ -0.087 & 0.851 & -0.249 \\ -1.850 & -0.569 & 0.473 \end{bmatrix} \begin{bmatrix} \ln TEMP \\ \ln TGI \\ \ln HWAGE \end{bmatrix}_{t-1}
$$

$$
+ \begin{bmatrix} 1.017 & 0.052 & -0.037 \\ 4.024 & -0.348 & -0.498 \\ 1.951 & 0.882 & -0.654 \end{bmatrix} \begin{bmatrix} \ln TEMP \\ \ln TGI \\ \ln HWAGE \end{bmatrix}_{t-2} \qquad (12-27)
$$

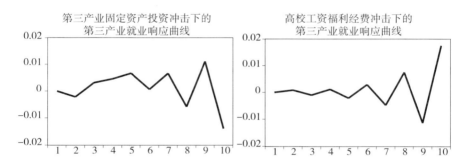

图 12-27 高校工资福利经费对第三产业就业的脉冲响应曲线

运用脉冲响应函数分析第三产业就业动态变化特征：(1)高校工资福利经费冲击下,第三产业就业响应有滞后 4 年为负值,峰值 0.175563,第三产业就业促进效应与抑制效应交替出现,二者大致相当;(2)第三产业固定资产投资冲击下,第三产业就业响应有滞后 3 年为负值,峰值 0.01223,总体上滞后性第三产业就业促进效应显著,高于高校工资福利经费冲击下的就业效应。

运用方差分解方法分析高校工资福利经费冲击对第三产业就业动态变化的贡献度。第三产业就业动态变化的贡献度大部分来自第三产业就业自身扰动,贡献度85%。高等教育工资福利经费冲击贡献少部分影响,贡献度 14%。第三产业固定资产投资的贡献度极其微弱,贡献度不足 1%。

(四)高校助学金支出影响第三产业就业的动态效应

高校助学金、第三产业固定资产投资、第三产业就业 VAR 模型的估计
结果如下:

$$
\begin{bmatrix} \ln TEMP \\ \ln TGI \\ \ln HSUB \end{bmatrix}_t = \begin{bmatrix} 3.696 \\ -9.737 \\ 52.955 \end{bmatrix} + \begin{bmatrix} -0.215 & -0.179 & 0.046 \\ -1.237 & 0.736 & 0.233 \\ -7.092 & 6.477 & -0.913 \end{bmatrix} \begin{bmatrix} \ln TEMP \\ \ln TGI \\ \ln HSUB \end{bmatrix}_{t-1}
$$

$$
+ \begin{bmatrix} 0.880 & 0.106 & 0.073 \\ 2.645 & -0.222 & -0.028 \\ -2.325 & -0.965 & -1.8905 \end{bmatrix} \begin{bmatrix} \ln TEMP \\ \ln TGI \\ \ln HSUB \end{bmatrix}_{t-2} \qquad (12-28)
$$

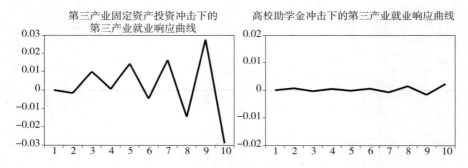

图 12-28　高校助学金对第三产业就业的脉冲响应曲线

运用脉冲响应函数分析第三产业就业动态变化特征:(1)高校助学金
冲击下,第三产业就业响应峰值 0.002216,低于高等教育事业性经费冲击
下的第三产业就业响应峰值 0.018572,第三产业动态响应曲线波动幅度平
滑,有滞后 4 年响应值为负值,第三产业就业促进效应与抑制效应基本相
当;(2)第三产业固定资产投资冲击下,第三产业就业响应峰值 0.0298113,
峰值与波谷值波动幅度较大,有滞后 4 年响应值为负值,第三产业就业抑制
效应与促进效应交替出现,就业促进效应高于抑制效应。

运用方差分解方法分析高校助学金冲击对第三产业就业动态变化
的贡献度。第三产业就业自身扰动为解释第三产业就业动态变化的主
要因素,贡献度 96%。第三产业固定资产投资冲击的贡献度为 4%,高

校助学金冲击的贡献度不足1%,对第三产业就业动态变化的影响都非常微小。

本章小结

表 12-1　教育经费及固定资产投资影响第二产业、第三产业就业的动态效应

	教育经费指标	教育经费冲击下的第二产业就业滞后性动态效应	教育经费冲击下的第三产业就业滞后性动态效应	第三产业固定资产投资冲击下的第三产业就业滞后性动态效应
教育经费总量	教育总经费	就业响应值负值年份数:5年 滞后性就业效应:微弱抑制效应 响应峰值:0.000449 贡献度:0.5%	就业响应值负值年份数:4年 滞后性就业效应:促进效应 响应峰值:0.002219 贡献度:4%	就业响应值负值年份数:0年 滞后性就业效应:促进效应 响应峰值:0.0100002 贡献度:31%
不同来源教育经费	财政性教育经费	就业响应值负值年份数:4年 滞后性就业总效应:抑制效应略高 响应峰值:0.002084 贡献度:5%	就业响应值负值年份数:1年 滞后性就业效应:促进效应 响应峰值:0.002755 贡献度:3%	就业响应值负值年份数:3年 滞后性就业总效应:促进效应 响应峰值:0.0082213 贡献度:23%
	学杂费	就业响应值负值年份数:5年 滞后性就业总效应:抑制与促进效应基本相当 响应峰值:0.001864 贡献度:2%	就业响应值负值年份数:3年 滞后性就业效应:抑制与促进效应基本相当 响应峰值:0.001667 贡献度:1%	就业响应值负值年份数:3年 滞后性就业总效应:促进效应 响应峰值:0.01334 贡献度:5%
	高校学杂费	就业响应值负值年份数:0年 滞后性就业总效应:促进效应 响应峰值:0.013370 贡献度:13%	就业响应值负值年份数:10年 滞后性就业效应:抑制效应 贡献度:55%	就业响应值负值年份数:0年 滞后性就业总效应:促进效应 响应峰值:1.1345537 贡献度:14%

续表

教育经费指标		教育经费冲击下的第二产业就业滞后性动态效应	教育经费冲击下的第三产业就业滞后性动态效应	第三产业固定资产投资冲击下的第三产业就业滞后性动态效应
各级各类教育经费	基础教育经费	就业响应值负值年份数:6年 滞后性就业总效应:抑制效应 响应峰值0.002134 贡献度:24%	就业响应值负值年份数:4年 滞后性就业效应:促进效应 响应峰值:0.00286 贡献度:5%	就业响应值负值年份数:0年 滞后性就业总效应:促进效应 响应峰值:0.019334 贡献度:44%
	中等职业教育经费	就业响应值负值年份数:4年 滞后性就业总效应:抑制与促进效应大致相当 响应峰值:0.007016 贡献度:44%	就业响应值负值年份数:1年 滞后性就业效应:促进效应 响应峰值:0.004711 贡献度:5%	就业响应值负值年份数:3年 滞后性就业总效应:促进效应 响应峰值:0.0100822 贡献度:16%
	高等教育经费	就业响应值负值年份数:5年 滞后性就业总效应:抑制与促进效应大致相当 响应峰值:0.003316 贡献度:8%	就业响应值负值年份数:4年 滞后性就业效应:促进效应略高 响应峰值:0.00935 贡献度:2%	就业响应值负值年份数:4年 滞后性就业总效应:促进效应 响应峰值:0.0253367 贡献度:17%
各级各类生均教育经费支出	小学生均教育经费支出	就业响应值负值年份数:5年 滞后性就业总效应:抑制效应略高 响应峰值:0.003792 贡献度:14%	就业响应值负值年份数:4年 滞后性就业效应:促进效应略高 响应峰值:0.003865 贡献度:11%	就业响应值负值年份数:0年 滞后性就业总效应:促进效应 响应峰值:0.0112334 贡献度:33%
	农村小学生均教育经费支出	就业响应值负值年份数:5年 滞后性就业总效应:抑制略高 响应峰值:0.003104 贡献度:12%	就业响应值负值年份数:3年 滞后性就业效应:促进效应 响应峰值:0.003424 贡献度:5%	就业响应值负值年份数:0年 滞后性就业总效应:促进效应 响应峰值:0.016623 贡献度:35%
	中学生均教育经费支出	就业响应值负值年份数:4年 滞后性就业总效应:抑制效应 响应峰值0.001945 贡献度:16%	就业响应值负值年份数:0年 滞后性就业效应:促进效应 响应峰值:0.002873 贡献度:2%	就业响应值负值年份数:0年 滞后性就业总效应:促进效应 响应峰值:0.0113224 贡献度:32%

续表

	教育经费指标	教育经费冲击下的第二产业就业滞后性动态效应	教育经费冲击下的第三产业就业滞后性动态效应	第三产业固定资产投资冲击下的第三产业就业滞后性动态效应
各级各类生均教育经费支出	初中生均教育经费支出	就业响应值负值年份数:5 年 滞后性就业总效应:抑制与促进效应大致相当 响应峰值:0.000902 贡献度:1%	就业响应值负值年份数:4 年 滞后性就业效应:促进效应 响应峰值:0.003865 贡献度:7%	就业响应值负值年份数:0 年 滞后性就业总效应:促进效应 响应峰值:0.012543 贡献度:35%
	农村初中生均教育经费支出	就业响应值负值年份数:5 年 滞后性就业总效应:抑制与促进效应大致相当 响应峰值:0.002018 贡献度:4%	就业响应值负值年份数:2 年 滞后性就业效应:促进效应 响应峰值:0.00305 贡献度:2%	就业响应值负值年份数:0 年 滞后性就业总效应:促进效应 响应峰值:0.0876889 贡献度:29%
	中等职业教育生均教育经费支出	就业响应值负值年份数:5 年 滞后性就业总效应:抑制效应 响应峰值:0.001446 贡献度:9%	就业响应值负值年份数:4 年 滞后性就业效应:促进效应 响应峰值:0.000832 贡献度:不足 1%	就业响应值负值年份数:1 年 滞后性就业总效应:促进效应 响应峰值:0.010776 贡献度:12%
各级各类生均教育经费支出	高校生均教育经费支出	就业响应值负值年份数:6 年 滞后性就业总效应:抑制效应 响应峰值:0.00063 贡献度:2%	就业响应值负值年份数:1 年 滞后性就业效应:促进效应 响应峰值:0.000627 贡献度:1%	就业响应值负值年份数:0 年 滞后性就业总效应:促进效应 响应峰值:0.0127445 贡献度:41%
教育经费支出结构	事业性经费	就业响应值负值年份数:4 年 滞后性就业总效应:抑制与促进效应大致相当 响应峰值:0.003658 贡献度:20%	就业响应值负值年份数:1 年 滞后性就业效应:促进效应 响应峰值:0.003864 贡献度:5%	就业响应值负值年份数:4 年 滞后性就业总效应:促进效应 响应峰值:0.010842 贡献度:23%
	基本建设经费	就业响应值负值年份数:6 年 滞后性就业总效应:抑制效应 响应峰值:0.001765 贡献度:7%	就业响应值负值年份数:4 年 滞后性就业总效应:抑制与促进效应大致相当 响应峰值:0.010304 贡献度:1%	就业响应值负值年份数:5 年 滞后性就业总效应:抑制与促进效应大致相当 响应峰值:0.0142278 贡献度:2%

续表

	教育经费指标	教育经费冲击下的第二产业就业滞后性动态效应	教育经费冲击下的第三产业就业滞后性动态效应	第三产业固定资产投资冲击下的第三产业就业滞后性动态效应
教育经费支出结构	工资福利经费	就业响应值负值年份数:6年 滞后性就业总效应:抑制与促进效应相当微弱 响应峰值:4.41E-05 贡献度:1%	就业响应值负值年份数:2年 滞后性就业效应:促进效应 响应峰值:0.00568 贡献度:13%	就业响应值负值年份数:2年 滞后性就业总效应:促进效应 响应峰值:0.008522 贡献度:13%
	助学金	就业响应值负值年份数:4年 滞后性就业总效应:抑制与促进效应大致相当 响应峰值:0.009845 贡献度:49%	就业响应值负值年份数:5年 滞后性就业效应:抑制效应 响应峰值:0.002141 贡献度:1%	就业响应值负值年份数:41年 滞后性就业总效应:促进效应 响应峰值:0.0011136 贡献度:29%
各级各类教育机构经费支出结构	小学事业性经费	就业响应值负值年份数:4年 滞后性就业总效应:抑制与促进效应大致相当 响应峰值:0.004683 贡献度:20%	就业响应值负值年份数:0年 滞后性就业效应:促进效应 响应峰值:0.003959 贡献度:1%	就业响应值负值年份数:2年 滞后性就业总效应:促进效应 响应峰值:0.012243 贡献度:15%
	小学工资福利经费	就业响应值负值年份数:8年 滞后性就业总效应:抑制效应 响应峰值:0.00049 贡献度:1%	就业响应值负值年份数:4年 滞后性就业效应:促进效应与抑制效应基本相当 响应峰值:0.033056 贡献度:4%	就业响应值负值年份数:3年 滞后性就业总效应:促进效应 响应峰值:0.0067443 贡献度:2%
	中学事业性经费	就业响应值负值年份数:5年 滞后性就业总效应:抑制与促进效应大致相当 响应峰值:0.006882 贡献度:37%	就业响应值负值年份数:3年 滞后性就业效应:促进效应 响应峰值:0.004119 贡献度:2%	就业响应值负值年份数:5年 滞后性就业总效应:促进效应 响应峰值:0.015667 贡献度:18%
	中学工资福利经费	就业响应值负值年份数:8年 滞后性就业总效应:抑制效应 响应峰值:0.000233 贡献度:8%	就业响应值负值年份数:9年 滞后性就业效应:抑制效应 响应峰值:0.000233 贡献度:8%	就业响应值负值年份数:0年 滞后性就业总效应:促进效应 响应峰值:0.010056 贡献度:19%

续表

	教育经费指标	教育经费冲击下的第二产业就业滞后性动态效应	教育经费冲击下的第三产业就业滞后性动态效应	第三产业固定资产投资冲击下的第三产业就业滞后性动态效应
各级各类教育机构经费支出结构	中职事业性经费	就业响应值负值年份数:5年 滞后性就业总效应:抑制与促进效应大致相当 响应峰值:0.009738 贡献度:58%	就业响应值负值年份数:1年 滞后性就业效应:微小促进效应 响应峰值:0.004483 贡献度:3%	就业响应值负值年份数:5年 滞后性就业总效应:促进效应 响应峰值:0.013321 贡献度:12%
	中职工资福利经费	就业响应值负值年份数:4年 滞后性就业总效应:抑制效应略高 响应峰值:0.000768 贡献度:3%	就业响应值负值年份数:4年 滞后性就业效应:促进效应 响应峰值:0.00065 贡献度:1%	就业响应值负值年份数:0年 滞后性就业总效应:促进效应 响应峰值:0.0093321 贡献度:14%
各级各类教育机构经费支出结构	高校事业性经费	就业响应负值年份数:5年 滞后性就业总效应:抑制与促进效应大致相当 响应峰值:0.007046 贡献度:30%	就业响应负值年份数:4年 滞后性就业效应:促进效应 响应峰值:0.018572 贡献度:1%	就业响应负值年份数:5年 滞后性就业总效应:抑制与促进效应大致相当 响应峰值:0.16554 贡献度:24%
	高校基本建设经费	就业响应负值年份数:1年 滞后性就业总效应:微弱促进效应 响应峰值:0.001004 贡献度:1%	就业响应负值年份数:4年 滞后性就业效应:抑制与促进效应大致相当 响应峰值:0.120228 贡献度:3%	就业响应负值年份数:5年 滞后性就业总效应:抑制与促进效应大致相当 响应峰值:0.03122 贡献度:1%
	高校工资福利经费	就业响应负值年份数:8年 滞后性就业总效应:抑制效应 响应峰值:0.000282 贡献度:1%	就业响应负值年份数:4年 滞后性就业效应:促进效应与抑制效应大致相当 响应峰值:0.175563 贡献度:14%	就业响应负值年份数:3年 滞后性就业总效应:促进效应 响应峰值:0.01223 贡献度:1%
	高校助学金	就业响应负值年份数:4年 滞后性就业总效应:抑制与促进效应大致相当 响应峰值:0.007880 贡献度:27%	就业响应负值年份数:4年 滞后性就业效应:抑制与促进效应大致相当 响应峰值:0.002216 贡献度:1%	就业响应负值年份数:4年 滞后性就业总效应:促进效应 响应峰值:0.0298113 贡献度:4%

一、教育经费冲击下滞后性第二产业与第三产业就业动态变化特征比较

1. 教育总经费冲击下的滞后性第三产业就业效应高于第二产业就业效应

在滞后效应中,教育经费投入抑制第二产业就业,促进第三产业就业增长。教育总经费冲击下,第三产业就业响应值为负值的年份数为 4 年,少于第二产业就业响应值为负值年份数,第三产业就业响应峰值 0.002219,显著高于第二产业就业响应峰值 0.000449,总体上产生滞后性第三产业就业促进效应。在贡献度方面,教育总经费冲击对第二产业就业和第三产业就业预测方差变化的贡献度均很微弱,对第三产业就业动态变化的贡献度为 4%,对第二产业就业动态变化的贡献度仅 0.5%。

2. 教育经费不同来源冲击下的滞后性第二产业和第三产业就业响应效应存在差异

财政性教育经费冲击下,滞后性第三产业就业促进效应显著,而第二产业就业呈现微小抑制效应。财政性教育经费冲击下,第三产业就业响应值为负值的年份数是 1 年,少于第二产业就业响应为负值的年份数 4 年,第三产业就业响应峰值 0.002755,略高于第二产业就业响应峰值 0.002084,总体上滞后性第三产业就业效应高于第二产业就业效应。

学杂费冲击下,第二产业和第三产业滞后性就业效应基本相同,均呈现滞后性就业促进效应与抑制效应均基本相当的特征。第二产业与第三产业就业响应峰值分别为 0.001864 和 0.001667,峰值相差不大。第二产业就业响应值为负值年份数是 5 年,第三产业就业响应值为负值年份数是 3 年,产生就业抑制效应的年份数差异无几。

高校学杂费冲击下,滞后性第二产业就业促进效应更显著,而第三产业就业抑制效应更显著。高校学杂费冲击对第三产业就业预测方差变化的贡

献度高达 55%。

3. 各级各类教育经费支出影响下的滞后性第三产业就业效应大于第二产业就业效应

基础教育经费冲击下,总体上滞后性第三产业就业效应大于第二产业就业效应。第三产业就业响应值为负值年份数 4 年,少于第二产业就业响应负值的年份数,滞后性第三产业就业促进效应略高于抑制效应,而滞后性第二产业就业抑制效应更显著。第三产业就业响应峰值 0.00286,略高于第二产业就业响应峰值 0.002134。

中等职业教育经费冲击下,滞后性第三产业就业促进效应显著,而滞后性第二产业就业抑制效应与促进效应基本相当。第三产业就业响应值为负值年份仅 1 年,第二产业就业响应值为负值年份有 4 年。

高等教育经费冲击下,滞后性第三产业就业促进效应高于抑制效应,而第二产业就业抑制效应与促进效应基本相当。第三产业就业响应峰值 0.00935 高于第二产业就业响应峰值 0.003316。第二产业就业响应值为负值年份数为 5 年,比第三产业就业响应值为负值的年份数多 1 年。

4. 各级各类生均教育经费支出影响下的滞后性第三产业就业促进效应显著,而第二产业就业效应不明显

小学生均教育经费支出冲击下,滞后性第三产业就业促进效应显著,而滞后性第二产业就业抑制效应明显。第三产业就业响应值为负值的年份数是 4 年,少于第二产业就业响应值为负值的年份数。其中,农村小学生均教育经费支出冲击下,第三产业就业响应值为负值的年份数为 3 年,比第二产业就业响应值为负值的年份数少 2 年。

中学生均教育经费支出冲击下,滞后性第三产业就业促进效应非常显著,而滞后性第二产业就业抑制效应显著。滞后 10 年,第三产业就业响应值均为正值,峰值 0.002873 高于第二产业就业响应峰值 0.000902。其中,初中生均教育经费支出冲击下,有滞后 4 年第三产业就业响应值为负值,比第二产业就业响应值为负值的年份数少 1 年。

中等职业教育生均教育经费支出冲击下,滞后性第三产业就业响应曲

线非常平缓,滞后性第三产业就业促进效应略高,而滞后性第二产业就业抑制效应更显著。

高校生均教育经费支出冲击下,滞后性第三产业就业促进效应显著,而滞后性第二产业就业抑制效应明显。第三产业就业响应值为负值的年份数仅1年,少于第二产业就业响应值为负值的年份数。

5. 生均教育经费支出增长率越高,滞后性第三产业就业响应峰值越大

滞后性第三产业就业促进效应的大小,与我国2002—2013年各级各类生均教育经费支出增减变化幅度相吻合。2002—2013年,我国小学生均教育经费支出增长293%,高于中学生均教育经费支出的增长率226%,小学生均教育经费支出冲击下的第三产业就业响应峰值0.003865,高于中学生均教育经费支出冲击下的第三产业就业响应峰值0.002873。初中生均教育经费支出增长303%,高于中学生均教育经费支出的增长率226%,初中阶段生均教育经费支出冲击下第三产业就业响应峰值0.003865,高于中学生均教育经费支出冲击下的第三产业就业响应峰值0.002873。中等职业教育生均教育经费支出增长71%,低于普通中学生均教育经费支出226%的增长率,中等职业教育生均教育经费支出冲击下的第三产业就业响应峰值0.000832,显著低于普通中学生均教育经费支出冲击下的第三产业就业响应峰值0.002873。从理论上讲,高校生均教育经费支出冲击下的就业响应峰值应该高于基础教育生均教育经费支出冲击下的第三产业就业响应峰值,但由于2002—2013年我国高校生均教育经费支出可比价格计算减少7%,高校生均教育经费支出冲击下的第三产业就业响应峰值仅0.000627,显著低于基础教育阶段生均教育经费支出冲击下的第三产业就业响应峰值。

我国农村基础教育生均教育经费支出与全国平均水平仍有差距,产生的第三产业就业响应峰值低于全国生均教育经费支出冲击下的第三产业就业响应峰值。农村小学生均教育经费支出冲击下的第三产业就业响应峰值0.003424,略低于全国小学生均教育经费支出冲击下的第三产业就业响应峰值0.003865;农村初中生均教育经费支出冲击下的第三产业就业响应峰

值 0.00305,略低于全国初中生均经费冲击下的第三产业就业响应峰值 0.003865。

6.教育经费支出结构方面,不同用途产生的滞后性第三产业就业效应均高于第二产业就业效应

事业性教育经费冲击下,滞后性第三产业就业促进效应显著,而第二产业就业抑制与就业促进效应基本相等;第二产业就业响应值负值有 4 年,而第三产业就业响应值为负值仅 1 年;第二产业就业响应峰值 0.003658,略低于第三产业就业响应峰值 0.003864。

基本建设经费冲击下,滞后性第二产业就业抑制效应显著,第三产业就业抑制效应与促进效应基本相等;第二产业就业和第三产业就业响应值为负值年份数分别是 6 年和 4 年;第二产业就业响应峰值 0.001765,小于第三产业就业响应峰值 0.010304。

工资福利经费冲击下,第三产业就业促进效应显著,而第二产业就业抑制效应与促进效应基本相等。第二产业和第三产业就业响应值为负值年份数分别是 6 年和 2 年,第二产业就业响应峰值 4.41E-05,小于第三产业就业响应峰值 0.00568。

助学金冲击下,第二产业就业抑制效应与促进效应基本相等,而第三产业就业抑制效应显著。第二产业和第三产业就业响应值为负值年份数分别是 4 年和 5 年,第二产业就业响应峰值 0.009845,高于第三产业就业响应峰值 0.002141。

7.各级各类教育事业性经费影响下,第三产业就业响应峰值逐级升高,滞后性第三产业就业效应高于第二产业就业效应,但对第二产业就业动态变化的贡献度高于对第三产业就业的影响

各级各类教育事业性经费影响下,第三产业就业响应峰值逐级升高。小学、普通中学、中等职业教育、高等教育事业性经费冲击下,第三产业就业响应峰值依次为 0.003959、0.004119、0.004483、0.018572。

值得注意的是,第三产业就业响应值负值年份数最多的是在高等教育事业性经费冲击下产生的,而小学事业性经费冲击下的第三产业就业响应

值均为正值。小学、普通中学、中等职业教育、高等教育事业性经费冲击下，第三产业就业响应值为负值的年份数分别为 0 年、3 年、1 年和 4 年。

小学、普通中学、中等职业教育、高等教育事业性经费冲击下，对第二产业就业动态变化的贡献度明显高于对第三产业就业动态变化的贡献度，前者依次为 20%、37%、58%和 30%，后者依次为 1%、2%、3%、1%。

8.高校教育经费不同用途影响下，第二产业和第三产业就业动态效应有差异

高校事业性经费冲击下，第三产业就业促进效应显著，而第二产业就业抑制效应与促进效应相等。第三产业就业促进效应高于第二产业就业效应。第二产业和第三产业就业响应值为负值年份数分别是 5 年和 4 年，第三产业就业响应峰值 0.018572 高于第二产业就业响应峰值 0.007046。

但是，高校基本建设经费冲击下的第二产业就业效应，大于第三产业就业效应。第二产业和第三产业就业响应值为负值年份数分别是 1 年和 4 年，总体上产生微弱的第二产业就业促进效应，而第三产业就业抑制效应与促进效应基本相当。

高校工资福利经费冲击下，总体上滞后性第二产业就业抑制效应显著，第三产业就业抑制效应与促进效应相等。第二产业和第三产业就业响应值为负值年份数分别是 8 年和 4 年。

高校助学金冲击下，滞后性第二产业和第三产业就业效应基本相同。第二产业和第三产业就业响应值为负值年份数都是 4 年，滞后性第二产业和第三产业就业抑制效应与促进效应基本相等。

二、教育经费与第三产业固定资产投资扰动下第三产业就业动态特征

1.第三产业固定资产投资冲击下的第三产业就业促进效应显著，高于教育总经费冲击下的效应

运用自回归模型、脉冲响应函数及方差分解法发现，第三产业固定资产

投资冲击下的第三产业就业响应峰值 0.0100002,是教育总经费冲击下响应峰值 0.002219 的 4 倍。第三产业固定资产投资冲击,对第三产业就业动态变化的贡献度为 31%,而教育总经费冲击的贡献度仅 4%,其对第三产业就业动态变化的影响高于教育总经费冲击。

2. 教育经费不同来源冲击下的第三产业就业效应,低于第三产业固定资产投资冲击下的就业效应

第三产业固定资产投资和财政性教育经费冲击下,第三产业就业响应峰值分别为 0.0082213 和 0.002755,前者显著高于后者。第三产业固定资产投资和学杂费冲击下,第三产业就业响应峰值为 0.01334 和 0.001667,前者是后者的 9 倍。其中,高校学杂费冲击下的第三产业就业响应值均为负值,而固定资产投资冲击下响应峰值高达 1.1345537。

3. 各级各类教育经费支出冲击下的第三产业就业效应,低于第三产业固定资产投资冲击下的就业效应

基础教育经费冲击下,有滞后 4 年的第三产业就业响应值为负值,而第三产业固定资产投资冲击下,滞后期第三产业就业响应值为正值,峰值 0.019334 高于基础教育经费冲击下峰值 0.00286。第三产业固定资产投资冲击下,第三产业就业响应峰值 0.0100822,高于中等职业教育经费冲击下的峰值 0.004711。第三产业固定资产投资冲击下的第三产业就业响应峰值 0.0253367,高于高等教育经费冲击下的峰值 0.00935。

4. 第三产业固定资产投资冲击下的滞后性第三产业就业效应,显著高于各级各类生均教育经费支出冲击下的就业效应

小学生均教育经费支出冲击下,有滞后 4 年的第三产业就业响应值为负值,第三产业固定资产投资冲击下第三产业就业响应值均为正值,峰值 0.0112334 显著高于小学生均教育经费支出冲击下的峰值 0.003865。中学生均教育经费支出冲击下,第三产业就业响应峰值 0.002873,低于第三产业固定资产投资冲击下峰值 0.0113224。中等职业教育生均教育经费支出冲击下,第三产业就业响应峰值 0.000832,低于第三产业固定资产投资冲

击下峰值0.010776。高校生均教育经费支出冲击下,第三产业就业响应峰值0.000627,显著低于固定资产投资冲击下峰值0.0127445。

5.固定资产投资冲击下的第三产业就业效应,略高于事业性教育经费冲击下第三产业就业效应

第三产业固定资产投资冲击下,第三产业就业响应峰值0.010842,高于事业性经费冲击下的第三产业就业响应峰值0.003864。

值得一提的是,并非所有教育层次事业性经费支出影响下的第三产业就业效应,均小于第三产业固定资产冲击下的就业效应。高校事业性经费冲击下的第三产业就业效应,高于第三产业固定资产投资冲击下的效应。高校事业性经费冲击下,有滞后4年的第三产业就业响应为负值,第三产业就业促进效应略高于抑制效应。然而,固定资产投资冲击下,第三产业就业响应值为负值有5年,第三产业就业促进效应与抑制效应相等。

第十三章 结 论

本书从时间维度和国别对比的两个维度,分析 2002—2013 年我国教育经费特点。一是教育总经费增长率高于同期国内生产总值(GDP)增速,教育经费的 GDP 占比略高于 OECD 国家平均水平,基础教育阶段经费增长幅度最高;二是国家财政性经费是高等教育经费的最主要来源,事业收入是第二重要的收入渠道,学费和杂费占据其中相当大比例,高校学杂费迅猛增长;三是我国基础教育生均教育经费支出增速高于 OECD 国家平均水平,农村基础教育生均教育经费与全国平均水平差距不断缩小,中等职业教育生均教育经费支出水平不断上升,高等教育生均教育经费支出却呈现负增长;四是我国事业性教育经费占比增长迅速,基本建设教育经费占比呈现下降趋势,小学事业性经费增长幅度最高,高等教育事业性经费增长比例相对最低;五是我国工资福利经费在事业性教育经费中的占比均低于 OECD 国家平均水平。

本书证实了我国教育投资对我国就业形成了复杂的、多样的影响。总体上看,体现教育质量的指标增长越高,对就业的积极影响作用越大,人力资本投资的质量问题是决定就业长期增长的根本性因素。

一、几点重要结论

第一,教育经费与就业之间的关系是复杂的。总体上看,教育经费投入影响下,短时期内产生就业抑制效应,长时期产生就业促进效应,滞后 10 年中的就业促进效应显著,对我国就业结构优化调整起到了积极作用,与第二产业就业弹性大于第三产业就业,但对滞后性第三产业就业促进效应大于对第二产业就业效应。

第二,教育经费支出层次中,伴随教育层次提高,就业弹性逐步增长。各级各类教育经费投资影响下,就业弹性的大小依次是:高等教育>中等职业教育>基础教育,证实教育经费投入层次越高,人力资本效应越大,就业促进作用越大。基础教育的滞后性就业效应最显著,这是由于我国2002—2013年基础教育经费在各级各类教育经费中增幅最高,教育质量的提升产生了高于其他教育层次经费投入影响下的就业滞后效应。

第三,教育经费不同来源中,财政性教育经费与就业的弹性小于学杂费与就业的弹性,但滞后性就业效应却高于学杂费的影响,这是由于基础教育阶段财政性经费占比相对较高,而基础教育阶段的滞后性就业效应最显著。

第四,生均教育经费支出影响下,基础教育及中等职业教育的长期就业促进效应显著,农村基础教育阶段生均教育经费支出的就业促进效应略低于全国生均教育经费支出的影响,高校生均教育经费支出影响下却产生就业抑制效应。2002—2013年,我国高校生均教育经费支出实际上下降,而其他各级各类生均教育经费支出不同程度增长,这再次证实了教育投资的就业效应源于教育质量的提升。

第五,教育经费支出结构中,就业效应从大到小依次是:工资福利经费>事业性经费>基本建设经费。事业性经费,尤以工资福利经费支出的就业促进效应显著,而基本建设经费的就业抑制效应显著。

第六,在各级各类教育事业性经费与短期就业弹性方面,基础教育和中等职业教育事业性经费的短期就业弹性为负值,高等教育事业性经费与就业没有短期弹性。基础教育及中等职业教育事业性经费增长在短时期内发挥劳动力蓄水池功能,而我国高等教育质量相对下降,高校对适龄青年劳动力吸引力减弱。从长期效应看,普通中学事业性经费的就业促进效应高于高校事业性经费的就业促进效应,从另一方面反映了高等教育事业性经费增长相对不足。高校教育经费支出结构中,工资福利经费就业弹性最大,而基本建设经费的抑制就业效应显著。

第七,固定资产投资影响下的滞后性就业效应高于教育经费投入影响下的滞后性就业效应。但教育经费支出中最能体现人力资本投入质量的指标,如工资福利经费、小学事业性经费、高校学杂费、高校事业性经费支出,其影响下的滞后性就业促进效应高于固定资产投资影响下的就业效应。

二、教育总经费的就业效应

(一)短期效应

理论研究认为,教育投资在短时期内产生就业替代效应,减少就业。本书发现教育总经费增长 1%,下一年非农就业减少 0.124%,证实了教育投资短时期内的就业替代效应。本书发现,教育总经费对非农就业产生显著的抑制效应。教育总经费与全国就业没有显著的短期负向弹性的原因是,我国现行就业统计方法将农村劳动年龄人口均视为就业,由于我国农业隐性失业现象比较严重,这种统计方法扩大了就业数,稀释了教育经费对就业的弹性。

(二)长期效应

教育经费投入推动全国就业增长,第二产业就业弹性高于对第三产业就业弹性。教育总经费增加 1%,全国就业增加 0.041%,非农就业增长 0.315%。其中,第二产业就业增长 0.373%,第三产业就业增长 0.270%,教育经费投入对第二产业就业的拉动效应高于对第三产业就业的效应。

(三)滞后性效应

教育总经费影响下,滞后 10 年中对全国就业产生微弱的促进效应,对非农就业滞后性促进效应比较明显,滞后性第三产业就业效应高于对第二产业就业效应。教育总经费冲击下,第三产业就业响应值为负值年份数是

4年,比第二产业就业响应值为负值年份数少1年,第三产业就业响应峰值0.002219,显著高于第二产业就业响应峰值0.000449。

三、不同来源教育经费的就业效应

(一)短期效应

财政性教育经费对非农就业产生短期就业抑制效应。财政性教育经费增长1%,非农就业减少0.010%。基础教育的财政性教育经费占比持续增长,我国基础教育质量获得显著提高,吸引更多学生为获取未来更高收益延迟就业,接受基础教育,减少劳动供给。

学杂费与非农就业均没有显著短期弹性,与第二产业就业存在短期弹性。学杂费增长1%,第二产业就业当年增长0.174%,下一年增长0.197%;其中,高校学杂费增长1%,第二产业就业增长0.144%。

(二)长期效应

学杂费的长期就业弹性高于财政性教育经费的长期就业弹性。学杂费及财政性教育经费增长1%,全国就业分别增长0.058%和0.032%,非农就业分别增长0.441%和0.243%,第二产业就业分别增长0.526%和0.289%,第三产业就业增长0.374%和0.209%。在基础教育阶段,财政性教育经费占比高于高等教育阶段,高等教育阶段学杂费占比高于基础教育阶段。就业效应伴随教育层次提高而增长,高等教育阶段的教育投资就业效应高于基础教育阶段,财政性教育经费占主导的基础教育阶段教育经费投入的长期就业弹性低于学杂费的长期就业弹性。高校学杂费的长期就业弹性高于财政性教育经费的长期就业弹性。高校学杂费、财政性教育经费增长1%,全国就业分别增长0.044%和0.032%,非农就业分别增长0.342%和0.243%,第二产业就业分别增长0.413%和0.289%,第三产业就业分别增长0.287%和0.209%。

（三）动态效应

第一,财政性教育经费冲击产生滞后性全国就业促进效应,而学杂费冲击产生滞后性就业抑制效应。财政性教育经费冲击下,滞后 10 年的全国就业响应值均为正值;学杂费冲击下,滞后 10 年中有 6 年全国就业响应值为负值;其中,高校学杂费冲击下,全国就业响应值为负值的年份数达 9 年。

第二,财政性教育经费冲击产生滞后性非农就业促进效应,而高校学杂费形成的滞后性就业抑制效应显著。2002—2013 年,我国基础教育质量提升推动就业增长,基础教育经费投入中占比更高的财政性教育经费产生的滞后性就业效应高于学杂费。

第三,财政性教育经费影响下的滞后性第三产业就业促进效应显著,而学杂费影响下没有显著的滞后性第三产业就业促进效应,高校学杂费影响下形成滞后性第三产业就业抑制效应。这可能是由于家庭为未来支付高校学费而减少当期服务性消费,进而抑制了服务业需求。

四、各级各类教育经费的就业效应

（一）短期弹性

第一,基础教育经费对全国就业产生抑制效应,中等职业教育及高等教育经费与全国就业没有显著短期弹性。基础教育经费增长 1%,下一年全国就业减少 0.009%。2002—2013 年,我国基础教育阶段经费显著增长,提供了更多的受教育机会,教育质量的提高成为家庭为增加未来收入延迟就业的动机,使学校起到了劳动力蓄水池的功能。

第二,基础教育和中等职业教育经费与非农就业的短期弹性为负值,而高等教育经费与非农就业短期弹性不显著。基础教育和中等职业教育经费增长 1%,下一年非农就业分别下降 0.115% 和 0.090%。基础教育和中等职业教育经费实际增长水平高于高等教育阶段,吸引更多学生进入学校而不是劳动力市场。高等教育经费与非农就业没有显著的短期弹性,意味着

2002—2013 年我国高等教育投入水平没有对适龄劳动力释放出刺激人力资本投资增加未来收入，激励短期内选择高等教育放弃就业的信号。

（二）长期效应

第一，各级各类教育经费与全国就业的长期弹性伴随教育层次的提高而增长。基础教育、中等职业教育和高等教育的经费增长 1%，全国就业分别增长 0.043%、0.044%、0.046%。各级各类教育经费与非农就业的长期弹性，显著高于与全国就业的长期弹性。基础教育、中等职业教育、高等教育的经费增长 1%，非农就业则分别增长 0.328%、0.340%、0.353%。

第二，各级各类教育对第二产业就业的长期弹性，高于对第三产业就业的长期弹性。基础教育、中等职业教育、高等教育的经费各增长 1%，第二产业就业分别增长 0.386%、0.404%、0.419%，第三产业就业分别增长 0.282%、0.290%、0.300%。

（三）动态效应

第一，基础教育经费影响下的滞后性就业效应最显著，高等教育经费最弱，中等职业教育经费影响下的就业效应介于两者之间。滞后 10 年中，基础教育经费和中等职业教育经费影响下形成就业促进效应，而高等教育经费影响下的全国就业响应值有滞后 3 年为负值。基础教育经费冲击下的就业响应峰值 0.002317 最高，高等教育经费冲击下的就业响应峰值 0.000251 最低。

第二，各级各类教育经费影响下，滞后性第二产业就业效应不容乐观，或产生滞后性第二产业就业抑制效应，或滞后性就业抑制与促进效应基本相当，但对第三产业形成滞后性就业促进效应。

五、生均教育经费支出的就业效应

（一）短期弹性

第一，短时期内，基础教育阶段生均教育经费支出对全国就业产生抑制效应,而中等职业教育及高校生均教育经费支出对全国就业没有显著弹性。小学生均教育经费支出增长 1%,次年全国就业减少 0.011%;中学生均教育经费支出增长 1%,次年全国就业减少 0.008%。基础教育阶段生均教育经费支出的短期就业替代效应源于基础教育阶段生均教育经费支出的迅速增长。2002—2013 年,我国小学生均教育经费支出增长 2.92 倍,中学生均教育经费支出增长 2.25 倍,其中初中生均教育经费支出增长 3.03 倍,而中等职业教育生均教育经费支出仅增长 0.9 倍,高校生均教育经费支出下降了 7.1%。基础教育阶段生均教育经费支出的增长意味着个体受教育质量的提高。个体基于理性考虑,抑制短期就业动机,增加人力资本投入,产生短期就业抑制效应。

第二,农村基础教育生均教育经费支出产生的短期就业抑制效应,略低于全国基础教育生均教育经费支出。全国小学生均教育经费支出、农村小学生均教育经费支出增长 1%,次年全国就业分别减少 0.011% 和 0.009%,次年非农就业分别下降 0.114% 和 0.092%。全国初中生均教育经费支出、农村初中生均教育经费支出增长 1%,次年全国就业分别减少 0.08% 和 0.006%,次年非农就业分别下降 0.755% 和 0.066%。

(二)长期弹性

第一,基础教育及中等职业教育生均教育经费支出对就业弹性为正值,并且长期弹性伴随教育层次上升而逐级增长,但高校生均教育经费支出对全国就业弹性为负值。小学、中学、中等职业教育生均教育经费支出增长 1%,全国就业增长分别为 0.032%、0.037%、0.080%。相比相同教育层次的普通中学,中等职业教育的生产性特征更显著,与社会生产结合更紧密,中等职业教育生均教育经费支出对就业的弹性高于普通中学。理论上讲,高校生均教育经费支出应该比基础教育阶段生均教育经费支出对就业的弹性更高,但高校生均教育经费支出增长 1%,全国就业下降 0.028%,这与高校生均教育经费支出下降了 7% 有关系。

第二,基础教育及中等职业教育生均教育经费支出对非农就业的弹性为正值,与第三产业就业弹性高于与第二产业就业弹性,但高校生均教育经费支出与全国就业长期弹性不显著。小学、中学、中等职业教育生均教育经费支出增长 1%,非农就业分别增长 0.244%、0.288%、0.616%;其中,第二产业就业分别增长 0.288%、0.337%、0.723%,第三产业就业分别增长 0.210%、0.248%、0.533%。

第三,农村义务教育阶段生均教育经费支出与就业的弹性低于全国平均水平。全国小学生均和初中生均教育经费支出增长 1%,全国就业分别增长 0.032% 和 0.030%,均高于农村小学和农村初中生均教育经费支出对就业的弹性 0.04 个百分点。农村生均教育经费支出对第二产业及第三产业就业的弹性,也低于全国平均水平。2002—2013 年,我国农村基础教育阶段生均教育经费支出与全国平均水平的差距解释了对就业弹性的差距。

(三)动态效应

各级各类教育生均教育经费支出均产生滞后性就业促进效应,普通中学生均教育经费支出冲击下的就业效应最显著。但是,生均教育经费支出对不同产业就业的滞后性影响存在差异,各级各类生均教育经费支出影响下产生滞后性第二产业就业抑制效应,而对第三产业就业产生促进效应。

六、教育经费结构性支出的就业效应

(一)短期弹性

事业性经费与就业短期弹性为负值,而基本建设经费与全国就业短期弹性不显著。事业性经费增长 1%,下一年全国就业减少 0.007%。工资福利经费与全国就业的短期弹性比较复杂:工资福利经费增长 1%,当年全国就业增长 0.013%,下一年全国就业则减少 0.007%。

(二)长期效应

第一,事业性经费与就业的弹性为正值,而基本建设经费对就业的弹性为负值。事业性经费增长 1%,全国就业增长 0.035%,非农就业增长 0.269%,第二产业就业增长 0.320%,第三产业就业增长 0.230%。基本建设经费增长 1%,全国就业则下降 0.056%,非农就业减少 0.443%,第二产业就业减少 0.555%,第三产业就业降低 0.356%。相比基本建设经费的就业抑制效应,事业性经费是实现人力资本投资推动就业的核心资本。从某种程度上看,基本建设的经费支出与固定资产投资类似,由于教育行业的就业乘数效应不高,固定资产投资过度则产生挤占效应。

第二,工资福利经费与就业的弹性非常显著。教职工的工资福利经费增长 1%,全国就业增长 0.058%,非农就业增长 0.450%,第二产业就业增长 0.529%,第三产业就业增长 0.389%。2002—2013 年,我国教师工资水平逐步增长,尤其基础教育阶段教师工资水平稳步提升,吸引了更高素质的人才进入教育领域,为教育质量提升提供了师资保障。

第三,助学金对就业的弹性为正值。助学金支出增长 1%,全国就业增长 0.018%,非农就业增长 0.142%,表示助学金支出在保障与促进教育公平目标的同时,实现了促进就业增长目标的实现。

(三)动态效应

第一,事业性经费影响下的滞后性动态就业促进效应高于基本建设经费。在对全国就业的滞后性影响方面,事业性经费影响下,全国就业响应值均为正值,而基本建设经费冲击下,有滞后 7 年的全国就业响应值为负值,总体上产生全国就业抑制效应。在对非农就业的滞后性影响方面,事业性经费冲击下的非农就业响应值负值的年份仅 1 年,少于基本建设教育经费冲击下的负值年份数。

第二,事业性经费和基本建设经费影响下,对非农就业的滞后性促进效应高于对全国就业的效应。事业性经费冲击下,非农就业响应峰值 0.00166,高于全国就业响应峰值 0.000111;基本建设经费冲击下,非农就业响应峰值 0.002075,高于全国就业响应峰值 4.63E-06。

第三,工资福利经费影响下的滞后性就业效应显著。工资福利经费冲击下,全国就业响应峰值 0.000221,对全国就业动态变化贡献度 21%,具有小部分影响作用。

七、各级各类教育经费结构性支出的就业效应

(一)短期效应

第一,小学、中学、中等职业教育事业性经费对就业的短期弹性为负值,一两年内抑制就业增长,高等教育事业性经费与就业没有显著短期弹性。小学、中学、中等职业教育事业性经费增长 1%,下一年全国就业分别下降 0.008%、0.008%、0.006%,非农就业分别下降 0.099%、0.103%、0.125%。2002—2013 年,我国高校事业性经费增长率低于基础教育阶段,高等教育质量相对下降,高校对适龄劳动力吸引力相对降低。相反,基础教育及中等职业教育事业性经费增长在短时期内发挥劳动力蓄水池功能的效用。

第二,中等职业教育工资福利经费产生显著的短期就业抑制效应,而高等教育工资福经费出产生短期就业促进效应。中等职业教育工资福利经费增长 1%,下一年全国就业减少 0.006%,非农就业减少 0.125%。高等教育工资福利经费增长 1%,非农就业增长 0.059%,第三产业就业增长 0.171%。

第三,高校基本建设经费与全国就业短期弹性负值显著,而高校事业性经费及工资福利经费、助学金与全国就业短期弹性不显著。基本建设经费增长 1%,全国就业减少 0.0006%,非农就业减少 0.035%。

(二)长期效应

第一,中学事业性经费的就业促进效应最高,大于中等职业教育事业性经费的就业效应,也高于高校事业性经费的就业效应。小学、普通中学、中等职业教育和高等教育事业性经费增长 1%,全国就业分别增长 0.036%、0.038%、0.037%、0.036%,非农就业分别增长 0.282%、0.293%、0.284%、0.279%。2002—2013 年,高校事业性经费增幅低于中等职业教育及基础

教育,限制了其就业促进效应的发挥。

第二,各级各类教育事业性经费对第二产业就业的促进效应,高于对第三产业就业的效应,高校事业性经费对第二产业和第三产业的就业弹性在各级各类教育中最低。小学事业性经费增长1%,第二产业和第三产业就业分别增长0.333%和0.242%;中学事业性经费增长1%,第二产业和第三产业就业分别增长0.348%和0.250%;中等职业教育事业性经费增长1%,第二产业和第三产业就业分别增长0.340%和0.241%;高校事业性经费增长1%,第二产业和第三产业就业分别增长0.334%和0.237%。

第三,工资福利经费的就业弹性在事业性经费中最显著,中等职业教育工资福利经费的就业促进效应高于高校工资福利经费的就业弹性。小学、中学、中等职业教育、高校工资福利经费增长1%,全国就业分别增长0.074%、0.062%、0.104%、0.075%,非农就业分别增长0.566%、0.478%、0.806%、0.571%。与OECD国家相比,我国高校工资福利经费在事业性经费中的占比约为OECD国家平均水平的40%,相对不足的高校事业性经费减低了其就业弹性。

第四,高校教育经费支出结构中,事业性经费促进就业增长,工资福利经费就业弹性显著,助学金与就业的弹性水平低于事业性经费,而基本建设经费抑制就业增长。高校事业性经费增长1%,全国就业增长0.036%,非农就业增长0.279%;其中,高校工资福利经费增长1%,全国就业增长0.075%,非农就业增长0.571%;高校助学金增长1%,全国就业增长0.028%,非农就业增长0.217%;高校基本建设经费增长1%,全国就业减少0.035%,非农就业减少0.273%。

(三)动态效应

第一,各级各类教育事业性经费影响下,产生滞后性全国就业促进效应,并且伴随教育层次提高,就业促进效应逐层增加,滞后性第三产业就业效应高于第二产业就业效应。

第二,各级各类教育工资福利经费影响下,非农就业呈现滞后性促进效应,小学工资福利经费影响下的滞后性非农就业效应最大。高校事业性经费影响下产生滞后性全国就业促进效应,而高校基本建设经费产生滞后性全国就业抑制效应。对非农就业,事业性经费和基本建设经费均产生滞后性就业促进效应。

八、教育经费与固定资产投资影响下动态就业效应的差异

第一,总体上,固定资产投资影响下的滞后性就业效应,高于教育经费影响下的滞后性就业效应,对就业预测方差变化的贡献度也高于教育经费。教育总经费和固定资产投资冲击下,非农就业响应峰值分别为 0.000389 和 0.004577,贡献度分别为小于 1% 和 30%。

第二,教育经费支出中最能体现人力资本质量的指标,且该部分经费增幅显著的情况下,其影响下的就业动态促进效应高于固定资产投资影响下的就业效应。首先,工资福利经费对就业的滞后性效应高于固定资产投资。工资福利经费冲击下,滞后 10 年的全国就业响应值均为正值,而固定资产投资冲击下,全国就业响应值有滞后 3 年为负值;工资福利经费冲击下的全国就业响应峰值 0.000221,高于固定资产投资冲击的下就业响应峰值 0.0001385;工资福利经费对全国就业动态变化的贡献度高达 21%,高于固定资产投资的贡献度 5%。其次,小学事业性经费产生的滞后性非农就业效应高于固定资产投资影响下的效应。小学事业性经费冲击下,仅有滞后 1 年的非农就业响应值为负值,固定资产投资冲击下则有滞后 5 年的非农就业响应值为负值。再次,高校学杂费冲击产生的滞后性第二产业就业促进效应显著高于固定资产投入冲击下的就业效应。高校学杂费冲击下,第二产业就业响应均为正值,峰值 0.01337;而固定资产投资冲击下,有滞后 7 年的第二产业就业响应值为负值,峰值 0.00403,低于高校学杂费影响下的峰值。最后,高校事业性经费冲击下的第三产业就业动态效应,高于固定资产投资冲击下的效应。固定资产投资影响下,第三产业就业响应值为负值有 5 年,总体上第三产业就业促进效应与抑制效应相当,而高校事业性经费

冲击下,第三产业就业促进效应略高于抑制效应。

关于教育经费投入的就业效应研究问题,本书评价了教育经费投入对就业数量的影响,没有对教育经费投入影响工资收入、就业的满意度等体现就业质量的指标进行评价。这样的安排是基于这样的考虑。自 2002 年我国就业优先战略的重点是,增加就业岗位,解决失业问题,努力实现充分就业。直至 2011 年颁布的《国民经济和社会发展第十二个五年(2011—2015年)规划纲要》才提出关注就业质量的提高。自此,我国就业优先战略的目标开始转向关注就业质量。这也预示着教育与就业关系未来的研究方向——教育投资对就业质量的影响。

参考文献

一、文件文献类

1.《中华人民共和国就业促进法》。

2.《中共中央国务院关于做好下岗失业人员再就业工作的通知》(中发〔2002〕12 号)。

3.中国人民银行 财政部 国家经贸委 劳动和社会保障部印发《下岗失业人员小额担保贷管理办法》(银发〔2002〕394 号)。

4.《国务院办公厅关于加快推进再就业工作的通知》(国办发〔2003〕40 号)。

5.《关于进一步推动再就业培训和创业培训工作的通知》(劳社部发〔2003〕18 号)。

6.《关于进一步做好失业调控工作的意见》(劳社部发〔2004〕13 号)。

7.《关于引导和鼓励大学毕业生面向基层就业的意见》(中办发〔2005〕18 号)。

8.《国务院关于进一步加强就业再就业工作的通知》(国发〔2005〕36 号)。

9.《国务院关于做好促进就业工作的通知》(国发〔2008〕5 号)。

10.《国务院办公厅转发人力资源社会保障部等部门关于促进以创业带动就业工作指导意见的通知》(国办发〔2008〕111 号)。

11.《国务院办公厅关于加强普通高等学校毕业生就业工作的通知》(国办发〔2009〕3 号)。

12.《关于实施特别职业培训计划的通知》(人社部发〔2009〕8 号)。

13.《国务院办公厅关于做好 2013 年全国普通高等学校毕业生就业工作的通知》(国办发〔2013〕35 号)。

14.《国务院办公厅关于做好 2014 年全国普通高等学校毕业生就业创业工作的通知》(国办发〔2014〕22 号)。

15.《教育部关于做好 2015 年全国普通高等学校毕业生就业创业工作的通知》(教学〔2014〕15 号)。

16.《教育部关于做好 2017 届全国普通高等学校毕业生就业创业工作的通知》(教学〔2016〕11 号)。

17. 国家中长期教育改革和发展规划纲要领导小组办公室:《国家中长期教育改革和发展规划纲要(2010 — 2020 年)》,人民教育出版社 2010 年版。

二、专著类

1.〔美〕保罗·萨缪尔森、威廉·诺德豪斯:《宏观经济学》,萧琛译,人民邮电出版社 2012 年版。

2.〔美〕贝克尔:《人力资本》,陈耿宣译,机械工业出版社 2016 年版。

3.〔美〕伯顿·克拉克:《高等教育新论——多学科的研究》,王承绪、徐辉等译,浙江教育出版社 2001 年版。

4. 蔡昉:《刘易斯转折点——中国经济发展新阶段》,社会科学文献出版社 2008 年版。

5. 蔡昉、张车伟:《人口与劳动绿皮书:中国人口与劳动问题报告 No.15——面向全面建成小康社会的政策调整》,社会科学文献出版社 2015 年版。

6. 蔡昉、张车伟:《人口与劳动绿皮书:中国人口与劳动问题报告 No.16——"十二五"回顾与"十三五"展望》,社会科学文献出版社 2015 年版。

7. 蔡昉、张车伟:《人口与劳动绿皮书:中国人口与劳动问题报告

No. 17》，社会科学文献出版社 2016 年版。

8. 陈广汉：《刘易斯的经济思想研究》，中山大学出版社 2000 年版。

9. 陈广汉等：《中国劳动力市场的结构与供求分析》，社会科学文献出版社 2016 年版。

10. 丁守海：《转型期中国劳动供给问题研究》，中国环境出版社 2014 年版。

11. 范国睿：《教育政策的理论与实践》，上海教育出版社 2011 年版。

12. 韩胜娟：《中国劳动力就业结构动态调整研究》知识产权出版社 2015 年版。

13. 胡鞍钢等：《扩大就业与挑战失业——中国就业政策评估（1949—2001）》，中国劳动社会保障出版社 2002 年版。

14. 李文利：《从稀缺走向充足——高等教育的需求与供给研究》，教育科学出版社 2008 年版。

15. 厉以宁：《教育经济学》，北京出版社 1984 年版。

16. 厉以宁、吴世泰编著：《西方就业理论的演变》，华夏出版社 1988 年版。

17. 厉以宁主编：《中国城镇就业研究》，中国计划出版社 2001 年版。

18. 袁振国主编：《中国教育政策评论》，教育科学出版社 2000 年版。

19. 焦青霞：《教育财政投入与经济发展》，经济管理出版社 2014 年版。

20. 靳希斌主编：《人力资本学说与教育经济学新进展》，教育科学出版社 2010 年版。

21. 孔德威：《劳动就业政策的国际比较研究》，经济科学出版社 2008 年版。

22. 劳动和社会保障部、国际劳工局编：《中国就业论坛：全球对话与共识》，中国劳动社会保障出版社 2004 年版。

23. ［美］理查德·金等：《教育财政：效率、公平与绩效》，曹淑江等译，中国人民大学出版社 2009 年版。

24. 闵维方：《高等教育运行机制研究》，人民教育出版社 2002 年版。

25. 闵维方:《教育投入、资源配置与人力资本收益——中国教育与人力资源问题研究》,经济科学出版社 2009 年版。

26. 闵维方:《学术的力量——教育研究与政策制定》,北京大学出版社 2010 年版。

27. 宁本涛:《教育财政政策》,上海教育出版社 2010 年版。

28. 曲恒昌、曾晓东:《西方教育经济学研究》,北京师范大学出版社 2000 年版。

29. [美]诺思:《制度、制度变迁与经济绩效》,杭行译,格致出版社 2014 年版。

30. 史及伟:《中国式充分就业与适度失业率控制研究》,人民出版社 2006 年版。

31. [美]舒尔茨:《论人力资本投资》,吴珠华等译,北京经济学院出版社 1990 年版。

32. 杨宜勇:《中国转轨时期的就业问题》,中国劳动社会保障出版社 2002 年版。

33. 杨云彦、蔡昉等:《城市就业与劳动力市场转型》,中国统计出版社 2004 年版。

34. 王庆丰:《中国产业结构与就业结构协调发展研究》,经济科学出版社 2013 年版。

35. 王善迈:《教育经济学概论》,北京师范大学出版社 1989 年版。

36. 王善迈:《教育投入与产出研究》,河北教育出版社 1996 年版。

37. 王文甫:《财政政策的就业效应研究》,西南财经大学出版社 2013 年版。

38. 王裕国:《中国劳动力市场与就业问题》,西南财经大学出版社 2000 版。

39. 威廉·N.邓恩:《公共政策分析导论》,中国人民大学出版社 2002 年版。

40. 杨伟国:《转型中的中国就业政策》,中国劳动社会保障出版社 2007

年版。

41. 余靖雯:《教育投入、分权与经济增长》,中国经济出版社 2016年版。

42. 袁振国:《中国教育政策评论》,教育科学出版社 2000 年版。

43. 袁志刚等:《中国就业制度的变迁》,山西经济出版社 1998 年版。

44. [美]约翰斯通:《高等教育财政:问题与出路》,沈红译,人民教育出版社 2003 年版。

45. 袁富华:《增长、结构与转型》,社会科学出版社 2014 年版。

46. 曾显荣:《我国失业问题的成因及对策探讨》,西南财经大学出版社2013 年版。

47. 藏兴兵:《后 4%时代教育投入与高校绩效薪酬研究》,中国社会科学出版社 2015 年版。

48. 邹至庄:《中国经济转型》,中国人民大学出版社 2005 年版。

三、论文类

1. 安双宏、崔秀芬:《亚洲部分发展中国家教育对农业生产率的影响》,《中国农业教育》1998 年第 2 期。

2. [美]布鲁斯·约翰斯通:《高等教育财政与管理:世界改革现状报告》,《高等教育研究》1999 年第 6 期。

3. 蔡昉:《中国的人口红利还能持续多久》,《经济学动态》2011 年第6 期。

4. 蔡增正:《教育对经济增长贡献的计量分析——科教兴国战略的实证依据》,《经济研究》1999 年第 2 期。

5. 陈晓声、吴晓忠、吕杰:《教育支出、人力资本形成及对不同产业贡献度分析——基于 3SLS 回归与省际面板数据的研究》,《未来与发展》2014 年第 3 期。

6. 邓峰、丁小浩:《中国教育收益率的长期变动趋势分析》,《统计研究》2013 年第 7 期。

7. 丁小浩、余秋梅、于洪霞:《本世纪以来中国城镇居民教育收益率及其变化研究》,《教育发展研究》2012 年第 11 期。

8. 董克用、薛在兴:《高校毕业生人力资本积累对其就业的影响》,《中国行政管理》2014 年第 6 期。

9. 董万好、刘兰娟:《财政科教支出对就业及产业结构调整的影响——基于 CGE 模拟分析》,《上海经济研究》2012 年第 2 期。

10. 杜育红、孙志军:《中国欠发达地区的教育、收入与劳动力市场经历——基于内蒙古赤峰市城镇地区的研究》,《管理世界》2003 年第 9 期。

11. 樊文有等:《高校毕业生人力资本信号在就业市场中的效用研究》,《教育与经济》2011 年第 3 期。

12. 范勇:《人力资本、技术进步与就业——基于协整检验的实证分析》,《江西社会科学》2010 年第 2 期。

13. 范皑皑、丁小浩:《谁的文凭贬值了》,《教育发展研究》2013 年第 9 期。

14. 黄斌等:《农村劳动力非农就业与人力资本投资收益》,《中国农村经济》2013 年第 1 期。

15. 韩海彬、李全生:《中国高等教育生产率变动分析:基于 Malmquist 指数》,《复旦教育论坛》2010 年第 4 期。

16. 胡永远:《人力资本与经济增长:一个实证分析》,《经济科学》2003 年第 1 期。

17. 胡鞍钢、施祖麟:《高教改革力度还应加大》,《瞭望新闻周刊》1999 年第 7 期。

18. 华萍:《不同教育水平对全要素生产率增长的影响——来自中国省份的实证研究》,《经济学季刊》2005 年第 4 期。

19. 黄斌、徐彩群:《农村劳动力非农就业与人力资本投资收益》,《中国农村经济》2013 年第 1 期。

20. 黄志岭、逯岩、樊小钢:《过度教育的收入效应实证研究》,《财经论丛》2016 年第 6 期。

21. 金戈:《不同层次和来源教育投入对地区全要素生产率的影响》,《浙江社会科学》2014 年第 6 期。

22. 教育部:《关于我国高校经济困难学生情况与资助政策措施》,《中国教育报》2004 年 9 月 1 日。

23. 赖德胜:《劳动力市场分割与大学毕业生失业》,《北京师范大学学报(社会科学版)》2001 年第 4 期。

24. 赖德胜、孟大虎、李长安、田永坡:《中国就业政策评价:1998 - 2008》,《北京师范大学学报(社会科学版)》2011 年第 3 期。

25. 李强:《基础设施投资、教育支出与经济增长——基础设施投资"挤出效应"的实证分析》,《财经理论与实践》2012 年第 3 期。

26. 李实:《农村妇女的就业与收入——基于山西若干样本村的实证分析》,《中国社会科学》2001 年第 3 期。

27. 李实:《中国个人收入分配研究回顾与展望》,《经济学季刊》2003 年第 2 期。

28. 李实、丁赛:《中国城镇教育收益率的长期变动趋势》,《中国社会科学》2003 年第 6 期。

29. 李春玲:《文化水平如何影响人们的经济收入——对目前教育的经济收益率的考察》,《社会学研究》2003 年第 3 期。

30. 李向前、黄莉:《包含教育和健康人力资本的省域全要素生产率研究——基于 SFA 与 DEA 的比较分析》,《经济经纬》2016 年第 5 期。

31. 李俊锋:《经济增长与就业增长的关系研究——两者相关性的重新判定》,《中国软科学》2005 年第 1 期。

32. 路平:《我国教育扩张对就业变动的动态影响研究——基于 VAR 模型的实证分析》,《经济经纬》2013 年第 4 期。

33. 陆铭、欧海军:《高增长与低就业:政府干预与就业弹性的经验研究》,《世界经济》2011 年第 12 期。

34. 罗润东、彭明明:《过度教育及其演变趋势分析——基于 CGSS 受高等教育职员的调查》,《经济社会体制比较》2010 年第 5 期。

35. 罗楚亮:《城镇居民教育收益率及其分布特征》,《经济研究》2007年第 6 期。

36. 廖楚晖:《中国人力资本和物质资本的结构及政府教育投入》,《中国社会科学》2006 年第 1 期。

37. 刘璐宁:《我国劳动力市场中的过度教育表现和成因的实证研究》,《教育学术月刊》2016 年第 4 期。

38. 刘社建:《积极就业政策的演变、局限与发展》,《上海经济研究》2008 年第 1 期。

39. 刘勇:《对劳动生产率提高与扩大就业矛盾关系及其意义的认识》,《理论前沿》2007 年第 14 期。

40. 刘振英、刘思扬等:《国运兴衰系于教育、教育振兴全民有责》,《人民日报》1999 年 6 月 16 日。

41. 柳建云:《"扩招之父"汤敏》,《广州日报》2007 年 8 月 28 日。

42. 马永堂:《国外就业优先战略及措施对我国的启示》,《中国就业》2010 年第 12 期。

43. 潘懋元、吴玫:《从高等教育结构看大学生就业问题》,《中国大学生就业》2004 年第 6 期。

44. 潘海生、冉桃桃:《1998—2012 年我国中等职业教育全要素生产率变动分析——基于 Malmquist 指数方法》,《职业技术教育》2015 年第 7 期。

45. 任国强:《人力资本对农民非农就业与非农收入的影响研究——基于天津的考察》,《南开经济研究》2004 年第 3 期。

46. 汝鹏、苏竣:《科学、科学家与公共决策:研究综述》,《中国行政管理》2008 年第 9 期。

47. 苏丽锋、孟大虎:《人力资本、社会资本与大学生就业:基于问卷数据的统计分析》,《复旦教育论坛》2012 年第 2 期。

48. 束伟华:《劳动生产率与就业容量的关系分析》,《全球科技经济瞭望》2003 年第 11 期。

49. 孙志军:《过度教育:西方的研究与经验》,《比较教育研究》2001 年第 5 期。

50. 汤敏：《再谈教育启动消费》，《经济学消息报》1999 年 6 月 4 日。

51. 汪丁丁：《教育，人力资本，大学生失业》，《财经》2006 年第 8 期。

52. 王志扬、宁琦：《基础教育财政投入的经济增长效应》，《地方财政研究》2016 年第 3 期。

53. 王光栋、叶仁荪：《资本投入与就业增长——基于协整和 VAR 模型的分析》，《统计观察》2008 年第 24 期。

54. 王蓉、杨建芳：《中国地方政府教育财政支出行为实证研究》，《北京大学学报（哲学社会科学版）》2008 年第 4 期。

55. 王志扬、宁琦：《基础教育财政投入的经济增长效应》，《地方财政研究》2016 年第 3 期。

56. 武向荣：《教育扩展中的过度教育现象及其收入效应——基于中国现状的经验研究》，《北京师范大学学报（社会科学版）》2007 年第 3 期。

57. 肖志勇、魏下海：《教育不平等、人力资本与中国全要素生产率增长——来自省际面板数据的经验研究》，《统计与信息论坛》2010 年第 3 期。

58. 谢秀桔：《我国教育投资与经济增长的关系——基于面板数据和空间计量模型》，《福州大学学报》2015 年第 2 期。

59. 徐健：《财政教育投入对经济增长影响的实证分析》，《兰州交通大学学报》2010 年第 2 期。

60. 杨大楷、冯体一：《公共教育投资对不同产业就业影响的实证分析》，《贵州社会科学》2009 年第 7 期。

61. 杨伟国：《从欧洲就业战略到新欧洲就业战略》，《新视野》2005 年第 2 期。

62. 叶茂林、郑晓齐、王斌：《教育对经济增长贡献的计量分析》，《数量经济技术经济研究》2003 年第 1 期。

63. 岳昌君、丁小浩：《高等教育者就业的经济学分析》，《高等教育研究》2003 年第 6 期。

64. ［美］约翰·奈特、邓曲恒、李实：《中国的民工荒与农村剩余劳动力》,《管理世界》2011 年第 11 期。

65. 赵晶晶等:《区域差距、就业选择与人力资本流动——基于高校毕业生的实证研究》,《人口与发展》2016 年第 1 期。

66. 张小建:《中国积极的就业政策及其实践成果》,《中国就业》2013 年第 9 期。

67. 张海峰、姚先国、张俊森:《教育质量对地区劳动生产率的影响》,《经济研究》2010 年第 7 期。

68. 张铭洪、卢晓军、张志远:《财政支出结构的就业效应研究:理论与经验证据》,《华东经济管理》2016 年第 4 期。

69. 张曙光、施贤文:《市场分割、资本深化和教育深化——关于就业问题的进一步思考》,《云南大学学报(社会科学版)》2003 年第 5 期。

70. 郑丽琳:《教育投资对经济增长影响程度的区域差异》,《重庆工商大学学报:西部论坛》2006 年第 16 期。

71. 周其仁:《机会与能力——中国农村劳动力的就业和流动》,《管理世界》1997 年第 5 期。

72. 诸建芳、王伯庆、恩斯特·使君多福:《中国人力资本投资的个人收益率研究》,《经济研究》1995 年第 12 期。

73. 祝接金、胡永平:《政府教育支出、人力资本异质性与地区经济增长》,《统计与决策》2008 年第 6 期。

74. 中国社科院课题组:《积极劳动政策:上海模式述评》,《经济学动态》2002 年第 5 期。

四、外文类

1. Anderson, Don, "Youth Waiting for Work in China", *The Australian Journal of Chinese Affairs*, Vol. 19, No. 12(July 1984), pp. 167−175.

2. Beraldo, S., Montolio, D. and Turati, G., "Healthy, Educated and Wealthy: A Primer on the Impact of Public and Private Welfare Expenditures on Econocic Growth", *Socio-Economics*, Vol. 38, No. 2(April 2009), pp. 946−956.

3. Belot Michele and van Ours, "Does the Recent Success of Some OECD Countries in Lowering Their Unemployment Rates Lie in the Clever Design of Their Labor Market Reforms?", *Oxford Economic Papers*, Vol. 56, No. 3 (May 2004), pp. 621-642.

4. Bell Brain, "Getting the unemployment Back to Work: The Role of Targeted Wages Subsidies", *International Tax and Public Finance*, Vol. 6, No. 3 (August 1999), pp. 339-360.

5. Blundell Richard, "Welfare-to-Work: Which Policies Work and Why? Keynes Lecture in Economics", *Proceedings of The British Academy*, Vol. 117, No. 2 (April 2002), pp. 477-524.

6. Brauw, A. D., Huang, J. K. and Rozelle, S., "The Evolution of Chinese Rural Labor Markets during the Reform", *Journal of Comparative Economics*, Vol. 30, No. 2 (Feb.2002), pp. 329-353.

7. Carnoy, M., "The Economics of Education", in *International Encyclopedia of Economics of Education*, Martin Carnoy (eds.), Elsevier Science Ltd, 1995, p. 1.

8. Duncan, G. and Hoffman, S. D., "The Incidence and Wage Effects of Overeducation", *Economics of Education Review*, Vol. 21, No. 1 (Jan. 1981), pp. 75-86.

9. Furke Bengt, Johansson Leif and Lind Jens, "Unemployment and Labour Market Policies in the Scandinavian Countries," *Acta Sociologica*, Vol. 33, No. 2 (Feb.1990), pp. 141-164.

10. Finn Dan, "The 'Employment-first' Welfare State: Lessons from the New Deal for Young People", *Social Policy and Administration*, Vol. 37, No. 7 (December 2003), pp. 709-724.

11. Hinchliffe, K., "Education and Labor Market", in *International Encyclopedia of Economics of Education*, Martin Carnoy (eds.), Elsevier Science Ltd., 1995, pp. 20-23.

12. Hungerford Thomas, Solon Gary, "Sheepskin Effects in the Returns to Education", *Review of Economics Studies*, Vol. 69, No. 1 (Jan, 1987), pp. 175−177.

13. Jung, H. S., Thorbecke, E., "The Impact of Public Education Expenditure on Human Capital, growth and Poverty in Tanzania and Zambia: a General Equilibrium Approach", *Policy Modeling*, Vol. 25, No. 4(April 2003), pp. 701−725.

14. Kraft Kornelius, "An Evaluation of Active and Passive Labour Market Policy", *Applied Economics*, Vol. 30, No. 1(Jan.1998), pp. 783−793.

15. Li Haizheng, "Economic Transition and Returns to Education in China", *Economcis of Education Review*, Vol. 22, No. 3(June 1998), p. 317.

16. Maliranta, M., Nurmi, S., "Resources in Vocational Education and Post−schooling Outcomes", *Inernational Journal of Manpower*, Vol. 31, No. 5 (May 2010), pp. 520−544.

17. Miller, Paul W. and Volker, Paul A., "The Screening Hypothesis: An Application of the Wiles Test", *Economic Inquiry*, Vol. 22, No. 51 (Jan. 1984), pp. 121−127.

18. Miller, S., "The Effects of Openness, Trade Orientation, and Human Capital on Total Facor Productivity", *Journal of Development Economics*, Vol. 63, No. 5(May 2000), pp. 399−423.

19. Nicholas Bosanquet and Doeringer Peter, "Is There a Dual Labor Market in Great Britain?", *The Economic Journal*, Vol. 2, No. 1 (Jan. 1973), pp. 421−435.

20. Park and Jin Heum, "Estimation of Sheepskin Effects Using the Old and the New Measures of Educational Attainment in the Current Population Survey", *Economics Letters*, Vol. 62, No. 3(May 1999), pp. 237−240.

21. Reenen and John Van, "Active Labour Market Policies and the British New Deal for the Young Unemployed in Context", Working Paper 9576, ht-

tp://www.nber.org/papers/w9576.NBER,March 2003.

22. Riley and John G., "Testing the Educational Screening Hypothesis", *Journal of Political Economy*, Vol. 87, No. 5(May 1979), pp. 227-252.

23. Ritchie Jane, "New Deal for Young People: Participants' Perspectives", *Policy Studies*, Vol. 21, No. 4(Feb.2000), pp. 301-312.

24. Schultz, T.W, *The Economic Value of Education*, New York: Columbia University Press, 1963, p. 11.

25. Spence, M., "Signaling in Retrospect and the Informational Structure of Markets", *The American Economic Review*, Vol. 92, No. 3 (Mar 2002), pp. 434-459.

26. Spence, M., "Competition in Salaries, Credentials, and Signaling Prerequisites for Jobs", *Quarterly Journal of Economics*, Vol. 90, No. 1(Jan.1976), pp. 51-74.

27. Stiglitz, J.E., "The Theory of 'Screening', Education and the Distribution of Income", *American Economic Review*, Vol. 65, No. 6 (Jun. 1975), pp. 283-300.

28. Welch, F., "Education in Production", *Policy Economy*, No. 5 (May 1977), pp. 35-59.

29. Xin Wei, Mun C. Tsang, WeibinXu, Liang-Kun Chen, "Edueation and Eamings in Ruarl China", *Education Economics*, Vol. 7, No. 2 (Feb, 1999), pp. 167-187.

责任编辑：陈　登
封面设计：姚　菲
责任校对：白　玥

图书在版编目（CIP）数据

我国就业优先战略背景下教育投资的就业效应评价/景光仪　著. —北京：
人民出版社,2020.10
ISBN 978－7－01－022482－4

Ⅰ.①我…　Ⅱ.①景…　Ⅲ.①教育投资-影响-就业-研究-中国
Ⅳ.①G526.72②D669.2

中国版本图书馆 CIP 数据核字（2020）第 175049 号

我国就业优先战略背景下教育投资的就业效应评价

WOGUO JIUYE YOUXIAN ZHANLÜE BEIJING XIA JIAOYU TOUZI DE JIUYE XIAOYING PINGJIA

景光仪　著

人民出版社　出版发行
（100706　北京市东城区隆福寺街 99 号）

天津文林印务有限公司印刷　新华书店经销

2020 年 10 月第 1 版　2020 年 10 月北京第 1 次印刷
开本:710 毫米×1000 毫米 1/16　印张:28.75
字数:410 千字

ISBN 978－7－01－022482－4　定价:75.00 元

邮购地址 100706　北京市东城区隆福寺街 99 号
人民东方图书销售中心　电话（010）65250042　65289539